타이완 침공(侵攻)
중국공산당의 뿌리를 흔들어야 할 때다

타이완 침공(侵攻)
중국공산당의 뿌리를 흔들어야 할 때다

발행일	2024년 3월 1일
지은이	그랜트 뉴섬
발행처	(주)케이씨펙(KCPAC)
번 역	김영남
주 소	서울특별시 종로구 종로 19, 르메이에르 종로타운 A동 1801호 (우03157)
전 화	02)792-9871~2
팩 스	02)792-9870

ISBN: 979-11-977235-7-5

타이완 침공(侵攻)
중국공산당의 뿌리를 흔들어야 할 때다

차례

서문(序文)   6

1부
경고의 말   18
    1장 중국, 방아쇠를 당기다   19
    2장 미국 내 전선(戰線)   37

2부
중국이 앞서고 있는 전투   46
    3장 전쟁의 증인: 볼티모어 전장   47
    4장 중국공산당의 목표는 무엇인가?   64
    5장 심리전: 중공(中共)의 사상 침투   89
    6장 법률전쟁: 일방적 규칙   111
    7장 국제 규칙과 규범의 변경 및 훼손   132
    8장 국제기구 장악   144
    9장 생물학전: 미국을 병들게 하는 중국   163
    10장 화학전: 수만 명의 미국인을 죽음으로 몰아넣다   174
    11장 경제전: 미국의 일자리를 빼앗다   190
    12장 금융전: 美 달러화 방어   230

13장 사이버전: 미국의 방어막을 뚫는 해킹	246
14장 대리전: 아웃소싱 전술	264
15장 더 이상 비웃지 못하게 된 중국군(軍)	282
16장 타이완이란 목표	295
17장 중국은 물리적 전쟁에 나설까?	307

3부

패배는 어떤 모습일까? 342

| 18장 중국의 공격: 정치전과 물리적 공격의 조합 | 343 |

4부

이기는 방법 360

| 19장 어떻게 방어하고 어떻게 반격해야 하나? | 361 |
| 20장 타이완을 살리는 길 | 384 |

5부

결론 416

| 에필로그 우리의 선택이다, 싸워 이겨야 | 417 |
| 감사의 말 | 431 |

추천사 434

한국 독자들을 위한 서문(序文)

이 책의 영문판 제목에는 '미국에 대한 경고'라는 표현이 담겨 있다. 하지만 이는 모든 곳의 자유인들을 향한 경고이기도 하다. 이 책을 읽다 보면 이 모든 것이 한국이 경험한 일들과 얼마나 비슷하고 적용이 가능한지 알 수 있을 것이다. 사실 이 책의 영문판 제목은 '중국이 공격할 때: 한국에 대한 경고'라는 제목을 붙였을 수도 있었다 할 것이다.

이 책 제목에 주목해야 할 또 다른 점은 독자들이 본능적으로 미래에 있을 중국의 공격을 의미한다고 생각할 수 있다는 점이다. 그러나 이 책은 이미 발생했고 현재 진행 중인 중국의 공격에 대해 설명하고 있다. 그리고 이런 공격은 대부분 성공적으로 이뤄지고 있다.

민주주의와 자유는 전세계적으로 공격을 받고 있으며 중국은 자유를 약화시키고 궁극적으로 자유세계를 지배한 후 파괴하려는 의도를 갖고 있다. 한국과 중국의 가장 가까운 이웃 국가들은 수십 년 동안 공격을 받아왔으며 종종 이를 깨닫지 못하기도 했다.

한국은 아시아에서 없어서는 안 될 국가 중 하나다. 한국은 전략적 요충지에 위치해 중국 인민해방군의 태평양 진출을 차단하는 한편, 자유 국가의 군대가 한국에서 작전을 수행할 수 있도록 하며 역내(域內)에서 자유세계의 이익을 수호할 수 있도록 한다.

하지만 중국 공산주의자들에게 더욱 중요하고 괴로운 점은 한국이 번영하는 민주주의 국가이자 세계 경제에서 핵심적인 역할을 하는 경제 강국이라는 점이다.

한국은 왜 중국의 표적이 됐나?

한국은 개인의 자유에 기반을 둔 사회와 정부가 작동하고 있다는 점을 보여주고 있다. 한국은 중국이 갖지 못한 모든 것을 갖추고 있다. 한 체제가 다른 체제보다 낫다는 것을 보여주는 생생한 예이자 끊임없이 상기시켜주는 예이기도 하다. 이는 중국 공산주의의 대리인이자 가난하고 굶주리는 북한만 봐도 알 수 있다.

최근 한국의 역내 영향력(정치·경제·군사)은 계속 커지고 있다. 현대 세계 경제에서 한국의 첨단기술 수출의 중요성은 잘 알려져 있다. 또한 우크라이나에 절실히 필요한 탄약을 공급하는 등 역내외 방산 수출을 통해 많은 민주주의 국가들의 국방력을 강화하고 있고 '민주주의의 병기고(兵器庫)'라는 칭호를 얻고 있다.

중국은 자유 국가들이 스스로를 방어하기 위해 힘을 합칠 때 특히 분노하고 우려한다. 괴롭힘의 대상인 피해자들이 스스로를 방어하기 위해 협력할 때 괴롭힘은 항상 일어나곤 한다. 중국은 계속해 한미동맹을 탐탁지 않아 했다. 그리고 한국이 오랜 동맹인 미국과의 국방 협력 관계와 더불어 일본과 일정 수준의 국방 협력을 시작하는 데 필요한 정치력을 보여주고 있다는 사실에 더욱 분노하고 있다.

한·미·일 3자 협력은 각국의 방어력을 키우고 중국의 공격적 팽창주의를 우려하는 국가들 사이에서 역내 안정과 신뢰 구축 효과도 가져온다.

이 모든 것을 고려할 때 중국이 번영하고 민주주의적인 한국을 공격하고 지배해야 할 적(敵)으로 간주하거나 필요하다면 파괴해야 할 대상으로 간주하는 것은 놀라운 일이 아니다.

한국을 수호하다

많은 사람들은 강력한 군대만 있으면 국가를 방어하고 자유를 보장할 수 있다고 생각한다. 하지만 이것만으로는 충분하지 않다.

실제로 잘 훈련되고 장비를 갖춘 병력, 현대식 군함과 잠수함, 첨단 항공기, 장거리 미사일, 핵무기를 갖춘 강력한 군사력을 가진 미국과 같은 국가도 패배할 수 있다.

왜 그럴까?

우리가 직면하고 있는 공격은 아직 '물리적' 전쟁이라고 불리는 총격전이 아니기 때문이다. 우리가 일반적으로 실제 전쟁이라고 생각하지 않는 방식의 전선(戰線)이 펼쳐지고 있다. 이는 중국의 이익을 증진하는 방식에 있어서 실제 전쟁 못지않게 효과적이다. 중국은 '실제 전쟁'을 해야 할 때가 왔을 때 상대방을 약하게 만든다. 만약 그것이 필요하다고 판단되면 말이다.

이러한 전선은 무엇일까? 중국은 국력과 영향력 등 모든 수단을 동원한다. 경제, 정치, 심리, 교육, 사이버, 선거, 미디어, 법률, 화학, 생물학전(戰) 등이 일부 예가 될 수 있다.

이를 흔히 '정치 전쟁'이라고 부른다. 이러한 교묘한 공격과 '비전통적' 형태의 전쟁을 무시하면 한국과 같은 국가는 거의 알아차리지 못한 채 패배할 위험에 처할 수 있다. 한국은 중국의 이러한 공격을 이미 여러 차례 경험한 바 있다.

대리인

한 국가를 전복하고 약화시키려는 중국의 전반적인 노력을 뒷받침하는 일반적인 공격 방식 중 하나는 소위 '대리인'을 이용하는 것이다. 즉, 다른 국가에 있는 다른 사람(프록시)이 대신 작업을 수행하도록 하는 방식이다. 이는 중국 공산주의자들이 선호하는 방식이며 거의 모든 곳에서 큰 성공을 거뒀다. 특히 미국에서는 더욱 그렇다 할 것이다.

한국인들도 이런 대리인을 사용한 전술을 잘 알고 있어야 한다. 한국인들은 이미 대리인을 사용한 중국의 전술을 경험해봤기 때문이다.

소위 '주사파'라고 불리는 이들이 집권했을 때의 상황을 생각해볼 필요가 있다. 자칭 마르크스주의자이자 계속해 친중(親中), 친북(親北), 반미(反美)를 표방하는 이런 강경 좌파들은 한국의 민주주의와 개인의 자유를 위협하는 동시에 한국을 영구적인 일당(一黨) 국가로 만들려고 노력해왔다. 나아가 다른 국가의 대리인들에 의해 좌우되는 국가로 만들려 했다. 또한 그들이 경멸하는 한미동맹 역시 약화시켰다.

이런 방식에는 선거만이 동원된 것이 아니다. 그들 전략의 일부는 좌파 정권이 한국의 각종 기관과 부처에 자신들의 지지자들을 성공적으로 배치, 되돌리기 어려울 정도로 한국을 '좌경화'시키고 있다는 것이다.

중국공산당은 한국 좌파의 활동을 지지하고 그들의 노력을 높이 평가하고 있다. 또한 북한과 김정은 정권을 중국의 대리인으로 간주하고 있다.

중국이 에너지와 식량을 지원하고 공급하며 유엔 제재를 회피하려는 북한의 노력(중국이 이행을 약속한 제재)을 묵인하지 않았다면 북한은 오래 살아남을 수 없었을 것이다.

북한의 위협이 한국과 역내 모든 지역, 특히 일본에 얼마나 많은 혼란과 경제적, 군사적 자원의 낭비를 초래하는지 생각해볼 필요가 있다. 나아가 한 국가로 하여금 항상 경계를 늦추지 않아야 한다는 심리적 피로감도 유발한다.

중국이 다른 지역, 예를 들어 타이완에 대해 행동에 나설 때가 오면 한국, 일본, 심지어 미국에 대한 북한의 지원 공격 또는 공격 위협을 예상할 수 있다.

김정은 정권을 통한 중국의 대리전이 경제전과 심리전으로 연결되는 동시에 한국의 정치적 분열을 야기한다는 사실을 분명히 알 수 있다. 이 모두 것은 총알 한 발 쏘지 않고 이뤄진다. 그리고 한국에 대한 다른 형태의 정치전 공격 역시 생각해볼 필요가 있다.

경제전

2017년 한국이 고고도미사일방어체계(THAAD) 미사일 포대를 설치, 북한 미사일에 대한 방어력을 강화하려는 노력을 기울이자 중국은 중국에 진출한 한국 기업에 대한 엄청난 압력을 가했고 한국을 상대로 치열한 경제전을 벌였다.

중국의 경제적 압박으로 인해 당시 한국의 좌파 정권은 중국공산당을 달래기 위해 이른바 '3불(不) 합의'를 체결하기도 했다. 중국은 이 역시도 총 한 발 쏘지 않고 이뤄냈다.

교육 전쟁

사실상 중국의 선전 기관인 공자학원은 한국의 광범위한 교육 시스템에 대한 중국과 한국 내 좌파 정권의 활동을 보여주는 한 가지 예에 불과하다. 이에 대한 부작용이 나타나려면 한두 세대가 걸릴 수 있지만 결국 많은 사람들이 한국의 민주주의와 한미동맹에 대한 의문을 품게 되는 결과를 초래할 것이다.

생물학전

코로나-19는 중국의 생물학 전쟁이었다. 바이러스가 실험실에서 유출된 후 우연히 퍼졌을 수 있지만 이에 대한 책임은 부인할 수 없다. 코로나-19는 미국에서 그랬던 것처럼 한국에 막대한 해(害)를 입히고 사회를 분열시켰다. 좌파 성향의 문재인 정부가 바이러스가 발생한 후 중국 관광객들에게 한국 국경을 개방하며 '중국과 고통을 나누겠다'고 했다는 점을 상기할 필요가 있다. 앞서 언급한 대리전의 한 예라 할 것이다. 이는 한국이 버텨온 물리적이 아닌 공격 중 일부에 불과하다.

한미동맹 약화

한미동맹을 깨려는 중국의 지속적인 시도를 강조하는 것도 중요하다. 한미동맹은 한반도의 안정에 기여하고 있다. 한미동맹이 약화되거나 파괴되면 중국은 북한이라는 대리인을 내세워 남침(南侵)을 하게 하든 한국에 대한 지배권을 주장할 자유를 얻게 될 것이다.

중국이 한미동맹을 약화시키려는 시도의 한 예로는, 한국과 미국의 대리인들이 북한(또는 중국)의 평화 보장 약속 없이 미국이 한국전쟁의 '공식적' 종전(終戰)을 선언하도록 미 의회에 법안을 제정하도록 압력을 가한 것을 들 수 있다.

이러한 조치는 한반도에 미군이 계속 주둔할 수 있는 근거를 약화시키고 나아가 한미동맹 자체의 기본 취지를 훼손시킬 수 있다.

미국의 입법 절차를 이용해 한미동맹을 해체하려는 노력은 현재까지 성공하지 못했지만 미국의 좌파 성향 의원들, 심지어 어떤 대가를 치르더라도 평화가 좋은 것이라고 생각하는 몰지각한 의원들의 지지를 받고 있다. 이러한 법안이 통과되는 것을 막는 끊임없는 노력과 경계가 필요하다. 그들의 노력은 한 번 막혔을 뿐이다.

자유를 지키기 위해 한국이 해야 할 일

 이 책은 중국의 정치전이 어떻게 작동하는지, 이에 대한 여파는 무엇인지, 나아가 이에 대해 어떻게 대응해야 하는지를 설명한다. 한국이 단독, 혹은 동맹국과 함께 할 수 있는 일들이 있다. 그 모든 것은 위협의 실체를 인식하는 것에서부터 시작된다. 이미 시작된 공격은 한국을 근본적으로 변화시키고 정복하려는 의도를 갖고 있다.

 이러한 목표를 막는 것은 정치 전선에서 중국의 공격을 폭로하고 대응하는 동시에 북한과 러시아를 포함한 중국의 인민해방군, 혹은 그 대리인의 '물리적' 공격을 결정적으로 격파할 수 있는 군대를 구축하고 유지하는 것을 의미한다. 하지만 방어만 하는 전략으로는 충분하지 않다.

 한국과 동맹국들은 공세에 나서야 한다. 정치전은 양방향으로 진행되며 이 책에서 설명하듯 중국은 취약성을 갖고 있다.

 한국이 할 수 있는 일로는 중국 시장에서 탈피하고 한국 기술(기타 제품)에 대한 중국의 의존도를 무기로 삼으며 한국의 민주주의와 인권을 강조하기 위한 끊임없는 노력을 시작하는 것 등이 있다. 여기에는 중국과 외국의 영향력으로부터 선거 제도를 강화하고 민주주의와 법치를 존중하는 것이 포함된다.

 이를 통해 한국인들에게 북한 인권이 얼마나 심각한 상황인지 상기시킬 뿐만 아니라 북한 인권의 부재(不在)에 대한 이해를 넓히고 상습적인 인권 침해국인 중국에 대해서도 주목해야 한다. 이러한 시도는 효과적이었다.

아울러 자유 국가들이 함께 협력하고 조율된 정치전 전술을 벌이는 것도 필수적이다. 우리의 취약점 중 하나는 자유 국가들이 함께 하지 않고 개별적으로 중국의 정치전에 대처하고 있다는 것이다. 단결하면 힘이 생긴다.

한국의 생존을 위해 한국은 미국뿐만 아니라 다른 자유 국가들과도 모든 수준에서 유대를 강화하는 것이 필수적이다. 일본도 마찬가지이며 우리는 서로가 필요하다.

미국과 한국은 인간의 자유에 대해 같은 생각을 가진 국가이고 전장에서 어깨를 나란히 하며 이를 증명해왔다. 이 점을 염두에 두고 이를 반겨야 한다.

내 책이 한국 독자들에게 도움이 되고 '눈을 뜨게 하는' 책이 되길 바란다. 그리고 현재 한국이 직면한 공격으로부터 한국을 보호하는 방법에 대한 아이디어를 제공했으면 좋겠다.

민주적이고 자유로우며 합의에 의해 통치되는 한국은 그 존재 자체로 중국에 위협이 되는 동시에 우리 생애 최대의 위협에 맞서 싸우는 자유 국가들의 희망이자 보루(堡壘)다.

2024년 2월

그랜트 뉴섬

제1열도선과 제2열도선은 중국의 對美 군사 방어선을 뜻한다. 이런 이유에서 중국은 이 열도선 밖으로 인민해방군의 작전 수행 능력을 확장하는 것을 필수적으로 보고 있다. 만약 중국이 이 열도선을 넘어 전력을 확장할 수 있게 된다면 미국의 서태평양 지역 방어 태세는 무너질 수 있다.

1부

경고의 말

1장

중국,
방아쇠를 당기다

지금으로부터 1년에서 2년 전이다. 미국 (하와이 진주만) 애리조나 기념관 방문객 주차장 앞에 적힌 표지판은, '추후 공지가 있을 때까지 폐쇄'라고 적혀 있었다.

중화인민공화국은 전쟁, 즉 총격전을 시작했고 미국인들에게는 상황이 좋지 않다.

미국의 문제 중 하나는 중국이 싸우는 방식이다. 중국은 누군가가 예상한 대로, 그리고 그렇게 해야 하는 방식으로 행동하지 않고 있다. 기념관 정문에서 1마일(1.6km) 떨어진 기지에 정박해 있던 미 해군 잠수함이 2주 전 정체불명의 수중 폭탄에 의해 선체가 폭발, 침몰했다. 중국은 말을 아끼고 있다. 중국 관영언론은 미국 측의 오인 공격일 수 있다고 주장하고 있다.

얼마 후 (하와이) 히캄 공군 기지에서 미 공군 공중급유기 두 대가 폭발했고 근처에 서 있던 F-22 전투기도 폭발했다. 소셜미디어에 출처를 확인할 수 없는 정보가 확산된 가운데 일부는 기지에서 활동하던 '흑인의 목숨도 소중하다(BLM)' 운동가들이 이 사건들을 일으켰다는 주장을 제기했다.

연료를 가득 싣고 서태평양으로 향하던 해군 유조선이 진주만 입구에서 몇 마일 떨어진 곳에서 어선에 부딪혀 작동이 중단된 사건도 일어났다. 배의 호위함이 어선에 총격을 가했지만 이미 때는 늦었다. 중국어(만다린)를 사용하는 승무원들은 배의 통제력을 잃었다며 미국인들은 '불쌍하고 비무장한 어부들'을 살해한 살인자라고 부른다. 중국에 우호적인 해외 언론은 이런 주장을 메아리처럼 퍼 날랐다.

오늘 의문의 드론 떼가 샌디에이고 해군 기지를 빠져나가는 여러 척의 선박의 통신과 레이더를 무력화시켰다. 틱톡에서 활동하는 인플루언서들은 이 드론이 실제로는 외계인이라는 주장을 내놓고 있다.

이곳보다 더 서부 지역에서 들려오는 소식은 그다지 좋지 않다.

중국 외교부는 "타이완과 조국의 통일이 눈앞에 다가왔다"고 밝혔다. 중국 인민해방군이 타이완에 대규모로 상륙했다. 구체적인 내용을 파악하는 것은 어렵다. 통신이 마비됐고 일론 머스크의 스카이링크 네트워크는 작동하지 않았다.

미국인들은 타이완에 대한 전면적인 공격이 불가능하다고 생각한다. 하지만 시진핑(習近平)은 다르게 생각하고 있으며 이것이 중요한 문제이다. 중국 인민해방군의 전략가들은 시진핑에게 옵션을 제공한다. 지금 상황에서는 두 가지 옵션이 있는데 하나는 타이완을 봉쇄, 작은 섬 몇 개를 점령하여 타이완이 항복하도록 협박하는 것이다. 다른 옵션은 타이완에 대한 전면적인 공격을 감행하는 것이다.

시진핑은 두 번째 옵션을 선호한다.

현재의 타이밍은 우연이 아니다. 2024년 1월, 중국이 지지하는 후보가 타이완 총통 선거에서 패배하면 타이완이 평화롭게 중국에 편입되지 않을 것이 분명하다. 시진핑은 오랫동안 추구해온 '타이완과의 통일'이라는 목표에 자신의 명성을 걸고 있다. 이는 중국 역사상 그를 전설적인 '위대한 인물' 중 한 명으로 이름을 남기는 일이 될 것이다. 그는 조 바이든 대통령이 아프가니스탄에서 철수하길 원했던 만큼 타이완을 점령하고 싶어한다.

하지만 시진핑의 결정 시점은 미국 상황에 대한 중국인들의 이해를 반영한다. 중국은 주요 경쟁국인 미국이 상대적으로 약하고 국론이 분열된 상황이라고 판단한다. 미국의 경제는 엉망이고 인플레이션은 삶을 비참하게 만들며 국방 예산을 갉아먹고 있다. 국가의 절반은 나머지 절반을 절대적인 악마, 즉 반(半)파시스트로 생각한다. 폭동은 쉽게 일어나고 언론은 불을 지피고 있다.

미국 대통령과 현 행정부는 바쁘게 움직이고 있지만 그 누구도 중국을 두려워하지 않는다. 사실 그들 중 상당수는 중국 공산주의자들의 오랜 친구이다. 미국 행정부가 가장 원하지 않는 것은 전쟁, 더 정확히 말하자면 또 다른 전쟁이다.

중국인들은 이를 직설적으로 표현하는데, 미국인들의 의지가 부족하다는 것이다.

그렇기 때문에 중국의 생각은 왜 시간을 더 끌어 상황이 안정되는 위험을 감수하느냐는 것이다. 또 다른 행정부가 등장해 술 취한 선원과 같이 (국가예산을) 지출하는 것을 중단하고 중국에 맞서기 시작하면 어떻게 되느냐는 것이다. 예를 들어 트럼프 행정부는 강경한 태도를 보였다. 상황은 바뀔 수 있다. 트럼프 행정부 하에서 미 의회의 양당은 중국의 위협과 타이완의 중요성에 눈을 뜨기 시작했었다.

중국 입장에서 보면, 중국은 그 어느 때보다 강력하고 미국은 그 어느 때보다 약하다. 시진핑은 중국이 군사적, 정치적, 경제적으로 공격을 가할 수 있는 능력을 갖추고 있으며 군사, 정치, 경제가 혼란스러운 미국은 이를 막을 수 없거나 막지 않을 것이라고 믿고 있다. 미국이 그렇게 할 수 없다면 다른 누구도 그렇게 할 수 없을 것이다.

따라서 타이밍이 맞게 되면 어떻게 공격을 할 것인가가 문제이다. 러시아의 우크라이나 침공은, 단호하지 않은 정책은 효과가 없다는 것을 보여줬다. 모든 것을 총동원해 타이완을 물리적, 전자적으로 고립시킨 다음 미국과 우방(友邦)들이 타이완을 구하러 오는 것을 막는 방식이 (중국으로서는) 최선이다.

그들은 이를 기정사실처럼 제시하고 난 뒤 어깨를 으쓱하며 눈길을 피하고 평소의 상황처럼 돌아갈 것이다. 그렇게 중국은 공격하는 것이다. 강하게.

중국은 타이완의 인터넷을 차단하여 전세계가 무슨 일이 일어날지 모르게 하는 것부터 시작할 것이다. 이를 통해 인민해방군이 타이완 군대를 공격할 시간과 중국공산당이 타이완을 공격할 수밖에 없다는 이야기를 전세계에 퍼뜨릴 시간을 벌 수 있게 된다.

미국은 놀라움을 금치 못할 것이다. 미국 국방부는 중국의 군사력이 놀라울 정도는 아니더라도 인상적인 발전을 이뤘다는 것을 인정했다. 실제로 일부 미군 정보 장교들은 중국의 군사력 강화를 예견해왔다. 그들은 경종을 울렸지만 이를 심각하게 받아들이는 사람은 거의 없었다. 위험을 인식할 정도의 생각을 가진 사람들은 해고될 가능성이 높았다.

2015년 태평양 함대의 정보 책임자였던 제임스 파넬 대령은 중국이 전쟁을 준비하고 있다는 이야기를 공개적으로 언급했는데 이를 이유로 해고됐다. 오바마 행정부의 지시에 따른 결정이었던 것으로 알려졌다. 당시 사람들의 생각은, 위험이 존재한다고 하더라도 이런 상황은 몇 년 뒤에나 일어난다는 것이었다.

침공 가능성에 대한 가장 일반적인 반박이자 군부 측 생각의 핵심은 중국이 타이완 해협을 가로질러 상륙 공격 부대를 이동시킬 충분한 '리프트(함정)'가 부족하다는 것이었다. 중국 인민해방군이 가장 어려운 군사 작전으로 꼽히는 상륙 작전을 제대로 수행하기에는 역량이 부족하다는 지적도 나왔다.

미국인들은 중국이 상륙함과 바지선, 그리고 병력을 모으는 동안 충분히 알아차릴 수 있다고 생각했다. 하지만 중국의 상륙 작전 계획에서 대규모 재래식 상륙군은 증원군을 필요한 지역으로 신속히 수송하는 예비 병력일 뿐이다.

때가 왔다. 인민해방군이 타이완에 대해 행동에 나서게 됐다면 중국은 충분한 '리프트'를 갖춘 것이 된다.

주요 상륙 작전은 중국의 방대한 어선단(漁船團), 이른바 해상 민병대(화물 컨테이너 선박과 수륙양용 차량의 이동에 적합한 이중 목적의 민간 선박)에 의해 이뤄진다.

이것이 바로 중국이 제2차 세계대전 당시의 전차상륙함(LST)처럼 바닥이 둥근 민간 선박을 건조한 이유다. 물론 이는 승객의 편의를 위한 것은 아니다. 바닥이 둥근 배는 구토를 쉽게 유발한다. 하지만 이런 설계는 해변에 정박할 때 유용하다.

인민해방군은 거의 선 채로 움직여 누구도 반응하기 전에 해변에 도착하게 된다. 중국은 긴 해안에 병력을 파견하여, 이동이 많은 상업용 항로에서 동쪽으로 향하는 민간 선박에 가려져 사전 경고 없이 동시에 도착하기 위해 집결할 것이다.

이들은 인공 섬, 화물 컨테이너선, 크루즈 여객선에 마련된 기지에서 후속 부대를 실어나르게 된다. 어떤 경우에는 유람선에서 집라인(와이어를 타고 이동하는 방법)을 타고 바지선까지 내려간 후, 옆에 대기 중인 공기부양상륙정(LCAC)으로 건너가 타이완의 해변을 향해 속도를 높일 것이다.

수륙양용 전차가 해상에서 민간 선박을 통해 내려지거나 수로(水路) 횡단 선박에서 내려오는 사진은 수년 동안 수없이 많이 공개됐다. 하지만 너무나도 많은 전문가들이 그들이 보고 있는 것을 제대로 인식하는 것을 원하지 않아 왔다.

자체적인 아이언돔 형식의 방공망을 갖춘 수륙양용 공격은 중국이 타이완을 파괴하는 교향곡의 일부에 불과하다. 로켓과 미사일은 타이베이(台北)의 대통령궁(총통궁)을 파괴하고 다른 모든 정부 및 군사 시설을 공격할 것이다. 이와 동시에 민간 지역을 포격하여 충격과 공포를 줄 것이다. 방공 레이더와 미사일이 제거되면 대규모 공격용 드론이 추가 목표물을 무력화하고 헬기와 공수부대가 대규모로 출동하게 된다.

(밀수꾼의 쾌속정 등을 통해) 침투한 특수부대도 타이완 전역의 경찰서, 버스 정류장, 학교에 총격을 가하며 혼란과 공포를 일으키고 주의를 분산시킬 것이다.

중국 국가안전부가 좋아하는 가오슝(高雄市)의 주요 항구인 가오슝항은 (공격) 첫날부터 총 한 발도 쏘지 않고 중국인들에게 문을 활짝 열게 될 것이다. 항만 당국은 환영 현수막까지 내걸 수 있다.

가오슝은 수년 동안 조직 범죄로 물들어 있었다. 이는 중국 조직 범죄의 대부(代父)격인 중국 국가안전부가 사실상 (이 도시를) 통제하고 있다는 뜻이다. 지금 인민해방군 침략부대는 타이완에서 가장 큰 항구를 이용하고 있다. 창고가 마련돼 있고 보급품이 가득 채워져 있다.

타이완 사람들은 우크라이나 사람들이 아니다. 군대는 싸우고 대부분의 부대는 끝까지 자리를 지킨다. 하지만 100만 명에 달하는 예비군은 문서상의 병력일 뿐이며 한때 선전했던 민방위는 존재하지 않는다. 반격의 위험은 엄청날 것이다. 중국과 같은 침략자와의 싸움에서 침략자 대비 현지 인구 밀도 비율은 현저히 줄어들 수 있다. 중국처럼 인민해방군 한 명의 전사자가 발생하면 민간인 100명을 살해할 의사를 갖고 있다면 말이다. 히틀러는 이를 프랑스에서 증명했다.

조국을 수호하고 싶어 하는 시민들조차 무엇을 어떻게 해야 할지 모를 것이다. 미국과 타이완은 한자리에 모여 나란히 훈련하거나 중국의 공격을 어떻게 물리칠지에 대한 계획조차 세운 적이 없다. (미국) 해병대는 타이완에 상륙한 적도 없다. 이 문제에 대한 이야기가 자주 나왔지만 국무부는 이를 항상 거절했다. 중국의 공격이 있은 후에도 이는 마찬가지였다. 너무 도발적이고 (상황이) 고조될 수 있다는 생각이었다. 중국을 기쁘게 할 수도 있다는 희망에 미국은 40년간 타이완의 군대를 고립시켜왔지만, 이는 빈손의 결과로 이어졌다. 중국인들은 기쁠 것이다.

미국은 어디에 있는가?

중국은 일본, 괌, 하와이에 있는 미군 기지에 인민해방군 로켓을 발사하지 않을 것이다. 이는 미국과 일본의 결의를 자극할 수 있다. 중국은 미국이 중국에 대해 이야기했던 것처럼 미국과의 전면전 가능성을 여전히 열어두고 있다.

결정적 시간을 잃은 미국 행정부는 무기력한 어린아이처럼 와플을 먹으며 징징거리고 있다. 대통령이 마지못해 지원에 대한 청신호(또는 더 가능성이 높은 신중한 적색신호)를 주면 중국은 미국의 결의를 완전히 확인하고 미군을 상대로 일을 시작, 미군을 약화시킬 것이며 중국은 어느 누구도, 특히 미국이 자국의 내부적 문제에 간섭하는 것을 허용하지 않을 것이라는 점을 분명히 밝힐 것이다.

필리핀에서는 미국 해병대가 루손 북부와 필리핀과 타이완 사이의 바시 해협에 있는 섬들에 새로운 '연안 부대' 몇 개를 급파했다. 새로운 인민군 게릴라들과 그들의 중국인 고문들은 중국 함정에 대한 대함(對艦) 미사일을 배치할 기회를 얻지 못한 미군을 기다리고 있다. 용감한 사람들이 있기는 하지만 그것이 전부이다.

구축함과 연안전투함(LCS) 두 척이 서둘러 싱가포르의 셈바왕 해군 기지를 떠나 남중국해를 통해 북쪽으로 향했다. 인민해방군 소속 해군 유도 미사일 초계함이 100마일 밖에서 몰려와 이를 침몰시키게 된다. 미국 함정의 대함 순항 미사일은 사거리가 75마일에 불과하다. 중국은 생존자를 찾으려 애쓰지도 않는다. 다른 누구도 마찬가지다. 그 지역은 과열된 지역이라 할 수 있다.

중국이 조용히 전장(戰場)을 준비하는 동안 넓은 범위의 대함 및 대공 무기 체계가 강력한 방패 역할을 하게 된다. 중국의 비정규군 어선들은 감시와 교란 행동을 동시에 가하고 있다. 이름만 상륙함일 뿐 실제로는 항공모함 격인 미국의 아메리카함은 F-35 스텔스 전투기 24대를 싣고 괌에서 출발해 호위함 세 척과 함께 타이완을 향해 이동하게 된다.

중국군은 경계 태세를 갖추고 있다. 레이더에 작은 배 몇 척이 포착되지만 어선으로 확인된다. 미군은 중국 해군 함정을 발견하지 못한다. 시속 1200마일로 날아오는 대함 미사일 수십 발을 발견했을 때는 이미 늦었다. 아메리카함은 불타고 결국 침몰하게 된다. 호위함 한 척 역시 폭발하여 침몰한다.

오키나와 카데나 공군기지에서 출발한 미군 항공기 몇 대는 분석가들이 무슨 일이 벌어지고 있는지 파악하기도 전에 (중국) 어선의 보이지 않는 이빨에 갈기갈기 찢어진다. 인민해방군은 카데나를 공격할 필요도 없이 그곳에서 남쪽으로 향하는 전투기만 공격하면 된다.

장군과 제독들은 미국이 타이완 군대를 지원하기에는 어선 함대, 공중, 본토에 숨겨져 있는 인민해방군의 비밀 화력이 너무 많다는 것을 금방 깨닫게 된다.

일본 항구에서 출항하는 미군 함정은 (중국) 어선 함대의 뒤를 따라 마술처럼 나타나는 스마트 기뢰(機雷), 계류 기뢰, 표류 기뢰와 마주치지만 누가 설치했는지는 아무도 증명해낼 수 없다. 이것은 마치 건틀렛(注: 중세시대 갑옷의 손 가리개)과 같으며 서태평양에 있는 군인은 미군만이 아니다.

미국 서부 항구에서 출항하는 미 해군 함정들이 화물선과 어선에서 발사된 컨테이너형 대함 미사일의 포격을 받고 있다. 중국은 소위 상업용 선박을 준비했고 수년 동안 미 해군을 추적하는 데 사용해왔다.

그리고 상황은 더욱 악화된다. 미군이 물러서지 않자 중국 인민해방군 특수부대가 하와이, 괌, 그리고 일본 본토에서 작전을 수행한다. 히로시마 인근 이와쿠니 해병대 기지의 주요 경로에서 중국과 야쿠자의 자금으로 건설된 태양열 발전소에서 발사된 지대공 미사일(SAM)이 미 해병대와 미 해군 전투기를 격추한다. 도쿄 인근 요코타, 미사와 등지에서도 같은 일이 벌어진다. 일본 정부의 우려는 타당했다.

중국인들이 미국과 일본 기지 근처에 부동산을 구입하는 것에 대해 걱정한 것 역시 옳았다. 미국인들에게 더 나쁜 소식은 미국 핵잠수함 두 척이 사라지는 것이었다. 이 잠수함들은 미국의 에이스였지만 중국이 대규모 어업용 소노부이(注: 음향 탐지기를 부착, 어군 탐지 등에 사용)를 통해 태평양 지역 방어를 효과적으로 수행하게 된다.

미국의 친구들은 어떤가?

일본의 상황은? 중국은 일본에 물러서라는 메시지를 은밀하게 전달한다. 일본이 물러서지는 않을 테지만 일본 해상 자위대에 미국을 지원하도록 명령하는 것 외에는 무엇을 해야 할지 모를 것이다.

일본 육상 자위대 상륙 전개 여단은 남부 섬으로 이동하지만 총을 쏘지는 않는다. 명령은 끝까지 내려지지 않으며 중국도 대응의 방아쇠를 당기지 않기 위해 충분히 멀리 떨어져 대기한다. 일본 해군은 독자적으로 출동하여 최선을 다한다. 항공 자위대는 일본 영공 안에서 화를 내며 비행하게 된다. 하지만 일본 행정부는 필요한 조치를 취하지 않았다. 중국이 타이완을 공격해도 일본은 효과적으로 대응하지 못한다. 정부는 몇 주에 걸쳐 법적으로 공격이 가능한지 논쟁을 벌인다. 이 법적 요건을 끝까지 결정내리지 못한다.

한편, 오랫동안 중국의 은밀한 자금 지원을 받아온 오키나와 독립 운동가들이 나하에서 거리에 나서고 도쿄에서는 느닷없이 막대한 자금을 지원받은 평화 운동이 시작된다.

필리핀 북부에서 작전 중인 인민해방군 헬기가 대함 미사일을 사용해 타이완 남부 주변에서 작전 중인 미군과 타이완 해군의 함정을 어려움에 부닥치게 한다. (필리핀 북서부) 일로코스노르테주 주지사는 중국의 하수인이며 이 지역에서 수십 년 동안 활동해온 새로운 인민 게릴라군 역시 마찬가지다.

호주인들은 도움을 주려 하지만 남서(南西) 태평양 지역에서 북쪽으로 이동하는 과정에서 미국인들과 마찬가지로 중국 어선과 마주쳐 배와 항공기, 인명을 잃게 된다.

중국의 친구들은 어떤가?

그렇다, 중국은 친구들을 일부 갖고 있다. 중국이 타이완을 공격하는 동안 여러 방향에서 엄호 사격을 지원받게 된다.

북한은 수십 년 동안 생명을 유지시켜준 중국에 보답을 하게 된다. 한국의 수도인 서울에 미사일 몇 발을 쏘는 것은 적절한 교란 행위가 될 것이다. (북한이) 전면전 등을 펼쳐 미국으로 하여금 핵무기를 사용하는 것을 고려하게 만드는 것은 중국이 원하는 것이 아니다. 서울로 발사되는 미사일 몇 발, 재래식 미사일 몇 발이면 충분하다. 몇 발을 도쿄로 쏘는 일도 이어질 수 있다.

러시아는 우크라이나 침공 당시 지원해준 중국에 보답하게 된다. 두 강대국은 푸틴이 공격을 가하기 전에 제한 없는 파트너십을 체결한 바 있다. 러시아가 침공한 뒤 중국 관리들은 언론에 러시아를 비판하지 말라고 명령했다. 중국이 타이완을 공격하게 되면 러시아 역시 똑같이 할 것으로 예상했기 때문이다. 러시아는 일본을 위협해 행동에 나서지 못하게 하고 미국을 압박할 것이다. 러시아는 발트해에서 기회를 엿볼 수도 있다.

중국의 새로운 우방국인 이란은 호르무즈 해협을 폐쇄, 세계 석유 흐름을 상당 부분 차단하고 사우디아라비아와 이스라엘을 향해 미사일을 발사하게 된다. 미국에는 필요 없는 일이다. 미국 본토에서 더 가까운 쿠바와 베네수엘라에 러시아와 중국 군대는 미국을 겨냥한 장거리 미사일을 배치하게 된다. 또 한 번 주의를 분산시키는 것이다.

인도가 도와줄 것이라고 기대해서는 안 된다. 중국이 (인도) 북쪽 국경에 대한 움직임을 보였기 때문에 바쁜 상황이다. 한편 아르헨티나는 포클랜드에 눈독을 들이게 된다.

중국은 미국 내에도 친구가 있다. 미중(美中) 무역 전국위원회는 폭력과 인명 피해를 규탄하는 성명을 발표하고 양국 간의 비즈니스 관계에 해를 끼칠 수 있다고 경고하게 된다. 월스트리트의 주요 기업 여섯 곳의 회장들도 비슷한 내용의 공동서한에 서명하며 모든 당사자의 자제를 촉구한다.

월스트리트의 저명 인사들이 백악관을 방문하여 미중 관계 회복을 위한 조치를 취하지 않으면 경제가 악화되고 기부금이 줄어들 수 있다고 말한다. 이것이 무엇을 의미하는 것인가?

중국의 '국내 문제'를 둘러싼 상황에 개입하지 않고 회담을 열도록 하자는 중국의 제안을 받아들이는 것이다. 즉, 타이완을 포기하고 이를 잃었다고 받아들이며 미래를 바라보자는 것이 된다.

미국 행정부는 과부하 상태다

세계적으로 번진 테러와의 전쟁 당시 서아프리카 니제르에서 네 명으로 구성된 미군 특수부대 팀이 테러리스트에 의해 사망한 바 있다. 이는 국가적 재앙이었고 의회는 청문회를 열었다.

아메리카 상륙함에 대한 공격으로 1000명이 넘는 미 해군과 해병대원이 숨지고 다른 곳에서도 사망자 수가 늘어나고 있다. 제2차 세계대전을 치른 '가장 위대한 세대'는 이 모든 것을 알고 있었고 제1차 세계대전을 기억했음에도 20여 년 정도 뒤 이들이 바칠 수 있는 모든 것들, 그리고 그 이상(以上)을 바쳤다.

2020년대의 미국인들은 어떨까? 그렇지 않을 것이다. 현대 미국인들은 트위터에 올라오는 비열한 댓글에 화를 낸다. 그들은 미국의 개입이 인종차별적 식민주의에 불과하다는 내용의 틱톡 동영상을 끊임없이 접하고 있다. 이들에게 있어 물러서는 것은 전혀 나쁜 행동이 아니다. 오히려 미덕의 표시인 것이다.

미국이 여태까지 개입하게 된 전쟁으로 인한 전투는 피비린내 났고 길었으며 미국만이 막대한 비용을 부담하게 됐다는 기사들이 쏟아져 나올 것이다. 중국공산당 영자(英字) 기관지인 차이나데일리는 미국이 중국의 내정에 계속 간섭한다면 핵무기로 스스로를 방어할 권리가 있다는 내용의 기사를 쏟아낼 것이다.

이는 미국 행정부 입장에서는 집무실과 결단의 책상 밑에서 아이처럼 웅크리게 되는 일이 된다. 타이완은 어떤 도움도 없으리라는 것을 깨닫게 된다. 타이완은 일부 조건을 제시하고 포기하게 될 것이다. 그럼 바로 나머지 아시아 국가들이 다음과 같은 사실을 깨닫게 된다. 미국이 2300만 명의 자유 시민을 자유롭게 지켜주지 못한다는 것을 말이다. 미국의 군사력으로도, 경제력과 재정력으로도 그렇게 할 수 없다. 미국의 핵무기도 중요하지 않다.

하지만 미국은 곧 타이완이 끝이 아니라는 것을 깨닫게 될 것이다. 타이완은 시작에 불과하다는 것이다.

다음엔 어떤 일이 벌어질까?

중국은 타이완에서 멈추지 않을 것이다.

타이완에 대한 통제는 소위 국가적 자존심보다 훨씬 더 중요한 문제다. 중국공산당이 타이완에 대해 상처받은 자존심을 드러내는 것은 부분적으로 항상 프로파간다적 쇼였다. 이는 곧 분명해질 것이다. 앞으로 일어날 일을 이해하려면 지금부터 시작하여 왜 타이완이 중국의 진정한 야망을 달성하는 데 필요한 출발점인지 살펴봐야 한다. 중국이 목표를 달성하고 미국을 태평양에서 몰아내려면 우선 일본 남쪽에서 타이완과 필리핀을 거쳐 인도네시아와 말레이시아로 이어지는 제1열도선(중국의 대미·對美 군사 방어선)을 넘는 지역에서 군사력을 확보해야 한다.

중국의 입장에서 보면 제1열도선과 그 안에 있는 좁고 방어하기 쉬운 몇 개의 해협은 서태평양으로 향하는 길을 차단한다. 미국과 동맹국이 원한다면 대함 미사일과 대공 시스템으로 무장하고 공군과 해군, 잠수함의 지원을 받는 미국 군대가 중국 군대를 제1열도선 내부에 묶어두는 것은 어려운 일이 아닐 것이다.

중국이 역사상 가장 크고 빠른 속도로 국방력을 증강했고 경우에 따라서는 미군과 맞먹을 수도 있지만 중국군이 제1열도선을 뚫지 못한다면 아무 소용이 없다. 중국은 수십 년 동안 이 사슬을 끊기 위해 노력해왔다. 약한 고리는 어디일까? 일본 류큐 열도? 일본인과 중국인들이 서로에 대해 어떻게 생각하는지를 고려하면 그럴 가능성은 없다. 일본은 결국 싸움에 나설 수도 있기 때문이다.

필리핀? 필리핀의 지리와 정치는 너무 복잡하다. 많은 필리핀 사람들은 중국이 이미 필리핀 영해(領海)를 점령한 데 분노하고 있으며 중국은 다른 곳에서도 주기적으로 무력 행사에 나서고 있는데 그 과정에서 필리핀인들에게 모욕감을 주고 있다.

이런 상황은 타이완만을 남긴다. 인민해방군과 중국공산당 지도자들에게 매력적인 선택지가 될 것이다. 타이완은 제1열도선 한가운데에 자리잡고 있다. 타이완을 점령하면 중국은 인민해방군을 봉쇄하는 미국 및 동맹국의 제1방어선 한가운데에 있는 거점을 확보하는 것이 된다. 성벽이 무너지는 일을 상상해보라.

타이완을 점령한 뒤에는 다음과 같은 일이 일어날 것이다. 타이완의 비행장과 항구를 통해 인민해방군은 자유롭게 이동하고 서태평양과 그 너머로 사거리를 확장할 수 있다.

타이완이 중국의 통제하에 들어가면 중국은 일본의 남부 방어선에서 더 큰 영향력을 행사할 수 있다. 인민해방군의 잠수함, 함정, 항공기는 일본을 둘러싸고 있는 일본의 주요 섬들의 동쪽에서 정기적으로 작전을 수행할 수 있게 된다. 그러면 인민해방군은 동중국해를 장악하고 일본의 해양 및 섬 영토를 점령할 수 있다. 사실 중국은 류큐 열도 전체가 중국에 속한다고 주장하고 있다. 이는 오키나와 및 다른 일본 내 기지에서 작전하는 미군의 역량을 크게 약화시킬 것이다.

인민해방군 전략가들은 더 큰 그림을 염두에 두고 있다. 이들은 항상 전체 지도를 보고 있다. 인민해방군은 타이완을 기점으로 중앙 태평양에 있는 미국의 핵심 방어선으로 돌격하여 남서태평양과 남태평양으로 나아갈 것이다.

중국은 솔로몬 제도를 포함하여 이 지역 전역에 이름만 대면 알 수 있는 기지들을 보유하고 있다. 이런 기지를 통해 중국은 호주를 심각하게 봉쇄할 수 있다. 일본은 1941년에 이를 이해했지만 실행에 옮기지 못했다. 중국은 30년간의 정치 전쟁, 경제 및 상업적 진보, 물리적 존재감을 통해 기반을 다져왔다.

중국의 관심은 중앙 태평양에서 멈추지 않는다. 인민해방군은 하와이 동쪽과 미국 대륙 서부 해안에서 작전을 수행하기 위해 움직이고 있다. 그리고 중국에 우호적인 좌파 정부가 집권한 중남미 서해안 지역과의 관계를 강화하고 이른바 무역 루트를 넓히고 있다.

타이완은 전략적인 지리적 요충지이다. 타이완을 점령하는 것은 인민해방군과 중국에 훨씬 더 큰 일을 하기 위한 전제 조건이다. 중국이 타이완을 점령하면 일본을 제외한 아시아의 모든 국가, 심지어 호주까지도 중국과 최대한의 거래를 하게 될 것이다. 아시아 태평양이 붉게 물들 것이다. 나머지 세계도 마찬가지이다. 이는 시작에 불과하다.

미국의 영혼을 파괴하다

중국의 타이완 점령 이후의 파괴와 정복은 끔찍해 보이지만 먼 훗날의 일처럼 보일 수 있다. 하지만 중국은 그에 못지않게 중요한 또 다른 전장에서도 싸우고 있으며 승리하고 있다. 우리가 이 전쟁에서 패배하면 이는 가족들, 지역사회, 나아가 미국의 영혼이 파괴되는 결과로 이어질 수 있다.

중국공산당이 군사력 강화에 막대한 자금을 투입하고 엄청난 노력을 기울인 것처럼, 중국은 싸우겠다는 우리의 의지, 우리를 지켜내겠다는 의지 역시 파괴하기 위해 자금을 붓고 노력해왔다.

주요 목표는 바로 미국인의 정신이다. 당신들의 마음이다. 그리고 더 무서운 것은 당신이 사랑하는 바로 그 사람들의 마음이다.

2장

미국 내
전선(戰線)

중국이 타이완 점령을 시작하는 현재, 미국의 평범한 가정집 식탁에서는 어떤 일이 일어나고 있을까? 저녁 식사를 하는 가족을 상상해보라. 이미 조리된 음식을 사서 전자레인지에 돌리는 상황이다. 부모는 아쉬워하지만 어쩔 수 없다. 부모는 각각 두 개의 서비스 관련 직업을 갖고 있어 집에서 제대로 된 음식을 만드는 건 휴일에나 가능하다.

세 명의 10대 자녀, 남자아이 두 명과 여자아이 하나가 모두 식탁에 앉아 있어야 하지만 두 명만 앉아 있는 상황이다. 둘째인 16세 아들은 아직 집에 돌아오지 않았다. 이런 일은 자주 일어난다. 부모는 이 아이가 집에 머물도록 하는 노력을 오래 전에 중단했다. 아이에게 더 나은 미래를 위해 지금 열심히 노력해야 한다는 희망을 어떻게 전해줘야 할지 모르고 있다.

이곳은 한때는 공장으로 이뤄진 지역이었지만 일자리는 오래 전 모두 중국으로 떠나버렸다. 부모와 아들은 모두 그가 고등학교를 졸업하더라도 그의 부모처럼 매장 선반에 물건을 채우는 일이나 햄버거를 서빙하는 일이라도 잡으면 운이 좋은 것이라는 점을 알고 있다. 부모가 할 수 있는 최선은 아들이 마약 문제에라도 휘말리지 않도록 하는 것이다.

14세 딸과 17세 아들은 저녁 식사를 하며 휴대폰을 들여다보고 있다. 어머니도 마찬가지다. 아버지는 가족들을 바라보며 누군가와 눈이 마주치기를 바란다. 그는 평소와 마찬가지로 영혼 없는 건물에서 무정(無情)한 상사(上司)들을 위해 머리를 전혀 쓰지 않는 일을 하며 하루를 보냈다. 그는 그가 왜 이런 일을 하고 있는 것인지 이야기를 나누고 싶지만 무슨 말을 해야 할지 모르고 있다.

대화는 보통 지뢰밭과 같다. 지난주에 그는 딸에게 경제학 수업에서 무엇을 배우고 있는지를 물었는데 곧바로 자본주의는 악(惡)이며 문제는 "제대로 된 공산주의가 시도된 적이 없다는 것"이라는 답을 들었다.

그는 논쟁을 하지 않기로 했다. 집에 돌아온 딸이 (미국) 건국의 아버지들이 도덕적으로 실패했다며 마오쩌둥과 같은 다른 국가 지도자들이 많은 사람들을 가난에서 구해줬다고 말했을 때 어떤 상황인지 알 수 있었기 때문이다.

아버지는 딸에게 마오쩌둥 역시 자국민 수천만 명을 죽였다고 말했다. 딸은 아버지를 학교 선생님에게 일렀다. 학교는 딸아이의 아버지가 학교 회의에 참석하지 못하도록 했고 이런 기록은 그가 앞으로 일자리를 지원하는 고용주들이 영구적으로 확인할 수 있게 됐다.

유일한 위안은 딸이 아버지를 신고함으로써 딸 자신의 기록에 가산점을 받아 졸업 후 공무원직을 얻을 가능성이 높아졌다는 것이었다.

갑자기 아들이 똑바로 앉더니 휴대폰을 들어 보이며, "아빠 이것 좀 봐요"라고 한다.

아버지는 작은 화면에 나오고 있는 영상이 무엇인지 바로 알아차렸다. 그는 해병대에서 복무했으며 태평양 지역에 파병된 적이 있었다. 그는 신앙의 자유 문제로 인해 아무런 혜택도 받지 못한 채 제대했지만 여전히 해병대에 친구들이 많이 남아 있다. 그는 해당 지역의 뉴스를 확인하고 있다. 모든 사람이 마찬가지다. 중국이 타이완을 공격한 이후부터 말이다.

아들의 휴대폰 영상에 찍힌 남자는 실종된 해병대원들이다. 영상은 선명하다. 스무 명의 미 해병대원이 카메라를 향해 일렬로 서 있다. 피곤하고 음침하며 면도도 하지 않았다. 무장도 하지 않았으며 머리에 손을 얹고 있다. 어느 누구도 두려운 표정을 짓는 사람은 없었고 분노에 가득 찬 표정이었다. 영상에 소리는 나오지 않았다.

약 30초 후, 그들은 총에 맞고 바닥에 쓰러진다. 동양인으로 보이는 두 남성이 카메라 앞으로 다가와 이 해병대원들 머리에 총알을 박아 넣는다. 아직 살아있던 일부 해병대원들은 경련을 일으키며 죽는다. 영상은 그렇게 끝난다. 아들은, "아빠 어떻게 생각하세요"라며 "조작된 영상인 것 같은가요"라고 묻는다.

아버지는 답을 하지 않는다. 그는 생각에 잠긴다. 그는 속이 메스

껄고 역겹다는 생각이 든다. 필리핀 루손 북부 해안의 작고 텅 빈 섬에 있던 40명의 미 해병대 소대가 사라지게 된 것은 얼마 되지 않는다. 그렇게 될 상황이 아니었다. 오키나와에 주둔한 제3연대 해병대들은 이른바 대기 병력의 일부였다.

이는 소규모 해병대 부대를 제1열도선 전역(戰域)에 배치하려는 전임 사령관의 계획이었다. 해병대는 중국 함정의 움직임을 감시하고 인민해방군 해군이 움직일 경우 장거리 대함 미사일을 발사하는 임무를 맡았었다.

이 해병대 부대는 필리핀 북부와 타이완 최남단 사이에 있는 약 100마일 길이의 바시 해협을 주시하고 있었다. 중국이 타이완을 공격할 경우 바시 해협을 통과해야 했기 때문이다.

오키나와에 있는 미 해병대 사령부는 해당 부대와 연락을 시도했다. 당황하지는 않았지만 걱정은 되는 상황이었다. 때때로 통신이 두절되기도 한다. 필리핀의 신(新)인민군 게릴라들이 어디에서 발생했는지는 밝히지 않은 채 루손 전선에서 미국 스파이 부대를 제거했다고 발표했다. 아무도 눈치채지 못한 것은 놀라운 일이 아니었다.

이틀 뒤, 중국 인민해방군이 타이완을 공격한다. 타이완이 외부로부터 단절됐음에도 공격에 대한 세부 내용이 퍼지기 시작했고 아버지는 오랜 해병대 친구들로부터 최대한 많은 이야기를 들으려 했다. 그들에 따르면 첫 24시간이 지난 후 2만 명의 무장된 인민해방군 병력이 해변에 상륙했다. 중국식 표현을 빌리자면 '해방(解放) 지역'을 점령했다는 것이었다.

바시 해협을 엄호하고 있는 미 해병대를 제거하는 일은 필요했고 이는 그다지 어렵지 않은 일처럼 보였다. 앞서 본 영상은 조작된 영상이 아니었다. 여자 해병대원들은 해변에 도착하기 전에 사라져버렸고 비무장한 남성 대원들은 처형됐다. 이 영상은 일종의 메시지를 주기 위해 유포된 것이었다. 인민해방군은 프록시 세력인 필리핀의 게릴라 부대를 사용했다. 미국 언론 내 친(親)중국 세력들은 정보를 불투명하게 만들 수 있었다. 하지만 미국은 현재 일어나고 있는 일이 무엇을 의미하는 것인지 정확히 알고 있었다. "우리의 길을 방해한다고 판단되면 죽일 것이고 운이 좋으면 목숨을 빨리 끝내줄 것"이라는 것이다.

인민해방군이 타이완에 상륙한 상황에서 미국 워싱턴은 무엇을 해야 할지 결정을 해야 한다. 아버지는 대통령의 성명을 기다렸지만 공식 성명은 나오지 않고 있다. 타이완에 대한 미국의 오래된 전략적 모호성에 대해 워싱턴에서는 많은 논쟁이 있었음에도 미국이 타이완을 방어할 것인지 여부는 여전히 불확실하다.

의회와 TV 방송에서 논쟁이 벌어지기 시작했다. 어떤 사람들은 미국이 즉시 타이완을 구하기 위해 전력을 다해야 한다고 주장한다. 다른 이들은 좀 더 세부적인 접근 방식을 취해야 한다고 한다. 또 다른 이들은 타이완은 중국과의 핵전쟁 위험을 감수할 정도의 가치가 없다고 주장한다.

아버지는 며칠 전 저녁 식사 자리에서 타이완 침공 이야기를 꺼내려고 했다. 그의 딸은 타이완이 '중국의 나머지 지역과 다시 합쳐지는 것은 '당연한 일'이라고 당당히 말했다. 아들은 주로 공격 과정에서 나타나는 자극적인 영상에만 관심을 보이며 어떻게 촬영된 것인지를 궁금해했다. 어머니는 문제가 되는 발언이 나올 것을 우려해 대화 주제를 바꾸고 싶었다. 결국 어머니가 이날 승리했고 대화 주제는 가족이 강아지를 키울 수 있을지 여부로 바뀌었다.

해병대원들이 살해되는 영상이 공개된 가운데, 미국 전역에서 이 가족의 상황과 비슷한 일들이 벌어졌다. 아버지는 가족을 바라본다. 그의 딸은 관심이 없어 보인다. 아들은 영상을 한 프레임씩 훑어보며 이상한 그림자나 불빛이 있는지를 찾아내고는 조작된 영상이라고 당당하게 주장한다. 어머니는 설거지를 시작한다. 아버지는 워싱턴이 행동에 나서지 않으면 이 모든 것은 비극적 종말로 향할 것이라고 생각한다.

2주 후

타이완에서의 중국의 잔혹한 행위에 대한 보도가 소셜미디어에서 가짜뉴스인 것처럼 반복적으로 표시되고 이를 퍼뜨린 사람들의 계정이 취소되며 미국 정부가 타이완 문제와 관련해 무언가를 해야 한다는 목소리는 줄어들게 됐다.

주요 신문의 일부 칼럼니스트들은 진짜 악당은 중국이 아니라 필리핀이며 미국은 필리핀 문제와 관련해 중국의 도움이 필요하다고 주장하기 시작한다.

미국 행정부는 우왕좌왕했지만 결국 국방부는 대규모 기자회견을 열고 실질적인 조치가 취해지고 있다고 발표한다. 하지만 이를 공개적으로 논의하기에는 너무 민감한 사안이라고 한다

아버지는 아직 해병대에 복무 중인 친구들로부터 미국이 마셜제도, 몰타, 파나마 국적의 화물선과의 충돌로 여러 척의 선박을 잃게 됐다는 소식을 듣게 된다. 요코스카 해군 기지에서 출항한 미 7함대 함선들에도 비슷한 일이 벌어졌다. 이런 사실은 뉴스에 거의 보도되지 않았고 중국은 침묵으로 일관한다.

아버지는 친구들로부터 미군이 기지로 복귀하고 있다는 소식을 듣는다. 미국은 치열한 선거를 앞두고 있다. 2020년 여름 때처럼 미국 주요 도시에서 좌파들의 폭동이 발생했다. 그의 딸은 저녁 식사 자리 거의 내내 폭도들의 행동을 옹호하는 이야기를 꺼내놓는다.

잘못된 씨앗 등으로 인해 미국 농작물 수확에 문제가 있다는 소문이 돌고 있다. 하지만 중국 국영 농장들이 미국 중서부 지역에서 운영하는 농장 작물들에는 영향을 끼치지 않고 있는 것 같다. 이런 곳에서 수확된 작물은 즉시 수출되고 있기 때문인데, 식료품 가격은 급등하고 있다. 어머니는 대형마트 점원이라는 세 번째 직업을 구할 계획이다.

미국은 타이완을 구하기 위해 행동할 의지가 없을 뿐만 아니라 그럴 역량마저 없다는 것을 깨닫는다. 무엇보다도, 많은 언론인들에 따르면 중국과의 전쟁에 대한 여론이 좋지 않다는 이야기였다.

아버지는 24명의 젊은이들이 머리에 총을 맞는 것을 지켜본 지 한 달 후, 딸과 부인과 함께 다시 저녁 식탁에 앉았다. 두 아들은 다 집에 들어오지 않았다. 둘째 아들은 여동생이 좋아할 만한 마오주의 시위대에 합류했고 첫째 아들은 이들 시위를 촬영하기 위해 따라나섰다. 역동적인 영상을 촬영하면 금방 부자가 될 수 있을 것이라는 희망 때문이었다.

아버지의 전화기가 울린다. 이는 매우 드문 일이다. 그는 친구들과 어울릴 시간이나 에너지가 없는 상황이다. 아버지의 옛 해병대 동료의 전화였다. 그가 이런 이야기를 들은 것일까? 타이완의 민주주의 정부는 (외부로부터) 도움이 오지 않을 것임을 깨달았다. 공식적으로 항복한 것이었다.

일본과 호주를 제외한 나머지 아시아 태평양 지역 국가들은 조용히 중국에 손을 내밀었고 여러 나라 역시 역내(域內)의 화합을 기대한다는 성명을 잇달아 발표했다.

1990년 미국은 냉전에서 승리했다. 그러나 이제 미국은 실제 전쟁에서 패배했다. 타이완을 잃은 미국은 아시아에서 끝나게 됐다.

완전히 새로운 세상이 눈 앞에 펼쳐진다.

아버지는 전화를 끊고 식탁에서 일어나 창가로 걸어간다. 아버지는 시내의 시위대가 붉은 불빛을 쏘는 것을 바라본다.

그는 누가 (과거와 지금의) 차이점을 알아차릴 수 있을지 궁금해한다. 중국은 타이완에 첫 미사일을 발사하기 훨씬 전부터 미국을 내부에서 철저하게 파괴하고 그의 가족을 파괴했다. 이제 이를 더욱 공개적으로 할 뿐이다. 중국공산당이 미합중국을 이긴 것이었다.

뒤에 있던 딸이 흥분한 목소리로 숨을 몰아쉬며 친구에게 전화하는 소리가 들린다. "어 난데, 그거 알아? 엄청난 일인데 중국이 방금 타이완을 해방시켰어!"

이런 일은 생길 필요가 없었다

미국은 여전히 충분한 군사력과 전투력을 심적(心的)으로는 갖추고 있다. 우리는 중국에 온갖 해를 끼칠 수 있다. 타이완을 직접 구하는 일에는 대가가 많이 들겠지만 전장(戰場)을 확대하고 중국의 모든 무역과 식량 및 에너지 수입을 차단하는 등 세계적인 싸움으로 만들 수 있다. 만약 그렇게 된다면 중국공산당은 큰 곤경에 처할 것이다.

이 가상의 미래에서 미국의 싸움을 멈추고 실제로 싸우는 것을 막은 것은 우리를 막고 있는 것과 똑같은 것들이다. 백악관으로부터 실행 명령이 내려지지 않는 것이다.

세계 최강의 군대가 무너졌다. 군사적 패배뿐만 아니라 정신적 패배이기도 했다. 도대체 어떻게 이런 일이 일어났을까? 이 모든 일은 조금씩, 그리고 한 번에 진행됐다. 30년에 걸쳐 일어났고 이를 소수가 깨달았을 때는 너무 늦었었다.

무엇을 해야 할지 알기 위해서는 어떻게 이런 일이 일어났는지, 우리가 지금 처한 상황이 어떤 것인지, 싸우지 않는다면 어떤 방향으로 향하게 될 것인지를 먼저 이해해야만 한다. 어떻게 해야 하는지 설명해보려 한다.

볼티모어에서부터 시작해보자.

2부

중국이 앞서고 있는 전투

3 장

전쟁의 증인:
볼티모어 전장

볼티모어에 지내는 내 오래된 친구는 그가 살던 도시가 과거에 어땠는지, 그리고 지금 현재는 어떤 모습인지를 내게 설명해줬다.

〈나는 스패로우즈 포인트(注: 볼티모어 인근 대규모 제철소 및 조선소 부지), Armco 제철소, 메릴랜드 드라이 독(건식독), 로크 인슐레이터스를 기억한다. 내가 어렸을 때 동네 남성들은 모두 스패로우즈 포인트에 있는 GM 공장, 제철소, 조선소에서 일했다. 스패로우즈 포인트는 디즈니 월드와 같았다. 이 사람들은 열심히 일하고 볼링 리그에서 뛰고, 아이들을 키우고, 교회도 다니고, 은퇴한 뒤 적당한 연금을 받으며 노후를 보냈다.

18세 당시 나는 볼티모어 남동부의 작은 동네 술집에서 새벽 6시부터 오후 1시까지 바텐더로 근무했다. 스패로우즈 포인트, GM, 그리고 다른 모든 공장은 3교대 근무를 했다. 밤 11시부터 오전 7시까지 일한 야간조 근무자들은 정말 대단했다. 퇴근해 맥주 몇 잔(생맥주 한 잔당 25센트)을 마시고 핫도그를 먹고 다트를 던지고 집에 가 잠자리에 들곤 했다. 술집은 스패로우즈 포인트에서 동네를 논스톱으로 운행하는 버스 노선상에 있었다. 아무도 차를 타고 출근하지 않았었다.

내 아내는 사우스 볼티모어 종합병원(現 하버 병원)에서 인턴십과 레지던트 과정을 마쳤다. 우리 아들들도 그곳에서 태어났다. 나도 그 병원에 환자로 몇 번 간 적이 있었다. 병원에서는 항구에 정박해 있는 배들을 바라볼 수 있었다. 저 멀리 스패로우즈 포인트가 보이기도 했다.

나는 메릴랜드 대학교에서 법학박사(JD), 조지타운 대학교에서 법학석사(LLM) 학위를 받았다. 나는 (메릴랜드로) '돌아온' 1년 후인 1969년 가을부터 JD 과정을 밟았다. 야간열차를 타고 뉴욕으로 가는데 스패로우즈 포인트에서 강철을 붓고 있는 모습을 여러 번 볼 수 있었다. 참 인상적인 기억이다.

이 모든 것은 흔적도 없이 사라졌다. 소위 자유 무역의 제단에서 희생된 것이었다.

스패로우즈 포인트에 있는 베들레헴 제철소나 던달크의 GM 공장에서 일하던 내 고등학교 동창들은 1980년대에 해고를 당했다. 많은 사람들이 다시는 의미 있는 일자리를 갖지 못했다.

한때 이 공장들이 들어섰던 곳은 현재 아마존의 거대한 물류 창고로 대체됐고 이 창고는 중국 공장에서 생산된 제품들로 가득하다. 내가 맥주와 핫도그를 서빙했던 열심히 일하던 손님들의 손주들은 이제 볼티모어가 아닌 중국에서 생산된 상품을 취급하고 있다. 한때 이곳 경제의 원동력이 되던 바로 그곳에서 말이다. 이들은 최저임금보다 몇 달러 정도 더 받으며 일하고 있다. 너무 많은 사람들이 알코올 중독자이거나 마약 중독자, 혹은 둘 다에 중독돼 있다. 볼티모어는 이들을 위해 공원을 조성하고 있다. 인조 잔디로 말이다.

내가 과거 살던 동네는 슬럼가보다 한 단계 낮은 섹션 8 주택가였다(注: 저소득층, 장애인, 노년층 등 생활 형편이 좋지 않은 사람들에게 저렴한 가격에 주거지를 제공하는 지역). 이 지역 세입자들은 막다른 골목에 갇혀 저임금으로 일하며 이들이 입주한 지역을 거의 지옥과 같이 만들고 있다. 이 지역은 과거 100% 소유주가 거주하던 지역이었다.

내 90세 어머니는 내가 자랐던 연립주택에 여전히 살고 계신다. 비슷한 연배의 여성들은 집 밖을 절대 나오지 않는다. 범죄는 만연하고 경찰은 순찰차 안에만 머물러 있다.

내 사촌은 볼티모어시 소방서 반장으로 근무하고 있다. 그는 24시간 근무시간의 대부분을 화재를 진압하고 예방하는 데 할애했다. 요즘 그는 그 어느 때보다 바쁘지만 화재 진압은 두 번째 우선순위다. 그의 업무 대부분은 펜타닐 및 헤로인 중독으로 삶을 허비한 좀비들에게 공식적인 사망 선고를 내리는 일이다.

2020년 볼티모어에서는 954명이 아편 관련 문제로 사망했다. 이는 살인율의 2.5배가 넘는 수치다. 펜타닐은 헤로인보다 훨씬 더 치명적이며 대부분 중국에서 멕시코와 멕시코 마약 갱단을 통해 들어온다. 2021년 기준 7만 명 이상의 미국인이 펜타닐 과다 복용으로 사망했다. 이는 20년간 이어진 아프가니스탄과 이라크 전쟁에서 숨진 미군의 수보다 10배 많으며 12년간의 베트남 전쟁 때 숨진 미군 수보다 많다. 이런 이야기는 어디에서도 나오지 않고 있고 TV 뉴스는 이를 무시하고 있다. 내 사촌은 이런 상황을 매일 같이 여러 번 목격하고 있다.

내가 살던 동네는 이런 재앙의 영향으로 가득 차 있다. 절망에 빠진 남성과 여성들이 또 다음 복용량을 찾기 위해 정처 없이 배회한다. 응급 구조대원들의 출동 대부분은 약물 과다 복용자를 돌보는 일과 관련돼 있다. 조지 플로이드의 비정상적인 행동으로 이어진 약물과 그 후에 모든 일들은 중국에서 유입된 것과 관련 있는 것으로 추정된다. 그는 사망 당시 코로나-19에도 감염돼 있었다.

우리 가족은 꽤 운이 좋았다. 착하고 똑똑했던 사촌의 아들 한 명만이 16세 때 심장마비로 세상을 떠났다. 적어도 우리는 모두 (그의) 할머니를 생각해 심장마비였다고 말한다. 하지만 모두 다 펜타닐 때문이었다는 것을 알고 있었다.

과거에는 노력만 하면 탈출할 수 있었던 시기였다. 운이 좋아 가톨릭 학교를 다닐 수 있었다면 더욱 그랬다. 여학생들은 간호사가 될 수 있었고 남학생들은 군대에 입대하곤 했다. 하지만 요즘의 공립학교는 동네의 상황만큼이나 도덕적으로 취약하고 혼란스럽다. 진학 상담교사들은 학생들에게 어떤 진로를 조언할 수 있을까? 17세가 되기 전에 한 번 이상 체포가 됐다거나 글을 거의 읽지 못하거나 마약을 한다면 간호사나 군인이 되기는 쉽지 않다. 한 미 해병대 신병 모집 담당자는 (이라크) 팔루자에 침투하는 것이 볼티모어의 신병 모집소 근무보다 더 쉬운 임무였다고 말하기도 했다.

하지만 이곳에서 약 30마일 떨어진 워싱턴 D.C. 교외 지역은 미국에서 가장 부유한 지역이다. 지역 사회의 영혼을 뜯어내 중국으로 내보내면서 해변 별장을 구입한 의원들, 로비스트, 컨설턴트, 월스트리트 CEO들은 던달크를 한 번 걸어봐야만 한다. 닉슨, 부시, 오바마, 바이든, 당신들이 잘못되고 반역적일 수도 있는 외교 정책을 펼친 것에 참 감사하다고 말하고 싶다.

스패로우즈 포인트에서 일했던 블루칼라 노동자들을 위한 기념비를 세워야만 한다.〉

쓸모 있는 바보들 · 동조자들 · 배신자들

볼티모어처럼 갈기갈기 찢어진 미국의 도시와 마을이 수십 개에 달한다. 이 지역들은 막다른 골목에 갇혀 열악한 일자리만을 바라보는 절망에 빠진 젊은 남성과 여성으로 가득 찬 전쟁터와 같은 동네가 됐다. 마약 중독이나 감옥, 혹은 무덤으로 향하는 편도 티켓으로 가득 차 있다 할 것이다.

뉴욕주 버펄로, 펜실베이니아주 이리, 오하이오주 영스타운이 그 예이며 미국 내 거의 모든 도시나 마을이 마찬가지다. 모든 지역이 타격을 입었다. 정도의 차이가 있을 수 있지만 본질은 같다.

핵심은 이 모든 것이 우연이 아니었다는 것이다. 비즈니스와 산업이 번창했다가 사라지는 자연스러운 현상이 아니었다. 미국의 중추가 공격을 받은 것이었다. 그리고 이런 공격은 내부의 도움으로 계속 진행되고 있다.

미국은 좋게 말하자면 조력자, 나쁘게 말하자면 동조자들로 가득 차 있다. 재정적으로 이득을 취하는 일부 정치인과 정부 관리, 금융가, 투자 은행가, 회사 대표, 언론인, 학자, 싱크탱크 관계자, 비정부기구 지도부, 군 관계자 등을 포함해 말이다. 이들 중 일부는 자신들이 하는 일이 품위 있고 현명하며, 불가피한 일이자 심지어 정치가다운 일이라고 스스로를 설득시킨다. 이들 중 일부는 단순한 반역자들이다.

정치계급을 아우르는 과시욕

볼티모어를 떠난 일자리 수는 약 350만 개의 제조업 일자리로 추정된다. 이는 중국이 모든 예비 회원국이 준수해야 하는 요건에 대한 면제를 받고 세계무역기구(WTO)에 가입하게 된 지 20년 후의 일이다.

너무나도 많은 미국의 기업과 산업계가 미국 내 시설을 폐쇄하고 중국으로 일자리를 옮겼다.

(미국을 떠난 회사 가운데) ESG(환경·사회·지배구조) 점수를 자랑하는 회사들의 일부는 더 저렴한 인건비, 환경 관련 제약이 없는 상황, 그리고 문제가 되는 노조가 없다는 것을 기쁘게 생각한다. 중국인들은 거의 아무것도 받지 않고 강시킨 일을 해왔다.

이 모든 일자리들은 가족 부양을 도왔다. 일자리가 사라짐에 따라 사람들이 피해를 봤고 미래 세대에까지 이어지는 파급 효과를 가져왔다. 근로자들뿐만 아니라 그들의 가족, 공급업체와 소매업체의 생태계 등 해당 지역의 생계를 완전히 파괴했다.

미국의 정치인들은 무슨 일이 일어날지 알고 있었고 이를 은밀히 인정했지만 기부자 계층은 중국의 돈 냄새를 맡았고 (정치인들로 하여금) 이를 따를 것을 촉구했다. WTO의 결정이 내려질 무렵 미국은 수십 년 동안 잘 훈련된 상태였다.

리처드 닉슨은 중국 공산주의자들에게 관계를 구축하자고 애원하며 이 모든 일을 시작했다. 이와 정반대의 상황이 돼야 했었음에도 말이다. 닉슨의 가장 큰 실수는 무엇이었을까? 중국에 대해 거의 알지 못했고 중국인들에 의해 체계적으로 놀아난 전 아이비리그 대학교 교수 헨리 키신저의 말에 귀를 기울인 것이었다. 키신저는 중국 관련 사업으로 큰돈을 벌었기 때문에 자신이 중국을 갖고 놀았다고 생각했을 수 있지만 말이다.

지미 카터는 어땠나? 그는 어떤 설명도 없이 타이완을 버렸다. 중국 역시 이에 대한 이유를 묻지 않았을 것이다. 소련을 무너뜨리고 공산주의를 증오했던 로널드 레이건 역시 똑똑한 척하는 보좌관들의 말을 듣고 중국을 러시아로부터 멀어지도록 하기 위해 중국에 군사 기술을 넘겨줬다.

조지 H. W. 부시는 15개월 동안 베이징에서 살면서 중국공산당을 잘 이해하게 됐다고 생각했다. 이에 따라 그는 중국공산당이 천안문 광장에서 수천 명의 시민을 학살한 후에도 중국공산당을 위로하는 모습을 보였다. 대규모 학살이 일어난 후로부터 한 달 뒤, 부시는 덩샤오핑(鄧小平)에게 서한을 보냈는데, 훗날 미국 대통령이 타이완에 대한 중국의 침공 후 쓸 법한 표현을 담았다.

〈미국과 중국 간의 좋은 관계가 양국의 근본적인 이익에 부합한다고 믿는 사람으로서 진정한 우정을 담아 글을 씁니다. 저는 수년 동안 그렇게 느껴왔습니다. 어려운 상황에도 불구하고 저는 오늘 더욱 더 그렇게 느낍니다. (…) 저는 중국의 내정에 관여하지 않으려 매우 열심히 노력해 왔습니다. (…) 대통령으로서 제가 취한 행동은 피할 수 없는 것이었으며 더 강력한 조치를 요구하는 목소리는 여전히 강렬합니다. (…) 저는 이런 목소리에 반대해왔고 당신과 제가 그토록 열심히 쌓아온 이 관계가 파괴되는 것을 보고 싶지 않다는 의사를 분명히 밝혔습니다. (…) 저는 미국 국민들에게 경제 제재로 중국인들에게 부당하게 부담을 주고 싶지 않다고 설명했습니다.〉

그의 아들인 조지 W. 부시는 이라크와 아프가니스탄 문제로 바빴고 그가 타이완을 대한 태도에서 알 수 있듯이 중국에 도전할 용기가 부족했다.

클린턴 부부는 어땠나? 그들은 부패의 대명사이다. 피터 슈와이저의 책을 읽어보라. 윌리엄 트리플렛 2세와 에드워드 팀펄레이크는 책 《쥐의 해: 빌 클린턴과 알 고어는 중국의 돈을 위해 어떻게 미국의 안보를 훼손시켰는가》를 통해 20여 년 전 한 검사가 클린턴 당시 대통령을 분석한 내용을 소개한 바 있다. 모든 사람들은 어떤 일이 일어나고 있는지 알고 있었지만 누구도 행동에 나서지 않았다.

오바마 대통령은 중국의 도발이나 약속 위반 행위와는 상관없이 '긴장 완화'에 열중했다. 중국은 도널드 트럼프가 등장할 때까지 미국 행정부를 깨끗이 갖고 놀았다.

그리고 지금은? 대선후보 당시 조 바이든은 중국은 "우리의 경쟁 상대가 아니다"라고 선언했다. 중국 정부가 바이든의 아들 헌터 바이든의 투자 회사에 관심을 보인 것은 헌터의 재정적 능력보다 (조 바이든) 전 부통령을 조종하려고 하려는 의도가 컸던 것 아닌가? 바이든의 수사(修辭)는 그가 취임한 이후 더 강경해졌지만, 여전히 궁금증이 남아 있다.

물론 모든 지도자는 저마다의 관여 및 회유 정책을 펴는 이유가 있다. 가장 흔한 주장은, "기후 변화, 북한, 우크라이나, 국경을 초월한 범죄 등을 해결하기 위해 중국의 도움이 필요하다"는 것이다. 이런 문제들은 중국이 촉발시킨 것은 아니라고 하더라도 그들이 악화시킨 경우가 많다.

고위 정치 지도자들은 정치가다운 면모라는 명목으로 실무진들을 통해 중국의 입장을 수용하곤 하는데 이는 중국의 입장에서는 일을 더 쉽게 만드는 것이다. 특히 중국어를 조금이라도 할 줄 아는 관리들은 자신들만이 중국을 잘 이해하고 있고 중국 문제를 다룰 수 있다고 믿는다. 공산주의자들은 그들이 이렇게 생각하는 것을 기쁘게 받아들인다.

오바마 행정부 당시 아시아 정책 담당자였던 에반 메데이로스는 퇴임 얼마 후 홍콩에서 미국 기업가들에게 중국에서 돈을 벌려면 중국 독재자 시진핑의 이익에 동조해야 한다고 조언한 바 있다.

2018년 당시 국무부 아시아 담당 최고위직에 오를 뻔했던 또 다른 저명한 전직 관리인 수전 손튼은 상하이에서, 중국 관리들이 포함된 청중들에게 (중국에) 더 친화적인 사람이 들어설 때까지 트럼프 대통령이 물러나게 되는 것을 기다리라고 조언했다. 손튼은 "중국이 은밀하게 미국 국내 정치에 간섭하고 있다는 증거를 본 적이 없다"고 말하기도 했다.

바이든 행정부 내에서 아시아 및 외교 문제를 다루는 사람 중에는 중국 관련 사업으로 돈을 벌었던 사람들이 엄청나게 많다. 미국 의회의 사정도 비슷하다 할 수 있을 것이다.

민주당에서 영향력이 큰 상원의원인 다이앤 파인스타인은 수십 년 동안 중국에 우호적인 모습을 보여왔는데 심지어 "전생에 내가 중국인이었을지도 모른다는 말을 하곤 한다"고도 했다. 중국을 위해 일하는 사람이 수년간 그의 보좌 직원으로 일한 것과 무관하지 않을 것이다. 그녀의 남편 역시 중국과의 사업을 통해 큰돈을 번 바 있다.

민주당의 촉망받는 에릭 스월웰 하원의원 역시 중국 측을 위해 일해온 중국인 친구를 둔 적이 있다. 이런 일이 있었음에도 그는 하원 정보위원회 소속을 유지할 수 있었다.

공화당도 똑같이 뒤집힐 수 있다. 강력한 상원 원내대표인 미치 맥코넬 상원의원 역시 중국의 자금과 연결돼 있다. 대다수는 그의 부인 일레인 차오와 그녀의 가족이 소유한 해운회사인 포모스트 그룹과 관련돼 있다.

꼭 권력을 가진 사람만이 중국에 도움이 되는 것은 아니다. 전직 연방 의원들 역시 중국의 타깃이 된다. 한때 미국 상원에서 양심적 의원으로 분류되던 조셉 리버먼은 2018년 미국 정부의 제재를 받은 중국의 통신회사 ZTE를 위한 로비에 나선 바 있다. 전 공화당 상원의원 데이비드 비터는 하이크비전 USA의 앞잡이 노릇을 했다. 이 회사는 중국의 감시 체제의 핵심 역할을 하는 중국 회사의 미국 지사다. 이 회사는 100만 명의 위구르인들을 감옥에 가두는 일에도 가담한 바 있다.

전직 미국 정부 당국자들은 홍콩인들에게 노예 제도를 받아들이라고 하기도 했다. 그 중 한 명인 존경받는 전 홍콩 주재 미국 총영사 커트 통은 트럼프 행정부에 홍콩 문제와 관련, '해를 끼치지 말라'고 경고했다. 달리 말해, 중국이 싫어할 만한 일을 하지 말라는 것이었다.

이런 예는 무수하다. 전 메인주 출신 상원의원이자 국방부장관을 지낸 윌리엄 코헨은 컨설팅 회사인 코헨 그룹을 운영하며 중국과의 사업을 추진했다. 그는 해병대 장군 출신이자 국방부장관을 지낸 제임스 매티스를 몇 년 전 고용하기도 했다. '미친개'로 불리는 매티스 장군에게 묻고 싶다. 중국의 강제수용소 문제는 어떻게 생각하나? 중국 인민해방군이 미국인들을 죽이려고 하는 것은 어떻게 생각하나?

오늘날의 중국

코로나-19 봉쇄 당시 상하이에서 찍힌 영상이 하나 있다. 주민들이 발코니로 나와 노래를 부르며 식량과 생필품 부족에 대한 항의를 한다. 이후 드론이 등장해 방송을 내보낸다. "코로나-19 방역 조치를 준수하라, 자유를 향한 영혼의 욕망을 통제하라, 창문을 열거나 노래를 부르지 말라"라는 내용이었다.

통제. 모든 것은 통제와 관련돼 있다. 홍콩에서 무슨 일이 일어났는지 생각해보라. 홍콩에는 언론의 자유, 선거, 대의(代議)정치, 표현의 자유, 그리고 우리가 중요하다고 생각하는 다른 종류의 자유가 보장돼 있었다. 대학교 학비는 무료였고 원하는 것을 가르치고 말할 수 있었다. 중국이 정한 규정이 아닌 영국 관습법에 근거한 독립적인 법원과 판사가 있었다. 사람들이 선호하고 전세계에서 통용되는 통화(通貨) 체계 역시 갖추고 있었다.

중국이 더는 안 되겠다고 판단한 2년 후, 이 모든 것들이 사라졌다. 기자와 편집자들, 민주화 운동 지도자들과 현지 가톨릭교회의 90세 수장(首長)인 젠 추기경이 체포됐다. 잔혹한 봉쇄와 격리 조치가 시행됐다. 홍콩은 중국이 허가한 전직 경찰관들에 의해 통제됐다. 법은 중국공산당이 원하는 대로 바뀌었다. 법의 지배가 아니라 법에 의한 통치였다.

경제학자 밀턴 프리드먼이 수년 전 지적했듯 홍콩은 지구상에서 가장 자유로운 곳 중 한 곳에서 중국의 또 다른 도시로 전락했다. 이는 지구상에서 가장 자유롭지 않은 곳이 됐다는 것을 의미한다.

중국의 목표는 미국이 중국의 허가 없이는 어떤 일도 할 수 없도록 만드는 것이다. 그리고 이는 미국만이 아니다. 영국이 홍콩을 중국에 반환했을 때만 해도 홍콩은 한 국가, 두 체제로 운영될 예정이었다. 중국의 목표는 193개국(또는 유엔에 가입한 모든 국가)을 한 체제로 만드는 것이다. 그들이 주도하는 체제로 말이다.

미국에서의 삶은 달라질 것이고 우리는 이미 이에 적응해나가고 있다. 중국에서는 사회 신용 제도가 더욱더 많이 사용되고 있다. 시진핑의 글을 읽으면 점수를 쌓고 정부가 인정하지 않는 교회에 대한 글을 검색하면 점수를 잃는 시스템이다. 이는 안면 인식 기술을 포함한 대규모 인공지능 기반 감시 기술을 통해 이뤄진다. 또한 중국 정부가 만든 디지털 화폐를 사용, 스탈린도 놀랄 수준의 통제를 이어가고 있다.

중국 정부는 주민들의 돈줄을 끊고 실업자로 만들 수 있다. 대중교통을 이용하지 못하게 할 수 있고 지시에 따를 때까지 집안의 작은 방에 갇혀 있게 만들 수도 있다.

사생활 추적 및 감시 장치(핸드폰)를 없애면 도망칠 수 있을까? 휴대폰을 켜지 않고 충전을 하지 않았다는 이유만으로도 처벌 대상이 될 수 있다. 통제를 받을 수밖에 없는 것이다. 중국은 (더 짓고 있기는 하지만) 더 많은 감옥을 지을 필요가 없다. 나라 전체 규모의 감옥이 존재하는 곳이다.

이런 일이 이곳에서도 일어날 수 있을까? 우리는 이미 중국 및 다른 국가들의 정보 전쟁 작전에 의해 그런 일을 스스로 진행하고 있다. 2020년부터 급부상하여 미국 내에서 엄청난 혼란과 공포, 증오를 불러일으키고 있는 이른바 '캔슬 컬처'를 생각해보라(注 : 소위 정치적 올바름 등 진보적 시류에 편승하지 않는 의견을 제시하는 사람들을 퇴출시키는 문화).

이런 방식의 퇴출 문화는 잘못된 생각을 가진 사람을 처벌하고, 신체적 학대를 가하며, 사과를 강요하는 중국의 문화대혁명과 흡사하다. 현재 미국 내에서는 소셜미디어를 통해 이런 퇴출 문화가 자행되고 있다. 그리고 이 문제는 미국식으로 계속 진화하고 있다. 불법이 아니더라도 잘못된 생각을 갖고 있다면 은행 서비스를 받지 못하거나 특정 직업을 구하지 못하고 특정 장소로 여행을 갈 수 없게 된다.

2020년 미국 대선의 공정성에 의문을 제기한 것으로 알려진 베개 회사 대표 마이크 린델은 소셜미디어에서 퇴출됐을 뿐만 아니라 '평판 훼손'이라는 우려로 금융기관으로부터 은행 거래 정지 처분을 받았다. 또한 핸드폰을 연방수사국(FBI)에 압수당하기도 했다.

또 어떤 일이 벌어지고 있을까? 미국 국경의 북쪽을 한 번 살펴보자. 2022년 캐나다에서 발생한 트럭 운전사 시위에 참여한 일부의 은행 계좌가 동결되고 그들의 트럭이 압류됐다. 크리스티아 프릴랜드 캐나다 부총리는 "트럭 시위에 가담하면 회사 계좌가 동결될 것이고 차량에 대한 보험도 정지될 것"이라며 "이런 결과는 실제로 일어날 것이고 대가를 치르게 될 것"이라고 했다.

캐나다 법무장관은 '친(親)트럼프' 성향의 기부자들은 "걱정해야 할 것"이라고 하기도 했다. 주요 은행들은 트럭 시위자들에게 가는 기부금을 동결했다. 하나 알아둬야 할 것은, 한 판사가 오타와에서 진행된 시위가 "평화롭고 합법적이며 안전하다"고 했다는 점이다.

앞으로 비행기 표를 사고 은행 계좌나 현금인출기를 사용하며, 직장을 구하거나 좋은 학교에 진학하려면 중국공산당에 대해 부정적인 생각을 갖지 않는 것이 좋을 것이다.

통제는 계속 이어질 것이다. 집을 임대하거나 특정 물건을 구매하고 심지어 다른 주(州)로 여행을 하려면 디지털 신분증이 필요한 세상이 올 수도 있다. 이 신분증은 사회 통제를 가능케 하는 추적 및 감시 장치인 휴대폰에 저장될 것이다. 통제가 늘어나면 통제의 범위 역시 계속 늘어날 것이다. 이후에는 정부가 관리하는 디지털 화폐가 등장할 수 있다.

이 모든 것은 중국의 대리인과 쓸모있는 바보들이 우리 경제와 사회를 바꿔나가게 할 것이다. 미국은 중국이 허용하는 산업만 갖게 될 것이며 이런 산업의 범위는 한정적일 것이다. 미국의 핵심 목표는 중국 제조업체에 천연자원과 원자재를 제공하고 중국 시민에게 중국인 소유의 땅에서 재배되고 중국의 노동력으로 재배된 식량을 제공하는 것이 될 수 있다.

중국공산당은 중국에서와 마찬가지로 미국인의 수를 조절하고 몇 명의 자녀를 가질 수 있는지 통제하려 할 것이다. 중국이 자국민들에게 그런 짓을 했다면 다른 사람들에게는 더욱 잔인한 방식으로 이를 진행할 수 있다.

사람들은 저항할 것이다. 우리는 궁극적으로 미국인들이다. 하지만 결국 순응하게 될 수도 있다. 사회적 강압과 통제가 효과를 보지 못하면 홍콩에서처럼 정권의 지시를 받는 범죄 조직을 동원한 폭력이 이어질 수 있다. 불편한 사건들은 구금 시설 안에서 사라져버릴 것이다. 이를 '재교육 센터'라는 이름으로 부를지도 모르겠다.

연좌제라는 개념도 있다. 이는 부모와 자녀가 대를 이어 처벌을 받는 것이다. 잘못된 사상을 갖고 있다면 부모가 의료 보험에 가입하기 어려워지고 자녀는 대학에 진학하거나 공무원이 되지 못한다.

잘못된 생각을 가진 가족, 친구, 이웃, 동료를 신고하면 보상을 받을 수도 있다. 만약 범죄를 저지르고도 당국에 이를 미리 알리지 않으면 이에 대한 의심을 받고 처벌을 받을 수 있다. 대다수의 사람들은 고개를 숙이고 이런 감시 체계의 눈에 띄지 않으려고 노력할 것이다.

이런 새로운 질서를 위해 기꺼이 앞장서는 미국인들도 많을 것이다. 언제나 그래왔듯 말이다.

그러니 이 전쟁에서 패배하면 고양이들에 둘러싸인 새장 속에 갇히는 것과 마찬가지다. 생활 방식은 중국, 혹은 공산주의 시대의 동유럽과 비슷할 것이다. 규칙이 무엇인지 아무도 모르지만 다들 입을 다물고 정권에 대해 어떤 말도 하지 않으며 귀를 닫게 될 것이다. 이것이 자유롭다고 생각하게 되는 세상인 것이다. 가끔 해외 여행도 가고 청바지를 살 기회도 얻을 수 있다. 좋았던 시절을 기억하지 못하는 사람들은 순응하게 될 것이다. 하지만 궁극적으로 이는 새장에 불과하다. 창문을 열지 말고 노래를 부르지 말라는 세상이다.

2022년 상하이 봉쇄 당시 촬영된 다른 영상에는 한 경찰이 한 시민에게 "미국에서처럼 당신이 원하는 대로 할 수 없다"며 "이곳은 중국이니 내 지시를 따르고 질문을 하지 말라"고 하는 장면이 나온다. 이유라는 것은 존재하지 않는 것이다!

현재 이는 중국에서 일어나고 있는 일이다. 우리는 오래 전 시작된 전쟁을 치르고 있다. 볼티모어와 수많은 도시에서 중국과 그 대리인들의 보이지 않는 군인들에 의해 지역 사회가 파괴되고 있다.

다행히도 이 게임은 아직 끝나지 않았고 미국인들은 마침내 정신을 차리고 반격할 준비를 하고 있는 조짐을 보이고 있다. 우리가 기회를 얻으려면 우리가 싸우고 있는 것이 무엇인지 이해해야 심각한 타격을 가할 수 있는 전술과 전략을 세울 수 있다. 우리는 섀도 복싱(Shadow Boxing)에 의해 주의가 산만해지거나 중국과 싸우는 데 있어 혼란스러워해서는 안 된다.

우리가 지적(知的)으로 대응하지 않는다면, 우리가 깨닫기도 전에 우리는 중국의 습성을 따르는 미국이 될 것이다.

4장

중국공산당의
목표는 무엇인가?

결론부터 짚어보자. 우리는 중국공산당이 미국을 상대로 어떤 일을 벌이고 있는지 알 수 있다. 이것이 중국공산당의 전반적인 목표에 어떻게 부합할까? 중국 통치자들의 목표는 무엇일까? 정말로 세계를 지배하겠다는 의도가 그들에게 있는 것일까? 이는 좋게 말하자면 과장된 불안이고, 나쁘게 말하면 음모론에 가까운 것일까?

그들의 말을 말 그대로 받아들여야 한다. 그들은 이를 원하고 있다. 중화인민공화국은 점령이 아닌 지배 정도의 수준에 만족할 수 있겠지만 그들은 우리 모두를 통치하고자 하는 마음을 실제로 갖고 있다.

미·중 경제안보검토위원회(USCC)는 수년 동안 중국을 제대로 평가한 몇 안 되는 미국 정부 기관 중 하나다. 이 위원회는 의회에 제출한 연례 보고서에서 다음과 같이 밝혔다.

* 중국공산당은 국제 질서를 자국의 이익과 권위주의적 통치 체제에 더 적합하도록 수정하려 하고 있다. 다른 국가들이 중국의 특권을 묵인할 뿐만 아니라 새로운 위계적 세계 질서에서 중국이 정당한 위치에 있다고 인식하도록 하고 있다.
* 중국공산당의 승리주의는 그들의 우월성에 대한 믿음, 나아가 일당(一黨) 통치를 정당화하고 유지해야 한다는 필요성에서 비롯됐다.
* 중국공산당 지도자들은 미국을 비롯, 그들이 '서방세계'라 부르는 다른 민주주의 국가들과의 이념적·문명적 충돌에서 중국이 승리할 것이라는 자신감을 공개적으로 나타내고 있다. 중국 지도자들은 미국은 피할 수 없는 쇠퇴의 길을 걷고 있는 초강대국으로 묘사하며 중국이 계속해서 전세계적으로 힘과 영향력을 확대해나갈 수 있다고 믿고 있다.

조잡해 보일 수 있는 그들의 민족주의에 대한 열망을 과소평가해서는 안 된다. 인류는 아직 민족주의나 우리 대부분에게 내재된 종족주의에서 벗어나지 못했다. 중국 내부에서는 중국이 괴롭힘을 당하고 봉쇄됐으며, 세계에서 정당한 위치를 박탈당했다고 하는 호소가 실제로 대중들에게 널리 공감을 얻고 있다.

이는 애국심이 미국인 정신의 일부인 것과 마찬가지의 일이다. 하지만 중국공산당에는 분노와 복수심도 많이 내재돼 있고 미국의 상황과는 다르다. 또한 이는 위험하다 할 것이다.

실제 중국공산당은 원한을 품고 있다. 1999년 유고슬라비아 내전 당시 미국 공군은 베오그라드에 있는 중국 대사관에 미사일을 발사한 바 있다. 중국공산당은 이것이 단순한 사고였다는 것을 믿을 수 없었다. 내가 생각하기에 그들은 대사관의 누군가가 해서는 안 되는 일을 했기 때문에 이런 일이 벌어졌다고 판단했을 것이다.

이것이 실수였다는 것을 증명하고 이를 만회하기 위해 중국 고위 관리가 미 중앙정보국(CIA)의 조지 테닛 국장의 7층 사무실로 초대를 받았다. 하지만 결과는 좋지 않았다.

중국인들은 이 사건을 잊지 않았다. 신화통신은 사건 발생 23주년을 맞아 "중국 인민은 1999년 베오그라드 주재 중국 대사관을 폭격한 북대서양조약기구(NATO)의 야만적 잔혹 행위를 결코 잊지 않을 것이며 역사적 비극이 반복되는 것을 결코 용납하지 않을 것"이라고 했다.

중국은 다른 국가들이 중국의 생각대로 행동하지 않을 경우 해당 국가들에 확실하게 표현을 한다. 한 중국인 편집자는 몇 년 전 호주를 다음과 같이 하찮은 존재라고 표현했다. "중국의 신발 밑창에 붙어 있는 껌과 같다"는 것이었다.

시진핑은 그와 중국이 세계를 지배할 수 있다고 진정 생각하고 있을까?

그는 실제로 그렇게 생각한다. 심지어 이를 설명하는 '천하(天下)'라는 표현도 있다. 저자 고든 창은 천하(말 그대로 '하늘 아래 모든 것')란 중국을 세계의 중심에 두는 중국의 개념으로 설명하며 현대적 의미에서 보면 시진핑과 중국공산당이 그 맨 위에 있다고 설명한다.

이런 개념은 미국인에게 터무니없어 보일지 모르지만 중국공산당 지도부에게는 그렇지 않다. 천하라는 개념은 토니 소프라노의 사고방식, 즉 권력을 얻고 유지하며 공산주의 체제의 정점(頂点)에 오르는 과정에서 부상(浮上)하는 라이벌을 파괴하는 방식을 결합해 본다면 중국공산당을 더욱더 잘 이해할 수 있게 될 것이다(注: 소프라노스라는 마피아를 다룬 드라마의 주인공).

전문가들은 중국공산당이 실제로 천하라는 개념을 진지하게 생각하는지에 대해 논쟁을 벌인다. 일각에서는 오늘날의 중국 지도부가 천하를 중국 중심의 세계 지배를 향한 비전이 아니라 상호 존중을 요구하는 것으로 보고 있다고 주장한다. 하지만 중국 싱크탱크에서 실시된 연구에 따르면 천하라는 개념을 얼마나 심각하게 받아들이고 있는지 알 수 있다.

종합국력(綜合国力·CNP)

중국 외교 정책의 기본이 되는 개념은 종합국력이다. 이에 대한 내용은 중국 문헌 곳곳에서 찾아볼 수 있으며 이는 중국공산당이 세계를 바라보는 방식이 무엇인지에 대한 열쇠 역할을 한다.

마이클 필스베리는 종합국력이라는 것은 '중국만의 독특한 개념'이라고 평가한다(注: 그는 전직 미국 공무원으로 중국 관련 전문가이다). 필스베리는 종합국력이라는 것은 한 국가의 전반적인 조건과 강점을 결합한 것이라고 설명한다.

〈중국의 국가경쟁력 평가는 국가의 강점과 약점에 대한 일반적인 분석을 통해 질적(質的)으로 이뤄질 뿐 아니라 공식을 사용, 경쟁력의 수치를 계산하는 정량적 방식으로도 이뤄진다. 중국의 종합국력 예상치는 국민총생산(GNP) 지수나 미국에서 사용되는 국력 측정 방법을 사용하지 않는다. 대신 중국 분석가들은 자체적으로 광범위한 지수 분석 시스템과 공식을 개발해냈다.〉

즉, 중국공산당은 수치로 표시된 종합국력 값에 따라 지구상의 각 국가에 순위를 매긴다. 이 값은 다양한 요소를 기반으로 계산된다. 군대 규모와 같이 우리가 국력의 전통적인 요소로 인식하는 것도 있지만 다른 요소들은 '종합'이라는 단어에 걸맞게, 특정 국가의 인적자본에 대한 통제력 등도 포함될 수 있다. 따라서 미국 정부가 정부의 지원을 받아 미국 연구소에서 첨단 연구를 수행하다 중국으로 넘어간 것으로 의심되는 수백 명의 미국 연구자들은 미국이 아닌 중국의 종합국력에 포함될 수 있다는 것이다.

중국 전문가인 예비역 (해군) 대령 버나드 모어랜드는 다음과 같이 설명한다.

〈종합국력에 대해 이해해야 할 중요한 사항 중 하나는 객관적인 지표다. 중국은 많은 사람들이 (미국의 퇴직연금제도인) 401K를 통한 성장을 지켜보는 것과 같은 방식으로 중국을 다른 국가들과 비교하며 중국의 종합국력을 지속적으로 계산하고 재계산한다. 중국공산당은 모든 것을 공학적으로 계산하는 데 집착하며 모든 문제를 숫자와 알고리즘으로 나타낼 수 있다고 믿는다. 이것이 바로 그들이 말하는 과학적 접근 방식을 의미한다.

서방세계에 있는 우리들에게는 국력과 같은 개념은 주관적이고 모호한 개념이다. 우리 역시 종종 국력에 대해 이야기하지만 우리에게 있어 국력은 번영을 추구하는 강한 경제력이나 국방력을 늘리는 강력한 군대의 부산물일 뿐이다. 우리는 힘을 위해 힘을 키우지 않는다. 그런 생각은 우리에게 낯선 개념이다. 중국공산당에 있어 종합국력 점수는 그 자체로 목표일 뿐 아니라 종합국력을 추구하기 위한 모든 것들을 정당화한다.〉

엔트로피 전쟁

모든 것을 정당화한다고? 그렇다, 모든 것들을 정당화한다. 이에는 2019년 말에 시작된 생물학적 공격도 포함된다. 이에 대해서는 곧 설명을 이어가도록 하겠다.

종합국력 순위를 올리기 위해서는 두 가지 방법이 있다. 첫 번째는 개선을 해나간다는 것인데, 더 열심히, 더 똑똑하게 일하고 통치를 잘하는 것이다. 다른 방법은 다른 경쟁자들을 쓰러뜨려 상대적으로 높은 순위를 차지하는 것이다. 종합국력 수치는 절대적인 순위가 아니라 상대적인 순위라는 점을 상기할 필요가 있다. 특정 수치에 달해야만 승리할 수 있는 것이 아니라 2위를 차지한 사람이 누가 됐든 그보다 높은 위치에만 서면 된다.

중국은 이런 두 가지 접근 방식을 통해 종합국력 순위 측면에서 세계 1위라는 목표를 달성하려 한다. 자국의 종합적인 국력을 강화하는 동시에 경쟁국의 국력을 약화시키고 있는 것이다.

이는 중국이 다른 국가들을 불안정하게 만들고 약화시켜 이들을 지배하고 통제하는 것을 쉽게 만들려 한다는 것을 의미한다. 클레오 파스칼은 이 과정을 '엔트로피 전쟁'이라고 설명한 바 있다(注: 선데이 가디언 기자).

엔트로피의 (영영·英英) 사전적 정의(定義)는 '분해·쇠퇴하는 과정, 또는 무질서로 향하는 경향'이다. 파스칼은 엔트로피 전쟁을 "목표 국가의 대응 또는 방어 능력을 마비시켜 중국이 싸우지 않고도 승리할 수 있도록 하는 지속적인 공격"이라고 설명한다. 엔트로피 전쟁은 어떤 모습일까? 이는 볼티모어의 상황과 비슷하다.

볼티모어 상황은 한순간에 발생한 것이 아니라 연이은 공격의 결과물이다. 중국의 세계무역기구(WTO) 가입, 펜타닐의 범람, 워싱턴 엘리트들의 가담 등 여러 요소가 포함돼 있다. 그리고 이는 중국이 잘하는 일이다.

초한전(超限戰)

우리는 물리적인 힘을 노골적으로 사용하는 '키네틱(kinetic)' 방식의 전쟁에 익숙하다. 키네틱이라는 단어는 세계적 테러와의 전쟁 과정 어느 시점에서 등장했으며 이후 미국 군사 및 국방 용어로 자리잡았다. 군사적 맥락에서 키네틱은 단순히 무력을 사용하는 것을 의미한다. 총을 쏘고 폭탄을 터뜨리고 물건을 폭파하고 사람을 죽이는 것이다. 몽골, 타메를레인, 아틸라, 윌리엄 테쿰세 셔먼 등도 이를 의미하는 그들만의 표현법이 있었을 것이다.

하지만 우리는 아직까지는 인민해방군이 공격을 가하며 미국인들을 직접적으로 죽이는 상황의 전쟁에는 도달하지 않았다. 이런 방식의 전쟁이 우리에게는 더 익숙하고 실제로 더 편한 방식의 전쟁이다.

중국공산당은 미국인처럼 평시(平時)와 전시(戰時)를 구분하지 않는다는 점을 명심해야 한다. 공산주의자들에게는 이 둘의 구분이 없다. 중국공산당은 미국이라는 주적(主敵)을 포함, 모든 적들과 전쟁 중에 있다고 생각하고 있다. 중국 입장에서 봤을 때는 비(非)키네틱 전쟁과 실제 총격전은 같은 선상에 있다. 이런 비키네틱 전술이 제대로 효과를 보지 못할 때가 된다면 칼을 꺼내 들 것이다.

우리는 이를 어떻게 알고 있을까? 중국인들이 우리에게 알려줬기 때문이다.

전 주중(駐中) 미국대사이자 중앙정보국(CIA) 요원 출신의 제임스 릴리는 중국이 '텔레그래핑 펀치를 하고 있다'는 말을 자주 하곤 했다(注: 이는 복싱 용어로, 타격 전 동작이 커 상대가 알아챌 수 있는 펀치를 뜻한다).

중국 인민해방군 소속의 두 대령은 1999년에 책 《초한전》을 냈다. 저자들은 경제 전쟁, 주요 인프라 공격, 프로파간다 및 영향력 행사, 상대방의 사회와 정치 체제를 약화시키고 붕괴시키기 위한 노력 등 다양한 공격 방법을 동원할 것을 제안한다.

그들은 제한 없는 전쟁을 통해 "모든 수단이 준비되고…정보가 어디에나 존재하며, 전장(戰場)은 모든 곳이 될 것"이라고 했다. "모든 무기와 기술은 마음대로 섞일 수 있으며 전쟁과 비전쟁, 군사적 세계와 비군사적 세계 사이에 놓인 경계는 완전히 파괴될 것"이라고도 했다.

두 대령은 최소 24가지 방식의 각기 다른 전쟁을 설명한다. 이중 서양의 관점에서 봤을 때 (핵전쟁과 생화학전과 같은) 키네틱 방식의 전쟁은 몇 가지에 불과하다. 나머지는 정치적 전쟁의 범주에 속하며 '미디어 전쟁', '이념 전쟁', '심리전' 등이 포함된다.

군사 항목	초(超)군사 항목	비군사 항목
핵전쟁	외교 전쟁	금융 전쟁
재래식 전쟁	네트워크 전쟁	무역 전쟁
생화학 전쟁	정보 전쟁	자원 전쟁
생태(生態) 전쟁	심리 전쟁	경제 원조 전쟁
우주 전쟁	전술 전쟁	규제(법적) 전쟁
전자 전쟁	밀수 전쟁	제재 전쟁
게릴라 전쟁	마약 전쟁	미디어 전쟁
테러 전쟁	가상 전쟁	이념 전쟁

'정치적 전쟁'은 요즘 많이 쓰이는 표현은 아니나 이는 예술적 용어라 할 수 있다. 전통적인 의미의 전쟁은 아니지만, 권력, 지배, 통제를 위한 투쟁이며 전쟁과 정치라는 것 역시 궁극적으로는 이를 위하

것이다. 정치전은 실제 싸우지 않고도 상대를 약화시키고 전복시키며 사기를 떨어뜨리는 것을 목표로 한다. 종합국력을 강화하기 위한 전술로서 엔트로피 전쟁을 수행하여 승리하는 방식이다.

정치전은 경제 및 금융 전쟁, 사이버 및 법률 전쟁, 영향력 행사 확대 등 여러 방식의 전술이 사용된다. 전쟁을 수행하는 데 있어 사용되는 실제 도구라는 뜻이다.

당신이 중국의 입장에 있다고 가정한 뒤, 다른 국가가 자발적이든 비자발적이든 특정 방식으로 행동하기를 원한다고 해보자. 유엔의 주요 직책에 원하는 후보를 지지하는 것부터 특정 국가의 영토에 대한 행사권을 얻어내는 것까지 다양한 방식이 사용될 수 있다.

군사력을 동원하지 않은 여러 수단이 필요에 따라 사용될 수 있다. 뇌물, 소셜미디어 조작, 표적 협박, 어선단을 동원해 타국 어선을 밀어내는 방식 등 말이다. 비폭력적 전술에는 한 가지 예외가 있다. 소위 대리인을 동원해 대신 폭력을 행사하게 할 수 있다는 것이다.

제대로만 수행하면 정치 전쟁은 목표물을 당신의 의지에 맞게 구부러뜨리고 그의 행동을 바꿔 직접 싸우지 않고도 승리할 수 있다. 또는 엔트로피 전쟁으로 상대방을 약화시킨 뒤 실제 군사력을 동반한 전쟁을 성공적으로 진행하는 발판을 만들 것이다. 어느 쪽이든, 정치 전술을 사용하면 종합국력 순위에서 올라가게 되고 상대방은 내려가게 된다.

이런 제한 없는 전쟁의 조합을 사용하여 상대를 강요하고 위협하며 설득하고 유인, 속이고 당황하게 하고 주의를 분산시키며 화나게 만들 수 있다. 특히 경제 및 재정적 전략이 효과적이며 필요하다면 뇌물, 마약 밀매, 화폐 가치 절하 등 거친 방법을 사용하는 것도 정치 전쟁의 도구가 된다. 당황스러워하는 것을 두려워하고 상대방이 규칙을 준수할 것이라는 감각을 믿으면 취약해진다. 실제 폭력은 아니지만 군대를 통해 상대를 위협하고 사기를 떨어뜨리게 만들 수 있다. 이 모든 것들은 상대 국가의 국민들과 포섭된 요인(要人)들이 직접 나서서 해주면 가장 효과적일 것이다.

일부 학자들은 두 대령의 책 《초한전》이 서방인들로부터 너무 많은 신뢰를 받고 있으며 제한 없는 전쟁은 중국의 공식 교리(敎理)가 아니라고 주장한다. 교리와 관련해서는 이들이 맞을 수도 있겠지만 이는 그다지 중요하지 않을 수도 있다.

중요한 책인 《정치 전쟁: '싸우지 않고 승리하기 위한' 중국의 전략과 맞서는 전략》의 저자 케리 거샤넥 교수는 제한 없는 전쟁이 무력과 정치를 동반하는 중국 전술의 기본 철학으로 자리잡고 있다고 지적한다. 어떤 것도 금지된 것은 없는 것이다. 《초한전》의 저자들은 많은 방안을 강구해냈고 명성을 얻게 됐다.

중국인의 행동에는 어떤 한계가 있을까? 중국이 (책임을) 회피할 수 있고 상대방을 도발하거나 직접적인 교전을 피할 수 있는 행동은 많지 않을 것이다. 그것이 지금까지 중국이 센가쿠 열도를 지키는 일본 해상자위대 및 해경을 향해 한 발도 쏘지 않은 이유이다. 미국인들이 근처에 있고 이들은 일본인들을 보호할 것이라고 했다. 대신 중국은 어선과 해안경비대를 (센가쿠 인근으로) 보내 현지에서 이에 대응하는 사람들을 시험하고 괴롭히는 방식을 택하고 있다.

때때로 정치 전쟁은 특정 목표 국가에 영향력을 행사하고 압박하며 고립시키는 방식이 사용된다. 이런 방식으로 특정 국가를 약화시키기 위해 (목표 국가가 아닌) 다른 국가들을 대상으로 치러질 수도 있다.

정치 전쟁은 상대의 행동을 바꾸고 궁극적으로 상대의 사고(思考)에 영향을 끼치는 것이기 때문에 심리적인 요소가 크게 작용한다.

실제로 가장 성공적인 정치 전쟁은 상대방이 자신의 자유의지에 따라 행동하거나 적어도 가장 현명하고 합리적인 행동을 취하고 있다고 생각하게 만드는 것이다. 제한 없는 정치 전쟁이 다른 종류의 전쟁이라는 것을 이해하면, 이에 대한 인식을 하는 것이 어렵지 않다.

하지만 제한 없는 정치 전쟁이 실생활에서 어떻게 적용되고 있는지를 분석한다면 이에 대한 이해를 더 잘 할 수 있다. 한 전문가는 제한 없는 전쟁에서 가장 중요한 원칙은 '기회'라고 분석했다. 장기적으로 적(또는 적의 우방)에 해를 끼칠 수 있는 모든 기회를 활용하는 것이다. 따라서 중국은 기회를 발견하고 행동에 나설 때까지 꽤 오랫동안, 심지어는 몇 년 동안 망설이다 움직인다. 그런 일이 언제 벌어졌느냐를 알기 위해서는 2019년 당시의 상황을 떠올려 볼 필요가 있다.

초한전: 기회를 노린 생물학전

코로나-19 바이러스는 중국공산당이 의도적으로 전세계에 퍼뜨린 것일 수도 있고 아닐 수도 있다. 하지만 2019년 말(또는 그 이전)에 중국 우한(武漢)에서 바이러스가 출현하고 통제될 가능성이 희박해

지자 중국공산당은 제한 없는 전쟁 모드로 전환, 모든 이점을 최대한 활용했다.

중국의 종합국력이 영향을 받을 경우, 중국은 다른 모든 사람들이 더 큰 타격을 받도록 하려 했다. 그래야만 상대적으로 중국이 앞서 나가는 것이었기 때문이다.

적어도 2002년 중증급성호흡기증후군(SARS)이 발생했을 때부터 이와 같은 이벤트를 계획하고 있었다. 이 질병은 전세계로 빠르게 확산됐고 WHO로 하여금 전세계적 보건 위험이라는 상황을 선포하게 만들었다.

중국으로서 이는 심각한 종합국력의 손실이었다. 원자바오(溫家寶) 총리는 당시 "중국의 국익과 국제적 이미지가 위태롭다"고 밝히기도 했다.

전염병은 약 2년 동안 지속됐고, 당시에도 독립 기관 형태였던 WHO는 대부분 전문성을 갖고 업무를 수행했다. 예를 들어, WHO는 2004년 5월 또 다시 전염병이 발생한 후 다음과 같은 보고서를 발표했다. "조사는 주로 베이징의 국립바이러스학연구소를 중심으로 이뤄졌으며 이곳에서 살아있는 SARS 바이러스와 비활성화된 SARS 바이러스를 이용한 실험이 수행됐다"는 것이었다. 보고서는 "연구소 소속 연구원 두 명이 3월 말과 4월 중순에 SARS 증상을 보였고 전염병 발발은 4월 22일에 보고돼 연구소는 바로 다음 날 폐쇄됐다"고 했다.

중국으로서는 중요한 사건을 통제하고 이에 대한 내러티브를 형성할 수 없는 기관을 갖고 있다는 것이 중대한 위협이었다. 중국은 다시는 그런 상황에 놓이고 싶지 않았다. 이에 따라 중국은 SARS로부터 얻은 보건 관련 교훈을 연구했을 뿐만 아니라 이를 제한 없는 전쟁의 교훈으로도 연구했다.

코로나-19가 창궐할 무렵, 중국은 WHO의 규정을 더 잘 준수하는 리더십을 확보하고 있었고 이를 통해 중국 정부는 사람 간 전염을 포함한 질병의 세부 사항을 더 쉽게 숨길 수 있었다. 물론 이는 WHO의 신뢰도에 영향을 끼쳤지만 중국은 이를 중요하게 생각하지 않았다. 종합국력 관점에서 볼 때 WHO가 중국이 자국의 이익을 증진하기 위해 사용할 수 있는 무기가 되든, 아니면 비효율적일 정도로 약화돼 중국에 대항할 수 없는 무기가 되든, 어느 쪽이든 중국의 승리다.

WHO를 길들인 중국은 우한을 봉쇄, 우한 주민들이 중국 내 다른 지역으로 여행하는 것을 금지하는 반면 우한을 포함한 중국인 여행객이 해외여행을 떠나는 것은 허용했다. 전세계 다른 지역에 (전염병의) 씨를 뿌리게 된 것이다.

2019년 당시는 미국 경제가 호황을 누리며 해외로 빠져나갔던 제조업이 다시 돌아오기 시작할 시점이었다는 점을 기억할 필요가 있다. 중국 경제는 흔들리고 있었고 중국공산당은 트럼프 행정부의 압박에 뒷걸음질치고 있었다.

중국공산당이 치명적인 것으로 알려진 바이러스의 세계적 확산(생물학전)을 허용했기 때문에 트럼프 대통령은 또 한차례의 4년 임기를 채우지 못하게 됐을 것이다. 이는 중국공산당으로서는 큰 안도였을 것이다. 트럼프 행정부는 지난 50년 동안 중국이 자유화를 이루고 '책임감 있는 국가'가 될 것이라는 희망으로 중국의 잘못된 행동을 용인하고 간과하지 않은 첫 행정부였다.

마이크 폼페이오 국무장관, 그의 고문인 마일스 유, 데이비드 스틸웰 국무부 동아시아태평양 담당 차관보, 매튜 포틴저 국가안보 부(副)보좌관, 피터 나바로 대통령 보좌관 등 트럼프 팀은 중국을 겁에 질리게 했다. 이들은 관세 부과, 수사(搜査), 중국 국영 언론에 대한 공격, 휴스턴 중국 영사관 폐쇄 등을 통해 정치 전쟁에서 효과적으로 싸웠다. 중국은 그들을 경기장 밖으로 쫓아내려 했고 그 소원을 이루게 됐다.

2020년 중반까지 미국은 경제적·심리적·물리적으로 위축됐었다. 대다수의 미국인은 자발적으로 자유를 포기하고 별다른 항의 없이 봉쇄 조치를 견뎌냈다. 코로나-19 이전까지만 해도 '봉쇄'는 죄수들에게만 사용되는 단어였다. 미국 교회들은 문을 닫는데 스트립클럽과 주류 판매점은 여전히 영업을 하고 있을 때, 사람들은 미국이 집단적으로 정신을 잃었거나 중국의 효과적인 소셜미디어 정치 전쟁 작전으로 효과적이고 치밀하게 미쳐가고 있다는 것을 깨닫게 됐다.

미군 역시 이성을 잃었다. 미 해군 항공모함 한 척이 가동을 중단하고 괌에 정박하는 결정을 내렸다. 젊고 신체적으로 건강한 선원들은 코로나-19의 위험에 거의 노출되지 않음에도 불구하고 말이다. 한편 미국은 의약품과 의료용품을 중국에 의존하고 있다는 사실 역시 깨닫게 됐다.

중국 공산주의자들은 그들의 프로파간다와 대리전을 통해 미국인들이 자발적으로 미국을 폐쇄하는 모습을 지켜보는 상당한 승리를 거뒀다. 미국이 폐쇄되자 사람들은 온라인으로 모여들었고 접근과 조작이 더욱 쉬워졌다. (중국 상품을 판매하는 온라인 소매업체의 성장을 돕기도 했다.) 공포와 절망감이 고조되면서, 마르크스주의자들이 주도하는 폭도들의 무대가 마련됐다.

마르크스주의자라고? 그렇다. 내 말이 아니라 그들이 한 말이다. '흑인의 목숨도 소중하다(BLM)' 운동의 공동 창립자는 자신이 '훈련된 마르크스주의자'라고 했다. 이 단체의 목표 중 하나는 '서구에서 규정하는 핵가족 구조의 요건을 파괴'하려는 마르크스주의적 목표였다.

BLM과 이 운동의 목표에 영감(靈感)을 받은 폭도들은 조지 플로이드의 사망에 항의하는 것으로 주요 시위를 시작했다. 이들은 미국 도시의 일부를 파괴하기 시작했고 원래도 취약했던 지역들에 20억 달러의 재산 피해를 줬다. 이는 절망감을 가중시키는 일이었다. 그들은 또 경찰을 물리적, 이념적으로 공격하고 정부 건물을 불태웠다.

중국이라는 공범(共犯)

중국공산당은 이 모든 일의 공범이었고 아마 러시아도 마찬가지였을 것이다. 중국 언론은 공개적으로 폭력을 부추겼고 은밀히 중국공산당의 공작을 통해 온라인에서 여론을 조성했다. 트럼프 시대의 중국에 대한 초점은 미국이 내부 문제만을 들여다보고 중국공산당이 아닌 자신과 싸우며 사라지게 됐다.

상황은 이렇게 전개됐던 것이다. (정치 전쟁을 포함한 제한 없는 전쟁 등의) 수단을 활용해 (엔트로피 전쟁의 승리라는) 원하는 결과를 만들어낸다. 그 결과 미국의 종합국력은 타격을 받고 상대적으로 중국의 국력이 증가하게 됐다.

이런 효과적인 엔트로피 전쟁은 중국이 미국에 도전하고 승리를 거둘 수도 있는 경제와 군대를 구축하는 것을 막을 수 있던 유일한 국가인 미국을 분열시켰다.

은하계 패권?

하지만 중국의 야망은 그보다 훨씬 더 크다. 클라이브 해밀턴과 앤 마리 브래디를 비롯한 연구자들이 자세히 설명했듯 중국의 야망은 전세계뿐 아니라 은하계로도 뻗어 나간다. 이를 위해 중국은 국가들 자체를 엔트로피 상태로 만들고 동맹국 간에도 엔트로피 상황을 만들어 동맹을 약화시키고 중국의 영향력을 확대하려 하고 있다.

수년간 중국의 정치 전쟁 문제를 관찰한 한 전문가는 다음과 같이 지적했다.

〈학자들은 (특정 지역의 한 국가가 공산주의에 넘어가면 다른 국가들 역시 공산화될 것이라고 경고한) 냉전 시대의 도미노 이론을 일축한다. 태평양 지역에서 공산주의의 확산을 늦추기 위해 한국과 베트남에서 실행한 미국의 조치나 우리가 속한 반구(半球)에서 러시아의 야욕에 직접적으로 맞선 쿠바 미사일 위기의 중요성을 인정하지 않으며 말이다.

바둑 전술처럼 비밀리에 접근하는 중국의 방식이 더 나은 결과로 이어지고 있다. 내 예상으로는 브라질이 곧 멕시코 이남(以南) 지역에 위치한 유일한 미국의 동맹국이 될 것이다.〉

아주 작은 크기의 국가들도 살펴볼 필요가 있다. 특히 가장 외진 곳에서도 중국공산당의 흔적을 찾아볼 수가 있다. 중국에서 수십 년 근무한 미국인 사업가는 다음과 같이 설명한다.

〈중국공산당의 전략은 미국을 포위하는 것이다. 이는 내전 당시 중국을 작은 섬(도시)이 있는 큰 연못, 그리고 또 하나의 큰 섬(베이징)이 있는 지역으로 묘사한 마오쩌둥의 유명한 전략과 흡사하다. 물고기가 작은 섬들과 큰 섬 사이를 헤엄치면 사이에 비어있는 공간을 통제할 수 있을 것이고 결국에는 작은 섬들을 장악해 이들을 하나씩 잘라낼 수 있을 것이며 그렇게 되면 결국 큰 섬 역시 무너질 수밖에 없다는 것이다. 결국 물고기가 전체 연못을 통제하는 상황이 발생하게 된다.

나는 중국에 있던 당시 중국공산당 당원들과 사업가들로부터 이 이야기를 수도 없이 들었다. 어떤 제품, 어떤 상품을 다루는지는 상관이 없었다.

나는 "위성을 통한 직업 교육에 대한 마케팅 계획은 무엇인가"라고 질문했다. 직업 교육 회사는 중국에서 매우 경쟁이 치열하다. 대답은, "존, 우리의 마케팅 계획은 마오쩌둥이 내전 당시 사용한 연못 전략과 같은 원리에 기반하고 있다"며 "우선 먼저 시골을 점령하고 대도시 시장을 포위한 뒤 모든 시장을 점령할 때까지 나아가는 물고

기가 되는 것"이었다.

여기에는 또 다른 측면의 이야기도 있다. 중국에서 소규모의 개인 회사를 창업하는 경우 더더욱 그럴 확률이 높다. 지원을 필요로 하는 지역의 당 서기에게 자신을 어필하는 방법 중 하나는 마오쩌둥에게 영감을 받은 마케팅 계획을 갖고 있다고 알리는 것이다.

나는 이를 '마오쩌둥식 마케팅'이라고 부르게 됐는데 이는 실제로 효과가 있었다. 마오쩌둥이 옳았다.

중국이 마오쩌둥식 마케팅을 전략적 지정학 정책으로 활용하고 있는 것은 분명하다. 세계는 미국이라는 큰 섬이 지배하는 연못이다. 중국공산당 물고기가 나와 미국이라는 섬과 작은 섬들 사이의 빈 곳을 채우고 연못의 열린 부분을 차지한다. 그런 다음 하나씩 고립시킨 뒤 작은 섬들을 점령한다. 서유럽은 이런 작은 섬들 중 하나이며 라틴아메리카와 아프리카의 도시 지역 역시 다른 작은 섬들에 속한다. 라틴아메리카와 아프리카의 열린 공간을 먼저 점령하고 도시 지역을 포위한 뒤 결국에는 미국으로부터 고립시키게 된다. 미국 자체가 고립될 때까지 반복해서 이와 비슷한 활동을 전세계에서 벌이는 것이다.〉

현재의 상황은 이와 같다고 할 수 있다. 중국공산당은 지난 50년 동안 미국을 상대로 놀라울 정도로 성공적인 정치 전쟁을 수행해왔다. 우리는 심각하게 고립됐고 내부적으로도 분열됐다. 방식이 무엇인지도 모르는 제한 없는 전쟁 전술의 공격을 받아왔고 이에 대해 어떻게 싸워야 하는지, 누구와 싸워야 하는지도 모르는 상황이다.

그래서 우리는 결국 서로 싸우게 된다. 그것이 중국의 목표인지도 인지하지 못한 채 말이다. 중국은 우리를 이기고 있다.

반격?

미국은 중국을 상대로 사용할 공격적 정치 전쟁 전술이 있을까?

냉전 시대에는 있었지만 1990년 이후 모두 사라져버렸다. 미국 정부는 정치 전쟁을 하지 않는다. 중국어에 능통하고 중국 주재 미국 대사관 국방무관을 지낸 로버트 스팔딩 미 공군 예비역 준장은 중국 공산당원들이 어떻게 행동하는지를 이해한 사람이다. 트럼프 행정부 초기 백악관 국가안전보장회의(NSC)에 발령받은 그는 중국의 정치 전쟁과 관련해 무언가를 해야 한다는 것을 그의 임무로 삼았다. 그는 저항을 받았고 결국 강제로 예편하게 됐다.

하지만 트럼프 행정부는 수십 년 만에 처음으로 중국에 도전장을 내민 행정부였다. 트럼프는 중국의 성공적 정치전을 되돌릴 수 있는 행동에 나선 것이었을까?

트럼프 행정부의 사람들은 정치 전쟁과 중국의 행동을 이해하고 이에 대해 무언가 조치를 취하려고 했다. 그러나 그들은 골드만삭스 출신 재무장관 스티브 므누신이 이끄는 월스트리트 출신 인사들과 행정부 내부에서 끊임없는 내부 싸움에 직면했었다.

중국이 원하는 것은 '평화적 부상(浮上)', '윈윈 해법'이고, 다른 국가의 내정에 간섭하지 않을 것이라는 이야기를 종종 듣곤 할 것이다. 호주안보정책연구소에서 활동했던 알렉스 조스케는 평화적 부상이라는 개념이 중국 국가안전부의 영향력 확산 공작 과정에서 나온 것이라고 했다. 그리고 이는 효과적이었다.

한 젊은 해병대 장교와 대화를 나눈 적이 있다. 그는 중국이 평화적 부상 정책을 펴고 있기 때문에 위협이 되지 않는다고 주장했다.

나는 "그것을 어떻게 아느냐"고 물었다. 그는 "그들이 그렇게 말했다"고 했다.

적(敵)이 누군지 특정할 수 없다면 싸움을 시작할 수도 없다. 때때로 우리는 눈앞에 있는 것을 보지 않기 위해 무엇이든 할 수 있을 것 같은 느낌을 받기도 한다.

커트 캠벨은 현재 백악관 국가안보회의 인도-태평양 담당 조정관이다. 일라이 라트너는 현재 국방부 인도-태평양 담당 차관보를 지내고 있다. 2018년 당시 이 둘은 '중국의 심판: 중국이 어떻게 미국의 기대를 저버렸는가'라는 제목의 기고문을 외교 전문지인 포린어페어스에 기고했다. 중국공산당과의 관여와 수용을 통해 중국 정권이 자유화되고 책임감 있고 평화로운 국제 사회의 일원이 될 것이라는 미국의 희망을 어떻게 저버리게 됐는가를 설명하는 글이었다.

이 기고문을 읽은 한 은퇴한 외교관 출신 친구는 "천안문을 경험하고 베이징을 두 번 이상 방문했거나 제임스 만과 같은 작가 및 다른 많은 전문가들의 책을 읽은 우리 모두는 긍정적인 기대를 전혀 하지 않았다"고 했다. 주중 대사를 지낸 제임스 릴리 역시 중국을 제대로 이해했다. 하지만 캠벨과 라트너는 마치 그들이 (새롭게) 중력이라도 발견해낸 것처럼 해당 기고문을 썼다.

지난 40년 동안의 중국의 행동에 대해 어느 누구도 놀랄 만한 것은 없다. 이는 억압적인 공산주의 정권이기 때문이다. (다른 종류의 공산주의 정권이 있다는 뜻은 아니다.) 릴리 전 대사가 말했듯 중국인들은 항상 텔레크래핑 펀치를 날린다.

예를 들어 중국은 1992년 영해(領海) 및 인근 수역과 관련된 법률을 통과시키며 중요한 국제 항로이자 국제 수역인 남중국해의 영유권을 주장했다. 일부 지역은 이미 다른 인근 국가들이 영유권을 주장하는 상황이었음에도 말이다. 누구도 중국의 이 행동을 진지하게 받아들이지 않았고 중국은 이를 강행할 수 없었다.

20년이 지난 2012년, 중국은 남중국해에 인공 섬을 건설하기 시작했고 점차 군사 기지로 전환했다. 이 과정에서 중국은 사실상 남중국해를 지배하기 시작했다. 2021년 중국은 남중국해를 통과하는 선박에 대한 행정적 통제권을 행사할 수 있는 권리를 명문화하는 또 다른 법을 통과시켰다. 그리고 중국은 남중국해에서 작전 중인 미해군 함정 역시 중국의 양해를 구해야만 작전을 수행할 수 있다는 점을 분명히 하고 있다.

중국은 처음부터 명확한 의도를 갖고 있었지만 우리는 이를 믿지 않았다. 특히 캠벨과 라트너는 이런 일이 일어날 것을 예상했어야 한다. 캠벨은 2009년부터 2013년까지 국무부 동아시아태평양 차관보를 지냈고 라트너는 2015년부터 2017년까지 조 바이든 당시 부통령의 국가안보부보좌관을 지냈다. 이 기간 중국은 불법으로 남중국해의 섬들을 점령하고 군사화했다.

중국은 적국이 없음에도 불구하고 미국을 비롯한 모든 국가를 물리칠 수 있는 거대한 군대를 구축하고 있으며 스스로를 방어하기 위해서는 그렇게 해야 한다고 주장한다. 그런데 중국을 공격해야 한다고 주장한 국가나 사람이 있었느냐는 말이다. 오히려 자유화되고 책임 있는 국가가 될 것이라는 희망과 기대를 중국보다 더 많이 받은 나라도 없을 것이다.

최근 몇 년 사이 상업용 위성을 통해 중국 서부 사막에 있는 미사일 사격장에서 일본 요코스카에 있는 미 해군 기지와 항공모함 로널드 레이건호를 모방한 표적이 식별됐다. 중국은 이른바 항공모함 킬러인 대함(對艦) 탄도미사일 DF-21 및 DF-26을 자랑해오기도 했다.

중국이 어떤 생각을 갖고 있는 것인지 알아내는 것은 전혀 어려운 일이 아니다. 알아내고 싶은 마음만 있다면 말이다.

이 모든 것은 이언 이스턴의 훌륭한 책인 《마지막 투쟁: 중국의 세계 전략의 실체》에 자세히 설명돼 있다. 간단히 말하자면 중국공산당은 세계 지배를 추구하며 이를 달성하기 위해 주적인 미국과 싸울 것이라는 내용이다. 실제로 자본주의의 파괴와 중국식 사회주의의 승리는 역사적 필연으로 여겨지고 있다.

중국공산당 통치하에 있는 중국이 자유화를 이뤄낼 수 있을까? 그럴 일은 없다고 본다. (서방세계의 親중국 성향의 사람들이 시진핑이 개혁가가 될 수 있다고 봤던) 2013년, 중국공산당 중앙위원회에서 만든 제9호 문서가 외부로 유출됐는데 여기에는 명확한 내용이 담겨 있다. 매튜 포틴저와 그의 공동 저자들은 제9호 문서와 관련, "중국공산당은 입헌 민주주의, 서구적 가치가 보편적이라는 개념, 시민 사회 개념, 경제적 신자유주의, 언론의 독립성, 당(黨)의 역사관에 대한 도전, 자유인이 소중히 여기는 다른 모든 것들을 비롯한 서구의

'잘못된 이념적 경향'을 근절해야 한다는 내용"이라고 설명했다.

몽골은 13세기에 러시아를 거쳐 동유럽을 휩쓸면서 정치 전쟁과 심리 전술을 펼친 것으로 유명하다. 하지만 그들은 머리 없는 시체 몇 구를 마을 담장 너머로 던져놓고 주민들에게 "지금 항복하지 않으면 내일 모두 죽는다"는 선택권을 주기는 했었다.

중국 공산주의자들은 미국을 상대하는 것이 더 쉬웠다. 모든 훌륭한 정치 전술이 그렇듯 중국은 목표를 이해하고 취약점을 알고 있다. 미국의 탐욕, 무지(無知), 순진함, 허영심, 오만함을 이용하는 것이다. 미국인들에게는 돈과 아첨, 그리고 10가지 코스요리 만찬을 접대하면 충분하다. 나머지는 그들이 알아서 하게 되는 것이다.

가끔은 한 발 물러서서 중국공산당이 이룬 업적을 경외심을 갖고 바라볼 필요도 있다. 중국공산당은 볼티모어 거리를 행진하는 승리의 퍼레이드를 벌여야 한다. 수만 마일 떨어진 곳을 총 한 발 쏘지 않고 파괴, 정복한 군대인 것이다.

하지만 아직 끝나지 않았다. 릴리 전 대사는 중국인에 대해 이렇게 말하곤 했다. "먼저 그들은 당신을 매수하려 할 것이고 그런 뒤 겁을 주려 하며 그 뒤엔 당황할 것이다"라는 것이다.

핵심은 그들이 어떻게 다양한 방식의 제한 없는 전쟁을 벌이고 있는지, 누구를 매수하고 있는지, 누구를 겁주고 있는 것인지를 명확하게 이해하는 것이다.

다음 장에서 이 부분을 짚어보도록 하겠다.

이를 알고 나면 우리 자신을 방어할 뿐만 아니라 동맹을 강화하고 반격하여 승리할 수 있는 계획을 세울 수 있다.

결국 우리는 미국이라는 국가다. 아직까지는 말이다.

5 장

심리전: 중공(中共)의 사상 침투

2020년 11월 28일, 중국 인민대학교 디둥성(翟東升) 국제관계학부 부학장은 영상으로 녹화된 강연을 했다. 강연 내용 중 일부다.

〈1992년부터 2016년까지 중국과 미국이 모든 종류의 문제를 해결할 수 있던 이유는 무엇일까? 그것은 바로 정상(頂上)에 있는 사람들을 우리가 포섭하고 있었기 때문이다. 미국의 핵심 권력과 영향력 행사의 정점에 있는 오래된 친구들이 있었다. 지난 30년에서 40년 동안 우린 미국의 핵심 권력을 활용해 왔다.〉

그는 도널드 트럼프가 취임했을 때 화가 났다고 말하기까지 했다. 워싱턴과 월스트리트에 있는 친(親)중국 성향의 사람들은 트럼프 행정부가 중국에 맞서려는 것을 지난 행정부 때처럼 막을 수 없었다. 디둥성 교수는 "미중(美中) 무역 전쟁이 진행되는 동안 (월스트리트는) 우리를 도와주려 했고 내 미국 친구들이 도와주고 싶다고 말했지만 할 수 있는 일이 별로 없었다"고 했다.

디둥성 교수는 새롭게 들어선 바이든 행정부에 큰 기대를 걸었다. 그는 "전통적인 엘리트, 정치적 엘리트, 기득권 출신인 바이든이 당선된 것을 목격했다"며 "이들은 월스트리트와 매우 가깝다"고 했다. 아마 그가 낙관적일 이유가 있었을 것이다. 대부분 오바마 행정부 출신의 베테랑인 사람들이 여럿 임명됐고 이들은 중국 의뢰인들을 위해 일한 컨설팅 회사 출신의 '오랜 친구들'이었기 때문이다.

피터 슈와이저는 그의 책에서 중국이 워싱턴에서 영향력을 행사한 사례들을 자세히 담았으며 중국이 수년 동안 쌓아온 심리적 우월감을 지적했다. 이는 미국의 정책과 행동, 혹은 무반응이 중국에 유리하게 작용했다는 것이다.

가장 중요한 전술

궁극적으로 심리전은 정치 전쟁 기법 중 가장 중요하므로 이를 먼저 살펴볼 필요가 있다. 중국의 심리전은 중국의 이익과 목표에 유리한 방향으로 상대의 사고와 행동을 변화시키는 것을 목표로 한다. 비(非)전투적 수단을 통해 상대의 의지와 저항 능력을 약화시키는 것이 목표다. 중국의 성공적인 심리전은 상대방을 더 수용적이고 저항할 의지나 능력을 약하게 만든다. 위험을 인식하고 전투적 방식으로 행동에 나설 의지가 생기더라도 아무 소용이 없다는 생각이 드는 시점이 생기게 된다. 큰 몽둥이를 갖고 있다고 해도 이를 사용할 의지가 없다면 아무 의미가 없다는 것이다.

싸우지 않고 승리한다는 중국의 말은 우리가 맞서 싸우지 않는다는 것을 의미한다. 이런 생각이 우리의 머릿속으로 파고들어 내부로부터 우리를 무력화시키는 상황으로 이어지게 된다.

모든 사람들은 심리 작전이라는 말을 들어봤을 것이다. 우리 중 많은 이들은 우리가 너무 똑똑하고 교육을 잘 받았으며 분별력이 뛰어나 심리전의 영향을 받지 않을 것이라고 생각한다. 하지만 다음 중 하나라도 실제로 말을 해보거나 생각해본 적이 있다면 당신은 이미 중국의 심리 작전에 영향을 받은 것이다.

중국의 심리 작전

- 코로나-19는 중국 연구소에서 발생했을 가능성이 없다.
- 중국은 타이완과 통일을 하고 싶어 한다.
- 미국은 기후 변화, 북한 문제 등을 해결하기 위해 중국의 도움이 필요하다.
- 우리는 중국 시장에 투자를 해야만 한다.
- 중국이 싫어할 것이다.
- 서방세계가 지금까지 해온 일을 고려하면 어떻게 중국을 비판할 수 있겠는가?
- 중국은 더 이상 공산주의 국가가 아닌 자본주의 국가다.

* 중국공산당을 비판하는 것은 인종차별이다.
* 중국의 부상(浮上)은 '평화적'이며 '필연적'이다.
* 중국의 문화는 민주주의와 양립(兩立)할 수 없다.
* 중국이 군사화하고 공격적이며 확장해나가는 이유는 지난 한 세기간 이어진 치욕 때문이다.
* 펜타닐은 아편 전쟁의 복수(復讐)일 뿐이다.
* 중국은 팽창주의 정책을 펴고 있지 않다. 한 번도 이웃 국가를 공격한 적이 없다.
* 중국은 다른 모든 강대국이 하는 일을 하고 있을 뿐이다.
* 우리는 강력한 중국을 원한다. 최악의 상황은 핵무기를 가진 중국이 약해지는 것이다.
* 중국에 대해 그런 말을 해서는 안 된다! 중국인들을 모욕하는 일이기 때문이다.

이런 모든 변명은 중국에 의한 위협, 비인도적인 중국공산당의 행동에 무기력하게 대응하거나 이에 순응하도록 만든다. 중국이 위협이 아니거나 중국에 저항할 수 없다고 생각하는 것은 모두 상황을 악화시킬 뿐이다.

심리전과 군대

앞서 진행한 시험에서 통과하지 못했더라도 걱정할 필요는 없다. 미국의 최고 전사(戰士)인 미 해병대 역시 마찬가지기 때문이다.

2013년 '던 블리츠' 군사훈련 당시 일본은 사상 처음으로 캘리포니아 남부에 소규모 상륙 부대를 파견, 미 해군 및 해병대와 함께 훈련을 실시했다. 중국은 이를 불쾌해했다. 당시 언론에 인용된 나의 말이다.

〈일본 담당 미 해병 무관인 그랜트 뉴섬 대령은 미국의 아시아 태평양 전략에 힘을 싣기 위해서는 (일본의) 군사 훈련을 개선하는 것이 필수적이라고 말했다. 그는 AP 통신에, "20세기가 우리에게 가르쳐준 것이 있다면 민주주의 국가가 스스로를 방어할 능력과 의지가 있을 때 평화와 안정이 유지된다는 것"이라며 "대부분의 아시아 국가들은 (열렬히는 아니더라도) 더 나은 역량을 갖춘 (일본) 군대가 미군과 가까운 동맹 관계를 유지하는 것을 환영한다"고 했다.〉

이는 논란의 여지가 없는 사실에 기반한 일반적인 언론 보도였다. 하지만 해병대 지휘부와 공보관들은 광분했다.
"그렇게 말하면 안 된다"느니 "중국인들이 화를 낼 거야"라는 말을 했다. "그들은 우리가 그들을 봉쇄하고 있다고 생각할 것"이라고도 했다.
미 해병대가 중국 공산주의자들을 화나게 할 수 있다는 이유로 어떤 말을 하는 것을 두려워하게 된다는 것은 중국공산당의 심리전이 잘 작동하고 있다는 것을 의미한다.
얼마나 잘 작동했을까? 5년 전 미 해병대는 평화적 의도를 갖고 있다는 중국의 약속을 믿고 미 해병대 사령관 제임스 콘웨이 장군이 중국 해병대를 방문하도록 했다. 그는 인민해방군 해병대원들에게 그들의 임무를 숙달할 것을 독려하는 연설을 했다. (우리에겐) 불행히도 그들은 콘웨이 장군의 조언을 받아들이게 된다.

지난 몇 년간 너무나도 많은 국방 관련 기득권 세력이 중국으로부터 직면한 실질적인 위협은 없으며 관여 정책과 이해하는 태도를 통해 모든 문제를 해결할 수 있다고 믿게 됐다.

미국의 정치권도 마찬가지였다. 오히려 협상에 대한 선호도는 더 높았다고 할 수 있다. 미국의 재계 및 금융권은 수익성이 높은 중국 시장에 대한 접근을 위해 대부분 중국에 끌려다녔다.

다행히도 미 해병대(그리고 나머지 미군)는 최근 몇 년 동안 중국의 위협에 대해 각성하게 됐다. 하지만 시간이 꽤 걸렸었다. 그 사이 중국 인민해방군은 제2차 세계대전 이후 가장 크고 빠른 속도로 국방력을 증강했다. 아마 역사상 가장 빠른 기간 내 이뤄진 국방력 증강이었을 수도 있다. 그리고 중국은 멈추지 않았다.

중국의 심리전이 성공하고 미국 정부 및 재계 엘리트들이 다가오고 있는 중국의 위협을 놓치게 된 원인이 무엇이었을까?

한 가지 이유만 있는 것은 아니지만 중국은 목표를 잘 이해하고 있으며 원한다면 개인의 약점을 잡아낼 수 있는 방대한 정보 네트워크를 보유하고 있다. (팬데믹 기간 우리 모두가 온라인에 대한 의존도를 늘려감에 따라 이는 더욱 쉬워졌다.) 또한 매력 공세, 아첨, 현금, (공개적이거나 은밀한) 위협, 부드러운 언어, 직접적 환대, '개방'하겠다는 약속, 특별한 친구들을 위한 혜택 등의 방법으로 상대를 설득한다. 조금 더 많은 노력과 시간을 들이게 된다면 모든 것이 다 잘 될 것이라고 유혹하는 것이다.

중국의 심리전은 때때로 너무 성공적이어서 이에 타킷이 된 상대방은 '매 맞는 아내 신드롬'에 걸린 것 같은 착각에 빠지기도 한다. 공격적인 중국의 행동을 이해하려 하고 이런 상황의 원인이 자신이라고 자책하게 되는 것이다.

국방부 차관보를 지낸 조셉 나이 교수는 2013년 뉴욕타임스에 '중국을 봉쇄하지 말고 함께 협력해야'라는 제하(題下)의 기고문을 썼다. 그는 "클린턴 행정부 시절인 1994년 국방부의 동아시아 관련 전략 수립에 참여했을 때 우리는 두 가지 이유로 봉쇄 정책에 반대했다"며 "중국을 적(敵)으로 취급하면 실제로 미래의 적이 되는 것으로 만드는 것이고 중국을 친구로 대하면 더 평화로운 미래의 가능성을 열어놓는 것이었기 때문"이라고 했다.

이런 사고방식을 적용하게 되면 중국이 적처럼 행동했을 시 미국이 뭔가 잘못하고 있는 것으로 스스로를 설득시키기 쉽다. 이런 접근법은 자신들만이 중국을 설명할 자격이 있다고 생각하는 소위 '중국통들' 사이에서 여전히 널리 통용되고 있다.

이런 현상을 잘 보여주는 예로는 미중 양국의 많은 사람들이 중국 문제를 잘 알고 있는 사람이라고 생각하는 헨리 키신저가 있다. 그는 2022년 미국과 중국의 관계와 관련해 다음과 같은 말을 했다. 그는 "우리는 이념의 차이와 이에 대한 해석의 차이를 인식해야만 한다"며 "이런 의식을 바탕으로 사안의 중요성을 분석해야 하며 이를 대립의 이유로 받아들여서는 안 된다"고 했다. 그는 "우리 정책의 핵심 목표를 (중국의) 정권 교체로 할 준비가 돼 있지 않은 이상 말이다"라고도 했다.

이런 생각은 우리가 상대하는 국가가 캐나다나 프랑스라면 맞을 수도 있다. 하지만 상대방이 이념의 차이를 대립의 핵심 이유로 보고 승자와 패자가 있을 것이라고 생각하며 그 승자가 중국이라고 믿는다면 어떨까? 필요하다면 무력을 사용할 수도 있다는 생각을 갖고 있다면 말이다.

키신저 박사는 미국이 중국 공산주의자들에게 양보를 할 것을 제안하는 것 같다. 그렇게 하지 않으면 우리가 나쁜 사람들이 된다는 생각이다.

이런 종류의 분석은 마이스(MICE), 즉 돈(Money), 이념(Ideology), 타협(Compromise), 자존심(Ego)으로 이뤄진 네 개의 원인 중 하나에 기인한 것일 수 있다. 어쩌면 수십 년간 중국 공산주의자들을 완전히 잘못 판단한 것에 대한 본인의 평판이나 직업적 수치심에서 비롯되기도 한다.

중국은 미국의 외교 관련 엘리트층이 중국은 위협적이지 않다는 시각을 갖도록 하기 위해 노력해왔고 이에 대한 이익을 얻고 있다. 이와 관련한 논쟁은 수년 동안 불가능했고 여전히 쉽지 않은 문제다. 실제로 주류 언론과 학계, 싱크탱크, 나아가 중국공산당이 침투한 기타 영역에서 중국과 관련된 이의를 제기하면 소외되거나 파멸에 이르는 상황까지 생길 수 있다.

한 미국의 국방 전문가는 몇 년 전 한 세미나에서 중국이 타이완을 침공할 의도가 있다는 주장을 내놨다. 세미나 휴식 시간 도중 화가 난 전 베이징 주재 미국 대사는 침을 튀어가며 그를 꾸짖었다.

중국 공산주의자들은 미국 내 친구들이 미국 행정부로 하여금 준국을 너무 강하게 밀어붙이지 못하도록 막고 심지어 중국에 문을 열어줄 것을 기대하곤 한다. 2000년대 초 클린턴 행정부 당시 중국을 세계무역기구(WTO) 회원국으로 승인했을 때처럼 말이다. 오만과 탐욕에 따른 맹신의 결과인 당시의 결정은 지난 30년간 있었던 어떤 행동보다 중국에 대한 미국의 전략적 입지를 약화시키는 역할을 했다.

당시의 결정은 미국 제조업의 대규모 중국 이전과 상업적·군사적 목적의 기술 및 노하우의 무분별한 이전을 위한 물꼬를 텄다. 대부분의 미국인(적어도 엘리트층)은 이런 움직임에 아무런 문제가 없다고 확신했지만 일반 시민들은 이런 움직임이 위험하다는 것을 인지하고 있었다. 볼티모어에 있던 전직 공장 감독관에게 물어보면 알 수 있는 일일 것이다.

중국의 심리전은 미국 측에 공포를 조성, 정책과 전략 수립 과정에 영향을 끼치기도 했다. 예를 들어 타이완에 대한 미국의 정책은 수년 동안 중국을 자극해 타이완에 대한 공격이 일어나거나 미중 관계에 문제가 생겨 공급망이 중단되고 중국에 진출한 미국 기업이 어려움을 겪을 수 있다는 두려움에 기반해 왔다. 그러나 이런 두려움과 자기 검열은 '정치력' 또는 '냉철한 현실주의'로 포장돼 왔다.

2015년 인도태평양사령부의 한 미군 고위 장교는 중국에 유화 정책을 펴는 이유를 묻는 질문에, "우리가 그럼 무엇을 해야 하는가, 그들과 전쟁이라도 해야 한다는 말인가"라고 답했다. 중국과의 갈등에 대한 두려움이 뿌리 깊게 자리잡고 있는 것을 보여주는 대목이다.

대신 미국이 택한 방식은 중국이 공격적인 행동에서 물러날 수 있을 정도까지만 이들을 밀어붙이는 것이었다. 하지만 이는 상대방이 물러날 의사가 있고 자신의 행동이 더 나은 결과를 가져올 것이라고 생각하지 않을 때만 효과가 있다. 이런 접근 방식은 군사 전략가의 귀중한 시간을 낭비하고 인민해방군으로 하여금 군사력 격차를 더욱 좁힐 수 있도록 했을 뿐이었다.

심리(心理)가 사건을 형성하고 사건이 심리를 형성한다

이런 위험할 정도로 잘못된 사고방식은 새로운 일이 아니다. 1991년과 1992년, 미국은 중국을 두려워할 이유가 없다는 생각에 빠졌고 냉전에서 승리했다는 자만심에 빠졌었다. 이런 상황에서 미국은 필리핀의 수빅만(灣)과 클락 필드에 있는 주요 군사 기지에서 철수하는 결정을 내렸다. 내가 대화를 나눈 한 아시아 전문가는 다음과 같이 분석했다.

〈미국이 필리핀을 떠나고 클락 공군 기지와 수빅만 등 필리핀 내 주요 자산을 공개한 것은 중국공산당이 국내외에서 현재의 행보를 시작하도록 용기를 주는 데 있어 그 어떤 단일 사건보다 큰 영향을 끼쳤다. 필리핀에서의 철수는 중국 공산주의자들에게, '사실에서 진실을 찾는다'는 중국 속담의 본보기가 됐으며 미국이 돌이킬 수 없는 반동적 쇠퇴기에 접어들었다는 인식을 확인시켜줬다.〉

거의 20년이 지난 후, 중국은 심리적 압박을 가해 미국이 중국에 도움이 되는 방식으로 대응하도록 만들었다. 2012년 중국 해안경비대 함정들이 필리핀 배타적 경제수역(EEZ) 내에 있는 풍부한 어장(漁場)인 스카버러 암초의 섬을 점령했다.

오바마 행정부는 중국과의 싸움에 관심이 없었고 중국을 실제로 위협이라고 생각하지도 않았으며 그렇게 보고 싶어 하지도 않았다. 군 고위 장교들은 중국 공산주의자들이 문제가 될 수 있다는 것조차 말할 수 없었고 이들 중 상당수는 중국 인민해방군과 관여 정책을 펴는 것을 선호하기도 했다.

중국은 (미국의) 약점, 혹은 공포심을 느낄 수 있었다. 이에 따라 중국은 필리핀 주권에 대한 공격에 미국이 어떻게 대응하는 것인지를 확인하고자 한 걸음 더 나아갔다. 필리핀은 미국의 동맹국이며 미국은 이를 보호할 의무가 있다.

오바마 대통령의 참모들은 미 해군 함정을 파견해 열세인 필리핀 해안경비대를 보호하는 대신 양측이 서로 철수하도록 하는 협상을 타결했다. 필리핀은 이에 따랐지만 중국은 그렇지 않았다. 그리고 미국은 아무것도 하지 않았다.

결국 미국은 '일부 바위(스카버러 암초)'가 미국과 필리핀 상호방위조약의 적용을 받지 않는다는 핑계를 만들어 냈다. 이는 중국에 있어 큰 심리적 승리였다. 중국의 침략 행위와 최근 합의에 대한 명백한 무시 행위에도 불구하고 미국은 사실상 '이곳에서는 더 얻을 것이 없다'며 동맹을 버리고 모든 것이 괜찮은 척했다. 전세계의 전략가들이 이 문제에 주목하게 됐다.

중국은 눈을 깜빡이는 것이 아니라 아예 눈을 감고 있는 미국을 최대한 활용했다. 중국은 남중국해에 섬을 구축하는 데 전력을 다했다. 5년 만에 중요한 무역로로 사용되는 법적 국제 수역을 사실상 장악하게 됐다.

어느 누구도 법을 집행할 수 없거나 집행할 의사가 없다면 법이 무슨 소용이 있을까? 필리핀은 곤경에 처했고 역내(域內)에서의 미국의 위신은 1975년 때처럼 추락했다. 북베트남군이 남베트남을 점령하면서 미국이 동맹인 남베트남을 떠났을 때처럼 말이다. 그리고 2021년 아프가니스탄에서의 재앙적인 철수로 이런 일이 또 한 번 발생하기도 했다.

이런 일들은 중국이 다른 나라에서 진행하는 심리전 작전에도 도움이 됐다. 다른 국가 지도자들에게 미국의 도움은 믿을 수 없기 때문에 중국과 최대한 빨리 손을 잡는 것이 좋다고 접근하는 것이다.

심리전: 미국 언론과 학계로의 침투

중국 공산주의자들은 사람들이 무엇을 읽고 들으며 배우는지를 통제함에 따라 이들의 사고방식 역시 통제할 수 있다는 것을 오래전부터 깨달았다. 중국 공산주의자들은 이를 중국에서 행동에 옮겼고 미국에서도 역시 성공적인 결과를 얻어냈다.

미국에 대한 중국의 심리전은 훨씬 더 쉽고 효과적이었는데 그 이유는 미국 언론, 특히 중국과 이해관계가 얽혀 있는 언론사들이 대부분 이를 묵인하거나 중국공산당에 도움을 주려 했기 때문이다.

미국 언론은 러시아의 야만적인 침략에 대해서는 기꺼이 (그리고 당연히) 비난하지만 중국에 대해서는 관대한 태도를 보인다. 도널드 트럼프가 중국의 약탈로부터 미국 경제를 보호하려 했을 때 미국의 주류 언론은 그를 그냥 중국인들을 싫어하는 인종차별주의자라고 헐뜯었다.

제임스 만(1990년대 로스앤젤레스타임스), 조셉 칸(2000년대 뉴욕타임스), 오스틴 램지(전 뉴욕타임스, 현 월스트리트저널), 캐서린 힐(파이낸셜타임스) 등과 같이 중국 문제를 훌륭히 다룬 기자와 칼럼니스트들도 있었지만 그렇지 않은 언론인들도 있었다. 뉴욕타임스의 오피니언 칼럼니스트 톰 프리드먼은 수년 동안 중국을 찬양해왔다. 2009년 당시 그는 미국을 바로잡기 위해 하루만이라도 중국 정부가 돼보고 싶다는 글을 쓰며, "일당(一黨) 독재에는 분명히 단점이 있지만 오늘날의 중국처럼 합리적이고 계몽된 사람들이 이끌면 큰 장점으로 이어질 수 있다"고 했다.

신문사들은 중국 정부의 논조와 데이터를 검증 없이 보도하는 경우가 많다. 코로나-19 팬데믹이 발생한 2년 후, 미국은 이에 따른 사망자가 82만 5000명을 넘어섰다고 밝혔지만 중국은 여전히 사망자 수가 5000명 미만이라고 했다. 이런 수치는 언론을 통해 미국 전역에 퍼졌고 중국식 봉쇄 정책을 더 도입해야 한다는 근거로 활용됐다. 워싱턴포스트가 차이나데일리의 글을 실었던 것처럼 중국이 돈을 지불한 노골적 프로파간다성 글을 싣는 언론들도 자주 볼 수 있다.

주미(駐美) 중국 대사는 최근 워싱턴포스트에 미국과 미국의 타이완 정책을 비판하는 칼럼을 실은 뒤 큰 주목을 받았다. 다른 중국 관료들 역시 미국을 비판하는 프로파간다 활동을 하기 위한 언론 매체를 찾는 것에 어려움을 겪지 않고 있다.

중국의 노선(路線)을 홍보하는 것뿐만 아니라 중국을 불쾌하게 할 수 있는 기사를 억압하는 사례도 빈번히 발생한다. 블룸버그는 2013년 중국공산당 지도부의 부패 문제를 심층 취재한 기사를 삭제했다. 중국 내에서의 다른 사업에 타격이 있을 것을 우려한 것으로 판단됐다.

베트남 전쟁이 최악이었을 때보다 더 많은 연간 사망자를 내고 있는 펜타닐 사태 역시 염두에 둬야 한다. 뉴욕타임스 및 워싱턴포스트와 같은 주류 언론은 대다수 마약(痲藥)의 궁극적 공급원이 중국이며 중국이 이를 당장이라도 멈출 수 있다는 이야기를 아주 가끔만 언급한다.

중국은 미국 행정부가 중국 내의 미국 기자들에 대한 제약 및 억압에 반발하는 것을 두려워함에 따라 이득을 보고 있다. 반면 중국 언론인과 언론사들은 미국에서 자유롭게 활동하고 있는 것이다. 트럼프 행정부는 이와 관련해 무언가 조치를 취하려 했고 (중국 내) 미국 기자들에 대한 상호주의를 존중해야 한다고 했다.

하지만 이는 바이든 행정부의 백악관에서는 더 이상 우선순위가 아닌 것 같다. 오랫동안 미국 정보 당국에서 근무한 인사는 중국 내에서 취재한 미국 기사, 중국을 다룬 미국 기사에 심각한 문제가 있다고 설명했다.

〈(서방 기자들은) 중국의 '싱크탱크'와 학계 소식통이라는 소스에 지나치게 의존하는 경향이 있고 중국 국가안전부가 통제하는 중국 전역의 '연구원'이 제공하는 '소식'을 의심 없이 활용하는 경향이 있다.

지난 10년 동안 거의 모든 국제 뉴스 미디어는 중국공산당 중앙선전부의 언론 및 외국어 학교에서 훈련을 받거나 해외의 신화통신 및 중국언론망에서 근무한 경력이 있는 사람들을 대거 채용한 바 있다.

이들은 모두 국가안전부로부터 어떤 정보를 수집해야 하는지, 중앙선전부로부터 어떤 기사를 다룰지, 어떤 각도로 보도할지, 어떤 통계를 사용해야 할지 등에 대한 직접적인 지시를 받는다. 또한 이들은 자신도 모르게 중국인이 아닌 동료들이 쓰는 중국 관련 기사 및 사설(社說)에 편견을 주입할 수 있다.

예를 들어 코로나-19 기간 동안 이들은 코로나가 중국에서 기원(起源)했다는 미국의 의혹을 '인종차별'로 규정하고 모든 '반(反)아시아인' 폭력 사태를 코로나-19에 대한 트럼프 행정부의 우려가 반영된 직접적 결과인 것처럼 묘사했다.〉

학문의 정직성엔 대가가 따른다

중국은 미국 대학의 핵심 관심 사안은 전액의 등록금을 내는 중국인 유학생 수가 얼마나 되는가에 있다는 것을 정확하게 내다봤다. 코로나-19가 학생들의 미국 입국을 제한하기 전을 기준으로 30만 명이 넘는 중국인 유학생이 미국 대학에서 공부하고 있었다. 대학교에 '중국 센터' 설립을 위한 많은 기부금이 들어오며 돈은 물론, 비자 발급자 수와 비즈니스 항공권 판매량이 늘었다. 교수와 다른 행정 직원들을 초청하는 세미나도 늘어났다. 교수 본인이나 강의가 얼마나 지루한지는 상관이 없었다. 대학 교수와 행정 직원들은 아첨하는 '학생'으로 가득 찬 강의실을 바라보며 영광을 만끽할 기회에 감사할 뿐이었다.

　보수적인 연사가 캠퍼스에서 쫓겨나도록 하고 이스라엘에 대한 '보이콧', '투자 철회', '제재'를 가하자는 움직임이 나오는 것을 용인하는 대학교 임직원과 행정 관리자들은 중국 요원(때때로 학생이거나 영사관 직원)이 공산 정권을 비판하거나, 이에 반대하는 시위를 하는 중국인 학생들을 위협하는 것에 대해서는 아무 말도 하지 않는다.

　미국 대학 캠퍼스에서 중국 공산주의의 인권 유린 행위에 대한 경각심을 불러일으키려고 하면 곤경에 처할 수 있다. 중국 학생들이 보기에 중국에 모욕적인 발언을 한 것으로 판단되는 교수들 역시 대학교로부터 조사를 받을 수 있다.

　한때 미국의 대학교들은 인권이라는 것이 중요하다는 생각을 갖고 있었다. 남아프리카공화국의 아파르트헤이트(인종 차별정책) 당시를 떠올려보면 이를 알 수 있다.

　중국공산당의 지원을 받는 공자학원은 1990년대부터 미국 대학교 캠퍼스 100여 곳에 생겨났다. 명목상으로는 중국어와 문화를 가르쳤지만 실제로는 중국공산당의 노선을 홍보하고 캠퍼스 내에서 일어나는 활동을 감시하는 유용한 플랫폼 역할을 했다. 트럼프 행정부는 대학교들에 미국과 계속 일을 할 것인지 아니면 공자학원을 유지할 것인지를 선택하도록 함으로써 공자학원의 문을 닫도록 만들려 했다. 대다수의 대학교들은 자체적으로 비용 대비 효과에 대한 분석에 나섰고 공자학원의 문을 닫는 방향으로 나아갔다.

　그러나 상황은 다른 방향으로 계속 진화해나갔다. 공자학원의 악영향은 계속 커졌으나 이에 대한 관심은 크지 않았다. 이런 상황에서 (대학교의) 공자학원과 마찬가지로 중국어와 중국 문화를 가르치는 초중고 학교 대상 공자학원이 500개 이상으로 늘어났다.

중국의 입장에서 이는 윈윈이라고 볼 수 있다. 상당수의 미국인 젊은이들이 중국과 중국공산당이 사랑스러운 판다라는 생각을 가진 채 호의적인 태도를 보이며 자라나게 된다. 미국 정부가 중국에 '조지워싱턴 교실'을 운영하는 것을 중국이 허용하는 일을 상상할 수 있는가? 불가능하다 할 것이다. 아마 미국의 대학교들은 상호주의 원칙에 입각한 강의를 시작해야 할지 모른다.

심리전과 미국의 재계

미국의 비즈니스 부문도 마찬가지다. 중국의 차이나데일리는 중국 주재 미국 상공회의소가 최근 보고서에서, 미국 기업들이 "중국에 진출하지 않으면 글로벌 경쟁력을 갖추지 못한다"고 지적한 것을 뿌듯하다는 듯 보도했다.

지난 50년간 미국 기업들은 계속해 중국에 진출하기를 원하고 있고 중국 역시 미국 기업들의 관심을 끌기 위해 노력하고 있다. 이는 어려운 일이 아니다. 중국인 개개인 모두에게 무언가를 하나씩만 팔면 된다는 매력적인 미끼가 있기 때문이다. 그리고 중국 정부는 계속해서 (시장을) 개방할 것이라고 약속해왔다. (매번) '이번에는 진심으로 그렇게 하겠다'고 하면서 말이다.

미국인들은 위스콘신주나 다른 49개의 주에서 절대 하지 않았을 법한 종류의 비즈니스를 중국에서 일상적으로 하고 있다. 변덕스러운 독재정권이 통제하는 모조품 시장에 대한 위험성을 무시하도록 하는 중국의 심리전에 따른 영향이다. 이 독재정권의 경우에는 계약이라는 것은 의미가 없다. 독재자의 의사가 중요한 것이다. 또한 핵심 기술을 (중국에) 건네주는 것이 중국 시장의 진입 대가가 되고 있다. 미국인들은 동료 투자자와 기업인들이 감옥에 갇히는 일이 발생해도 중국 정권의 근본적인 본질과 인권 유린 문제에 대해 간과하게 된다.

하지만 중국공산당은 이런 심리를 잘 이해하고 있다. 중국인들은 편하게 이런 일들을 진행하고 있다. 종종 돈 냄새를 맡은 서양인들은 고등어 간식을 먹기 위해 씨월드에서 묘기를 부리는 바다사자처럼 춤을 추곤 한다.

나는 수년간 중국 시장에서 일한 경험이 있는 한 미국인 사업가와 대화를 나눈 적이 있었다. 나는 "모든 훌륭한 스파이 작전과 마찬가지로 공산주의자들은 표적의 취약점을 알고 있다"며 "그들은 미국인들의 탐욕, 무지(無知), 순진함, 허영심, 그리고 오만함을 이용했다"고 했다.

그는 "그렇다"며 "이런 특성 때문에 미국 기술 상당 부분을 중국에 넘겨주게 됐다"고 했다. 그는 "나는 이를 직접 목격했다"며 "인종차별주의도 모든 경우에 해당되는 것은 아니지만 많은 상황에서 잠재적으로, 혹은 명백하게 존재한다"고 했다. 한 동료는 내게 "중국인들에게 기술 매뉴얼을 (무료로) 제공할 계획"이라며 "그들은 중국인이기 때문에 절대 이를 마스터할 수 없을 것"이라고 했다.

비즈니스와 관련된 중국의 다른 방식의 심리전 전술을 사람들은 직접 느꼈거나 다른 사람을 통해 확실히 목격했을 것이다. 중국 정부는 중국 제조업체에 보조금을 지급, 미국 및 다른 나라들보다 저렴한 가격으로 제품을 생산할 수 있도록 한다. 중국에 있어 가장 좋은 것은 다른 사람들이 중국 제품에 의존하도록 만들고 미국인들이 값싼 제품에 매료돼 (저렴한 제품을 수입하는 미국 수입업자들이) 미국 정부에 로비를 해 중국인들이 '미국을 위해 하는 좋은 일'을 계속할 수 있도록 만드는 것이다.

앞서 언급한 미국인 사업가는 다음과 같이 말했다.

〈중국인들은 우리가 저렴한 상품에 중독된 상황을 최대한 활용한다. 한 미국인이 플라스틱으로 만들어진 정원용 의자 네 개를 사기 위해 대형마트에 갔다. 그는 (중국 인민해방군 자회사가 만든 중국산) 의자가 매우 저렴한 가격에 판매되는 것을 확인했다.

그는 그가 필요했던 의자 네 개를 사는 것이 아니라 '너무 싸기' 때문에 여섯 개를 구입한다. 여섯 개의 의자 가격이 오하이오주 영스타운에서 제조된 네 개의 고급 의자 가격과 같기 때문이다.

판매 대금은 달러로 중국 국가외환관리국에 전달된다. 인민해방군의 자회사는 외환관리국으로부터 위완화로 환전된 대금을 받게 된다. 이 금액은 일반적인 중국 환율이 적용된 것이 아니라 훨씬 더 낮은 환율로 처리된다. 어찌 됐든 이 인민해방군 자회사는 정부로부터 자금 지원을 받게 된다.

중국을 비롯한 전세계 거의 모든 국가는 미국인들이 이런 (값싼 제품에 대한) 중독에 빠져 있다는 것을 인지하고 있고 계속해서 미

끼를 던지고 있다.

이런 상황을 워싱턴 정가에 설명했을 때 이들은 중국의 저렴한 상품이 미국의 사회경제적 하위 계층이 다른 방법으로는 감당할 수 없는 물질적 라이프스타일을 제공했다는 반응을 보였다. 저소득층의 지위가 상향화(上向化)될 수 있다는 미국인의 믿음을 유지하는 것에 중요한 역할을 한다는 것이었다.

나는 미국 상품을 구매하기 위해 조금 더 지불하는 것은 우리가 중국의 공산당이나 정부에 의존하지 않기 위해 필요한 자유의 대가라고 지적했다. 하지만 그들은 이런 지적을 일축했다. 그들은 중국산 제품이 우리 경제를 약화시키거나, 미국에 대한 중국공산당의 영향력을 확산시킨다는 것을 인정할 수도 없고 인정하지도 않는다는 입장이었다.〉

이것이 바로 성공적인 심리전이라 할 것이다. 제조업 및 일자리가 미국으로 돌아오지 못하도록 함으로써 경제전과 화학전(펜타닐)을 더욱 효과적으로 수행하도록 만들기도 한다. 이와 동시에 중국은 물리적 전쟁이 발생할 상황을 대비해 인민해방군 군사력 강화를 위한 자금을 지원하고 있다.

중국에 있어 가장 좋은 것은 미국 정부의 정책이 바뀌지 않도록 하는 것이 미국인 본인들이라는 것이다. 이들은 동료 시민들이 해를 입어도 계속해 변하지 않고 있다. 중국인들 입장에서는 땀 한 방울도 흘릴 필요가 없는 것이다. 이것이 바로 중국이 말하는 종합국력이다.

핵심은 중국의 심리전이 지난 수십 년간 매우 성공적으로 진행돼 왔다는 것이다. 국제해역에서 미국 선박을 위협하고 다른 국가의 어선을 괴롭히거나 침몰시키며, 노벨상 수상자의 생명을 구할 의료 서비스를 제공하지 않아 죽게 만들고 시민들을 집단 수용소에 가두거나 미국의 영업 비밀과 정부 기밀을 훔치다 적발되는 등 중국이 무슨 일을 하더라도 공산주의 중국을 우려해야 할 이유는 전혀 없다고 관료, 박사, 사업가 및 금융인, 정부 당국자, 정치인, 전문가들이 한 목소리를 내고 있다.

이와 반대되는 목소리를 내는 사람은 인종차별주의자, 멍청한 사람, 매파 등으로 치부되며 모든 것은 중국을 적(敵)으로 대한 미국의 잘못 때문이라는 소리를 듣게 된다. 고위 장교들, 나아가 장군이 되기를 희망하는 대령들도 이런 움직임에 동조하고 있다.

비난의 화살이 누구를 향해야 하는지에 대한 논쟁은 있을 수 있지만 이에 대한 결과는 논쟁의 대상이 되지 않는다. 미국은 이런 반대에 부딪혀 자국의 이점을 포기하고 중국이 경제 및 군사력을 발전시킬 수 있도록 허용하고 이를 실제로 도왔다. 이에 따라 중국은 싸우지 않고도 미국을 물리칠 역량에 이르게 됐다.

하지만 좋은 소식도 있다. 술에 취한 사람이 술에서 깨어난 것처럼 미군과 국방부의 지도부는 중국을 위협으로 인식하기 시작했다. 중국을 '적'이라고 부를 수 없었던 오바마 행정부 시절과는 상당히 달라진 것이다. 미 의회 역시 냉전 이후 그 어느 때보다 중국의 위협에 대한 경각심이 커졌다. 물론 중국으로부터 돈을 받는 사람들이 여전히 많은 비중을 차지하고 있기는 하지만 말이다.

일부 미국 기업들도 중국 시장에 진출하는 것이 그들이 기존에 생각했던 것보다 훨씬 더 위험하다는 것을 깨닫기 시작했다.

아직 깨어나지 않은 사람들을 깨우기 위해서는 코에 주먹을 날려야 할 수도 있고 이것만으로는 충분하지 않을 수도 있다. 안타깝게도 월스트리트와 금융권은 여전히 중국에 관심을 갖고 있다. 물론 이는 그들의 돈이 아닌 다른 사람들의 돈을 사용하는 것이긴 하지만 말이다.

하지만 우리는 지금 중국이 어떤 나라인지 잘 알고 있으며 중국을 실상과 다르게 보는 사람들의 상황은 점점 더 어려워지고 있다. 우리는 중국 공산주의자들에 대한 현실을 직시해야 하며 중국공산당의 심리전 전술에 현혹되거나 혼란스러워하고 겁을 먹어서는 안 된다.

우리 앞에는 더 많은 전쟁을 위한 전술이 기다리고 있기 때문에 정신을 바짝 차려야 한다. 정신적 전쟁터에서 자유로워져야 전쟁을 있는 그대로 볼 수 있고 그 전쟁에서 승리할 수 있다.

6 장

법률전쟁:
일방적 규칙

중국공산당이 숙달한 또 다른 전쟁 방식은 법률전쟁이다. 중국공산당에 있어 법의 목적은 중국공산당의 권력을 유지하고 당의 이익을 증진시키는 것이다. 정의(正義), 적어도 서방세계에서 말하는 정의라는 것은 중국에 있어 어떤 의미도 없는 개념이다.

미국의 안보태세 약화를 위한 미국 법체계 활용

중국은 때로는 법을 준수하는 척하고, 노골적인 불법 행위를 정당화하기 위해 새로운 법을 만들며, 마음만 먹으면 법을 무시하고 종종 다른 국가의 법률 시스템을 통해 자국에 방해가 될 수 있는 일을 막기도 한다. 몇 가지 예를 들어보도록 하겠다.

2020년 6월, 중국 인민해방군은 히말라야에서 매복 중이던 인도 군인 20명을 사살했다. 2주 후 인도는 '위챗'과 '틱톡'을 포함한 59개의 중국 애플리케이션을 금지하는 보복 조치에 나섰다. 인도 보안 전문가들은 해당 애플리케이션들이 위치와 연락처, 사진, 음성 등 핸드폰의 민감한 정보를 수집하는 데 악용될 수 있고 인도 외부의 서버로 비밀리에 전송될 수 있다고 지적했다. 이런 애플리케이션을 사용하는 사람들은 스파이 활동, 포섭, 조작, 협박 등 외부의 범죄 행위에 노출될 수 있다는 것이었다. 또한 이를 통해 수집된 데이터는 중국의 군부 및 민간이 개발하는 인공지능 무기 시스템 개선에 사용될 수 있다고도 했다.

미국 보안 전문가들도 비슷한 우려를 표했고 2020년 8월 트럼프 행정부는 틱톡과 위챗을 금지하는 행정명령을 발표했다. 이 행정명령은 해당 애플리케이션의 위험을 명확하게 지적했다. 당시 행정명령 내용 중 일부를 소개한다.

〈틱톡은 인터넷 및 위치 데이터, 검색 기록과 같은 네트워크 활동 정보를 포함해 사용자로부터 방대한 양의 정보를 자동으로 수집한다. 이런 데이터 수집은 중국공산당이 미국인의 개인 및 비밀 정보에 접근할 수 있도록 허용, 중국으로 하여금 미 연방정부 직원과 정부 계약직 등의 위치를 추적하고 협박을 위한 개인 정보 문서를 수집하며 기업 스파이 활동을 수행하도록 할 수 있다.

또한 틱톡은 홍콩 시위와 위구르족 및 기타 무슬림 소수 민족에 대한 중국의 처우에 관한 내용 등 중국공산당이 정치적으로 민감하게 받아들이는 사안들을 검열하는 것으로 알려졌다. 이 모바일 애플리케이션은 중국공산당에 이득이 되는 허위 정보 유포 활동에도 사용될 수 있다. 2019년 신종 코로나 바이러스 기원(起源)과 관련된 음모론이 퍼졌을 때처럼 말이다.〉

위챗과 관련된 행정명령은 다음과 같이 설명했다.

〈이 애플리케이션은 미국을 방문하는 중국인의 개인 정보와 비밀 정보를 수집해 중국공산당이 생애(生涯) 처음으로 자유 사회의 혜택을 누리는 중국 시민을 감시할 수 있는 시스템을 제공한다. 예를 들어, 2019년 3월에 한 연구원이 중국뿐만 아니라 미국, 타이완, 한국, 호주 등의 사용자가 보낸 수십억 개의 위챗 메시지를 저장한 데이터베이스를 발견한 것으로 알려졌다.〉

미국 중앙정보국(CIA)이나 국가안보국(NSA)이 중국 내에 있는 수억 명의 사람들이 사용하는 위와 같은 애플리케이션을 전파할 수 있다고 가정해보자. 아마도 중국공산당은 이를 허락하지 않을 것이다.

이 모든 일들이 얼마나 소름이 끼치는 일인지 또 하나의 예를 들어 보도록 하겠다. 중국에 주재하는 BBC 기자는 천안문 광장 학살 30주년을 취재하기 위해 홍콩을 방문한 적이 있었다. 그는 시위대의 사진을 찍어 위챗 애플리케이션을 통해 중국에 있는 친구들에게 일부 전송했다.

그의 위챗 계정은 곧바로 잠겼다. 다시 로그인을 하려고 하자 메시지가 떴다. "이 위챗 계정은 악성 루머를 유포한 것으로 의심돼 일시적으로 차단됐다"는 것이었다.

다음날 계정 로그인이 허용됐는데, "보안을 위해 얼굴 인식이 필요하다"는 메시지가 떴다. 이 애플리케이션은 핸드폰을 들고 "전면 카메라를 똑바로 응시하라"며 "중국어로 큰소리로 숫자를 읽으라"는 지시를 내렸다.

이 기자는 "천안문 시위 진압을 언급했다는 이유로 계정이 차단된 모든 사람의 얼굴과 음성 데이터를 수집했다"며 "잠재적으로 문제를 일으킬 수 있는 사람을 감시하려는 이들에게 매우 유용한 정보가 될 수 있을 것"이라고 했다.

이것이 바로 중국이 원하는 것이며 이들은 실수의 여지를 남겨두지 않는다. 홍콩은 중국공산당이 당에 도전하는 사람들에 어떻게 대응하는지를 엿볼 수 있는 곳이다.

2015년 당시 중국공산당은 인권에 관한 중국 법령을 자의적으로 해석하거나 중국 법원을 통해 명목상 보장된 권리를 보장받으려던 변호사, 법률사무원, 인권운동가 300여 명을 체포해 수감시켰다. 체포된 사람들 중 다수는 국가권력 전복 혐의로 기소됐고 '갈등 유발' 등의 혐의도 적용된 바 있다. 2022년 기준 여전히 많은 이들이 수감돼 있다.

홍콩의 상황

중국공산당은 몇 년 전 홍콩의 자유를 억압하기 위해 새로운 국가보안법을 내세워 중국공산당에 대한 잠재적 반대 세력을 탄압했다. 이 과정에서, 기자, 편집자, 전직(前職) 의원, 민주화 운동가들이 체포됐고 수감됐다. 새로운 공산당식 선거 제도가 도입돼 중국 측 후보가 항상 승리할 수 있게 됐다.

현지 관리들은 보안법이 홍콩에 질서를 가져왔고 이제 홍콩이 번영할 수 있는 조건을 갖췄다고 기뻐한다. 이는 실제 범죄를 저지르고 범죄 혐의가 입증돼야만 했던 옛 영국식 시스템과는 상당히 다르다고 할 수 있다. 이제 중국공산당에 반발하는 행동에 나서면 (前 농구선수) 야오밍 크기의 경비병이 양쪽에 서서 끌고 가는 상황에 빠지게 된다. 그리고 유죄 판결을 받을 확률은 100%에 달한다.

홍콩에서 활동하는 저명한 미국 변호사는 2021년 국가보안법 도입 1주년을 기념하는 정부 행사에서 촬영된 영상에서 중국의 경제전 전술이 법률전쟁을 어떻게 돕고 있는지를 잘 보여주는 발언을 내놨다. 그는 "국가보안법은 홍콩이 금융 비즈니스 및 투자 중심지로서 선도적인 역할을 유지하는 데 있어 매우 중요하고 긍정적인 법률 및 규제 체계라고 믿는다"며 "왜 중요하냐면 모든 것의 핵심은 홍콩 정부의 성공에 법치가 뒷받침되고 있기 때문"이라고 했다.

2022년 11월, 홍콩에 대한 공산당의 탄압을 암묵적으로 인정하는 표시로 월스트리트와 서방의 주요 금융계 인사들이 홍콩에서 열린 글로벌 금융 리더 투자 서밋에 참석했다. 기조 연설자였던 존 리는 홍콩의 행정장관이다. 전직 경찰관 출신인 그는 홍콩의 자유를 억압하는 중국의 움직임 최전선에 섰던 인물 중 한 명이다.

서방세계 사람들에게 현금만 건네주면 그들은 공산당이 원하는 일을 하게 될 것이다. 이는 미국과도 직접적인 관련이 있다. 중국 국가안전부는 조직폭력배와 함께 미국에서 활발히 활동하고 있다. 중국 국가안전부는 중국계 미국인 커뮤니티에 중국공산당을 비판하거나 이에 반대하지 말고 침묵할 것, 그리고 명령을 따르라고 협박하고 있다.

2020년 크리스토퍼 레이 FBI 국장은 '미국 내 특정 거주자들이 중국으로 돌아가도록 괴롭히고 스토킹하며 협박한 혐의를 받는' 여덟 명을 체포했다고 밝혔다. 레이 국장은 이들이 전세계적 공조 및 초법적 송환 활동인 '여우 사냥 작전'의 일환으로 위와 같은 행동에 나섰다고 했다(注: 중국 정부의 해외 도피범 및 反체제 인사 강제 압송 작전). 레이 국장의 설명이다.

〈여우 사냥은 시진핑 주석과 중국공산당이 미국과 전세계에서 중국 정권에 위협이 되는 것으로 간주되는 중국인을 표적으로 삼아 대대적으로 벌이는 작전이다.

이번 사건과 비슷한 또 다른 사례에서 중국 정부는 여우 사냥의 타깃을 찾지 못하자 특사를 파견, 미국에 있는 피해자의 가족을 방문했다. 그들은 어떤 메시지를 전달했을까?

대상자에게는 두 가지 선택지가 있었다. 즉시 중국으로 귀국하거나 자살하는 것이었다. 여우 사냥의 타깃이 중국으로의 귀환을 거부하면 어떻게 될까?

미국과 중국에 있는 그들의 가족은 위협과 협박을 받았고 중국에 있는 가족은 중국 정부의 지렛대로 활용되기 위해 체포되기도 했다. 이는 책임감 있는 국가가 할 행동이 아니라 할 것이다. 이는 조직화된 범죄조직이 할 법한 행동에 가깝다.〉

　내 지인(知人) 중 한 명은 뉴욕시에 사는 중국계 미국인 사돈의 경험을 내게 털어놓은 적이 있다. 그는 "(사돈은) 20년 이상 중국의 재교육 수용소에서 복역한 반체제 인사"라며 "그들은 내게 친(親)중국 갱단이 뉴욕에서 활동하고 있다고 말해줬다"고 했다. 그는 "뉴욕에 거주하는 많은 아시아계 주민들은 친중국 갱단이 거의 면책특권을 누리며 활동하고 있으며 커뮤니티를 고립시키기 위해 아시아인을 공격하도록 부추길 수 있다고 생각한다"고 했다.
　또 다른 중국 전문가도 내게 위와 같은 지적에 동의한다고 했다. 그는 "뉴욕 갱단에 대한 (지인) 사돈의 말이 맞다"며 "나는 이와 관련해 증언을 한 적이 있다"고 했다. 그는 "중국은 일류 로펌 출신의 변호사로 구성된 들개 떼를 보유하고 있다"며 "이들과 싸움을 해 이겼지만 중국은 변호사를 잘 고용했고 이는 매우 불평등한 싸움이었다"고 했다. 그는 "미국 국무부는 어떤 도움도 되지 않았었다"고 덧붙였다.
　중국은 자체적 법률을 활용, (위챗과 틱톡과 같은) 중국 기관 및 회사, 시민들로 하여금 정부에 협조하도록 한다. 중국의 2017년 국가정보법은 "모든 조직이나 시민은 정부의 정보 업무를 지지, 지원, 협조해야 한다"고 명시했다. 이어 "국가는 국가 정보 업무에 크게 기여한 개인과 조직을 표창하고 포상한다"고도 했다.
　이 모든 것을 고려하면 인도처럼 (중국) 애플리케이션을 금지하는 것은 악의적인 권력의 불법적이 약탈적인 행동으로부터 미국 시민을 보호하는 매우 명확한 조치처럼 보인다. 하지만 이런 금지 조치가 위헌이라고 주장한 위챗 사용자 그룹이 제기한 소송에 따르면 그렇지 않다.

이 소송은 미국 시민자유연맹(ACLU)의 도움을 받았는데 이 단체는 해당 금지 조치가 수정헌법 1조를 위반한 것이라고 주장했다. 시민자유연맹의 주장을 소개한다.

〈위챗 사용자의 상당수에게 있어 이 애플리케이션은 중국에 있는 친구나 가족과 소통하는 주요 수단, 혹은 유일한 수단이다. 중국 정부가 페이스북과 왓츠앱, 인스타그램과 같은 다른 인기 플랫폼을 차단하고 있기 때문이다.

2020년 8월, 트럼프 행정부는 위챗이 국가 안보에 위협이 된다는 행정명령을 발표했다. 우리가 당시 설명했듯 위챗은 페이스북이나 인스타그램과 같은 미국 회사의 소셜미디어 및 메시징 애플리케이션과 마찬가지로 광범위한 범주의 사용자 데이터를 수집한다. 이런 데이터가 어떻게 사용되고 보호되는지에 대한 우려는 당연하다고 할 수 있다. 위챗의 경우에도 중국 정부가 데이터에 접근할 수 있는지 여부에 대한 정당한 우려가 있다.〉

표현의 자유를 제한하고 사용자들을 감시하는 것은 중국 정부임에도 불구하고 시민자유연맹은 미국 정부에 비난의 화살을 돌린다.

〈(미국) 정부는 사용자들이 자신을 표현할 수 있는 독특하고 가치 있는 플랫폼을 금지했다. 지방법원이 밝힌 바와 같이, 위챗은 미국 내 사용자, 특히 중국어권 및 중국계 미국인 커뮤니티에서 대체할 수 없는 플랫폼이다. 위챗에 대한 (미국) 정부의 조치는 필요 이상의 표현을 억압하는 것이므로 수정헌법 1조에 위배된다.〉

그렇다면 중국공산당은 포로화된 중국인들이 소통할 수 있는 애플리케이션을 공산당이 감시하고 제어하며 조작할 수 있는 한 개의 애플리케이션으로 한정한다는 것으로 보인다. 미국 내에서 이 애플리케이션을 핸드폰에 설치한 사용자들을 중국이 감시하고 통제하고 조작할 수 있다는 뜻이다. 중국 정보 당국을 미국이 적극적으로 돕는 것이 아니라 미국 내에서 피해자가 발생하지 않도록 보호하는 것이 수정헌법 1조에 위배된다는 말인가?

사용자를 통제하고 감시하려는 애플리케이션을 금지한 다음 중국이 계속해 미국과의 연결고리를 유지하기 위해 다른 통신 수단을 허용할지 여부를 지켜보는 것은 어떨까? 이것은 미국의 문제가 아니라 중국의 문제다.

이 사건은 어떻게 됐을까? 바이든 행정부는 틱톡과 위챗에 대한 행정명령을 철회하고 위챗 사용자 그룹에 90만 달러의 법적 보상금을 지불했다. 이것이 바로 법률전쟁이다.

샤오미 등 중국 기술회사

이런 일들은 계속해서 일어나고 있다. 트럼프 대통령은 임기가 끝나기 전 중국 군대와 접점이 있는 중국 회사들에 대한 투자를 금지하는 행정명령을 발동했다. 해당 기업들이 가장 먼저 한 일은 미국 변호사들에게 전화를 걸어 소송을 제기하는 것이었다. 비슷한 상황이 발생했을 때 미국 기업이 중국 법원에 소송을 제기했다는 이야기를 들어본 적이 있는가? 그럴 일은 없었을 것이다.

통신 회사인 화웨이와 ZTE는 불공정 거래 관행은 말할 것도 없고 중국공산당이 운영하는 감시 국가 시스템의 연장선상에 있다는 이유로 트럼프 행정부로부터 임기 초에 제재를 받았다.

두 회사 모두 그들을 위해 로비를 해줄 전직 미국 정치인이나 사건을 처리해줄 미국의 (대형) 로펌을 찾는 데 아무런 문제가 없었다. 미국의 시스템이라는 것이 그렇게 만들어져 있다고 할 수 있다. 하지만 중국공산당과 이해관계가 얽혀 있는 사람들이 1월 6일 시위에 참여했던 많은 사람들보다 변호사를 고용하는 것이 더 쉽다는 지적도 나오고 있다(注: 2020년 미국 대통령 선거 결과에 문제가 있다며 의회를 습격한 사건 가담자들).

중국 정부가 이런 법적 소송에 자금을 지원하는지 여부는 불확실하다. 어떤 경우에는 지원하기도 하고 어떤 경우에는 지원을 하지 않는다. 그러나 학살을 일삼는 중국공산당을 여느 고객 중 하나로 보는 사람들이 있는데 이는 인식과 사고를 형성하는 데 있어 정치적 전쟁이 끼치는 영향이라 할 수 있다.

중국과의 법률전쟁에서 잘못된 쪽에 서게 된 것은 도널드 트럼프 대통령뿐만이 아니다. 주 바이든 대통령주차 미국 반도체 산업을 강화하기 위한 이른바 경쟁법의 통과를 방해하기 위해 로비스트(대부분 변호사)를 고용하고 미국 시스템, 특히 워싱턴 조야(朝野)를 이용하려는 중국의 노력에 불만을 토로한 바 있다.

바이든 대통령은 공개적으로, "근본적으로 이는 국가 안보의 문제다"라며 "이것이 중국공산당이 법에 반대하도록 로비를 벌이는 이유 중 하나다"라고 했다. 그는 "이것은 민주당과 공화당을 하나로 묶는 문제"라며 "그러니 꼭 통과시켜야 한다"고 했다. 군침을 흘리는 변호사들의 소리가 들릴 것이다.

국제 협약

한편 2020년 중국은 중국 기업을 비롯한 모든 기업이 외국(정확하게는 미국)의 제재를 준수하는 것을 금지하는 반(反)제재법을 통과시켰다. 중국에서 사업을 하는 애플이나 포드와 같은 회사들로서는 문제가 발생한다 할 수 있을 것이다. 그럼에도 불구하고 이 회사들이 중국공산당을 상대로 소송을 제기할 변호사를 찾아나설 것이라고는 생각되지 않는다.

자오리젠(趙立堅) 중국 정부 대변인은 "중국은 국제법과 유엔의 승인 없이 특정 국가가 다른 국가에 독자적 제재를 가하는 것에 반대한다"고 밝힌 바 있다.

물론 이는 사실이 아니다. 중국이 타이완의 파인애플과 호주의 와인과 관련해서 한 짓을 기억할 필요가 있다. 그렇기 때문에 중국은 국제법과 유엔에 대한 통제력을 더욱 강화해 중국을 옹호하는 국가들이 중국의 법을 지지하도록 하려는 것이다.

중국은 파리기후협약(Paris Accord)과 같은 국제 협약에 대한 끝없는 협상을 진행하는 것을 꺼리지 않는다. 이런 협상을 통해 중국은 다른 국가에 대한 정보를 파악하고, 나아가 다른 국가에는 해가 되고 중국에 이익이 되는 규칙, 규범, 법률을 제정하려 한다.

다른 국가에 방해를 주는 것만으로도 중국의 이른바 종합국력에는 이득이 될 수 있다. 중국은 자국의 국력에 방해가 될 수 있는 약속을 이행할 의사가 전혀 없기 때문이다.

기후 문제와 관련해 예를 들자면, 중국은 온실가스 배출을 줄이기 위한 공식적인 약속에 동의하는 입장을 과할 정도로 보여주고 있다. 이를 법적 의무인 것처럼 포장하며 비타협적인 듯한 모습을 보이는 호주와 같은 국가를 비판하는 모습을 보인다.

하지만 자세히 살펴보면 중국이 제시한 약속은 먼 미래에 있을 일이고 실제 검증할 방안이 포함돼 있지 않다. 중국은 중국공산당에 타격을 줄 수 있는 약속을 지킬 생각이 없으며 다른 국가들이 이른바 친환경 및 재생 에너지로의 전환에 먼저 나서고 그런 움직임에 따른 경제적 타격을 입는 것을 기쁘게 생각할 것이다.

중국은 석탄 사용량을 두 배로 늘리고 새로운 석탄발전소를 건설하고 있으며 다른 국가 모두를 합친 것보다 더 많은 이산화탄소를 배출하고 있다. 이를 합법적으로 하고 있는데 합법이라는 표현에 어떤 의미가 있는 것인지는 모르겠다.

중국이 국제 협약을 따르고 있다는 착각을 불러일으키는 또 다른 예가 있다. 중국은 최근 94개 국가가 참여하는 '산업디자인의 국제등록에 관한 헤이그협정의 제네바 개정협정(Geneva Act of the Hague Agreement Concerning the International Registration of Industrial Designs)'에 서명했다.

중국과학원대학의 지적재산권 교수인 마이데는 다음과 같이 설명했다.

〈중국은 국제사회와 협력해 지적재산권 보호 및 관리 문제를 다루고 있다. 또한 헤이그협정에 따라 지적재산권 보호를 더욱 강화하고 산업디자인 보호를 확대해야 하며 이는 지적재산권 소유자에게 혜택을 주고 중국의 지적재산권 보호가 국제 표준에 더욱 부합하도록 하는 데 도움이 될 것이다.〉

좋은 말처럼 들리지 않는가? 중국은 지난 몇 년 동안 상표법, 특허법, 저작권법을 개정하고 국제 최고 수준의 징벌적 손해배상 제도를 도입하는 등 지적재산권 보호를 강화했다고 주장하기도 한다.

이는 해외 투자가 중국으로 계속 유입되도록 하는 노력의 일환이라 할 수 있다(경제전쟁과 금융전쟁을 생각해보라).

하지만 지적재산권 문제와 관련한 중국의 관행을 검토한 미국 무역대표부의 연례 보고서를 읽어보거나 중국에서, 혹은 중국으로 지적재산권을 빼앗기게 된 외국인 사업가와 이야기를 나눠보면 이런 법이 중국공산당에 있어 얼마나 중요하지 않은지 알 수 있게 된다.

중국은 은하계를 장악하기 위해 국제법을 이용하려 하고 있기도 하다. 실제로 말이다. 인민해방군은 '우주 군사화'를 경고하고 있는

데 이는 서방세계에 대한 심리전을 벌이고 있는 것이다. 우주를 군사화하거나 군사적으로 이용하는 것은 나쁘다고 주장하는 이상주의자들에 힘을 주고 있는 행동이다. 미국은 법을 어기거나 남들에게 나쁘게 비치는 것을 민감하게 받아들이는데 이에 따라 우주에서 자국을 보호하는 방안을 구축하는 노력을 지연시키고 있다. 한편 중국은 군사화에 전력을 다하고 있다.

타당한 문제 제기로 보이지만 우연히도 중국공산당의 목표와 일치하는 입장을 법원을 통해 알리려고 하는 개인과 조직의 행동도 문제가 되고 있다. 일부 전문가와 현지 활동가들에 따르면 2000년대 이후 중국이 자금을 지원하는 환경 단체들은 미군이 북(北)마리아나 제도의 한 섬에 상륙 및 복합적 무기 훈련장을 구축하는 계획에 반대하는 소송을 제기했다. 이 시설은 캘리포니아 서부에 있는 유일한 상륙 및 복합적 무기 훈련장 시설이었고 훈련에 중요한 역할을 하는 시설이었다. 결국 미국은 해당 계획을 포기했다.

그린피스와 비슷한 단체가 하이난(海南) 섬의 인민해방군 훈련장을 폐쇄시키기 위해 하이난에서 소송을 제기하는 것과 마찬가지인 일이다. 미국과 중국은 법에 대한 다른 관점, 다른 체계를 갖고 있다. 중국공산당은 이를 최대한 이용하려 하고 있다.

중국은 자신들의 이익에 부합하는 것이라면 무엇이든 말하고 서명하며 동의하려 한다. 하지만 이는 아무 의미가 없다. 중국은 (잘못된 행동에 나선 것이) 남들에 적발되는 것을 걱정하지 않기 때문이다. 우리는 얼마든지 상대를 신뢰하고 검증할 수 있지만 만약 이를 실제로 집행하지 않는다면 무슨 소용이 있을까? 중국은 미국이 더는 절대 실질적인 행동에 나서지 않는다는 것을 전세계에 보여주고 있다.

법원의 판결: 어떤 판결이고 어떤 법원이 판결하는가?

중국이 사용하는 또 다른 법률전쟁의 전술은 법원의 판결을 무시하며 구시대적 법적 논리, 즉 '그래서 뭘 어떻게 하겠다는 건데?'라는 식으로 나오는 것이다.

대표적인 사례로는 (남중국해의) 스카버러 섬 탈취 사건을 다룬 2016년 상설중재재판소 판결을 들 수 있다. 앞서 심리전을 다룬 장(章)에서도 언급했지만 이 판결은 법률적인 관점에서도 살펴볼 가치가 있다.

2012년 중국 해안경비대의 지원을 받은 중국 어선들이 필리핀 해안에서 약 120마일, 가장 가까운 중국 육지로부터 700마일 떨어진 남중국해의 스카버러 암초(필리핀 해양 영토)의 풍부한 어장을 점령하는 사태가 발생했다. 수세에 몰린 필리핀 해안경비대는 미국이 중재한 양측의 철수 합의에 따라 철수 결정을 내렸다. 필리핀은 약속을 지켰지만 중국은 그렇지 않았다(미국도 약속을 지키지 않은 것은 마찬가지였다고 볼 수 있다).

이것은 중국이 필리핀 해역에서 도발을 감행하고 침범하는 일련의 사건 중 가장 최근의 일이었다. 중국은 그들이 만든 허무맹랑한 법, 즉 '남해 9단선'에 따라 남중국해 모든 지역의 영유권을 주장하고 있다. 1992년 중국은 남중국해의 영유권을 선언하는 법안을 통과시킨 바 있다.

미국의 지원을 받은 필리핀 정부는 2013년 당시, 유엔해양법협약(UNCLOS)에 의거 이 문제를 상설중재재판소에 제기했다. 이는 필리핀에 대한 중국의 행동과 남중국해 전체를 소유하고 있다는 중국의 주장에 대한 문제를 해결하기 위한 것이었다.

중국은 유엔해양법협약에 서명했고 중재 패널의 결정을 따라야 할 의무가 있었지만 중재 절차에 참여하지 않았다. 이런 종류의 국제 판결은 보통 양측 모두 그들이 원하는 것을 조금씩 얻는 방향으로 마무리된다. 보통의 경우는 어느 한쪽만 완전히 만족할 수 있는 결과가 나오지 않는다.

하지만 명백한 팩트가 뒷받침됐었고 필리핀에 압도적으로 유리한 판결이 나오게 됐다. 중국 및 중국의 입지를 무너뜨리는 판결이었다. 남중국해에 대한 중국의 9단선 영유권 주장은 기각됐고 필리핀에 대한 중국의 행동 역시 비난을 받았다.

중국은 어떤 반응을 보였을까? 중국은 해당 판결은 '종잇조각 한 장'에 불과하다며 결과를 무시했다.

미국은 판결과 규칙을 준수해야 한다는 뻔한 내용의 성명만을 내놨다. 오바마 대통령의 국가안보보좌관이던 수전 라이스와 당시 해군 참모총장이었던 존 리처드슨 제독은 판결 얼마 후 베이징을 방문했음에도 판결 내용에 대해 언급하지 않았다. 미국이 자제력을 보여준 것을 중국이 고맙게 생각해 어떻게든 보답을 할 것이라는 생각에 따른 것이었다.

하지만 중국은 그렇게 하지 않았다. 중국은 (미국의) 약점과 어리

석음을 깨달았고 양보라는 선물을 호주머니에 챙겨 넣었다. 그리고는 남중국해를 걸어 잠그기 위한 노력에 박차를 가했다.

미국 정부는 필리핀 측에 소송을 제기하도록 독려했다. 따라서 재판소의 결정에 대한 미국의 반응은 일종의 배신처럼 비쳤다. 두 번째 배신은 중국이 2012년 철수 합의를 파기한 후에도 아무 조치를 취하지 않은 것이라 할 수 있다. 한 번은 실수일 수 있지만 두 번째부터는 일종의 패턴이라고 볼 수 있다.

따라서 오바마 행정부는 법정에서 중국이 맛본 따끔한 패배를 현실 세계에서 중국의 승리로 바꿔줬다고 할 수 있다.

필리핀의 사기는 떨어졌고 역내 다른 국가들 역시 이런 사실을 깨닫게 됐다. 신뢰할 수 있는 동맹국이라는 미국의 명성이 크게 손상됐다. 중국은 섬 건설 프로젝트를 계속 진행했고 인공 섬 기지를 더욱 군사화했다. 그리고 남중국해에서 활동하는 외국 군대에 대해 점점 더 공격적인 모습을 보여주기 시작했다.

중국은 법률적으로 공세에 나서기도 했다. 서방의 발목을 잡으려면 터무니없는 혐의로라도 법을 어겼다고 비난하면 된다는 사실을 알고 있었기 때문이다.

중국은 인근 지역을 통과하는 특정 유형의 선박에 대한 중국의 행정적 통제를 주장하는 새로운 법률, 나아가 중국이 영유권을 주장하는 해역의 침입자에게 발포할 수 있는 법적 권한을 중국 해안경비대에 부여하는 법률을 통과시켰다. 중국은 남중국해뿐만 아니라 동중국해는 모두 중국 영토이며 역사적으로도 그래왔다고 주장하기 시작했다. 해당 지역에는 일본이 영유권을 주장하는 곳도 포함돼 있었다. 중국은 이런 지역에서도 발포할 권리가 있다고 주장했다.

중국은 동남아시아국가연합(ASEAN)과 20년 넘게 남중국해에서의 행동 강령을 마련하기 위해 노력해왔다. 최근 중국은 아세안 국가들이 다른 국가(미국, 일본 등)와 군사훈련을 하는 것에 대해 거부권을 행사할 방안을 제안한 바 있다.

이는 웃어넘길 일이 아니다. 이는 침략을 정당화하는 근거를 마련하는 일이 될 것이다. 중국은 늘 그래왔듯 한계를 시험하기 시작했다. 2022년 5월, 중국 인민해방군 전투기가 남중국해 상공에서 국제영공을 순찰 중이던 호주 공군 (대잠초계기·對潛哨戒機) P-8 앞에 조명탄을 발사했다. 치명적인 상황으로 이어질 수 있던 일이었다.

중국 정부는 이런 행동을 정당화하기 위해 자국의 법률을 근거로 제시했다. 물론 중국은 2016년 상설중재재판소의 판결에서 중국의 주장이 거의 완전히 기각됐다는 사실을 언급하지 않았다. 해당 판결은 중국이 초안을 작성하는 데 도움을 주고 서명했으며 준수하기로 합의한 협약인 UNCLOS에 근거했음에도 말이다.

해당 조약에는 '일부 조건이 적용될 수 있다'는 구절이 포함돼 있었던 편이 나았을 것이다. 적어도 그것이 훨씬 솔직했을 것이다.

양자(兩者) 합의

우리는 중국이 법은 신경 쓰지 않지만 법률전쟁은 좋아한다는 것을 목격해왔다. 중국의 또 다른 법률전쟁 방식은 양자 간의 불투명한 협정을 이뤄내는 것이다.

일례를 들자면, 2022년 초 중국이 솔로몬 제도와 안보 협정을 체결했다는 소식이 전해졌다. 이 협정의 조건은 솔로몬 의회를 포함, 비밀로 유지됐다. 중국 대변인은 증거를 제시하지 않은 채, "(이 협정은) 법 집행 및 안보 분야에서의 정상적인 협력이며 국제법과 국제 관습에 부합한다"고 했다.

이 대변인은 양국 간의 안보 협력은 개방적이고 투명하며 제3자를 타깃으로 두는 협약이 아니라고 했다. 이는 솔로몬 제도가 다른 파트너 및 역내 국가와 기존에 있었던 협력을 병행하는 것이 되며 솔로몬 제도 및 남태평양 지역의 공동 이익에 부합한다고도 했다. 내가 하고 싶은 말은 이를 증명해보라는 것이다.

하지만 그들은 이를 증명하지 않았다. 해당 협약과 이를 이행하는 문제의 불투명성은 솔로몬 제도 내부, 나아가 솔로몬 제도와 다른 파트너 국가 사이에 불신과 불안을 야기하기 때문에 그 자체로도 중국의 법적 승리였다. 협정에 서명한 권위주의 지도자 머내시 소가바라 솔로몬 제도 총리는 국제적으로나 내부적으로 더욱 고립돼 중국이라는 새로운 우방에 더욱 의존하게 될 것이다.

앞서 언급한 엔트로피 전쟁을 기억하는가? 이는 내부 분열과 속국화(屬國化)를 가속화하기 위해 법률전쟁 전술을 사용하는 것이다. 스리랑카, 파키스탄, 케냐, 우간다, 잠비아 등지에서 이와 같은 전술이 펼쳐지는 것을 볼 수 있다. 중국이 이 방법을 사용하는 이유는 이것이 실제로 효과가 있기 때문이다.

중국의 법률전쟁 전술 중 가장 우려되는 것은 중국공산당이 타이완에 대한 공격을 정당화하고 법을 준수하는 미국으로 하여금 중국이 타이완에 공격을 가했을 때 물러서 있도록 하기 위해 국내법을 사용하는 것이다. 그 핵심 요소 중 하나가 바로 2005년에 제정된 중국의 반분열국가법(反分裂国家法)이다. 제8조의 핵심 조항은 다음과 같다.

타이완을 공격하기 위한 법 제정

〈타이완 독립을 내건 분열세력이 어떠한 명목으로, 어떠한 형태로 타이완을 중국에서 분열시키려는 사실, 혹은 중국에서 타이완의 분열을 일으킬 가능성이 있는 중대 사태, 또는 평화통일의 가능성이 완전히 소멸된 경우 국가는 비평화적인 수단과 기타 필요한 조치를 취해 국가 주권과 영토 보전을 지키지 않으면 안 된다.

상술한 규정에 따라 비평화적인 수단과 기타 필요한 조치를 강구할 경우 국무원과 중앙군사위원회가 결정과 실시절차를 행하고 적시에 전국인민대표대회 상무위원회에 보고한다.〉

중국 문제를 오랫동안 다룬 한 전직 외교관은, "중국은 타이완에 대한 군사행동을 위해 타이완 독립의 구실을 만들어 미국의 개입을 억제할 방법을 항상 고민해왔다"고 했다. 그는 "2005년에 제정된 반분열국가법의 핵심은 어떻게 하면 타이완이 독립한 것처럼 보이게 만들어 미국이 개입하지 않을 구실을 만들 수 있을까 하는 것"이라고 했다.

이것이 바로 중국이 역내에서 구축해온 법률전쟁 전술이다. 하지만 이것이 끝이 아니다. 미국이 독립적인 민주적 동맹국을 침략으로부터 보호하지 않기 위해 거짓된 중국의 법을 핑계로 삼는다면, 인도태평양은 물론 전세계에서의 미국의 존재는 끝이 나는 것이라 할 수 있다.

2022년 5월 26일, 토니 블링컨 미국 국무장관은 대(對)중국 전략을 다룬 연설에서, 미국은 중국의 경제 발전을 방해하지 않을 것이지만 중국이 국제 규칙을 준수하기를 원한다고 말했다. 미국은 중국의 정치 체제를 바꾸려 하지 않을 것이지만 평화와 안보를 유지하고 각국이 공존할 수 있는 국제법과 제도를 수호할 것이라고 했다.

이 발언과 관련해 두 가지 코멘트를 달고 싶다. 하나는 중국이 국제 규칙을 따를 것을 믿겠다는 것인데 어디 한 번 잘 되나 보기를 바란다. 그리고 블링컨 장관, 당신은 해야 할 일이 참 많다는 이야기를 하고 싶다. 중국의 법률전쟁 전술이 계속 작동한다면 중국은 결국 미국이 중국에 복종하지 않는 것을 불법 행위로 만드는 법을 통과시킬 것이다.

7 장

국제 규칙과 규범의
변경 및 훼손

중국은 국제 규칙과 규범을 바꾸고 이를 새롭게 형성해나가려고 한다. 중국은 미국과 미국의 우방들이 중국을 봉쇄하려 하고 있다며 반복적으로 불만을 표출하고 있다. 중국을 견제하는 데 사용되는 도구 중 하나는 한 국가가 자국(自國), 혹은 다른 국가들을 어떻게 대하는지를 판단하는 일련의 국제 규칙이라고 할 수 있다.

중국의 주장은 자신들은 규칙을 제정하는 데 관여하지 않았기 때문에 규칙 자체가 불공정하다는 것이다. 이는 꼭 맞다고만은 할 수 없다. 설사 맞다고 하더라도 우리가 시나이산에 없었기 때문에 십계명을 지키지 않아도 된다는 주장과 흡사하다 할 것이다.

중국은 규칙 제정 과정에 명백하게 참여했었다. 중국은 제2차 세계대전 이후 아시아에서 사실상 유일한 독립 국가였다. 유엔 창설에도 참여했었다. 하지만 이 역시 큰 의미는 없다. 중국공산당은 공산당의 이익에 부합할 때만 규칙을 준수하기 때문이다.

미군 장교 출신의 한 대학교수는 2007년 영국에서 열린 국제 심포지엄에서 베이징대학교 교수와 나눈 대화 내용을 다음과 같이 소개했다.

〈그녀는 타이완 해협이 중국 영토라고 말했다. 나는 그녀의 주장을 뒷받침할 만한 국제법이나 유엔해양법협약(UNCLOS) 조항의 사례를 알지 못한다고 했다. 그녀는 국제법은 유럽 제국주의 시대에 형성됐으며 힘에 기반한 것은 무엇이든 힘에 의해 바뀔 수 있다고 했다. 당시 나눈 대화는 계속 내 머릿속에 남아있다.〉

다시 말해 중국에 있어 규칙은 기껏해야 권고 사항일 뿐이며 다르게 해석하면 중국공산당이 말하는 것이 규칙 그 자체다. 규칙을 마음대로 선택할 수 있게 되면 다양한 유형의 정치 전쟁이 더 잘 작동할 수 있게 된다.

규칙이 아직 만들어지지 않은 분야도 있다. 이런 경우 중국은 사이버와 우주를 포함한 새로운 국제 규칙과 규범을 수립하고 새로운 통신 표준, 특히 5G 및 6G 네트워크에 대한 표준을 수립하는 절차를 장악하거나 이에 대한 영향을 끼치려고 한다.

이런 규칙을 수립함에 따라 얻을 수 있는 상업적 이익이 있다는 점도 분명하다. 자존심이 강한 감시 국가는 네트워크 규범을 형성하고 관리하는 과정에서 이점을 볼 수 있을 것이다. 그리고 취약점을 만들고 이를 악용하는 데도 도움이 될 수 있다.

하지만 대다수의 분야에서는 규칙이라는 것이 이미 정해져 있다.

규칙을 새롭게 쓰는 것은 어려운 일이다. (우호적이지 않은 국가를 포함해) 많은 국가의 동의를 얻어야 하는 문제이기 때문이다. 또한 시간도 많이 걸리는 문제다. 그렇기 때문에 중국은 다른 해결책을 택했다. 이는 익숙한 방식인데 법률전쟁에서 볼 수 있던 일들과 연관돼 있다고 할 수 있다.

일방적 주장

예를 들어 중국은 북극에 진출하기를 원한다. 북극은 천연자원이 풍부하고 유럽으로 향하는 지름길이며 군사적 관점에서 봐도 유용한 지역이기 때문이다. 중국의 문제는 중국이 북극에서 멀리 떨어져 있고 네덜란드와 같은 국가와 비교했을 때 해당 지역에 대한 통제권을 주장하기 어렵다는 점이다.

그래서 중국은 국제법상 단 한 번도 존재하지 않았던 표현임에도 불구하고 자국을 '북극 인근(鄰近) 국가'라고 선언했다. 이런 뻔뻔함은 실제로 효과를 볼 수가 있다. 서양인들이 이런 문제를 너무 어렵게 생각하거나 이를 통해 부자가 될 수 있다고 판단, 이 문제에 반대하지 않게 되면 더욱 그렇다.

'북극 인근 국가'라는 표현은 2015년쯤 처음 사용됐으며 중국이 국제사회의 규칙과 규범을 형성하는 데 있어 자국의 이익을 추구하기 위한 개념, 원칙, 어휘, 정당성을 구축하는 방법을 보여주는 대표적인 예라 할 수 있다.

중국에서 오랜 기간 활동하며 유머 감각이 뛰어난 한 서양인 전문가가 있다. 이 교수는 중국의 방식을 다음과 같이 설명했는데 우선 1단계는 잘 알려지지 않은 표현이 중국 학술 저널에 소개된다는 것이다. 그런 뒤 이에 따른 후속 조치와 대응 등이 뒤따른다고 했다.

2단계는 중국 지역 신문에 해당 용어가 등장하고 이에 따른 후속 조치와 대응 등이 뒤따르게 된다. 3단계는 중국 내의 컨퍼런스 및 세미나에서 관련 용어가 사용되고 후속 조치와 대응이 차례로 준비된다. 4단계는 해당 용어가 신화통신 및 차이나데일리 기사에서 사용되며 이에 따른 조치와 대응이 뒤따른다. 5단계는 해당 용어가 국제회의 및 학술 교류 과정에서 다뤄지고 관련 조치 및 대응이 뒤따른다.

6단계는 중국이 세계 언론과 국제회의에서 자주 이 용어를 언급하는 것이며 7단계는 자국의 입장과 권리, 그리고 이를 수호하겠다는 묵시적 위협을 명시(明示)한 정책 백서를 발행하는 것으로 이어지게 된다.

마이애미대학교의 준 테펠 드레이어 박사는 한 단계가 더 존재한다고 지적했다. 즉, 8단계는 이것이 '항상' 중국의 정책이었으며 아무것도 변하지 않았다고 주장한다는 것이다. (이런 주장을 쉽게 번역하면, '야만인들아, 그냥 이에 대해 익숙해져라'라고 할 수 있다.)

(1단계부터 7단계를 설명한) 교수는 이런 일들이 오래된 지도, 장군들의 일기, 발굴 중인 유물 등이 발견되는 것에서 시작한다고 했다. 드레이어 박사 역시 그만의 이론을 갖고 있는데, "중난하이(中南海) 어딘가에 '신규 발굴 고대 문서 담당 부서'라는 사무실이 있다"며

혀를 내둘렀다. "그 안에는 서예가들이 과거 어느 왕조의 주장을 뒷받침할 수 있는 화학적으로 동일한 종이 더미와 붓과 잉크를 가지고 무엇이든 결정적인 증거를 만들어내고 있다"고 했다.

(1단계부터 7단계를 설명한) 교수는 중국이 '북극 인근 국가'라는 주장을 통해 이런 과정을 따르지 않고 지름길을 택했다고 했다. 지난 몇 년 동안 중국이 남중국해에 대한 사실상의 지배권을 확보하는 데 성공했고, 규칙과 약속을 무시해도 큰 타격이 없었다는 점을 고려할 때 더욱 그렇게 할 수 있었다는 것이다.

중국은 미국 원주민이 미국에 도착한 것은 처음이 아닌 두 번째라며 미국을 처음 찾은 것은 중국인이라는 주장 역시 할 수 있다. 앞서 언급한 교수는 현재 중국이 과거 알래스카에 거주했던 역사적 사실이 있다는 근거를 마련하고 있다고 했다. '북극 인근 국가'라는 주장은 그 자체적으로도 목적이 있지만 미국의 49번째 주(알래스카) 및 이외의 지역에 대한 역사적, 문화적, 문명적 기여도를 주장하기 위한 역할 역시 하고 있다.

해당 교수는 세계 지도를 보면 중국의 주장이 터무니없지는 않더라도 얼마나 뻔뻔한 것인지 알 수 있다고 했다. 중국의 최북단 지역은 북위 53도에 있는 헤이룽장(黑龍江)성 모허시(漠河市)다. 북위 53도에서 1~2도 이내에 있는 북극으로부터 '가까운' 다른 도시들은 다음과 같다. 아일랜드 더블린, 영국 리버풀, 프랑스 칼레, 네덜란드 암스테르담, 독일 프랑크푸르트, 체코 프라하, 폴란드 바르샤바, 우크라이나 키이우.

앞서 언급한 교수는 중국이 북극 지역에 대한 연구를 마친 다음에는 '남극 인근 국가'라는 주장까지 내놓을 수 있다고 내다봤다. 한편 드레이어 박사는 중국이 언젠가는 명나라의 (대항해가) 정화(鄭和) 제독이 펭귄보다 먼저 남극에 도착했다는 '증거'를 제시할 수 있다고도 했다. 드레이어 박사는 "또는 펭귄이 지금은 사라진 육로를 통해 중국을 떠나 남극에 도착한 판다가 진화한 것이라고 할 수 있다"며 "두 동물의 비슷한 색을 갖고 그런 주장을 내놓을 수 있다"고 했다.

중국은 북극 지역으로의 진출 뜻을 내비치는 한편, 남중국해는 미국 영토에서 멀리 떨어져 있기 때문에 남중국해 문제에 간섭하지 말라고 경고하고 있다(괌이라는 지역의 위치는 그냥 무시해버리면서 말이다).

특정 국가가 위선을 보여주는 것을 개의치 않는다면 자신의 영역이 아닌 다른 지역을 차지하기 위한 주장과 구체적인 노력에서 성공할 수도 있다. 하지만 이는 이에 대한 도전을 받지 않을 때만 가능하다. 실제 북극에 인접한 국가들은 중국이 하는 일에 대해 걱정하고 있지만 이에 대한 불만을 표출할 가능성은 적다. 시진핑 주석의 친구인 블라디미르 푸틴의 말을 제외하고는 중국이 어떤 목소리에도 귀를 기울이지 않을 것을 알기 때문이다. 푸틴은 중국과 친한 관계를 유지하면 얻을 수 있는 것이 있다고 여전히 생각하고 있다. 우크라이나 침공 이후 푸틴에게 있어 선택의 여지는 많지 않다고 할 것이다.

늘 그렇듯 이런 문제는 미국에 달려 있다. 북극에 대한 중국의 영유권 주장은 전세계로 하여금, "아니다, 당신은 북극으로부터 가까운 국가가 아니고 이에 대한 관심을 표명하는 국가일 뿐이다"라고 말할 기회다. "당신들의 근거는 지리적 위치가 아니라 군사적 및 경제적 동기에 의한 것"이라고 말하는 것이다. 하지만 중국은 이 문제 역시 별 탈 없이 넘어갈 수 있다고 생각할 충분한 이유가 있다. 중국은 과거에도 그렇게 할 수 있었기 때문이다.

규칙 회피 방법

이는 중국이 미국의 도움으로 세계무역기구(WTO)에 가입했을 때 효과가 있었다. 중국은 시장 경제, 국가 보조금, 차별 금지, 지적재산권 보호 등의 요건을 충족하지 못했음에도 불구하고 가입이 허용됐다.

중국은 WTO 회원국에 준하는 국가라고 생각하면 된다. WTO에 가입한 후 중국은 약속한 규칙을 하나도 지키지 않았고 영향력을 행사하며 난폭하게 행동했다.

2013년부터 중국 기업들은 뉴욕증권거래소 및 기타 미국 거래소에 상장(上場)했으며 미국 및 다른 모든 국가의 기업들이 따라야 하는 회계 공개 요건을 면제받았다.

중국공산당에 있어 더욱 좋은 소식은 국제통화기금(IMF)이 특별인출권 목적으로 사용되는 통화 바스켓(미국 달러, 유로, 영국 파운드)에 중국 위안화를 포함시켰던 것이다. 이는 IMF가 중국 통화(나아가 중국 정부)를 승인한다는 도장을 찍은 것과 마찬가지의 일이다.

통화 바스켓에 편입되려면 해당 통화를 자유롭게 사용할 수 있어야 하는데 중국은 (외환시장에서 공개적으로) 환전(거래)이 불가능한 통화 체계를 갖고 있다. 중국은 이를 자유롭게 거래할 수 있게 만들 것이라고 약속했지만 상황은 여전히 변하지 않았다.

크리스틴 라가르드 IMF 총재(2011~2019)는 명확하지 않은 이유를 근거로 중국에 면제부를 줬다. 적어도 진짜 이유는 아직까지 정확하게 밝혀지지 않았다.

규칙 무시

중국은 예외를 인정받을 때 한 실질적, 또는 암묵적인 약속을 지키지 않을 뿐만 아니라 기본적인 규칙을 무시하는 것도 효과적이라는 것을 알게 됐다. 특히 미국이나 다른 국가들이 이와 관련해 어떤 조치를 취하지 않을 때 더욱 그렇다는 것을 깨달았다.

예를 들자면 스카버러 암초와 남중국해에 대한 점령이 있었다. 이는 국제법, 특히 유엔해양법협약에 위배된다. 이는 중국이 협상에 참여하고 서명한 협약이다.

그러나 중국은 실질적인 대가를 치르지 않았다. 이런 규칙 위반은 더 많은 나쁜 행동을 조장하고 규칙 자체의 신뢰도를 떨어뜨리는 역효과를 가져온다. 태평양에 있는 작은 국가들의 입장에서는 중국 어선이 자국 영토에 나타나 물고기를 싹쓸이하기 시작해도 국제적 어업법을 심각하게 검토하기 어렵다. 누가 관련 법을 집행할 수 있겠느냐는 문제에 직면하게 되는 것이다. 법이 집행되지 않는다면 이를 여전히 법이라고 할 수 있을까?

그렇다면 기대할 수 있는 최선은 무엇일까? 미 국무부 공보관들의 미간을 찌푸리게 만드는 우려의 표명 정도일까? 그 수준 이상의 일은 드물다고 할 것이다.

코로나-19와 같은 심각한 질병이 발생할 경우 세계보건기구(WHO)에 알리고 협조해야 한다는 규정은 어떨까? 중국은 규칙을 따르지 않았고 중국에 책임을 물어야 한다는 것에 대해 진지한 문제 제기를 한 국가도 없었다. 호주가 중국에 코로나-19 발원지에 대한 조사를 요청하는 용기를 냈다는 이유로 국제 규칙을 완전히 어겨가며 호주에 관세와 입국 금지 조치를 가한 중국의 행동만 봐도 상황이 어떤지 알 수 있다.

중국은 여전히 존중받는 WHO의 회원국으로 남아있다. 심지어 최근에는 WHO가 보건 비상사태를 선포하고 피해국의 대응을 지시할 수 있는 권한을 부여하기 위해 WHO의 규정을 변경하려는 시도도 있었다. 이는 주권 침해이지만 중국이 WHO에서 결정권을 행사하는 것처럼 보인다는 점에서 중국이 적대국들을 혼란에 빠뜨릴 수 있는 좋은 수단이기도 하다.

바이든 행정부는 이런 움직임에 동조할 준비가 돼 있었지만 국내의 정치적 반대에 부딪혀 한 발 물러섰다. 한 전직 트럼프 행정부 관리는 "규칙을 만드는 것은 쉽지만 어느 누구도 이를 집행하고 싶어 하지 않는다"고 했다. WHO의 경우 코로나-19가 발생했을 때 기존의 국제 보건 규정을 시행하기만 하면 됐었다.

중국은 마음에 들지 않는 규정을 발견하면 이에 대한 면제를 받거나 무시할 수 있고, 미국에 대한 사이버 공격으로 수백만 명의 공무원 인사 파일이 유출돼도 아무 일도 일어나지 않을 것이라고 안심할 수 있는 상황이다. 이는 분명 국제 규칙에 위배되지만 오바마 행정부는 아무것도 하지 않았고 심지어 중국을 범인으로 지목하지도 않았었다.

규칙 악용(惡用)

때때로 중국은 중국에는 다르게 적용되는 규칙을 공식화하는 합의를 이끌어내기도 한다. 일례로는 탄소 배출을 줄이기 위한 2015년 파리기후협약이 있다. 이 협정은 미국과 서방국가들과 비교해 중국에는 훨씬 더 적은 것을 요구한다.

중국은 종종 자신들은 개발도상국일 뿐이며 특별한 대우가 필요하다고 주장한다. 파리협정에서 중국은 이런 입장을 피력하며 2030년까지 최대 탄소 배출량에 도달한 뒤 2060년까지 화석 연료로 인한 모든 탄소 배출을 중단하겠다고 약속했다. 이는 2030년까지는 석탄이나 기타 석유 화학 연료를 최대한 사용하겠다는 것을 의미한다. 중국은 전세계 석탄발전소 수의 절반가량인 1058개 이상의 석탄발전소를 보유하고 있다. 그리고 계속해서 석탄발전소를 건설하고 있다.

한편 이 협약에 따라 미국은 즉시 탄소 배출량을 감축해야 할 의무가 생겼다. 당연히 트럼프 대통령은 이 협약에서 탈퇴했다. 바이든 대통령이 취임하자마자 한 첫 번째 조치는 미국을 다시 협약에 참여시키도록 한 것이었다.

중국은 탄소 감축을 진지하게 고려할 때까지 15년이라는 시간을 부여받을 수 있도록 규칙을 만들었다. 탄소 감축에 성공한다는 가정하에, 그리고 이런 규칙을 시행할 수 있다는 가정하에서 말이다. 하지만 중국은 주적(主敵)을 바로 당장 경제 혼란에 빠뜨릴 수 있는 규칙에 동의하도록 만들었다. 중국은 미국의 법률 체계와 환경 관련 비정부기구를 활용, 미국으로 하여금 해당 규정을 계속 준수하도록 압박할 수 있다.

한 미국 관리는 "중국은 경제 성장에 영향을 끼치는 파리기후협약이 됐든 다른 어떤 협약이 됐든 이를 준수할 관심이 없다"고 명확하게 지적했다. 그는 "그들이 규칙을 따르기를 바라는 것은 전략이 될 수 없다"고도 했다.

이상(理想)과 이념(理念)

중국은 국제 규칙의 이면에 있는 이상(理想)을 훼손하려고도 한다. 중국의 외교관과 관리들은 민주주의와 인권이라는 개념을 중국적 특색에 맞춰 공격적으로 선전한다. 그들은 통치 및 개인의 자유 표준에 대한 중국식 대안을 국제사회에 제안하고 있다.

중국 주장의 핵심은 중국의 시스템이 더 효율적이고 중국 문화와 현재 상황에 더 적합하다는 것이다. 또한 개인과 집단 간의 균형이 개선돼야 하며 민주주의가 너무 엉터리라는 주장을 듣게 되기도 한다.

중국에는 우리에게 익숙한 많은 요소가 포함된 헌법이 있다. 또한 우리에게 친숙한 형법도 있다. 하지만 현실은 보이는 것처럼 그리 좋지만은 않다.

중국이 자국의 통치 체제를 선전하는 것을 비웃기는 쉽다. 궁극적으로 중국은 공산주의 국가이기 때문이다. 선거도 없고 일반인을 해치거나 일반인의 재산을 빼앗으려는 정부나 당국자들로부터 보호를 받을 수도 없다. 일반인들은 공산당이 허용하는 수준의 자유만을 누릴 수 있다. 그들은 원한다면 일반인들을 죽일 수도 있다. 그리고 그들의 장기(臟器) 역시 팔아넘길 수 있다.

하지만 많은 국가의 지배 계급이나 지배 계급이 될 수 있다고 생각하는 사람들에게 있어 중국의 주장은 꽤 그럴듯하게 들린다. 중국의 주장은 우리가 생각했던 것보다 더 설득력이 있는 것처럼 받아들여질 수 있다. 중국이 말하려는 것처럼, 규칙이라는 것은 멍청한 이들을 위한 것일지도 모른다.

8장

국제기구 장악

　중국공산당은 단순히 규칙을 만들어내는 것을 넘어 규칙을 고치고 이를 집행하는 조직 및 기구들을 완전히 장악하려 하고 있다.

　각종 보도자료를 읽어보면 중국에 많은 우방국이 있다는 것을 알 수 있다. 중국과 파키스탄의 이른바 '철의 형제(Iron Brotherhood)' 관계, 중국과 러시아의 '한계가 없는 파트너십', 중국과 이란의 '포괄적 전략 파트너십' 관계가 몇 가지 예다. 하지만 중국은 장기적 파트너십을 구축하는 데는 그다지 능숙하지 않다. 중국은 순종적인 후궁(後宮)과 환관(宦官)을 두는 것을 더욱 편하게 생각한다.

　현재의 중국은 미국만큼의 진정한 동맹국을 갖고 있지 않다. 실제로 미국 관리들이 가끔 자랑스럽게 이야기하듯 진정한 친구가 없을지도 모른다. 하지만 이는 크게 중요하지 않을 수도 있다. 중국에는 미국식 동맹국(전쟁 시 상대방을 방어하겠다고 약속한 국가)은 없지만 유엔에서 중국의 입장, 행동, 목표(규칙 및 규범 개정 추진 등)에 대한 지지와 지원을 제공하고 중국을 돕는 방향으로 표를 던지는 국가가 많다.

유엔과 대부분의 국제기구에서는 '1국가 1투표' 원칙이 적용된다. 작은 국가들의 연합이 소수의 큰 국가를 상대로 투표에서 승리할 수 있는 구조다.

국제기구에서의 중국의 영향력은 수십 년 동안 각 국가를 대상으로 성공적인 풀뿌리 정치전을 펼친 결과물이다.

중국은 유엔 및 다른 국제기구에서 중국의 뜻대로 투표하거나 적어도 중국에 도전하지 않는 작은 국가, 나아가 그렇게 작지만은 않은 국가들의 수를 늘리고 있다. 이들 국가 중 다수는 여전히 미국과 관계를 맺고 있지만 관계가 약화된 상태다. 미국의 영향력과 힘을 약화시키면서 중국의 영향력과 힘을 키우는 것이 바로 정치 전쟁이다. 이 모든 것은 충격 없이 이뤄진다.

이를 위해서는 약간의 노력만이 필요했을 뿐이다. 개발이 덜 된 국가 등 다른 국가의 지도자와 정치적 역학 관계에 주의를 기울이는 것만으로도 충분했다. 이들 중 일부는 중국의 강경한 정치 체제에 호감을 가질 수도 있었다. 그러나 태평양 섬나라의 신탁 기금에 돈을 지불하거나 국회의장 관사를 새로 지어주거나 경기장과 고속도로를 건설해주는 것만으로도 국제기구에서 중국의 표를 늘리는 첫걸음이 되는 경우도 있었다. 이런 결정으로 인해 해당 국가의 지도자들이 서방 외교관들로부터 엄중한 경고를 듣게 된다면 이 역시도 더할 나위 없이 좋은 일이 된다. 중국으로 하여금 더 큰 분열을 일으키도록 하고 (상대국에) 일종의 분노심을 심어주게 하는 것이다. 앞서 언급한 엔트로피 전술을 기억하는가?

이런 (중국의) 우방국들은 적(敵), 즉 미국 및 다른 민주주의 국가가 중국에 대항하는 것을 막고 역내 및 전세계의 힘의 균형에 변화를 줄 수 있다. 중국 공산주의자들은 중국의 목표에 저항하는 동맹국들이나 단체를 증오한다.

중국이 국제기구를 장악함으로써 얻을 수 있는 이점은 무엇일까? 인도 외교부 정책 자문관인 아쇼크 말릭은 2020년 당시 월스트리트저널에, "이런 (국제) 기구에서 중요한 지렛대를 잡게 되면 규범, 사고방식, 국제 정책에 영향을 끼치고 특정 사고방식을 주입할 수 있다"고 했다.

중국은 자신의 행동에 대한 비판이나 제재를 받거나 배척당하는 것이 아니라 노골적인 지지를 받곤 했다. 중국의 기분을 상하게 하지 않기 위해 입을 다물고 있는 국가들의 암묵적인 수용을 통해 계속해 이권을 확보할 수 있었다. 미국보다 중국을 더 두려워하는 국가가 얼마나 많은지도 주목할 만하다. 이 중에는 뉴질랜드와 같은 미국에 있어 중요한 동맹국들도 포함된다.

타이완 침공에 대한 국제사회의 동요 완화

이 모든 것이 의미하는 것은 중국이 실질적인 전쟁을 벌였을 때를 위해 자국에 유리한 여론을 형성해놨다는 것이다.

중국이 타이완을 봉쇄하거나 노골적인 공격과 침략을 강행하는 등 타이완에 대한 공격을 시작한다고 가정해보자. 중국은 국제기구에 대한 영향력을 바탕으로, 세계보건기구(WHO), 국제민간항공기구(ICAO), 국제형사경찰기구(인터폴) 등의 기구에서 타이완을 배제하는 데 성공했으며 유엔에서도 마찬가지였다.

중국은 타이완과 외교 관계를 맺고 있는 극소수의 국가(현재 기준 약 12개국)와 단교한 상태를 유지하고 있다.

이는 효과적인 심리전으로 타이완 국민들의 사기를 떨어뜨리고 중국의 압박이나 향후 무력을 동반한 공격에 저항하려는 의지에 영향을 끼칠 수 있다. 또한 많은 국가들에 미국(그리고 미국의 동맹국 및 우방국)이 중국의 압박에 맞서 타이완을 지원할 능력이 없거나 너무 약하다는 인상을 주기도 한다.

우리는 이미 중국이 불법적으로 남중국해의 영유권을 주장하고 해당 지역의 상당 부분을 군사화했지만 유엔이 이를 막기 위해 아무것도 하지 않는 것을 지켜봤다. 2016년 상설중재재판소가 중국의 영유권 주장에 반(反)하는 판결을 내렸을 때 중국은 이를 '휴짓조각'이라고 했다. 어느 누구도 이에 대해 별다른 언급을 하지 않았다.

국제사회와 국제기구들은 이런 상황에 적응돼 가고 있다. 이는 침략을 부추기는 일이 된다. 중국이 타이완에 대한 행동에 나설 때 많은 국가들은 중립을 유지하며 상황이 어떻게 될지 그냥 지켜보게 될 수도 있다. 중국의 영향력을 고려할 때 유엔은 별다른 조치를 취하지 않을 가능성이 높다. 총회를 통해 뻔한 성명을 내는 것을 제외하고는 말이다. 유엔 안전보장이사회의 경우는 중국이 거부권을 갖고 있기 때문에 그것만으로도 충분하다고 할 수 있다. 러시아는 기권할 가능성이 높으며 프랑스가 어떻게 행동할지 지켜보는 것도 흥미로울 것이다.

미국은 유엔을 통하지 않고 중국에 대한 광범위한 제재를 가하려 할 수 있겠지만 미국에 동참하지 않는 국가가 너무 많다는 사실에 놀랄 수 있다. 우리는 러시아가 2022년 2월 우크라이나를 침공했을 때 이와 같은 사실을 목격할 수 있었다.

미국, 유럽연합 국가, 캐나다, 호주, 싱가포르, 그리고 몇몇 다른 국가들만이 러시아에 반대했다. 하지만 중국을 비롯한 대다수의 국가는 그렇지 않았다.

중국이 타이완을 공격한다면 비슷한 일이 벌어질 것이다. 또한 중국은 이를 국가 내부의 분쟁일 뿐이라고 주장할 것이다.

부패의 골

유엔의 상황이 정말 그렇게 심각한 것일까? 이를 위해서는 역사를 되짚어볼 필요가 있다.

(제2차 세계대전 중인) 1944년, 국제적십자사는 독일군을 설득해 유대인들이 수용소로 이송되기 전 수감됐던 체코 테레진의 게토 지역인 테레지엔슈타트를 방문할 수 있게 됐다.

독일인들은 겉모습에 신경을 썼고 테레지엔슈타트를 학교와 우체국, 수영장, 오케스트라, 스포츠, 지역 유대인 행정기관이 있는 모범적인 도시로 꾸며냈다. 적십자 관계자(덴마크인 두 명과 스위스인한 명)는 지정된 날인 1944년 6월 23일 이곳을 둘러봤다. 그리고 이들은 (독일이 꾸며낸 것에) 동조하게 됐다. 스위스 대표였던 모리스 로셀은 이곳이 평범한 유대인 마을이라고 믿는 듯했다. 그는 "(독일 나치) 친위대 경찰은 유대인들에게 그들이 적합하다고 생각하는 행정 체제를 조직할 수 있는 자유를 준다"며 "테레진 수용소의 경우는 한 번 이곳에 들어온 사람들이 다른 곳으로 보내지지 않는 마지막 수용소다"라고 했다.

1944년 가을, 테레진에 있던 1만 8000명의 유대인들은 테레진에서 아우슈비츠로 보내졌고 거의 아무도 살아남지 못했다.

2022년 미첼 바첼레트 유엔 인권 최고대표는 중국공산당이 집단 학살을 자행하고 100만 명 이상의 무슬림 위구르족이 수용소에 수감돼 있는 중국의 신장(新疆) 지역 등을 방문했다.

중국인들은 쇼를 벌였다. 바첼라트 대표는 중국인들이 듣고 싶어 하는 말을 하며 쇼에 동참했다. 바첼라트는 공산주의자들의 '직업 훈련 노력', '탈(脫)극단화'라는 표현을 사용하며 '대량 학살'은 언급하지 않았다. 그녀는 '재교육 시설'을 폐쇄했다는 중국의 주장을 반복했고 그의 접근권이 '매우 개방적이고 투명했다'며 빈곤 감소에 대해 칭찬했다.

바첼라트 여사는 중국에 대한 문제 제기를 하지 않았지만 그가 퇴임하던 날 유엔은 마침내 중국의 인권 침해를 비판하는 보고서를 발표했다. 이를 위해서는 힘겨운 노력이 뒷받침됐었을 것이다.

중국이 테레지엔슈타트에서 일어난 일에 가까운 일을 감행할 수 있었다면 이는 중국이 유엔을 침묵하게 만들 수 있었기 때문일 것이다. 지금도 대부분의 국가들은 신장에 대해 아무 말도 하지 않고 있으며 중국은 유엔 인권위원회 회원국 지위를 유지하고 있다.

실제로 중국은 2020년, 유엔 인권 유린 담당 보고관을 선정하는 다섯 명으로 구성된 유엔 인권이사회에 들어가기도 했다.

이 보고관들은 유엔의 공식적 조사관들이다. 신장의 위구르족 직업 훈련 캠프에 대한 책임을 묻는 것이 걱정된다면 (중국에) 우호적인 보고관을 두는 것이 도움이 된다 할 것이다. 그리고 중국이 걱정하는 것은 신장뿐만이 아니다.

중국은 2021년 미국과 미국의 동맹국이 주도하는 대북 제재에 대한 조사를 위해 유엔 보고관 한 명을 선정하고 그에게 자금을 지원했다. 이 '인권 전문가'인 보고관은 북한 정권에 대한 제재가 부당하다는 결론을 내렸다.

이는 모두 중국의 제자이자 대리인, 그리고 국가 전체가 감옥인 북한에 경제적 압박을 가하려는 미국과 동맹국의 노력을 방해하는 일이었다.

비슷한 시기에 유엔은 중국의 영향력을 인정하는 듯, 북한이 유엔 군축회의 순회의장국 자리를 맡게 했다. 중국이 몇 통의 전화를 걸지 않았다면 이런 일이 일어날 수 있었을까?

이는 참으로 우스꽝스러운 일처럼 보인다. 하지만 중국이 국제기구를 대리인으로 삼아 존중과 합법성으로 포장된 겉치레를 할 수 있다는 것을 보여준 또 하나의 예였다. 그리고 그것이 궁극적으로 유엔의 정당성을 훼손하더라도 중국으로서는 상관이 없다. 국제 체제가 약화되고 분열될수록 중국은 자신들이 권력의 중심이 될 것으로 생각할 것이기 때문이다.

만약 필요하다면 중국은 비판을 잠재우기 위해 거친 행동에 나서는 것 역시 꺼리지 않을 것이다. 무슬림에 대한 중국공산당의 탄압을 언급한 한 (유엔) 보고관은 유엔에 파견된 중국 외교관으로부터, "거짓 정보를 퍼뜨리기만 하고 최소한의 직업 윤리를 지키지 않으며 일부 서방 국가와 반중(反中) 세력의 정치적 도구로 이용되고 있다"는 거센 공격을 받았다.

중국 외교관은 유엔 관리들의 주의를 받자 해당 보고관이 "잘못 행동한 것"이라며 "책임을 져야 한다"고 주장했다. 나아가 이와 같은 보고서를 작성하는 유엔의 시스템을 개혁해야 한다며 문제를 키우기도 했다.

중국에 대한 완전한 면죄부

중국이 완전한 면책권과 면죄부를 갖고 행동하는 것은 아니지만 때로는 그렇게 보이는 경우도 있다. 중국은 많은 유엔 기구의 고위직에 자국 인사를 배치하고 있다. 유엔 기구에는 중국공산당에 동조하는 외국인이 지도부에 있거나 영향력을 행사하는 위치에 있다. (이런 위치에 있는) 중국 관리들은 전세계를 위한 공무원이라기보다는 중국의 공무원처럼 행동하며 중국 역시 그들의 임무를 그렇게 판단하고 있다.

이를 잘 보여주는 사례가 있다. 2018년, (유엔과 밀접하지만 공식 산하기관은 아닌) 인터폴의 총재였던 중국인 멍훙웨이(孟宏偉)가 중국으로 소환돼 사라진 사건이 있었다. 중국은 나중에 그가 부패 혐의로 체포됐다고 발표했지만 다른 이유에서였다는 것에는 의심의 여지가 없었다.

중국 국적자가 매우 민감한 정보에 접근할 수 있는 조직인 인터폴의 수장(首長)까지 맡게 됐다는 사실은 인터폴에 대한 중국의 영향력을 보여주는 명백한 증거다. 2017년 중국 국가정보법에 따르면 모든 중국인은 요청이 있을 경우 중국 당국의 정보 작전에 협조해야 한다는 사실을 상기할 필요가 있다. 우리는 멍훙웨이가 이런 요청을 받았었다고 가정해볼 수 있다.

중국이 적을 추적하고 그들에 대한 지렛대로 활용할 수 있는 정보를 얻을 수 있는 인터폴의 정보 자산에 접근할 수 있을 뿐 아니라 멍훙웨이의 재임 기간 중 인터폴은 중국공산당의 적(敵)으로 알려진 용의자들에게 적색(赤色) 수배를 내린 것으로 알려졌다. 멍훙웨이의 부인은 현재 정치적 망명을 신청해 프랑스에 거주하고 있으며 한동안 프랑스 경찰의 보호를 받았다.

이 사건에 대한 후속 조치를 주목할 필요가 있다. 몇몇 국가들이 불만을 제기했지만 그냥 그 수준에 그쳤다.

2021년, 중국 고위 공안당국자 출신인 후빈첸이 인터폴의 운영을 감독하는 집행위원 중 한 명으로 선출됐다. 미국의 마르코 루비오 연방상원의원 및 마이크 갤러거 연방하원의원을 포함한 20개국 50명의 정치인은 후빈첸의 선출이 중국 정부에 '인터폴을 계속 악용할 수 있는 청신호를 주는 것'이라고 지적했다. 또한 해외에 거주하는 수만 명의 홍콩인, 위구르인, 티베트인, 타이완 국적자 및 중국의 반

(反)체제 인사들을 더욱 심각한 위험에 처하게 할 것이라며 반대 의사를 밝혔다. 인터폴에는 194개국의 회원국이 있다. 작은 물고기를 이용해 연못을 먼저 장악하고 궁극적으로 큰 섬을 지배한다는 중국의 전략은 다시 한 번 성공했다.

인터폴과 같은 상황은 무수히 많이 발생했다. 세계보건기구(WHO)에서의 중국의 영향력은 코로나-19 기간 동안 중국의 WHO 꼭두각시들이 보여준 순응적인 행동으로 인해 널리 알려졌지만, 중국이 (자국의) 국가정보법 의무를 조용히 이행하며 필요할 때마다 적극적으로 활동할 준비를 하는 곳도 있다.

여기에는 국제민간항공기구(ICAO), 유엔식량농업기구(FAO), 국제전기통신연합(ITU), 유엔공업개발기구(UNIDO) 등이 포함된다.

이런 기구들은 겉으로 보는 것보다 훨씬 더 중요한 역할을 한다. 예를 들어 ICAO는 민간 항공의 핵심 역할을 맡고 있다. 이 기관의 시스템에 접근하면 기관 소속 직원과 재정에 관한 모든 정보를 알아낼 수 있을 뿐만 아니라 전세계 국가 시스템에 대한 ICAO의 연결망을 활용, 모든 국가의 국내 민간 항공 시스템 네트워크에 접근할 수 있다.

2016년 ICAO가 역사상 최악의 해킹 공격을 받았을 때 많은 사람들이 우려했던 것이 바로 이 문제였다. ICAO 내부 이메일에 따르면 당시 최초 (바이러스) 감염자는 막심 알리우라는 인물이었다. 그는 2010년 ICAO의 나이지리아 측 대표였던 인물로 추후 총재 자리에 오른 올루무이와 버나드 알리우의 아들이었다. 막심 알리우의 노트북은 2010년 베이징에 있는 ICAO의 지역 사무소를 방문하던 중 감염됐다. 해킹의 배후로는 사이버 스파이 그룹인 '판다 특사(特使 · Emissary Panda)'가 지목됐다. 이 단체는 중국 정부와 연관된 것으로 알려져 있다.

하지만 여기서 멈추지 않았다. 2016년 해킹 공격이 발각된 후 중국 국적자인 류팡(柳芳) ICAO 사무총장은 ICAO의 IT팀과 팀을 이끄는 제임스 완을 조사하라는 내부 권고를 무시했다. 해킹으로 인한 피해의 규모 및 범위는 알려지지 않았고 류팡은 2021년까지 임기를 유지했다.

하지만 이는 국제전기통신연합인 ITU의 취약성 정도에 비하면 아무것도 아니라 할 수 있다. ITU의 수장은 화웨이를 보안 위협으로 규정하려는 미국 주도의 노력에 맞서 화웨이를 지지해왔다. 관련 전문가들에 따르면 ITU의 수장은 중국의 감시와 검열을 쉽게 하기 위한 것으로 보이는 새로운 인터넷 프로토콜을 홍보하는 역할을 해왔다.

중국이 통제하고자 하는 것은 통신 인프라뿐만이 아니다. 유엔공업개발기구(UNIDO)를 포함한 30개의 유엔 기관 및 단체가 중국의 일대일로(一帶一路) 정책에 대한 공식적인 지원 협정에 서명함으로써 중국의 대표적인 글로벌 정치전 노력을 현실화하는 것에 힘을 실어주고 있다. 일대일로 및 이와 연관된 중국의 정치적 전술은 다른 국가들을 중국의 '편'으로 만드는 데 도움이 되고 있다. 말 그대로 '모든 길이 중국으로 통하게 된다'는 접근법인 것이다.

물론 미국과 우방국들이 다른 국가들이 필요한 기본 인프라를 제공하는 문제에서 실패한 경우가 너무 많아 중국이 이런 정책을 더욱 쉽게 펼 수 있게 됐다.

중국은 또한 2020년에 유엔 산하 세계지적재산기구(WIPO) 수장 자리에 자국 후보를 지명할 뻔했다. 운이 좋게도 미국은 이를 막기 위한 상당한 노력을 했고 이를 막아낼 수 있었다. 지적재산권 도용은 중국의 경제 전쟁 전술에서 잘 알려진 기술이다. 2020년 당시 미국 국가정보국장을 지낸 존 랫클리프는 중국의 경제 스파이 활동의 목표를 '강탈', '복제', 그리고 '대체'라고 설명했다. WIPO는 중국공산당이 자국민을 수장 자리에 앉힐 수 있었다면 중국에 아주 유용한 기구가 됐을 것이다. 그리고 중국공산당은 이런 시도를 계속 이어갈 것이다.

앞서 살펴본 것처럼 세계보건기구인 WHO가 있다. 내 개인적인 의견을 말하자면, WHO는 중국이 코로나-19를 통해 살인을 저지른 것을 방관했다. 테워드로스 아드하놈 거브러여수스 WHO 사무총장은 의사 출신이 아니며 에티오피아의 마르크스주의 정치 단체 출신이다. 그는 코로나 발생 초기부터 중국을 감쌌다. 중국은 자국에서 어떤 일이 일어났는지 알아내려는 (외부의) 시도를 막았고 방해했다. 그리고 여전히 그렇게 행동하고 있다.

중국은 WHO뿐만 아니라 다른 곳들로부터 책임을 회피할 수 있었다. 중국은 이런 문제에 관심이 없었다. 미국과 함께 힘을 합칠 수 있는 소수의 국가들이 아무리 불평해도 소용이 없었다. 이런 노력들은 오히려 중국에 누구를 더 강하게 공격해야 하는지, 불평을 잠재우기 위해 힘을 약화시켜야 할 국가가 누구인지를 보여줄 뿐이었다.

코로나-19 발생 이후 WHO에 대한 중국의 통제는 매우 철저했다.

2020년 3월, (화상으로 진행된) 기자회견에서 WHO의 선임 고문인 브루스 에일워드 박사는 홍콩 기자가 타이완의 WHO 가입 가능성에 대한 질문을 하자 깜짝 놀란 듯한 모습을 보였다. 에일워드 박사는 질문이 들리지 않은 척하며 전화 연결을 끊은 것처럼 보였다. 이것이 바로 영향력이라고 할 수 있다. 놀랍지 않은 일이지만 중국은 최근 전원(全員) 합의에 따라 WHO 집행 이사국으로 선출됐다.

2022년 5월, 중국 과학원은 우한 바이오 연구소를 코로나 바이러스 우수 과학 업적 수상자 후보로 선정하기도 했다. 이는 (국제사회에 대한) 의도된 모욕 행위처럼 비췄다.

중국이 실제로, 혹은 특정 계기가 있어 또 한 번 생물학적 무기를 사용한다면 중국은 비판이나 처벌을 회피하고 우리가 이에 대해 어떤 대응을 할 수 있는지를 자신들이 결정할 좋은 위치에 올라 있을 것이다. 또 한 번 말이다.

비정부기구(NGO)는 어떤가?

기후 문제부터 이스라엘, 난민 문제에까지 이르는 다양한 이슈에 대해 불투명한 자금 지원을 받는 NGO가 유엔의 정책을 주도하는 것처럼 보일 때가 있다.

중국은 그들이 불편하게 생각하는 NGO들이 유엔과 교류하지 못하도록 막는 데 성공했고 중국의 의심쩍은 노동 및 환경 관행과 인권 침해에 대한 비판 및 언급을 잠재우고 있다. 예를 들어 중국의 어선은 공해(公海) 및 다른 국가의 배타적 경제수역(EEZ)을 휘젓고 있지만 대다수 NGO들의 비판은 거의 전무(全無)한 상황이다. 유엔조차도 별다른 조치를 취하지 않고 있다.

국제기구의 이런 묵인 행위는 중국의 정치 전쟁 전술에 잘 들어맞는다. 동남아시아와 태평양 제도에서의 중국의 벌목 활동은 별다른 견제나 비판 없이 진행되고 있다. 이를 통해 중국은 자국의 경제력과 정치적 영향력을 확대하는 동시에 해당 지역 사회를 분열시킨다. 이는 엔트로피 전술의 이상적 모습이라 할 수 있다.

우리가 봤다시피 경제적 영향력이 정치적 영향력으로 이어지듯, 해당 지역에서 진행되는 중국의 수산업은 중국 군대의 주둔으로 이어질 수 있다.

이 문제를 주도적으로 해결해야 할 NGO는 유엔에 들어가서 발언할 기회조차 얻지 못하고 있다. 유엔 기관들 역시 별다른 언급을 하지 않는다. 그리고 (NGO보다도) 할 일을 하지 않고 있다고 볼 수 있다.

반면 서방에 대한 경제 전쟁을 효과적으로 펼쳐야 한다고 주장하는 '멸종 반란(Extinction Rebellion)'과 같은 (중국에) 호의적인 단체는 유엔에 들어가 그들의 주장을 펴고 유엔은 이에 귀를 기울인다 (注: 기후위기로 인한 인간을 포함한 생물 종의 멸종을 막기 위해 저항한다는 취지로 설립된 환경단체).

물론 유엔과 관련 기관은 중요하지 않다고 비웃을 수도 있다. 실제로 중요하지 않을 수도 있다. 하지만 유엔은 정치 전쟁의 전장(戰場)이며 많은 소규모 국가와 개발도상국은 유엔을 중요하게 받아들인다. 외교부 규모가 작은 일부 국가 입장에서는 유엔이 몇 안 되는 외교 공관 중 하나일 수도 있다. 이렇게 많은 국가가 중국 편에 서는 것은 중국의 '종합국력'을 보여주는 것이다. 이런 국가들은 중국의 독재주의와 인권 유린에 대한 미국 및 민주주의 국가의 비판이 유엔의 표결로 인해 무력화될 때 지금의 상황이 어떤지를 더욱더 깨닫게 된다.

중국에 대한 비판은 중국이 서방에 의해 괴롭힘을 당하고 있다는 주장의 근거가 된다. 그리고 중국의 통치 체제와 민주주의 및 인권에 대한 중국식 입장은 전세계 대부분의 국가가 인정하거나 용인할 수 있는 대안이 돼야만 한다는 주장으로 이어진다. 어쨌든 중국은 "그래서 어쩔 건데?"라고 말할 (거부권 등) 투표권이 있다.

유엔만이 아니다

중국은 어디에서나 동일한 목표를 갖고 있고 동일한 각본을 활용하고 있다. 몇 가지 예를 더 들어보겠다.

*국제통화기금(IMF): 2018년 중국은 크리스탈리나 게오르기에바 IMF 총재에게 세계은행 분석가들을 압박, 연례 기업환경평가 보고서에서 중국의 순위를 높이도록 할 것을 요구했다. 이 보고서는 현지 법률과 규제 등을 기준으로 국가별 기업을 운영하기 좋은 환경 순위를 평가한다.

중국은 78위에서 85위로 하락한 것으로 평가됐다. 하지만 게오르기에바 총재의 개입 이후 다시 78위로 상승했다. 중국은 등급 하락이 중국으로의 외국인 투자에 영향을 끼치는 것 등을 우려했다.

중국이 시장 경제 국가가 아니고 (외환시장에서 공개적으로) 환전(거래)이 가능한 통화 체계를 갖추지도 않았으며 개혁하겠다는 약속에도 불구하고 20년이 지난 지금까지 WTO의 규정을 준수하지 않고 있는 점을 고려하면 IMF의 사례는 국제기구에 대한 중국의 영향력을 보여주는 중요한 사례라고 볼 수 있다.

놀랍지 않은 일이지만 게오르기에바는 총재직을 계속 유지할 수 있었다. 게오르기에바 총재의 전임자인 크리스틴 라가르드 총재는 중국의 위안화를 달러, 유로, 엔, 파운드와 함께 IMF의 통화 바스켓에 포함시키는 것을 승인했다. 라가르드 총재는 위안화가 IMF 규정대로 환전할 수 없음에도 불구하고 경제 및 금융 전쟁에서 중국에 큰 승리를 안겨줬다.

라가르드 총재는 위안화를 (공개적으로) 거래할 수 있도록 하겠다는 중국의 약속을 받아들였다. 물론 그런 일은 일어나지 않았다. 만약 그렇게 됐다고 한다면 중국공산당이 중국 경제의 핵심 요소에 대한 통제력을 포기하는 것이기 때문에 이는 놀랍지 않다고 할 것이다. 그리고 이는 중국이 할 법한 일이 아니다.

다보스 포럼을 잊지 말아야

경제에 대한 통제력을 언급하자면 다보스가 떠오른다. 매년 스위스 다보스에서 열리는 세계경제포럼은 유엔과 같은 국제기구의 행사는 아니라고 할 수 있다. 하지만 참석하는 엘리트들에게 있어 다보스 포럼은 국제기구 행사다. 다보스 포럼 참석자들을 자만심에 가득 찬 허풍쟁이들로 치부하기는 쉽지만 그들은 권력과 영향력을 갖고 있다. 또한 그들은 시진핑을 좋아한다. 2019년 시진핑이 다보스에서 연설하며 '세계화'와 '윈윈'이라는 마법과 같은 단어를 사용, 다보스에서 다뤄지는 이야기들에 중국 역시 전념하고 있다고 말했을 때 많은 사람들이 감탄사를 연발했다. 세계경제포럼이 (다보스가 아닌) 중국에서 연례 모임을 개최하게 되더라도 놀랍지 않을 것이다.

*로마 가톨릭교회: 중국공산당은 오랫동안 다국적 조직 형태를 유지해온 로마 가톨릭교회 역시 끌어들였다. 몇 년 전 교황청(바티칸)은 중국의 승인을 받은 추기경과 주교만 임명하기로 중국공산당과 합의했다.

프란치스코 교황의 해방신학적 성향을 고려하면 큰 노력이 필요하지 않았을 수도 있다(注: 해방신학은 1960년대 라틴아메리카를 중심으로 시작돼 가톨릭 신학자들이 주도하고 진보적 개신교 신학자들이 참여한 운동이며 정의롭지 못한 정치, 경제, 사회적 조건으로부터의 해방이라는 측면에서 그리스도교의 가르침을 해석하는 신학이다). 그러나 그 결과 바티칸이 실제적이든 잠재적이든 중국공산당의 통제에 반대하는 세력의 목을 조르려는 중국의 노력에 동조하고 있다는 것이다.

중국은 로마 가톨릭교회가 영향력을 행사하는 라틴아메리카 국가 등 다른 국가와의 관계에서 이런 종교적 지지를 자국의 체제 유지에 교묘하게 활용할 수 있다. 중국이 지지하고 바티칸이 승인한 사제들이 양 떼를 돌보기 위해 남미로 향하게 되면 어떤 일이 벌어질까?

인정을 받지 못하는 신앙인들은 어떻게 될까? 티베트인들과 위구르족들은 어떤 일이 벌어지는지 이미 알고 있고 가톨릭 신자들도 알게 됐다. 2022년 초 중국이 홍콩의 고위 성직자이자 종교적 자유를 비롯한 모든 자유의 수호자였던 90세의 조셉 젠 추기경을 체포했을 때 바티칸은 침묵으로 일관했다.

미국도 할 말이 많지 않다. 그의 석방을 촉구하는 목소리가 커졌는데 바이든 대통령의 '아시아 차르(백악관 국가안보회의 인도태평양조정관)'인 커트 캠벨은 젠 추기경의 체포에 대한 논평 요청에, "내가 말할 수 있는 것은 시민 사회를 압박하고 해체하기 위한 홍콩에서의 조치로 인해 점점 더 어려움을 겪고 있다는 점"이라고 했다.

이것이 거의 전부였다. 그렇다면 중국이 국제기구를 장악함으로써 얻는 진정한 대가는 무엇일까?

이를 통해 중국은 권위주의 독재 체제를, 법치에 기반한 미국 정부보다 우월하지는 않더라도 동등한 대안인 것처럼 제시할 수 있다. 미국의 영향력과 미국 자체가 쇠퇴하고 있다는 것을 보여주며 적과 그들의 의지, 심지어 그들의 믿음까지 약화시킨다. 중국은 대다수 국가가 자신들의 주장에 동의하고 심지어 지지한다고 주장할 수 있다. 동시에 (국제) 기구들 자체는 힘을 잃게 되고 중국의 더 큰 압박에 저항할 수 없게 된다. 중국의 종합국력은 상승하고 미국의 국력은 하락하고 있으며 모두가 이런 일이 일어나고 있다는 점을 알고 있다.

제2차 세계대전 이후 지치고 냉소적이었던 위대한 세대가 '다시는 이런 일이 일어나지 않도록' 구조와 제도를 구축하고자 해 만들어진 유엔, 세계은행, IMF, 북대서양조약기구(NATO) 등 모든 기구를 중국과 러시아가 교묘하게 약화시키려고 하는 것의 한 가지 슬픈 측면이 있다. 이는 해당 기구들 모두가 전체주의 정부에 장애물로 작용하기 위해 만들어졌다는 점이다.

9장

생물학전:
미국을 병들게 하는 중국

중화인민공화국은 수년 동안 생물학 무기 연구를 수행해왔다. 하지만 적어도 중국은 무엇을 하고 있는지에 대해 잘 공개하지 않는다.

2015년 중국 정부의 국방 시설의 일부로 확인된 12개의 시설과 인민해방군과 연결된 30개의 시설이 생물무기 개발 활동에 관여한 것으로 알려졌다. 미국 국방부는 중국 인민해방군이 생물학전 역량과 전달 체계를 모두 갖춘 것으로 보고 있다. 중국은 이를 인정하지만 연구 및 보유 중인 생물무기는 모두 방어 목적이라고 주장하고 있다.

중국은 이른바 '군민융합(軍民融合 · Military-Civil Fusion)' 정책, 나아가 까다로운 국가정보법을 적용해 생물학 연구를 수행하는 민간시설로 하여금 자체적 노하우와 자원을 군대와 공유하도록 하고 있다.

중국은 어떤 생각을 갖고 있는 것일까? 우리는 몇 가지 문제점을 엿볼 수 있었다. 예를 들어, 2015년 당시 18명의 중국 '군사 과학자 및 무기 전문가'가 공동으로 논문을 썼다. 논문의 제목은 '유전자 생물무기로서의 중증급성호흡기증후군(SARS) 및 신종 인공 바이러스의 부자연스러운 기원'이었다. 이 논문은 신종 바이러스가 "인위적으로 신종 인간 질병 바이러스로 조작된 뒤 이전에는 볼 수 없었던 방식으로 무기화돼 방출될 수 있으며 심지어 '적의 의료 시스템을 붕괴시킬 수도 있다'"고 설명한다.

생물무기금지협약은 서명국이 생물학전 프로그램과 관련된 과거와 현재의 활동을 공개하도록 규정하고 있다. 지난 2년 동안 중국은 중국의 생물학전에 대한 우려를 논의하기 위한 미국 관리들과의 만남을 거부해왔다. 앞서 살펴본 바와 같이 중국은 SARS 발발 이후 세계보건기구(WHO)를 무력화시키는 작업을 했고 간섭하지 못하도록 만들었다.

지금까지 알려진 바로는 중국이 의도적으로 생물학전 공격을 가했다고는 말할 수 없다. 그러나 2019년 말 코로나-19 바이러스가 발발한 것을 숨길 수 없게 되자 우한 지역을 봉쇄하면서도 중국인들의 해외여행은 허가함에 따라 중국공산당이 전세계에 이 바이러스를 퍼뜨리려고 했다는 주장은 제기될 수 있다.

나는 코로나-19 바이러스의 출처에 대한 논쟁은 피하도록 하겠다. 하지만 2019년 말 중국 우한에서 시작됐다는 것을 우리는 알고 있다. 중국 정부 역시 이 바이러스가 처음 발병했을 때 이를 우한 독감이라고 부른 바 있다. 이 바이러스가 동물 시장 혹은 인근의 바이러스 연구소(아마도 우한 바이러스 연구소)에서 발생했다는 가설(假說)이 가장 유력하다. 우한 연구소는 신종 바이러스들을 연구한 것으로 알려졌으며 중국에 있는 유일한 4단계(가장 위험한 작업이 수행되는) 생물안전도 시설이다. 워싱턴포스트의 칼럼니스트 조시 로긴은 2018년 미국 외교 당국자들이 중국 우한 연구소를 방문한 후 해당 시설의 안전 프로토콜에 대한 우려를 표명했다고 보도하기도 했다.

그럼에도 불구하고 코로나-19 발발 이후부터 지금까지의 중국 정부의 행동은 공산주의자들이 무언가를 숨기고 있음을 시사한다. 거짓말과 모호함의 연속이었으며 질병의 기원을 조사하려는 국제적 노력에 의미 있는 협조를 전혀 하지 않았다.

의도적으로 퍼뜨려졌든 그렇지 않든, 이후 2년 동안 계속된 코로나-19 팬데믹은 중국 생물학전 연구진들에게 생물학 공격이 적에게 끼치는 영향을 잘 보여줬다고 할 수 있다. 연구진들은 일부 오류들이 해결되는 과정들을 지켜보며 만족스러워했을 수 있다.

미국이 총 한 발도 쏘아지지 않은 싸움에서 겪은 피해를 생각해보라. 아울러 지속되는 중국의 정치 전쟁 전술에 따른 영향도 고려해야 한다.

우선 코로나-19는 강력한 경제 전쟁 전술이었다. 이는 활기를 띠던 미국 경제를 멈추게 했다. 실제로 이 바이러스로 인해 미국 정부가 각종 업계의 사업을 중단시키고 수백만 명의 실업자를 발생시켜,

경제 상황을 기존과는 반대의 방향으로 흐르게 했다.

톰 코튼 연방상원의원(공화·아칸소)이 이 바이러스가 우한 연구소에서 시작됐을 가능성이 있으며 기본적인 조사가 필요하다고 지적했을 당시, 워싱턴포스트와 뉴욕타임스 등 대부분의 언론과 미국의 전문가 집단은 그를 강력하게 비판했다. 그들은 코튼 의원이 사실과 다른 음모론을 퍼뜨리고 있다고 비난했다. 그로부터 1년 후, 해당 연구소에서 바이러스가 유출됐을 가능성을 미국 엘리트층이 어느 정도 인정하자 워싱턴포스트는 과거 발언과 관련해 일정 부분 사과했다.

트럼프 대통령 역시 바이러스가 중국에서 왔다는 명백한 사실을 지적했다는 이유로 인종차별주의자이자 외국인 혐오주의자라는 비판을 받았다. 트럼프의 반대 세력은 이 상황을 기회로 삼으려는 노력을 멈추지 않았고 그에 대한 증오심으로 인해 정상적인 국정 운영은 거의 불가능해졌다.

앞서 언급했듯 팬데믹으로 인해 도널드 트럼프가 재선에 실패했을 가능성이 있으며 이는 중국에 유리하게 작용하는 일이었다. 트럼프 행정부는 미국과 동맹국에 대한 중국의 공격적이고 약탈적인 행동에 대해 50년 만에 처음으로 효과적인 조치를 취한 미국 행정부였다.

오랫동안 지속된 중국의 미국 엘리트층 포섭 노력은 코로나-19 기간 동안 더 큰 성과를 거두게 됐다. 미 국립알레르기·전염병연구소(NIAID) 소장 겸 트럼프 대통령의 수석 의료 자문이었던 앤서니 파우치는 행정부의 팬데믹 대응 방침을 공개 석상에서 발표한 인물이다. 그는 흥미롭게도 바이러스의 기원에는 관심이 없었고 우한 연구소가 발원지라는 생각을 그냥 덮어뒀다. 그가 중국 바이러스학 연구기관과 더 많은 관계를 맺고 있다는 사실이 이후 밝혀지기도 했다.

에코헬스얼라이언스의 피터 다작 회장도 중국 측을 대변했다(注: 전염병 등의 피해로부터 인간, 동물, 환경을 보호하기 위해 설립된 미국의 시민단체). 그는 바이러스가 우한 연구소에서 나올 수 없다고 거듭 주장했다. 그 이유는 무엇이었을까? 중국이 그렇게 말했기 때문이었다. 그는 16년 동안 우한 바이러스 연구소와 박쥐 연구를 해온 사람이기 때문에 (해당 연구소와) 관계가 없는 사람이라고 볼 수 없다. 미국 국립보건원(파우치 박사의 팀)이 그에게 자금을 지원하기도 했다.

앞서 국제기구를 다룬 장(章)에서 설명했듯 WHO의 테워드로스 아드하놈 거브러여수스 사무총장은 중국과 깊은 관계를 맺어 왔다. 그는 특히 코로나-19 발병 초기에 (중국을) 감싸주는 역할을 하기도 했다. 그는 중국이 WHO에 협력하고 있다는 사실을 치켜세웠으며 우한 실험실에서 유출됐을 가능성을 배제시켰다.

트럼프 대통령은 WHO가 중국으로 하여금 WHO와 협력하고 해당 기구의 규정을 준수하도록 하는 대신 중국을 감싸고 있다고 비판했다. 트럼프는 WHO에 대한 미국의 자금 지원을 중단하고 탈퇴할 것이라고 압박했다.

사람들은 트럼프의 이런 행동을 비판했다. 물론 이런 비난이 나온 이유는 그가 트럼프라는 사람이었기 때문이다. 미국 외교협회(CFR) 소속의 맥스 부트는 워싱턴포스트 기고문을 통해 "글로벌 보건 위기 상황에서 WHO를 탈퇴하겠다고 위협하는 것은 지정학적으로 봤을 때 코로나-19 치료제로 (살균소독제인) 클로락스를 쓰겠다는 것"이라고 했다.

이 모든 것은 트럼프 개인과 관련된 일이었다. 트럼프를 제거하면 적어도 중국인들에게만큼은 모든 일이 잘 풀리게 되는 것이라는 생각이다. 중국공산당도 중국과 같은 결과를 원하는 미국인들이 수없이 많다는 것을 확인했다. 코로나-19는 심리전 전술로서 엄청난 효과를 여러 측면에서 발휘한 것이었다.

병의 전염은 물론, 이에 대한 대응 등 코로나-19가 미국인들에게 끼친 심리적 영향은 놀라웠다. 우한에서 시작된 코로나-19 바이러스는 지구상에서 가장 자유롭다고 여겼던 미국인들에게 공포심을 불러일으켰고 그들을 이른바 '봉쇄(락다운)'에 굴복하도록 했다.

학생과 미취학 아동들이 원격 수업을 받게 됐다. 2년간의 이런 반(反)사회적 지침이 어린, 혹은 그렇게 어리지만은 않은 아이들에게 해로운 영향을 끼쳤다. 아이들의 인지(認知) 및 사회성 발달에 해를 끼쳤다는 사실을 이제야 사람들은 깨닫고 있다. 이는 향후 몇 년간 영향을 끼칠 일이고 미국의 적대국들에 있어서는 코로나-19를 통한 또 하나의 승리였을 것이다.

실업률과 그냥 놀고 쉬는 사람들이 늘어나는 문제가 발생했는데 이 역시도 심리적, 정신적 문제를 일으켰고 알코올 및 약물 남용을 증가시키는 해로운 영향을 끼쳤다. 2020년 여름, 조지 플로이드가 경찰에 체포되던 중 안타깝게 사망한 이후 광범위한 폭동과 정부 건물에 대한 공격이 발생했다. 이 역시도 코로나-19와 간접적인 연관성이 있는 것으로 나타났다. 모든 교도소장이 알다시피, 사람들을 봉쇄하면(가두면) 폭동과 같은 일이 발생할 수 있다.

팬데믹 기간 동안 미국의 정치는 더욱더 양극화로 치달았다. 알렉산드리아 오카시오 코르테즈 하원의원(민주·뉴욕)과 같은 극좌파는 미국 정치권에 항상 존재해왔지만 이제 국가 통치에 실질적인 영향력마저 행사할 수 있게 됐다.

미군도 마찬가지로 바이러스로 인해 어려움을 겪고 두려움에 떨었다. 특히 군사 훈련과 연습이 큰 영향을 받았다. 앞서 언급했듯 미 해군 항공모함 한 척은 코로나-19 확산을 우려해 서태평양에서의 통상적인 순찰 임무를 중단하고 괌으로 기항(寄港)하기도 했다.

긴급사용 승인을 받은 백신에 대한 논란은 미군에 더 큰 혼란을 야기했고 백신 접종을 거부한 많은 병사들이 강제로 분리됐다. 이 모든 것의 아이러니는 대부분의 군인이 젊고 건강하다는 점을 감안할 때 코로나-19 바이러스가 이들에게 그다지 해롭지 않다는 것이다. 이는 우리가 코로나-19의 영향력을 심리적으로 어떻게 판단했는지를 보여주는 하나의 예라고 볼 수 있다.

코로나-19는 금융 전쟁 측면에서도 강력했다. 경기 침체의 영향에 대응하기 위한 미국 정부의 막대한 지출로 이어졌다. 이는 미국 달러의 가치를 더욱 떨어뜨렸고 결국 40년 만에 가장 높은 물가상승률(인플레이션)로 이어져 모든 시민의 삶을 어렵게 만들었다. 또한 중국이 수년 동안 앞서나가기 위해 노력해온 세계 기축 통화로서의 달러의 지위도 위협을 받고 있다.

생물학전은 금융 전쟁, 경제 전쟁, 심리 전쟁, 국제기구 전쟁, 미디어 전쟁 등 다른 전쟁의 전술과 연계돼 있으며 이 모든 전쟁이 서로의 효과를 키우는 방식으로 진행된다. 누적된 효과는 상대방을 지치게 하고 엔트로피(약화·분열)를 생성, 상대방의 저항력이나 물리적 대응에 나서는 역량에 영향을 끼친다. 볼티모어를 파괴하는 데는 수십 년이 걸렸다. 하지만 대(代)를 이어 한 가족이 운영하던 식당이 문을 닫고 상점들이 영업을 그만두며 사람들이 시내를 떠나게 됐는데 이는 불과 2년 만에 공중 보건이라는 이름 하에 일어나게 됐다. 각종 중독자의 비율과 학교 중퇴율이 증가하는 등 다른 많은 문제가 뒤따르게 된 것이다.

코로나-19에 대한 사례 연구는 어떻게 보느냐에 따라 다르겠지만 전세계적으로도 영향을 끼쳤다. 미국의 동맹국과 다른 모든 국가들 역시 똑같이 크게 타격을 받았다. 각국이 국경을 폐쇄하고 이웃 국가를 친구가 아닌 두려운 존재로 여기기 시작하며 동맹 관계가 흔들리게 됐다. 중국의 생물학전 전문가들(그리고 중국공산당 지도자들)은 의심의 여지 없이 이런 상황에 주목했다.

이 사례에 대한 교훈은, 실제 행동에 나서기 전에 언론, 국제기구, 해당 지역의 엘리트층에 의해 과대 해석되는 생물학적 공격으로 적을 공격하면 (이미 적절한 백신으로 예방 접종을 받은) 아군이 훨씬 더 수월하게 일을 처리할 수 있게 된다는 것이었다. 실제로 코로나-19는 적에게 자신이 생물학적 공격을 받고 있다고 생각하게 만드는 것만으로도 충분할 수 있다는 점을 보여줬다.

생물무기의 또 다른 큰 장점은 다른 국가에 이를 퍼뜨려도 제대로만 하다면 책임을 부인할 수 있다는 점이다. 또한 퍼뜨리 사람을 대신해 자발적으로 사실을 왜곡할 우호적인 적대국 시민들이 있을 수도 있다. 우리는 코로나-19 사태 2년 동안 이런 일이 실제로 벌어지는 것을 목격했다. 상황은 미쳐 흘러갔고 많은 지역의 경우엔 코로나-19가 중국에서 왔다고 말하거나 쓰는 것조차 금지됐다.

한 전문가는 우한 실험실에서 코로나-19가 발생했다고 주장하는 것이 금기시된 것과 관련, "길을 걷다가 기린을 보게 되면 동물원에 실종된 기린이 있는지 확인이라도 해봐야 할 것 아니냐"고 했다.

코로나-19는 생물학 전쟁 수단 중 하나일 뿐

최근 몇 년 동안 중국에서 이른바 유전자 편집 연구 및 실험 사례가 보고돼 해외의 주목을 받고 있다. 중국의 한 과학자가 특정 유전자 편집 기술을 언급하며 유전자 변형 인간 아기, 혹은 특별한 유전자 편집기술을 사용한 크리스퍼(CRISPR · 유전자 가위)를 통한 아기를 만들었다고 주장했기 때문이다.

알려진 바에 따르면 해당 기술은 잠재적인 생물학적 전쟁, 즉 특정 작물을 파괴하는 전염병이나 유전자 정보를 바탕으로 특정 인종을 표적으로 삼을 수 있는 질병을 설계할 수 있다.

빌 거츠에 따르면, 2020년 당시 익명을 요구한 한 미국 관리가 소수민족에 대한 중국의 생물학적 실험에 대해 우려를 표명한 바 있다 (注: 빌 거츠는 워싱턴타임스 소속 칼럼니스트다). 거츠는 2017년 한 중국군 장군이 쓴 책을 인용하기도 했다. 이 장군은 생명공학 기술의 발전으로 인해 미래 전쟁에서 '특정 종족에 대한 유전적 공격'이 발생할 수 있다고 말했다.

중국 인민해방군의 이른바 '슈퍼 군인'에 대한 소문도 나돈다. 존 랫클리프 전 국가정보국장은 중국이 '생물학적으로 강화된 역량'을 가진 군인들을 만들기 위해 인민해방군 병사들을 대상으로 실험을 진행하고 있다고 말했다.

그렇다면 우려해야 할 문제는 충분히 많다고 할 수 있다.

그렇기는 하지만…

물론 중국 공산주의자들은 절대 생물학 무기를 사용하지 않을 것이라는 주장이 나온다. 이는 상상만 하기에도 너무 끔찍한 일이기 때문이다.

그렇기는 하지만 중국은 '효과가 있는 무엇이든' 실행에 옮기는 것으로 보인다. 달리 말하자면 적이 약해지는 것은 중국에 좋은 일이라는 것이다. 이는 중국의 상대적 종합국력이 상승하는 것이기 때문이다.

그런데 중국은 생물무기금지조약에 서명했던 것 아닌가? 앞서 법률 전쟁을 다룬 장(章)에서 소개된 내용을 상기할 필요가 있다. 중국 공산주의의 이익에 부합하지 않는 조약을 그들이 제대로 지킨 적이 한 번도 없다는 것이다.

하지만 중국은 자국의 평판을 해치고 싶지 않아 한다는 분석도 나온다. 이는 이미 오래 전에 사실이 아닌 것으로 드러난 일이다. 중국은 국제사회의 따뜻한 격려보다 두려움을 더욱 중요하게 생각한다.

중국은 잠재적 인명 피해를 두려워한다는 주장도 나온다. 어느 정도 수준까지는 그럴 수 있지만 사상자가 중국공산당 고위층과 그 친인척일 경우에만 해당된다고 할 것이다. 중국공산당은 1949년 집권한 이래 평화로운 시절일 당시에도 최소 5000만 명의 자국민을 죽게 만든 책임이 있다는 사실을 기억해야 한다. 특히 주적(主敵)인 미국을 궁지에 몰아넣을 수 있다면 중국공산당은 기꺼이 기회를 노릴 수 있다.

중국공산당에 있어 전부는, 권력, 지배력, 궁극적으로 통제력이다. 이를 도울 수 있는 무기가 있다면 무기고에 보관할 가치가 있는 것이다.

중국의 생물학 무기 사용 의지를 가늠해 보려면 2022년 5월 글로벌타임스에서 나온 사설(社說) 제목, 나아가 바이러스가 중국에서 발생했다는 내용의 글을 기억할 필요가 있다. 당시 사설 제목은 '코로나-19로 고아가 된 미국 어린이 20만 명, 워싱턴의 양심에 불을 지피다'였다.

중국은 양심이라는 것이 없는 것처럼 보인다. 그들이 해온 것은 효과가 있었고 그들은 이를 다시 할 수도 있다.

10 장

화학전:
수만 명의 미국인을 죽음으로 몰아넣다

중국의 놀랍도록 효과적인 생물학 및 심리전 공격인 코로나-19 팬데믹은 미국이 화학전 전선(戰線)에서 매우 취약하다는 경각심을 불러일으켰다. 이에 대한 대응으로 개인 보호 장비, 의약품, 의료 장비 등을 확보하기 위한 광적인 노력이 이어졌고 많은 경우 모든 길이 중국으로 이어지는 것처럼 보였다. 특히 중국이 필수 의약품 제조를 위한 핵심 공급망을 통제함으로써 우리가 필요로 하는 의약품(실제로는 화학물질) 유통을 막을 힘이 있다는 것이 분명해졌다.

이는 우연히 일어난 일이 아니다.

2000년 무렵부터 미국 제약업계는 값싼 노동력과 까다롭지 않은 안전 및 환경 규제를 좇아 해외로 제조 시설을 이전하기 시작했다. 2001년 중국이 세계무역기구(WTO)에 가입한 후 글로벌 시장에 대한 접근성이 확대되며 이런 생산 능력의 상당 부분은 중국으로 이동해갔다.

한 가지 예를 들자면, 미국 항생제 공급량의 약 80%가 중국에서 생산되는 상황에 이르렀다. 의약품 의존도를 보면 미국이 수입하는 이부프로펜의 약 95%, 아세트아미노펜의 약 70%, 페니실린의 40~45%가 중국으로부터 온다.

코로나-19 팬데믹이 한창일 당시 트럼프 행정부의 무역대표부 대표 로버트 라이트하이저는 중국을 염두에 두고, "값싼 의료 제품 및 기기의 공급원으로 다른 국가들에 과도히 의존한 것이 전략적 취약성을 초래했다"고 했다.

이를 반영하듯 미군의 의료 관련 대응을 담당하는 미 국방보건국의 한 관계자는, "(완제약을 만드는 의약품 원료인) 활성원료(API) 시장에서 중국의 지배력 향상으로 인한 국가 안보 위험은 아무리 강조해도 지나치지 않다"고 했다.

이는 단순한 논리다. 이미 정치적 전쟁을 벌이고 있고 일반적 전쟁에도 관심을 갖고 있는 적에게 의료품(또는 그 밖의 중요한 것)을 의존하는 것은 현명하지 않다.

중국도 이를 잘 알고 있다. 2020년, 금융 전문 평론가이자 민족주의 성향의 작가인 황성은 중국 국영 신화통신에 다음과 같은 글을 기고했다.

〈중국이 지금 미국에 보복을 하고 싶다면…미국으로의 의료 관련 제품 수출에 대한 전략적 제한 조치 역시 발표할 수 있을 것이다.〉

우리는 중국이 미국이 필요한 필수 의약품 수출을 차단하는 등 화학전 전선에서 사용할 수 있는 카드가 있다는 사실을 알게 됐다. 중국은 아직 이 카드를 사용하지 않았을 뿐이다. 그리고 미국은 의지만 있다면 의약품 공급망을 새롭게 구축할 시간이 있다.

그러나 미국에는 중국의 화학전과 관련, 다음과 같은 더 긴박한 문제가 있다. 중국은 미국에 필요한 약품을 보내지 않는다고 협박하는 것이 아니라 우리가 원하지 않는 약물을 미국으로 보내고 있다. 우리를 대량으로 죽이고 있는 약물들을 말이다.

중국이 정치 전쟁을 펼치는 계획의 일환으로 이런 (화학전) 전선이 어떻게 전면전을 방불케 하는 결과로 이어지고 있는지를 앞으로 소개할 계획이다. 암울한 내용들이다.

기본적 역사 및 배경

외국인들은 미국이 건국한 이래로 미국의 지배계층을 매수하거나 포섭하려 했었다. 지금으로부터 225년 전, 조지 워싱턴은 고별 연설에서 '외국의 교활한 영향력'에 대해 경고하면서, "외국의 영향력은 공화정의 가장 지독한 적(敵) 중 하나"라고 했다.

지금의 경우로 예를 들자면 사우디아라비아인, 일본인, 캐나다인, 한국인, 이스라엘인 등은 가능하기만 하다면 미국에서의 영향력을 돈으로 사려는 노력을 해왔다. 라이벌 강대국들은 보통 '적임자'를 매수하는 방식으로 이를 시도한다. 때로는 직접적으로, 때로는 로비스트와 같은 합법적인 산업에 종사하는 사람들을 통해 이뤄지기도 한다.

이런 관행은 매우 노골적이기 때문에 워싱턴 D.C. 내 많은 로비스트들이 사무실을 두고 있는 'K스트리트'라는 거리 이름으로 로비스트들을 부르기도 한다. 이런 활동의 일반적인 목표는 각 국가가 자국의 이익을 얻어내는 것이다. 지금 우리가 목격하고 있는 일은 실제보다 더 위험하다. 영향력을 이용해 미국을 내부에서 분열시키고 엔트로피 전쟁을 펼치는 일인 것이다.

중국은 중독성이 강하고 예측할 수 없는 불법 마약을 미국인의 혈류(血流)에 쏟아붓고 있으며 매년 수만 명이 목숨을 잃고 가족과 지역 사회, 볼티모어와 같은 도시를 파괴하고 있다. 미국의 엘리트들은 이와 관련해 아무것도 하지 않고 있다. 이것이 바로 영향력이다.

그렇다, 나는 지금 펜타닐에 관해 이야기하고 있다. 헤로인보다 저렴하고 30배 더 강력한 펜타닐은 대부분 중국에서 생산되며 멕시코(및 멕시코 마약 조직)를 통해 미국으로 유입되는 경우가 많다. 중국인들은 마약 조직이 거둬들인 막대한 수익을 세탁하는 데 도움을 주는 사업에도 뛰어들고 있다. 중국 공산주의자들이 말하는 '윈윈'의 한 예일 것이다.

사상자

2013년경에 시작된 이 문제는 그 이후부터 계속 악화되고 있다. 이에 따른 사상자 수는 엄청나다. 2017년 기준 4만 7600명의 미국인이 아편류의 약물 과다 복용으로 사망했다. 이 중 대다수는 펜타닐에 의한 것이었다.

2018년 중국의 시진핑 주석은 도널드 트럼프 대통령과의 회담에서 펜타닐을 포함한 마약성 진통제 생산 및 유통을 단속하겠다고 약속했다. 트럼프는 이를 (상황을 완전히 바꾸는) '게임 체인저'라고 했다. 물론 놀랍지 않지만 펜타닐과 다른 마약은 계속 흘러들어왔다.

2019년 기준 약 7만 명의 미국인이 약물 과다 복용으로 사망했으며 그 중 약 절반이 펜타닐에 의한 것이었다. 이는 이라크와 아프가니스탄 전쟁에서 사망한 미군 수의 약 다섯 배에 달하는 수치다.

2020년 미국 정부는 9만 2478명의 미국인이 약물 과다 복용으로 사망했으며 대부분이 펜타닐 중독으로 숨졌다고 밝혔다. 코로나-19 봉쇄 조치는 이 끔찍한 사망자 수를 증가시키는 데 일조했다.

상황은 더욱 악화되고 있다. 미국 질병통제예방센터(CDC)에 따르면 2021년 약물 과다 복용으로 인한 사망자는 10만 7573명이었고 이 중 가장 큰 원인은 펜타닐이었다. 사법 당국은 과다 복용의 상당 부분이 (불법적으로) 복제된 펜타닐이었으며 청소년과 젊은층이 소셜 미디어를 통해 구매한 것들이었다고 했다.

18세에서 45세 사이의 미국인에게 약물 과다 복용은 예방 가능한 사망의 주요 원인인 것으로 확인됐다. 이는 자살, 총기 (사건), 자동차 사고를 뛰어넘는 수치다.

사망자 수가 늘어나는 가운데, 미국 기업과 금융계 거물들은 이 문제를 거의 언급하고 있지 않다. 싱크탱크들도 대부분 침묵하고 있다. 학계 역시 신경 쓰지 않는다. 미국 언론은 펜타닐로 인한 문제를 경시하거나 무시하는 경우가 많으며 중국이라는 단어를 언급하는 것을 두려워하기 때문에 펜타닐의 출처 문제는 더더욱 덮어둔다.

중국 정권에 맞서는 데 있어 대담하고 거침없는 '초당파적' 이야기가 오가는 미 의회에서도 펜타닐과 중국, 특히 중국의 주의를 끌 만한 이야기는 거의 나오지 않는다. 실제로 분노하고 행동에 나서고 싶어하는 상하원 의원들이 있지만 워싱턴 D.C.에는 이런 행동을 막는 무언가가 있는 모양이다. 특히, 정치권에 기부하는 사람들의 이익에 부합하지 않는다면 더더욱 그렇다.

변명

트럼프 대통령이 시 주석에게 직접 펜타닐 문제를 제기하고 다른 사람들 역시 노력했었다. 하지만 중국에 가장 단호하게 맞선 트럼프 행정부조차도 펜타닐 문제를 크게 다루지 않았다.

한 미 국무부 고위 관리는 '펜타닐 사태'를 '제3차 아편 전쟁'이라고 부르자고 제안했었다. 아편 전쟁은 중국에 아편을 수출하려 한 영국의 압박을 둘러싸고 벌어진 19세기 영국과 청나라 간의 전쟁을 의미한다. 내막을 들여다보면 그보다는 복잡한 문제지만 대충 이런 이유에서 일어난 전쟁으로 인식되고 있다.

어찌 됐든 이 국무부 관리의 제안에 대한 워싱턴의 반응은 즉각적이고 감정적이었다. "그런 말을 해서는 안 돼"라는 것이었다. (중국과 관련해 '말해서는 안 되는 일'은 너무나도 많다.)

(중국을 포함한) 일부 지역에서는 펜타닐에 대한 중국의 비협조를

19세기 아편 전쟁에 대한 보복이라고 변명하는 경향이 있기 때문에 이에 대한 반응은 흥미로웠다고 할 수 있다.

아니, 누구에게 보복을 한다는 것인가? 아편 전쟁은 180년 전의 일이며 미국은 아무 관련이 없다. 만약 이런 논리를 따른다면 신장(新疆) 지역의 노예 노동은 (미국) 남북전쟁 이전의 농장에서 발생한 일에 대한 '복수'가 된다 할 것이다. 새로운 절망과 죽음을 만드는 것이 어떻게 오래된 절망과 죽음을 바로잡는 일이란 말인가?

미국의 엘리트 계층은 중국 정권이 불법 마약의 흐름을 막을 수 없는 이유(정확히 말하면 막지 않으려는 이유)에 대해 다른 많은 '내부자들'의 핑계를 대고 있다. 이런 변명을 뒷받침하는 논리 세 가지를 소개한다.

1) '중국 정권은 펜타닐 생산자들이 법망을 피하고자 계속 방식을 바꾸기 때문에 조치를 취할 수 없다. 이에 따라 펜타닐 생산자들은 아무리 노력해도 법을 빨리 개정할 수 없는 정부보다 항상 한 발 앞서 있다.'

좋은 변명이지만 억만장자 마윈을 비롯한 수많은 힘 있고 인맥이 두터운 중국 재벌과 관리들이 어려운 길을 걸어온 것처럼 중국에서는 시진핑과 중국공산당이 말하는 것이 곧 법이다. 중국이 펜타닐 생산자와 수출업자들을 단속하고자 한다면 법은 장애물이 될 수 없다.

2) '베이징의 손이 닿지 않는 것으로 추정되는 중국 지방 당국은 세

수(稅收)와 일자리를 원하기 때문에 펜타닐 생산을 중단하지 않을 것이며 이들 지방 당국 역시 부정부패에 휘말려 있다.'

　돈과 부정부패 문제가 있는 것은 사실이라고 볼 수 있다. 하지만 현지 관리들도 베이징에 의해 잡히는 것을 두려워한다. 마윈에게 무슨 일이 일어났는지 모두가 다 알고 있다.

　3) '중국 당국은 불법 마약 생산자를 찾을 수 없다. 중국은 인구가 많은 큰 나라다.'

　중국공산당은 조지 오웰도 상상할 수 없었던 감시 국가를 만들고 있다. 시진핑 얼굴이 그려진 포스터에 콧수염을 그렸다는 이유로 체포돼 수감되기까지 얼마나 걸리는지 알아보라. 시진핑이 곰돌이 푸와 닮았다는 글을 소셜미디어에 올리면 중국 공안 요원이 몇 분 안에 현관문 앞에 나타날 것이다.

　중국공산당 경찰은 그들이 원하는 무엇이든 할 수 있다. 사람들을 사라지게 하거나 스타(연예인)들을 체포하고 테니스 선수들을 협박하고, 억만장자와 책 판매업자들을 납치한다. 외국인들을 인질로 잡고 가두는 것 역시 가능하다. 중국 공안에 있어 유일한 제한은 공산당 최고위층이 자리잡고 있는 중난하이(中南海)뿐이다. (注: 베이징 중심부에 위치한 곳으로 중국공산당의 최고 집무실이자 중화인민공화국 국무원 등이 입주해 있다. 이 지역 명칭 자체가 중국 정부 수반들을 가리키는 고유명사화되기도 했다.)

　위구르인, 기독교인, 파룬궁, 홍콩인을 쫓는 방식으로 중국 정권이 펜타닐을 단속하지 않는다는 것은 중국공산당이 미국에 펜타닐이

넘쳐나는 상황을 즐기고 있다는 것을 암시한다.

2018년 트럼프가 시진핑에게 펜타닐 유통을 중단하라고 말했을 당시 시진핑은, "중국에는 마약 문제가 없다"고 답한 것으로 알려졌다. 이는 시진핑이 중국 내에서는 마약을 통제할 수 있으며 가장 큰 라이벌이자 가장 큰 적대국을 향한 '제한 없는 방식의 전쟁'의 일환으로 화학전 물질을 보냈다는 것을 의미한다. 중국공산당과 관련된 일들은 대부분 이처럼 의도를 파악하는 것이 어렵지 않다.

하지만 미국 마약단속국(DEA)에게는 이런 일이 너무 어려운 것 같다. DEA는 중국 정부의 공식(혹은 암묵적) 승인을 받은 마약이 중국으로부터 흘러들어오고 있다는 사실을 제대로 파악하지 못하고 있다.

지금까지 중국과 관련된 DEA의 가장 성공적인 사건은 중국 마약수사 당국에 '다이애나'라는 이름으로 활동하는 중국 마약 갱단에 대한 정보를 제공한 것이다. 중국 당국은 2019년 해당 조직 소속 아홉 명에게 유죄 판결을 내렸다. 양국은 이것이 큰 성공이라고 설명했다.

(언론매체인) 리얼클리어인베스티게이션은, "중국은 '다이애나' 사건 이후 여러 차례에 걸쳐 더 많은 펜타닐 관련 사범을 체포했지만 그로부터 2년간 유죄 판결을 받은 핵심 밀매업자는 없는 것으로 보인다"고 보도했다.

해당 매체는 "일부 전직 DEA 요원들은 미국이 가장 큰 수혜자가 될 것이기 때문에 중국이 어느 정도까지 소탕 작전을 시행할 것인지에 대해서 의문을 제기하고 있다"고도 했다. 이는 실제로 그럴 것이다.

아시아에서 오랫동안 활동한 전직 미국 정보 요원은 다음과 같이 설명했다.

〈DEA를 비롯한 미국 정부의 다른 기관들은 그들만의 세상에 갇혀 있고 중국과 다른 국가들은 이 기관들이 듣고 싶어하는 이야기들만을 말하는 상황이다. 시간이 지날수록 그들이 잘못된 가정을 세우고 있었다는 것이 사실로 드러난다. 물론 우리는 중국의 사법 당국이 같은 목표를 갖고 있다는 생각을 갖고 접근한다. 마약 및 기타 범죄와 싸우는 동일한 목표를 갖고 있다고 생각하는 것인데 이는 전혀 사실과 다르다.

하지만 중국인들은 우리에게 계속 이와 같은 주장을 하고 있고 미국 측은 이와 반대되는 핵심 증거들이 나왔음에도 불구하고 그들의 말을 믿는다. 미국 정부는 중국의 동기와 이해관계를 제대로 파헤치기 위해 시간과 노력을 들이지 않는다. 또한 권위주의 사회, 혹은 실패했거나 거의 실패한 국가에서 범죄 활동이 어떻게 작동하는지 이해하지 못하며 앞으로도 이해하지 못할 것이다.

이런 범죄 행위는 국가 사법 당국과의 직접적인 협력과 그들이 제공하는 보호 없이는 존재할 수 없다. 중국 공안을 비롯한 기관들은 마피아와 마찬가지다. 그들은 폭력을 사용할 절대적 권력을 갖고 있으며 누구든 사라지게 만들 수 있다. 중국의 삼합회(三合會) 단체 등 전통이 있고 잘 알려진 범죄 조직은 아무것도 아니다. 그들 역시 사법 당국의 묵인이 있어야만 존재할 수 있다.

이런 조직들의 활동이 지속되는 이유는 주로 DEA와 같은 기관에서 다루는 사건을 인상적으로 포장할 수 있게 하기 위해 그들을 언급하기 때문이다. 이런 조직들은 기자회견에서 사용될 자료일 뿐이지 그 이상도 이하도 아니다.〉

중국 화학전의 영향

이에 따른 영향은 아무리 강조해도 지나치지 않는다. 펜타닐은 미국 사회의 모든 부분을 황폐화시키고 있으며 특히 젊은이들이 큰 타격을 받고 있다. 펜타닐로 인한 사망자의 약 절반이 군인 연령대의 젊은이들이다. 현재 17~24세 중 군 복무 기준을 충족하는 사람은 약 23%에 불과하다. 펜타닐로 인한 사망, 장애, 사회적 파괴는 가뜩이나 적은 (군대) 지원 가능자 수를 더욱 축소시키고 있다.

한 전직 미국 정부 관리가 지적했듯, 이는 매년 육군 또는 해병대 5~6개 부대가 사라지는 것과 마찬가지다. 지금 언급한 수는 '전사자(戰死者)'를 집계한 것에 불과하다. 살아있지만 건강 문제, 교육 부족, 지능 저하, 범죄 성향 등으로 더 이상 생산적인 사회 구성원으로 활동할 수 없는 '전장(戰場) 사상자(死傷者)' 역시 존재한다.

한 통계에 따르면 마약으로 인해 10명의 중독자 중 한 명이 사망하게 된다. 그리고 이들을 돌보는 데 드는 부담과 비용, 지역 응급 구조대, 응급 서비스, 병원, 지역 경제에 끼치는 악영향은 말할 것도 없고 황폐해진 가족들은 파산하고 망가지게 된다.

이런 상황을 더 잘 알고 있어야 하는 엘리트층은 피해자들은 단순한 '약쟁이'일 뿐이며 어차피 군에 입대하지 않았을 것이라고 말하곤 한다. 이는 악의적이고 잘못된 생각이다. 젊은이들은 수 세기 동안 잘못된 행동을 해왔으며 여기에는 미군에 입대하는 많은 사람들이 포함된다. 하지만 맥주 몇 잔 혹은 대마초 한 대와, 식별이 어려운 약물, 즉 종종 설명 라벨이 잘못 붙어 있고 소량으로도 사람을 죽이거나 영구적 장애를 일으키는 약물은 전혀 다른 문제다.

영향을 받는 것은 군인 모병(募兵)뿐만이 아니다. 또 한 번의 도약에 도전하는 제조업계 등 민간 부문 고용주들은 약물 검사를 통과하거나 중독으로부터 자유로운 근로자를 찾는 데 어려움을 겪곤 한다. 이는 (마약이) 실제로 미국에 영향을 끼치고 있다는 것을 보여준다.

중국의 입장에서 보면 싫을 건 없다고 할 수 있다. 금세기 중반까지 정복하겠다고 공언한 적대국을 약화시키고 있는 것이기 때문이다. 더 좋은 점은 중국공산당이 마약 거래로 큰 돈을 벌어들이고 있다는 점이다. 달러를 지불해 펜타닐을 사고 있기 때문이다.

달러는 중국 인민해방군의 전력 증강에 필요한 자금이 될 뿐만 아니라 중국 정부가 해외에서 실제 돈을 지불해 확보해야 할 것이 있을 때 필요한 자금이다. 여기에는 해외 기업과 농지 매입, 일대일로(一帶一路) 프로젝트, 현지 정치인과 관리들에게 줄 뇌물과 뒷돈 등이 포함된다. 심지어 중국의 이른바 '천인계획(千人計劃)'에 참여한 미국인들, 즉 은밀하게(그리고 때로는 불법적으로) 중국공산당 정권에 기술 노하우를 제공하는 미국인들은 미국 달러로만 대가를 받으려고 한다(注: 중국의 첨단 과학기술 육성을 위한 해외 고급 인재 유치 프로그램).

공범(共犯)

궁극적으로는 중국에 책임이 있지만 중국을 '불쾌하게' 만들까 아무것도 하지 않는 것은 미국의 지배 계층이다. 더 정확하게는 중국의 돈에 중독돼 더 이상 이를 얻지 못할까 두려워하는 이들이다. 애초에 그들에게 건네진 돈의 일부분도 펜타닐을 팔아 번 돈으로부터 왔을 수 있다.

7만 명 이상의 자국민이 죽고 이에 따른 피해자가 기하급수적으로 늘고 있다는 현실과 중국으로부터의 현금을 맞바꾸고 있는 상황이다. 아마 이는 (마약으로 인해) 죽는 사람들이 원래도 비참한 사람들이었거나 네안데르탈인과 같은 사람뿐이라고 생각하면 별로 심각한 문제가 아닌 건지도 모르겠다.

1990년대부터 일자리, 생계, 지역 사회 문화가 해외로 빠져나갔고 대부분은 중국으로 가게 됐다. 미국의 일부 정치인과 재계 엘리트들은 이에 적응하지 못한 사람들은 너무 멍청하거나 게을렀기 때문에 어쩔 수 없는 일이라는 반응을 보였다. 이 모든 것에는 역겨운 악의가 숨어있다고 할 것이다.

'가장 끔찍한 적(敵)'에 맞서기

미국의 엘리트들이 아무것도 하지 않거나 더 심하게는 중국 정권에 대한 (미국 정부의) 무제한적인 간섭를 요구하는 것을 보며 중국인들은 실제로 미국 지배층에 뿌린 돈의 가치를 얻었다고 판단할 수 있다.

　미중무역전국위원회(USCBC), 보잉, 나이키, 애플 등의 대표들이 하는 말을 들어보라. 2019년 당시 '중국은 적이 아니다'라는 서한에 서명한 저명인사들은 또 어땠는가? 펜타닐에 대한 언급은 한 마디도 없었다. 이들이 서명해야 할 서한에는 다음과 같은 내용이 있어야 한다.

　〈미합중국 대통령 각하,
　각하는 미국 시민을 보호하겠다고 맹세한 것이지 월스트리트와 미국 산업계가 시진핑의 '개방' 약속을 이용하는 것을 보장한 것이 아닙니다. 지금쯤이면 중국공산당이 저희를 상대로 화학전을 벌이고 있다는 사실을 알아차리셨을 것입니다.
　아래에 서명한 저희는 다음 중 하나 이상(以上), 이상(理想)적으로는 그 이상(以上)을 수행해줄 것을 촉구합니다.
　첫째, 미국 달러 네트워크에서 모든 중국 금융 기관의 활동을 중단시키십시오. 중국의 주요 금융 기관인 인민은행부터 시작하십시오.
　둘째, 중국에 대한 모든 미국 투자, 금융 및 사업과 관련해 정부의 승인 절차를 의무화하십시오.
　셋째, 모든 중국 기업을 뉴욕증권거래소와 기타 거래소에서 즉시 상장 폐지하십시오. 지금 생각하시는 것처럼 3년 뒤가 아니라 지금 당장 그렇게 하십시오. 이들 기업은 애초에 상장돼서는 안 됐습니다.

넷째, 미국 내 중국공산당 상위 500명의 친인척에 대한 영주권과 비자를 취소하고 이들의 재산과 은행 계좌에 대한 유치권을 행사하십시오.

미국 시민 올림〉

또 다른 방식이 있을 수도 있다. 엘리트 경영대학원(MBA) 및 국제관계학 프로그램 졸업 예정자, K스트리트 관계자, 의회 직원, 심지어 의원들로 하여금 펜타닐은 물론, 산업과 일자리가 중국으로 빠져나가는 과정에서 발생한 계층 간의 충돌로 인해 타격을 본 이른바 '러스트 벨트'에서 몇 주간 지내도록 하는 것이다(注: 러스트 벨트는 미국 북동부 5대호 주변 지역으로 과거 제조업의 호황을 누렸던 곳이나 일자리 축소 및 업계의 사양화로 불황을 맞은 쇠락한 공장지대를 뜻한다).

오하이오주 영스타운, 펜실베이니아주 유니언타운, 뉴욕주 버펄로, 또는 이스트 클리블랜드 지역이 후보지가 될 수 있다. 후보지 명단은 훨씬 더 길게 만들 수도 있다. 물론 워싱턴 D.C.에 있는 (전기차) 테슬라 충전소에서 너무 멀리 이동하고 싶지 않다면 볼티모어로 향하면 된다. 이들을 지역 모텔에 묵게 하고 오전 8시부터 오후 10시까지 거리에 나가서 실제 분위기가 어떤지 느끼도록 해야 한다.

그리고 휴식시간에는 약물 과다 복용 신고를 받고 출동하는 응급구조대와 동행하게 할 수도 있다. 또는 지역 고등학교에 들러 카운슬러와 만나 많은 아이들이 직면하고 있는 밝은 미래가 도대체 무엇인지 알아보도록 해야 한다

이런 일이 가능할까? 불가능할 것이다.

사람들은 미국 최고의 인재들이 이런 문제에 신경을 쓰지 않는다는 생각을 갖고 있다. 그들은 자발적으로 '끔찍한 적들'의 공범이 돼 버렸다.

이런 상황에 더 분노하게 되는 이유는 우리가 맞서 싸울 수 있음에도 그렇게 하지 않기 때문이다. 중국은 무적(無敵)이 아니다. 중국은 우리의 가족과 지역 사회 등 우리의 아픈 곳을 공격하고 있다. 우리는 그들이 아파하는 중국의 엘리트층을 공격해야 한다.

미국 지도자들의 계획은 무엇일까? 펜타닐이 매년 수만 명의 목숨을 앗아가고 우리 사회를 병들게 하는 가운데, 토니 블링컨 국무장관은 2022년 5월 26일 오랫동안 기다려진 대(對)중국 전략 연설에서, "불법 마약, 특히 작년에만 10만 명 이상의 미국인을 숨지게 한 펜타닐과 같은 합성 오피오이드에 대응하기 위해 중국과 협력, 국제 마약 밀매 조직이 중국에서 생산되는 화학물질을 얻지 못하게 할 것"이라고 했다. 이것이 전부였다.

중국공산당은 미국으로의 마약 밀반입을 멈출 수 있다. 그렇게 할 이유만 생긴다면 말이다. 그리고 우리는 그 이유를 제시해야 한다. 동시에 우리는 가장 '교활한' 중독이라 할 수 있는 미국 엘리트층에 흘러가는 중국의 돈을 끊어야 한다.

펜타닐은 중국의 정치 및 엔트로피 전쟁 측면에서 큰 성공을 거뒀다. 상대방이 맞서 싸우지 않거나 싸울 의사가 없다면 이런 공격은 더욱 쉽다.

이에 따른 피해는 계속 번질 것이다. 우리가 막지 않는 한 말이다.

11장

경제전:
미국의 일자리를 빼앗다

　미국인들은 경제 경쟁이 서로에게 피해를 주고 기업들을 망하게 할 수 있다는 것을 알고 있다. 하지만 이를 통해 한 국가가 망하게 될 수 있다는 사실은 인지하지 못하고 있다. 중국은 그렇게 생각하지 않는다.

　중국은 자국의 경제, 무역, 상업 활동이 중국의 종합국력의 핵심 요소이며 미국과 끝까지 싸움을 이어나가는 데 도움이 되는 것으로 보고 있다.

　중국공산당은 미국의 제조업과 상업 부문을 파괴하기 위해 적극적으로 노력하고 있다. 기술, 기법, 고객을 훔치기 쉬운 중국으로 기업들을 유인하려고 한다. 중국을 세계 경제의 중심지로 만들기 위해 글로벌 공급망의 핵심 요소들을 지배하는 데 집중한다.

이는 정상적인 경제적 경쟁이 아니다. 이는 경제 전쟁이다. 그리고 우리는 적의 치아(齒牙)까지 무장시키고 있는 상황이다.

세계무역기구(WTO)의 원죄(原罪)

우리가 경제 전쟁의 무역 전선에 뛰어든 지 20년이 흘렀으며 중국 입장에서는 순조롭게 일들이 진행되고 있다. 대외 무역은 중국의 성장을 촉진하는 산소와 같은 존재다. 중국공산당은 무역으로 벌어들인 돈으로 군비를 충당하고 일대일로(一帶一路) 정책에 필요한 비용을 지불하는 등 중국이 해외에서 필요로 하는 거의 모든 것들을 조달할 수 있다. 여기에는 민간 및 군사적 목적에 유용한 기술을 보유한 미국 및 외국 기업을 인수하는 것도 포함된다.

대외 무역은 중국인들의 고용률 역시 책임지고 있다. (민주주의 국가와 마찬가지로) 시민들이 나쁜 지도자를 투표로 쫓아내지 못하도록 하고 오히려 그들을 묶어둘 수 있는 하나의 수단이 되는 것인데 이는 독재 정권에 있어 결코 작은 일이 아니다.

미국은 2001년 중국이 WTO에 가입할 수 있도록 허용하며 중국이 무역 전선(前線)에서 공격을 가할 수 있는 기회를 제공했다. 당시 중국이 가입 조건을 충족하지 못했음에도 불구하고 말이다.

WTO에 가입하려면 해당 국가가 시장 경제 국가여야 하며 모든 회원국이 따르는 다음과 같은 기본적인 규칙을 따라야만 한다.

* 지적 재산을 존중하고 자국에서 비즈니스를 하고자 하는 기업의

지적 재산을 훔치거나 강탈하지 않는다.
* 정부 보조금을 운영하지 않는다.
* 덤핑 금지, 즉 제품을 만드는 데 드는 비용보다 낮은 가격으로 해외에 판매하여 경쟁 업체를 도산시키는 행위를 금지한다.
* 외국 기업을 국내 기업과 똑같이 다룬다.
* 민간 기업보다 이점(利點)을 가진 국영 기업을 통제한다.

이런 규칙들은 중국공산당식 비즈니스 모델의 핵심 구성 요소를 잘 보여준다. 따라서 중국은 이를 준수할 방법이 없다는 것을 알면서도 약간의 시간이 주어지면 WTO 기준을 준수하겠다고 약속하는 전략을 폈다. 중국에 시간을 줘야 한다고 주장하는 미국인들 역시 충분히 많았다.

이는 중국을 WTO에 가입하도록 하고 중국의 행동을 무시하면 중국이 점차 규칙을 따르고 심지어 자유화에 나설 것이라는 생각에 기반한 것이었다. 미국 정부는 중국이 위협이 아니며 해로운 의도가 없는 것처럼 행동해야 했다. 정부 안팎에는 상황이 이와는 다르다는 것을 알고 있는 사람들이 많았다.

그러나 더 많은 사람들이 그렇지 않은 척하고 싶어했고 일부는 실제로 중국이 국제 사회의 규칙을 준수하는 자유로운 세계인의 일원으로 변할 수 있다고 믿었다. 특히 중국의 경제가 발전하고 시민들이 부유해지면 그렇게 된다는 논리였다. 이런 논리는 새롭게 부상(浮上)하는 중국의 중산층이 자신들의 권리를 요구할 것이라는 데에서 기인했다.

이렇게 중국은 WTO에 가입하게 됐다. 글로벌 경제적 관점에서 봤을 때 이는 원죄(原罪)에 해당한다고 할 수 있다.

중국공산당 지도자들은 캐나다와 같은 국가가 되는 대신 군대를 강화하며 자신들의 권력을 공고히 했고 중국 시민들은 이런 정책에 동조했다. 많은 사람들은 괜찮은 일자리를 갖게 된 것에 만족했고 (혹은 적어도 그들의 자녀들은 더 나은 일자리를 갖게 될 것이라는 희망을 갖게 됐고), 중국의 발전에 자부심을 느꼈다. 이런 이유에서 중국은 반미(反美)주의적이라기보다는 민족주의적으로 비쳤다.

어떤 일이 생길지 예상하는 것은 전략적 천재가 아니어도 쉬운 일이었다. 중국공산당에 있어 국제 규칙을 따르는 것은 당연한 일이 아니다. 1988년, 한 중국 관리가 유럽 국가의 미국 영사관을 찾은 적이 있다. 그는 그와 그의 부인이 미국으로 갈 수 있는 비자를 받기를 바랐다. 달리 말해 망명을 신청한 것이었다. 현지 CIA 직원은 그를 찾아가 만났다. 당시 중국은 관세 및 무역에 관한 일반 협정(GATT)에 가입하고자 했었다(注: 세계무역기구 체제 이전의 체제).

이 중국인은 미국인들의 관심을 끌기 위해 GATT 규칙을 빠져나갈 수 있는 내용이 담긴 중국 무역부의 공식 (그리고 '기밀') 자료를 한 무더기로 가져왔다. 해당 자료에는 테니스 운동화와 수건과 같은 특정 제품에 대한 상세 내용도 담겼다. 중국은 GATT에 가입하기 위해 로비를 하는 가운데 해당 협정 체제를 약화시킬 준비를 하고 있었던 것이었다.

이와 비슷한 일들은 계속됐다. 중국은 WTO에 가입하며 다른 나라 시장에 대한 접근권을 얻었지만 자국 시장은 대부분 폐쇄적으로 유지했다. 국영 기업을 무기화했고 이윤을 창출해야 하는 외국 기업에겐 제한적인 접근만을 허용했다.

그렇게 중국은 강해지고 다른 나라들을 따라잡았다. 경쟁국(혹은 중국 입장에서의 적국)은 상대적 우위를 잃었고, 심지어 중국의 목표물이 된 국가들은 중국에 대한 의존도가 커지게 됐다.

남미(南美)는 지난 20년 동안 중국의 인상적인 경제 확장과 그에 따른 영향력 확대를 보여주는 좋은 예다. 각 국가는 미국과 중국의 경제적 영향력을 비교하기 위해 대외 무역(수출입), 외국인 직접 투자, 정치권 혹은 상업 은행이 부여한 신용의 합계, 공식 개발 원조 규모를 합산한다. 이런 추세는 전세계적으로, 특히 개발도상국에서 두드러진다.

이것이 현실 세계에서 어떤 의미가 있을까? 기업이 중국에 진출하고, 중국 기업이 미국에 진출하게 됐다. 각종 상품 및 서비스가 중국 공산당의 길을 따라 전세계로 이동할 때 어떤 일이 발생하는지 살펴보라.

중국으로 향하는 길

중국에 진출하는 것은 자신만의 경쟁력을 구축하는 것이며 이는 항상 그래왔다. 중국의 WTO 가입은 상황을 더욱 악화시켰다.

1990년대에 모토로라에서 근무했을 때 나는 미국에서 가장 권위 있던 회사가 어떻게 몰락하게 됐는지를 목격했다.

모토로라는 중국에 공장을 짓고 기술을 전수했으며 수천 명의 현지인을 고용, 중국 시장에 대한 헌신을 보여줬다. 또한 중국공산당 지도부에 감사를 표하는 노력도 했다.

한동안은 모든 것이 좋았지만 모토로라는 자신도 모르게 중국 통신 제조 및 기업의 자립을 돕고 있었다. 나는 모토로라가 자체적 기술을 유지하는 것을 도우려 노력했지만 중국 정부는 산업 발전을 가속화한다는 명목으로 영업 비밀을 훔치는 등 필요한 모든 조치를 취할 것이라고 했다.

오늘날 중국의 전자기기 회사 레노버는 한때 모토로라가 소유하고 있던 상당수의 사업 분야를 확보한 상태다.

앞서 언급했듯 존 랫클리프 전 국가정보국장은 이런 패턴과 관련, "훔치고 복제하며 대체하는 것"이라며 이는 중국의 일반적인 영업 방식이라고 평가했다.

중국은 이를 숨기지 않는다. 시진핑은 2020년 당시 "(약자가 강자를 꺾는) '암살자의 철퇴'와 같은 기술을 개발해야 한다"며 "모든 생산 라인에서 우위를 유지하고 이를 강화해나가야 한다"고 했다. 그는 "글로벌 공급망이 중국에 의존하도록 만들어야 하고 강력한 대응력과 억제력을 갖춰야 한다"며 "이는 외국인에 대한 공급망의 의도적 차단을 통해 이뤄낼 수 있다"고 했다.

매튜 포틴저 전 백악관 국가안보 부(副)보좌관은 시진핑의 이른바 억지력은 일종의 공격 역량으로 판단해야 한다고 지적한 바 있다.

이런 역량을 개발하는 이유는 2015년에 공식 채택된 중국공산당의 전략 및 산업 정책인 '중국제조 2025'의 원동력이 되기 때문이다. 중국공산당은 정기적으로 5개년 계획을 발표, 목표를 설정하는데

'중국제조 2025'는 바로 그 5개년 계획의 연장선에 있다.

이 정책은 모든 것을 중국 내에서 생산한다는 것을 목표로 한다. 최소한 (상품성이) 좋은 제품들만이라도 중국에서 생산하겠다는 것이다. 이는 외국의 기술과 비밀을 착취하는 계획의 다른 표현이라고 보면 된다. 이는 허황된 꿈이 아니라 할 것이다.

'중국제조 2025'의 목표는 군사 및 전략적 적용 역량을 강화하는 것이다. 이 계획은 열 가지 우선순위를 정해뒀다.

1. 새로운 첨단 정보 기술
2. 자동화 기계 및 로봇 공학
3. 항공 우주 및 항공 장비
4. 해양 장비 및 첨단 선박
5. 현대식 철도 체계
6. 새로운 에너지를 활용하는 자동차 및 기기
7. 전력 장비
8. 농업 장비
9. 신소재
10. 바이오 제약 및 첨단 의료 제품

미국 기업들은 '메이드 인 차이나'의 성공을 돕기 위해 스스로를 무너뜨린 것처럼 보인다. 중국 시장에 진출해야 한다고 스스로를 설득하는 것은 쉬웠다. 모든 중국인들에게 무언가를 하나씩 팔고 싶다는 꿈이 있었기 때문이다. 혹은 노조가 없고 환경 기준이 약하며 노동력이 저렴하다는 매력도 있었다.

중국으로 제조 공장을 이전하고 매출과 주가를 끌어올리면 이에 따른 혜택도 얻게 된다. 한 번만 이익을 얻어도 평생이 보장되는 것이다. 회사 자체가 무엇이 되든 아무런 상관이 없다. 채권자들이 괴로워하는 동안 어딘가의 해변에서 상그리아를 마시고 있을 테니까 말이다.

어쩌면 더 쉬운 길을 택할 수도 있을 것이다. 회사 전체를 중국 구매자에게 매각하고 최고경영진들이 모두 함께 물러나는 방식이다. 중국의 경제 전쟁을 더욱 효과적으로 만드는 세 단어로 된 표현이 있는데 이는 '주주(株主) 가치 극대화'이다.

경영진의 유일한 의무는 '주주 가치 극대화'라는 이 말은 지난 40년 동안 미국 산업계가 미국에서 분리돼 중국으로 향하게 되는 현상을 잘 설명해준다. 그러나 '주주 가치 극대화'는 최고경영자와 최고재무책임자가 자신들의 이익을 더 챙기는 일종의 변명거리로 전락한 이론에 불과하다. 밀턴 프리드먼이 이를 만들어냈다는 평을 받기는 하지만 이 이론의 정확한 출처는 아무도 모른다.

미국인과 비교해 거의 아무것도 받지 않고 일할 인력이 있고, 좋은 휴양지로 떠나기 전에 필요한 돈을 벌 수 있을 정도의 국가만을 찾으면 충분하다 할 것이다.

'이런 결정을 내리게 된다면 미국 내에 있는 직원과 지역 사회에 어떤 영향을 끼치게 될까'라는 질문이 나오면 어떨까? 단순히, "어쩔 수 없는 일이다, 주주 가치가 중요하기 때문이다"라는 답변이 나오게 되는 것이다.

많은 관리자급 직원들은 중국과 관련, '나 먼저 빨리 부자가 되자', 혹은 '나중 일은 될 대로 되라지'라는 생각을 갖고 접근한다. 이에 따라 미국 내 MBA 졸업생 한 세대 전체가 자신들의 장기적인 이익과 중국의 장기적인 이익을 위해 미국의 탈(脫)산업화 움직임에 일생을 바치게 됐다.

최근 한 미국인 임원은 "주식 애널리스트가 신(神)보다 더 중요해지면서 비즈니스맨들이 부도덕해졌다"고 했다. 미국인들은 처음부터 순진하고 심지어는 겸손하기까지 했다. 1970년대 후반 중국 시장이 개방된 이래로 기술 이전은 중국 시장 진출의 관문이었으며 지금도 마찬가지다. 많은 미국인들이 기꺼이 이런 대가를 치르려고 하고 있다.

한 저명한 미국 항공 전기 회사의 회장은 1990년대 초, 자신 회사의 기술이 항상 앞서나갈 것이기 때문에 중국인들에게 기술을 넘겨줘도 상관없다고 말했다.

중국의 경제적 (및 군사적) 이익을 위한 자발적 기술 이전, 고도화, 절도 행위는 심각하게 받아들여졌어야 했지만 그렇지 않았다. 이는 중국과 사업을 하기 위해 치러야 하는 비용으로 간주됐다.

중국인들은 혁신을 하지 못하기 때문에 훔칠 수밖에 없다는 말이 나왔고 지금도 그런 상황이다. 상황은 이렇고, 우리가 더 똑똑하며 더 나은 시스템을 갖췄기 때문에 걱정할 필요가 없다는 생각이었다. 미국인들이 영국 공장들로부터 핵심 기술을 가져왔을 당시인 19세기, 영국 역시 이와 같은 생각을 갖고 있었다.

우리는 다른 사람의 기술을 가져와 개선하는 것을 미국식 독창성이라고 불렀다. 우리는 그렇게 함으로써 산업 혁명에 동력을 제공, 영국을 따라잡았으며 결국에는 영국을 추월했다. 아마 영국은 우리가 이런 방식으로 다가올지 예상하지 못했을 수 있다. 많은 미국인들 역시 이와 비슷하게 변화가 다가오고 있다는 사실, 나아가 그들이 이런 일이 발생하는 것을 돕고 있다는 사실을 인지(認知)하지 못하는 것 같다.

1990년대 초, 항공 우주 회사인 로랄 코퍼레이션은 중국이 위협이 되지 않는다는 퇴역한 미 해병대 장성을 고용한 바 있다. 로랄은 중국 공산주의자들이 하나의 미사일로 여러 위성을 발사하는 데 사용되는 다탄두(MIRV) 기술을 습득하는 데 도움을 줬다. (그들은 의도한 것이 아니었다고 했다.)

중국은 이 기술을 하나의 미사일로 한 개의 탄두가 아닌 여러 개의 탄두를 발사하기 위한 탄도미사일 기술에 적용시켰다. 날아오는 미사일 한 발을 요격하는 것이 여섯 발을 막기보다 훨씬 쉽다.

2017년 무렵, 중국공산당의 본질에 대한 이야기가 널리 퍼지며 더 많은 외국인들이 자신들이 (중국에 의한) 제거 대상인지 궁금해하기 시작했다.

이에 따라 중국공산당은 국영 방송에, '중국제조 2025'에 대한 이야기를 더 이상 하지 말 것을 지시했다. 대신 '국내국제쌍순환(國內國際雙循環)'이라는 새로운 표현이 등장했다.

이는 중국 내에서 독립적인 경제 환경을 만드는 것을 목표로 한다. 중국은 자체적으로 생산하고 소비함으로써 수출에 대한 의존도를 낮추고 외부의 압박이나 제재에 덜 취약한 경제 환경을 만들 수 있다. 이는 중국이 머지않은 미래에 (무력을 사용하는) 전쟁을 일으킬 것으로 예상되는 경우에 유용하다. 그럼에도 불구하고 미국 기업들은 계속해서 중국으로 들어가고 있다. 보잉의 상황을 한 번 봐라.

중국에 고개를 숙인 보잉

보잉은 미국 최고의 항공우주 회사로 미군 및 동맹국에 필수적인 항공기와 항공우주 시스템을 제공한다. 하지만 보잉은 중국 시장에서도 큰 사랑을 받고 있다. 2018년에는 상하이 인근에 737기종의 마감 공장을 짓기도 했다.

중국은 보잉의 두 번째로 큰 시장이다. 향후 20년간 중국 시장에서 7690대 이상의 신규 항공기 판매에 대한 약 1조 2000억 달러의 수익 추산치는 모든 기업에 매력적이라 할 수 있다.

물론 중국의 경제 전쟁 목표와 기술 탈취 및 강탈에 대한 중국공산당의 과거 행적, 정직한 법률 시스템의 부재, 외국기업, 특히 성공한 기업에 대한 차별 행위를 고려할 때 중국에 진출하는 것은 위험하다.

하지만 보잉으로서는 더 위험한 상황이다. 중국은 상업용 여객기 시장 진출을 간절히 원하고 있다. 항공우주 기술은 민간 및 군사용 모두에서 중국 정부의 이른바 '중국제조 2025' 10대 목표 기술에 포함돼 있다.

중국은 다른 나라의 기술을 어느 정도 훔쳐 군용기를 개발하는 데 성공했지만 여전히 최첨단 엔진 기술이 부족하다. 중국은 초기에 미국의 일반 항공 산업 및 관련 기술 상당 부문을 인수했다. 텔레다인 콘티넨탈 모터스는 2010년 중국 회사인 AVIC 인터내셔널에 매각됐다. 중국은 2011년 시러스 인더스트리를 인수하기도 했다. 하지만 보잉 및 에어버스와 경쟁할 수 있는 안정적인 상용(商用) 여객기를 만드는 것은 어려운 일이다. 이는 중국이 아직 마스터하지 못한 핵심 산업 중 하나다. 보잉의 중국 진출은 중국 산업 정책에서 중요한 역할을 맡는 것이 됐다.

중국 시장은 누군가가 예상했던 것과는 다르게 상황이 전개되곤 한다. 모토로라, 마이크로소프트, 구글, 애플에 물어보면 이를 알 수 있을 것이다. 왜 보잉은 다를 것이라고 생각해야 하는가?

어찌 됐든, 보잉은 중국 시장에서 수천 대의 비행기를 판매하겠다는 계획을 갖고 있다. 그런데 2022년 중국 신문은 중국이 개발한 C919 항공기를 출시한다고 보도했다. 이는 보잉 737의 대항마(對抗馬)로 불리곤 한다.

에너지

중국이 미국의 산업계를 중국에 매료시키도록 만드는 과정에 성공을 이뤄낸 것은 놀랍다. 우리는 그들을 도왔었는데 신재생에너지 부문만 봐도 이를 알 수 있다.

* 태양광 발전: 원래는 미국이 선두주자였지만 중국이 기술을 훔치고 경쟁업체를 약화시켜 대부분의 업체를 파산시켰다. 현재

태양광 설치 업체들은 미국에 값싼 중국산 수입을 중단하라고 요구하고 있다. 환경단체들이 이를 지지하고 있다.

* 풍력 발전: 이 역시도 마찬가지다. 예편한 한 미군 정보 담당 장교는 "중국의 풍력 산업은 외국 경쟁업체를 퇴출시키기 위해 지적재산권 절도, 산업 스파이 활동, 덤핑, 시장 조작 등 활동에 나서는 것으로 악명이 높다"며 "인터넷(구글)에 '초전도체와 중국'을 검색만 해봐도 상황이 어떤지 바로 알 수 있다"고 했다.

* 전기자동차: 이는 중국이 장악하고자 하는 또 다른 기술이며 전기차 배터리 생산에 필요한 광물 공급망 장악 역시 이에 포함된다. 콩고의 주요 코발트 광산은 미국 기업인 프리포트 맥모란이 소유했었는데 이 회사는 재정적 어려움을 겪으며 2016년 매각을 모색했다. 이 회사는 당시 미국 정부에 도움을 요청했지만 정부는 관심이 없었다. 콩고 주재 미국 대사, 국무부, 상무부, (백악관) 국가안보회의 모두 관심을 갖지 않았다.

결국 중국 회사인 몰리브덴이 26억 달러에 이 회사를 인수했다. 미국 시민들의 월마트 쇼핑 등을 통해 중국이 벌어들인 외화를 중국이 얼마나 잘 사용하는지를 보여주는 하나의 예다.

더욱 놀라운 사실은 미국 정부가 노트북 및 휴대폰 배터리에 사용되는 코발트의 중요성, 나아가 향후 몇 년 동안 청정 에너지 원자재에 대한 수요가 급증할 것이라는 점을 알고 있었다는 것이다. 또한 미국의 코발트 공급이 부족하다는 것 역시 알고 있었다. 정부는 대부분의 코발트가 콩고에서 생산된다는 것도 알고 있었고 중국이 이

시장을 장악하려 한다는 사실도 알고 있었다.

한 미국 외교관은 프리포트 맥모란의 콩고 코발트 광산 매각과 관련, "두 개의 시스템과 두 개의 다른 게임이라는 문제의 핵심을 정확히 보여준다"고 평가했다. 그는 "미국의 정부와 기업 간의 분리 정책은 도전받지 않는 중국의 정부와 기업의 결합과 비교할 수 없다"며 "미국 정부가 갖고 있는 몇 가지 수단은 미국 시스템 안에서만 도움이 될 뿐(예: 대출 등)"이라고 했다.

우리는 문제가 있다는 것을 알고 있다. 미국 에너지부는 현대 기술에 필수적인 태양광 발전과 희토류(稀土類) 광물 채굴에서 중국이 우위를 점하고 있다는 점을 공개적으로 밝혔었다.

코로나-19 팬데믹 기간 동안 앞서 언급한 바와 같이, 상무부 데이터에 따르면 이부프로펜의 95%, 하이드로코르티손의 91%, 아세트아미노펜의 70%, 페니실린의 40% 이상, 헤파린의 40%, 항생제 80% 등을 미국은 중국으로부터 수입하고 있는데 중국이 이 시장 역시 지배하고 있다는 사실은 널리 알려졌다. 중국 관영 언론은 미국이 코로나-19의 기원(起源)에 대해 질문한 것에 대한 보복으로 (의약품의) 공급을 중단하겠다고 위협했다. 미국을 '코로나-19라는 거대한 바다에 빠뜨릴 것'이라는 경고를 했는데 이를 통해서도 현재 상황(중국에 대한 의존도)을 잘 알 수 있다.

중국은 미국 및 기타 외국 기업들을 중국으로 끌어들임으로써 경쟁국과 적들을 중국 시장에 의존하게 만들었고 외국인이 중국공산당 통치를 강화하는 데 필요한 돈, 기술, 제조업을 계속 공급하도록 했다.

이는 결국 중국 시장에서 배제되거나 중국만이 제공하는 주요 제품(예: 의약품)의 공급이 끊길 것을 우려, 중국의 행동에 도전하려는 미국의 의지를 꺾는다. 중국의 정치적 영향력은 점점 더 커지고 있으며 이는 미국의 동맹을 분열시키고 미국의 우방국을 떼어내는 데 유용하게 작용하고 있다. 아울러 중국으로 하여금 국제기구를 장악하고 타이완을 더욱 고립시키게 만드는 것이다.

'당신의 건강을 지켜주는 의약품을 만드는 국가에 얼마나 강력하게 대응할 수 있겠는가'라는 질문을 스스로에게 해봐라. 혹은 군대를 위한 배터리를 생산하는 국가, 산업을 위한 원자재와 희토류를 제공하는 국가에 어떻게 할 수 있겠느냐고 말이다.

미국으로 오다

중국의 WTO 가입은 중국공산당의 미국 시장 진출에 큰 도움을 줬다. 중국공산당은 거의 견제를 받지 않고 거침없이 질주했다.

2002년부터 2016년까지 중국 국영 혹은 국가와 연관된 기업들은 미국 내 자산을 매입하는 데 1200억 달러를 지출했다. 몇 가지 사례들을 소개한다.

- *스미스필드 식품: 쐉후이 인터내셔널은 이 회사를 47억 달러에 인수했다. 2021년 기준 스미스필드는 세계 최대 돼지고기 가공업체로, 중국처럼 식량 안보가 우려되는 국가라면 이를 인수하는 것이 도움이 될 수 있다

* MC 극장: 다롄완다그룹은 2016년 이 회사를 26억 달러에 인수했다. 다롄완다그룹은 (다른 영화 관련 회사인) 레전더리 엔터테인먼트를 2016년 35억 달러에 샀다. 이 회사들은 정치 전쟁의 영향력 및 선전 측면에서 도움이 될 수 있다.
* GE 가전: 칭다오하이얼은 GE의 가전 부문을 2016년 56억 달러에 인수했다. 회사의 소유주인 장루이민(张瑞敏)은 제19차 중국 공산당 대회의 대표로 참석했었다. 그는 중국식 특징이 담긴 사물(事物) 인터넷 기술을 소개하기도 했다. 그는 "냉장고의 화면을 터치해 온라인 쇼핑을 한다고 생각해보라"며 "휴대폰의 애플리케이션을 사용해 가까운 곳에 위치한 세탁소 중 어느 곳에 현재 사용 가능한 세탁기가 있는지를 확인할 수 있다"고 했다.
* 모토로라 모빌리티(내 前 직장): 레노버는 이 회사를 2014년 29억 1000만 달러에 인수했다. 레노버는 세계 최대 휴대폰 제조업체 중 하나가 됐다.
* 헤니게스 오토모티브: 중국의 국영 중국항공공업그룹(AVIC)은 2015년에 이 회사를 6억 달러에 인수했다. 피터 슈바이처에 따르면 이는 정밀 부품 제조업체로 중국 군산(軍産) 복합체의 핵심에 자리 잡고 있다. 업계의 민감성에 따라 이 거래는 미국 정부의 외국인투자심의위원회(CFIUS)의 승인이 필요했었다. 존 케리가 이끌던 국무부는 이를 허락해줬다.

한 하이테크 기업 임원은 "미국 정부가 (반도체) 산업이 미국에서 타이완과 중국으로 유출되는 것을 허용했다는 사실을 믿을 수는 없지만 내가 이런 질문을 할 때마다 임원진들의 대답은 한결같았다"라고 했다. "의회, 백악관, CFIUS 등에 물어봤지만 이를 중요한 문제로 생각하지 않는다"는 것이었다. 미국 기업에 필요한 것은 딱 그것뿐이었다.

위험은 오래 전부터 분명히 존재해왔다. 2013년, 전직 정부 관리 출신의 한 미국인 무역 변호사는 당시 상황에 대한 분석을 내리고 중국의 성공적인 무역 전쟁이 미국의 대(對)중국 정책에 어떤 영향을 끼쳤는지에 대해 설명했다.

한 번만이 아니었다

〈기본적으로 (중국인들은) 미국 소비자들이 구매하고는 싶지만 직접 만들지는 않는 모든 것들을 수출해 벌어들인 미국 달러라는 외화의 돈방석에 앉아 있었다. 그러자 연방준비제도는 매달 수십억 달러씩 계속해서 돈을 찍어내기 시작했다(양적완화 1, 2 …).

중국 정부는 미국 정부에, 미국 국내 산업에 대한 '외국인'의 매입 관련 CFIUS 심사를 완화해 달라고 요청했다. 가장 최근 발생한 경제 침체기 속에서 가치가 떨어지는 현금으로 무장한 이들은 분기별 수익을 극대화하려는 미국 주주 및 경영진으로부터 미국 산업과 기업의 핵심 부문을 사들이는 데 열을 올리고 있다.

여기에는 미국 일반 항공 산업이라는 보석도 포함된다. 이 귀중한 기술의 매각은, '중국은 미국 항공 산업의 구세주'라는 환영을 받게 됐다.〉

중국이 WTO에 가입한 지 거의 20년이 지난 2018년, 미국의 저명한 경제학자 마빈 펠드스타인은 "중국이 2001년 WTO에 가입할 때 받아들인 규칙을 준수하도록 중국의 행동을 바꿔야 한다"고 했다. 잘 해봐라.

중국은 미국 기업이 건네주지 않는 것은 훔쳤고 지금도 그렇게 하고 있다. 피해액은 연간 2250억 달러에서 6000억 달러에 달한다. 하지만 당장의 금전적 손실뿐만이 아니다. 시장과 미래의 수익, R&D 부문에서 이뤄낸 발전 역시 잃게 된다. 중국 입장에서는 중국 내 다른 기업의 정보를 훔치는 것은 쉬운 일이지만 가치가 있을 만한 모든 것을 찾아 전세계를 뒤진다. 이 중 일부는 2017년 발효된 국가정보법에 의해 국가가 합법적으로 주도하고 있다. 하지만 일부는 중국인 개인이 중국 내 재취업이나 경쟁사 설립을 위해 지적재산권과 노하우를 훔치는 경우도 있다.

예를 들어 1966년부터 2002년까지 듀폰에서 근무했던 차오는 2012년 간첩 음모 혐의에 대한 유죄를 인정했다. 양형 합의서에 따르면 그는, "중국 정부가 단기간에 염화물 공정 TiO2(이산화티타늄) 기술을 개발하는 데 우선순위를 두고 있으며 이를 서구 기업으로부터 확보하고자 한다는 사실을 알게 됐다"고 했다.

차오는 듀폰의 '비밀' 정보가 포함된 TiO2 시설을 건설하는 판강 그룹의 설계 입찰에 나섰지만 선정되지 않았다. 하지만 그는 나중에 다른 사람들로부터 설계 작업을 검토해 달라는 요청을 받았고, 판강 그룹에 더 많은 듀폰의 영업 비밀을 제공했다.

크리스토퍼 레이 연방수사국(FBI) 국장은 2021년 당시 중국인과 중국공산당이 지원하는 절도행위에 대한 사건이 10시간마다 한 건씩 새로 생기고 있다고 했다. 일반 소비재에서 위성 기술, 농업용 종자(種子), 군사 하드웨어까지 다양한 분야에서 이런 행위가 일어나고 있다는 것이었다.

몇 가지 예

컴퓨터 해킹이 아닌 구식(舊式) 스파이 활동인 경우도 많다. 2021년, 중국 국가안전부 소속 얀준쉬는 제너럴일렉트릭(GE)의 직원을 포섭, 회사의 독점 제트 엔진 기술을 받아내려고 한 혐의로 유죄 판결을 받았다. 이는 전형적인 포섭 수법으로 표적을 발견한 뒤 서서히 끌어들이는 방식이었다.

FBI는 이를 알아챘고 그를 벨기에서 체포해 미국으로 인도되게 했다. 그는 재판을 받고 20년형을 선고받았다. 미국 입장에서 보면 꽤 오랜만에 맛본 승리였다.

중국이 진행 중인 이른바 '천인계획(千人計劃)'은 주요 기술 분야에서 일하는 중국인과 외국인을 발굴해 그들이 알고 있는 지식을 공유하게끔 하는 수익성 있는 부업을 제공하는 방식이다. 경우에 따라서는 이들을 완전히 데려오기도 한다.

항상 훔치는 것만은 아니지만 종종 도둑질인 경우가 있고 아닌 경우에도 도둑질에 가깝다고 볼 수 있다. 모든 것이 조용히 이뤄지기 때문에 뭔가 잘못된 일이 일어나고 있다는 것을 알 수 있다.

유명인의 사례로는 하버드대학교 교수인 찰스 리버 박사가 있다. 그는 중국 정부로부터 수백만 달러의 프로젝트 예산을 지원받고 이를 은폐한 혐의로 2020년 유죄 판결을 받았다. 그는 보호해야 할 정보를 제공한 적이 없다며 혐의를 부인하고 있다.

중국 스파이 활동에 관한 책을 쓴 닉 에프티미아데스는 중국의 경제 스파이 사건과 관련된 데이터베이스를 보유하고 있다. 그가 모은 사건은 700건 이상인데 이는 잡힌 사람들만을 포함한 수치다.

이는 새로운 일이 아니다. 중국 군부와 화웨이는 2000년대 중반에 노던 텔레콤(노텔)의 사업을 중단시켰다. 노텔은 캐나다의 가장 큰 회사였다. 이는 (미국에서 가장 큰 통신회사였을 시절의) AT&T를 폐업시킨 것과 비슷한 일이다. 이 과정에서 화웨이와 ZTE가 번성을 이뤘다.

이를 어떻게 했을까? 그들은 컴퓨터 해킹을 통해 노텔 내부에 버그와 스파이들을 심었다. 노텔에서 일하는 중국인 박사 과정 학생들을 이용해 정보를 훔치고 중국공산당과 인민해방군 요원들이 노텔 간부들을 포섭하는 방식으로 이뤄진 것으로 알려졌다.

이에 따른 여파는 광범위하며 여전히 지속되고 있다. (저자인) 앤더스 코어는 다음과 같이 설명했다.

〈화웨이는 캐나다와 영국의 통신회사(노텔과 마르코니)를 해킹해 지적재산권과 가격 관련 데이터를 훔쳤고 해당 국가에서 저가로 입찰에 나서 이들 통신사들을 폐업시킨 것으로 보인다. 당시 캐나다에서 가장 큰 회사였던 노텔은 전세계 인터넷 트래픽의 70%를 처리하는 기술을 갖고 있었다.

합리적인 사람이라면 우리가 사용하는 시스템에서 화웨이 부품을 제거하고 입찰 과정에서 화웨이뿐만 아니라 모든 중국 회사(예를 들어 최근 성장하고 있는 민간 원자력 회사)를 배제해야 한다고 생각할 것이다. 이들은 훔친 가격 정보, 정부 보조금 등으로 이익을 보고 있고 이를 통해 라이벌들을 무너뜨려 그들의 사업을 망하게 할 수 있기 때문이다.

중국과의 경쟁이 심화된 상황을 고려할 때, 이런 사업들은 망하게 되면 다시 살아남기가 어렵거나 불가능할 것이다. 중국 기업들이 미국의 주요 인프라와 경제의 핵심 부문에 진출하며 미국의 모든 시스템에 대한 이들의 통제력이 커지고 있다. 또한 이 기업들은 자신들의 실수를 인정하지 않으려는 미국의 정치 지도자들에게 영향력을 행사할 수도 있다.〉

시진핑과 오바마는 2015년 당시 사이버 경제 스파이 활동에 서로 관여하지 않기로 합의했다. 미국인들은 그게 아니었어도 이런 일을 하지 않아 왔다. 그러나 시진핑은 이를 간절히 원했을 것이다.

어찌 됐든, 워싱턴 주재 중국 대사관은 "중국의 과학 기술 발전 성과는 도둑질이나 강탈이 아니라 중국인들의 노력에서 비롯된 것"이라며 (모든 의혹을) 부인했다. 그렇다고 한다.

브루킹스연구소의 한 연구에 따르면 이와 같이 제대로 된 재정지원을 받고 목표를 설정해 진행하는 방식으로 미국 경제에 지속적인 타격을 주는 행위가 이어졌고 이에 따라 수백만 개의 일자리가 사라졌다. 철강과 반도체 산업의 상당 부분이 사라졌고 섬유 산업과 가구 산업도 대부분 사라지게 됐다.

제조업과 같이 한때 번성했던 분야에서 갑자기 일자리를 잃은 사람들이 코딩을 배우게 되는 것은 아니다. 이 연구는 "무역의 영향으로 인한 제조업 고용 감소가 큰 지역의 경우 노동 공급 차별 감소나 비제조업 부문의 일자리 증가로 이어지지 않았다"고 했다. "제조업 일자리 감소와 인구 대비 고용 비율 감소는 거의 정비례했다"고 덧붙였다.

볼티모어, 펜실베이니아주 이리, 또는 이스트 클리블랜드에서 이런 상황을 직접 확인할 수 있다. 이 지역에 있던 일자리는 대부분 해외로 나갔고 그 대부분은 중국으로 가게 됐다는 사실을 명심해야 한다. 뭔가를 만들어내기 위한 삶과, 은퇴 후 노후 대비가 아닌 생계 수단으로 월마트에서 일하게 되는 것 사이에는 큰 차이가 있다. 그리고 상황은 더욱 악화될 것이다.

군사 - 민간 융합

물론 이 모든 것이 군사적으로 활용될 수 있다는 것이 사실이고 이것이 중국 정부의 정책이다. 이를 군사-민간 융합이라 칭하며 중국이 종합국력을 평가하는 핵심 요소다.

중국에 있어 군사-민간 융합이란 민간 기술, 연구개발, 노하우를 군사용으로 적용하는 것을 의미한다. 다른 방식으로도 활용될 수 있는데 예를 들어 상업적 이득을 얻기 위해 군사 수준의 스파이 활동을 하는 것이다. 중화인민공화국 건국 100주년이 되는 2049년까지 인민해방군을 세계 최고로 만드는 것이 이 정책의 목표다.

이를 달성하기 위해 인민해방군은 해외를 포함한 모든 곳에서 정당한 방법이든 부정한 방법이든 모든 수단과 방법을 동원해 기술과 기법을 확보할 것으로 예상된다.

지금부터는 이런 정책이 현실 세계에서는 어떻게 작동하는지 그리고 왜 우리가 이를 걱정해야 하는지를 짚어볼 예정이다. 중국의 조선업은 정교함과 규모 측면을 두고 봤을 때 지난 30년 사이 세계 최고 수준이 됐다. 그리고 민간 화물선을 건조하는 것은 해군 군함을 건조하는 것만큼이나 쉽다.

미국의 조선업은 어떤가? 미 해군의 함정 수와 함께 쇠퇴하고 있다. 지난 10년 동안 중국은 미국이 군함 한 척을 진수(進水)할 때 다섯 척의 군함을 진수했다. 중국 해군은 이미 미국 해군보다 규모가 더 크다. 이 속도라면 2030년에는 미국 함대의 규모보다 50% 커질 수 있다.

중국군은 특정 상황, 예를 들어 중국 본토 근처나 남중국해에서 전투가 벌어질 경우 미군을 타격할 수 있는 수준에 도달했다.

미국이 (말로만이 아니라 실제로) 함대를 재건하기로 결정한다고 해도 이를 수행할 조선소나 숙련된 인력이 있는지 여부는 불분명하다. (중국이 미국의 제조업을 죽이는 것에 따른 여파 중 하나는 관련 노하우 역시 사라진다는 것이다.) 그렇다면 전쟁 중에 배가 침몰, 새 배를 건조하거나 손상된 배를 수리해야 하는데 그럴 능력이 없다면 어떻게 될까? 그럴 역량이 없으니 그냥 하지 않게 되는 것이다. 적이라는 존재는 상대가 재건할 때까지 기다려주지 않는다.

설상가상으로 타이완과 일본, 유럽 등의 외국 회사와 미국의 기업이 중국 조선소에 선박을 발주함으로써 중국 조선 산업의 발전을 도왔다. 이 중국 조선소들은 군사-민간 융합을 염두에 두고 만들어졌다. 우리는 중국 조선소에 돈을 지불하며 우리의 역량을 약화시키고 있는 것이다. 다시 말해, 우리의 종합국력을 중국에 더 많이 전해주는 것이다. 중국은 우리 스스로를 취약하게 만들고 있다. 상황은 매우 나쁘다.

2022년 미국 국방부 보고서에 따르면 미군에 필요한 핵심 자재에 대한 중국의 장악력은 암울한 수준이다.

이 보고서는 미군이 배터리, 마이크로일렉트로닉, (총알 등에 필요한) 금속 피복 등 여러 분야에서 중국 공급업체에 의존하고 있다고 했다. 배터리만 봐도 이를 알 수 있다. 중국은 완성된 배터리를 공급하기도 하지만 배터리를 만드는 데 필요한 부품은 훨씬 더 많이 공급한다. 수산화리튬의 94%, 전해질의 76%, 탄산리튬의 70%, 양극(陽極)의 65% 등을 공급하고 있다. 이 보고서는 미국과 미군의 청정에너지로의 전환은 "의도치 않게 중국의 지배력을 키울 것"이라고 지적하기도 했다.

중국은 마이크로일렉트로닉에 대한 지배력을 강화하는 것을 목표로 하고 있다. 국방부 보고서는 중국이 주요 마이크로일렉트로닉 기업과 기술 구매, 지적재산권 도용, 공격적 영재 영입에 나서고 있다고 했다. 더 안 좋은 것은, "여러 국방부 시스템에서, 위조된 마이크로일렉트로닉 부품이 발견됐다"는 것이었다.

중국은 금속(金屬) 주조(鑄造) 산업에 대한 통제력 역시 갖고 있다. 국방부는 특정 대형 금속 제품뿐만 아니라 국방부가 의존하고 있는 많은 기계 및 제조 시스템을 중국으로부터 구매하고 있다고 인정했다. 미국을 적으로 간주하는 국가에 대한 이런 의존을 도대체 누가 좋은 일이라고 생각했던 것일까?

문제를 명확하게 파악하는 것만으로도 좋은 첫걸음이 될 수 있다. 몇 년 전 한 미국 관리가 이렇게 말했다. "공통의 전략과 이해 아래 미국 정부의 노력을 조정한다면 큰 진전이 있을 것"이라며 "하지만 우리는 같은 부서 내에서는 아니더라도 같은 정부 내에서 서로 다른 노력을 하고 있다"고 했다. 그는 "국무부는 오전에는 중국을 비난하고 오후에는 중국 과학자들에게 지원금을 지급하고 비자를 발급한다"고 했다.

국방부는 중국의 핵심 소재 장악에 대한 보고서를 발표하는 한편 (다른 연방 기관은) 중소기업혁신연구(SBIR) 프로그램을 통해 소규모 신규 회사 및 기업에 자금을 지원하고 있다. 국방부가 자금을 지원한 기술과 노하우를 중국으로 가져가는 기업이 있으며 때로는 인민해방군 및 중국 국방부를 지원하는 기관과 이들 회사가 협력하는 경우도 있다.

예를 들어, 미국의 폴리머 태양전지 개발업체인 솔라머 에너지는 SBIR 지원을 받은 후 미국 내 사업체를 해산하고 연구, 개발 및 지적 재산을 베이징에 있는 자회사로 이전했다. 이 자회사는 중국 정부 산하 연구소와 협력해 국방 응용 분야 연구를 수행한 것으로 알려졌다.

우리는 이런 일이 일어나는 것을 쉽게 만들고 있고 이는 일본, 영국, 그리고 다른 국가들도 마찬가지다.

지난 30년 동안 중국이 이뤄낸 엄청난 경제 성장은 인민해방군의 군사력을 놀라울 수준으로 강화시키게끔 했다. 중국 공산주의자들은 (예산 문제에 있어) 군사력이 먼저냐, 경제가 먼저냐를 걱정할 필요가 없었다. 미국(그리고 다른 국가들)은 기꺼이, 때로는 열정적으로 인민해방군에 필요한 많은 자금과 기술을 제공했다.

중국 내 미국 기업과 미국 내 중국인의 활동 이외의 지역으로 시선을 돌려보면 상황이 더욱 심각하다는 것을 알 수 있다.

일대일로(一帶一路)인가 뇌물 · 억압 전술인가?

나는 중국이 미국을 상대로 직접 경제 전쟁을 벌이는 것에 초점을 맞췄다. 하지만 중국은 미국과의 싸움을 지구촌 곳곳으로 확장하는 글로벌 전쟁으로 보고 있다. 중국이 경제력을 정치력으로, 궁극적으로는 군사력으로 전환하려는 시도의 일환으로 등장한 것이 바로 일대일로 정책이다.

2013년 중국공산당이 공식 발표한 일대일로 정책은 인도태평양 지역 대부분과 라틴아메리카, 아프리카, 중앙아시아, 유럽에 걸쳐 철도, 항구, 발전소, 댐 등의 구축을 위해 중국의 인프라 및 상업적 지원을 하겠다는 전략으로 시작했다.

여기서 말하는 길(路)이라는 것은 육상 기반 인프라와 해양 관련 프로젝트로 향하는 길을 의미한다. 여기에는 디지털적인 요소도 있다. 중국에 시간만 준다면 일대일로 프로젝트의 일환으로 달(月)의 인프라 구축이 필요하다는 정당성을 찾아낼 것이다. 이 프로젝트는 2017년 중국 헌법에 반영됐으며 2049년에 완성될 예정이다. 그 해가 언제인지 기억하는가? 이는 기본적으로 '모든 길이 베이징으로 향하는' 세상을 구축하겠다는 것에 대한 정당성을 만드는 것뿐이다.

일대일로는 중국공산당이 경제, 정치, 군사적 지배력을 확보하려는 노력 과정에서 중요한 역할을 맡고 있다. 재정적 측면과 전략적 측면을 모두 갖고 있다. 프로젝트를 통해 돈을 벌고 (수감자를 포함한) 중국의 실직자들을 일하게 만들 수 있다면 이는 좋은 일이다. 하지만 중국이 미국에 했던 것처럼 일대일로 국가들에 대한 접근권과 정치적 영향력을 확보하고 이들의 의존도를 높일 수 있다면 이에 따른 이익은 상당할 것이다. 재정적 결과는 크게 중요하지 않다는 의미다.

일례로 그리스에 대한 일대일로 투자는 그리스가 중국의 인권 침해에 대한 유럽연합의 결의안을 막는 데 영향을 끼쳤을 수 있다.

항만과 비행장 등 많은 일대일로 프로젝트는 '이중(二重) 용도' 특성을 갖고 있다. 이런 프로젝트는 군사적 목적뿐만 아니라 상업적 목적으로도 잘 이용될 수 있다. 중국공산당이 전세계에서 항구와 비행장을 개발한 곳을 살펴보면 군사적 전략이 명백하게 반영돼 있다는 것을 알 수 있다. 중국 관리와 군 장교들은 이에 대해 공개적으로 이야기를 하고 있으며 이를 숨기지 않고 있다.

때로는 제3의 용도로도 사용되곤 한다. 이는 현지 부패 행위자들을 끌어들여 중국과 더욱 긴밀하게 연결시키는 불법 활동이다. 중국 정권이 전략적 이점을 얻기 위해 일대일로 투자(그리고 더 많은 투자 약속)를 성공적으로 이용한 좋은 예는 미국인들에게 제2차 세계대전의 피비린내 나는 과달카날과 타라와 전투의 현장으로 잘 알려진 솔로몬 제도와 키리바시에서 볼 수 있다. 2019년, 중국의 불투명한 약속에도 불구하고 이 두 국가는 타이완을 공식 인정하지 않기로 했다.

3년이 채 지나지 않아 중국과 솔로몬 제도는 인민해방군(그리고 공안·公安)이 솔로몬 제도에서 거의 마음대로 활동할 수 있도록 하는 협정을 체결했다. 이는 호주와 뉴질랜드를 위협하고 태평양에서 미국의 전체 방위 계획을 약화시킬 수 있는 위치에 중국 군대를 주둔시키는 최초의 사례였다.

한편 키리바시(진주만에서 1500마일 거리)에서는 중국이 캔톤 아일랜드에 있는 오래된 미국 비행장을 개조하려는 움직임이 진행 중이다. 공식적으로는 관광용이라고 하지만 어느 누구도 그렇게 믿지 않는다. 이런 일대일로에서 영감을 얻은 정책은 베이징 입장에서 봤을 때 어떤 대가를 치르더라도 가치가 있다 할 수 있다. 이런 정책은 현재 미국과 호주의 주목을 받고 있지만 이들은 아직 이와 관련해 어떤 대응에 나서야 할지 알아내지 못했다.

중국의 일대일로 정책은 때로는 약탈적, 또는 이른바 '부채 함정 외교'라는 비판을 받는다. 실제로 이런 거래는 불투명하고 중국에 유리한 조건으로 이뤄지며 공정하거나 합리적인 가격이 아닌 훨씬 비싼 가격에 거래가 이뤄진다. 또한 현지 공무원과 정치인에게 뇌물을 주는 일이 비일비재(非一非再)하다.

하지만 현지인들은, "그럼 우리가 도대체 어떻게 해야 하느냐"고 말하곤 한다. 미국과 밀접한 관계를 맺고 있는 한 중앙 태평양 국가의 대통령은 몇 년 전, "우리는 선택이 아니라 어쩔 수 없이 이런 일을 하고 있다"고 아쉬워하기도 했다.

중국이 프로젝트의 기반을 다지는 데는 시간이 걸린다. 일대일로 이전부터 중국의 상업 활동은 말 그대로 인도태평양 지역의 가장 먼 곳까지, 하다못해 동네 구멍가게 수준까지 뻗어 나갔다. 예를 들어, 통가에서는 소매업의 최소 80% 이상이 최근 중국에서 도착한 사람들에 의해 운영되고 있다.

이런 일반적인 패턴은 조금만 주의를 기울이면 예측할 수 있는 문제다. 일반적으로 봤을 때, 경제에서 정치로, 정치에서 전략으로 발전하는 과정에서는 의존성과 영향력이 커지게 된다. 특히 엘리트층 사이에서 그렇다. 일반 대중의 분노 역시 작지 않다. 앞서 설명한 엔트로피, 즉 상대를 내부적으로 분열시키는 전술을 기억하는가?

하지만 이를 파악했을 때는 이미 너무 늦어 큰 노력 없이는 상황을 되돌리기 어렵다. 주민들이 저항에 나서면 친(親)중국 성향의 엘리트 계층은 솔로몬 제도의 총리처럼 베이징에 있는 친구들을 찾아 보호를 요청할 수 있다. 자국민으로부터 보호해달라는 것이다. 그렇기 때문에 일대일로는 뇌물과 억압 정책이라고도 불린다.

이웃 국가들 역시 어떤 일이 벌어지고 있는지 지켜보고 이에 따른 인식을 형성하기 때문에 더 큰 효과가 있다고 할 수 있다. 중국의 경제적 영향력은 국방력을 강화할 뿐만 아니라 중국이 부상(浮上)하는 강력한 국가, 즉 (세계를) 지배할 운명을 가진 국가라는 인식을 심어주는 데 도움이 된다. 동시에 미국은 쇠퇴하는 국가, 더 심하게는 미국인들은 (남을) 신경 쓰지 않는 국가로 비치게 한다.

일부 국가는 미래의 승자와 가까워지기를 원하고 일부는 자신들의 안녕(安寧)을 위해 그런 결정을 내린다. 중국의 적대국들은 이에 따른 우려를 하고 있고 위협을 느끼고 있다.

경제 전쟁 전선에서 중국이 한 일이 마음에 들지 않을 수 있지만 그들의 노력은 인정해야 한다. 그리고 중국인들은 옛날 '양키' 상인들이 그랬던 것처럼 열심히 밖으로 나가 상거래를 하려 한다. 오늘날의 미국 기업들(그리고 많은 외교관들)은 생활이 쉽지 않고 수익이 보장되지 않거나 수익이 충분히 크지 않은 곳에는 관심이 없는 것 같다.

중국의 일대일로 정책은 미국과 성공적인 경제 전쟁을 (먼저) 벌이지 않았다면 불가능했을 중국의 또 다른 경제적, 정치적, 궁극적으로는 군사적 성공이다.

도널드 트럼프의 등장

트럼프와 그의 참모들은 관세, 지적재산권 도용 관련 사법 처리, 화웨이와 ZTE 등 주요 중국 기업에 대한 압박을 통해 중국의 관심을 끌었다. 트럼프는 또 중국의 대미(對美) 투자에 대한 외국인투자심의위원회(CFIUS)의 규제를 강화했다.

이로 인해 중국의 경제 전쟁 전략이 위축되고 중국공산당에는 생명줄과도 같았던 외화(미국 달러)의 흐름이 끊겼다. 미국 기업과 경영진(그리고 정부 부처 대다수)이 중국 자금을 유치하거나 기업 소유권을 비싼 값에 팔아넘기기 위해 몸을 사리던 때와는 상황이 완전히 달라졌다. 미국의 중국화, 캘리포니아의 중국화와 같은 표현들이 기억나는가? 또한 중요한 것은 일부의 유럽인, 인도인, 호주인, 일본인 등이 조용히 트럼프를 응원했다는 점이다.

물론 신화통신(新華通信)과 공산당 기관지 인민일보는 중국의 경제 전쟁에 맞서 싸우려는 미국의 노력과 관련해, '인민(人民)의 전쟁'을 선포한다는 사설(社說)을 실었다. 시진핑은 자국민에게 '새로운 긴 행군'을 준비하라고 말했다. 중국 국방부장은 샹그릴라 회담에서 타이완과 관련해, "끝까지 싸울 것"이라고 선언했다.

중국 언론은 거의 매주 퇴역 군 장교나 평론가들의 입을 통해 무역 전쟁을 건너뛰고 미국과의 진짜 전쟁에 돌입할 것을 요구하는 글을 실었다. 한편, 월스트리트, 미국 상공회의소, 그리고 중국에 호의적인 세력들은 중국을 대신해 도널드 트럼프에 대한 인민의 전쟁을 선포하는 듯하기도 했다.

편지

2019년 7월, 중국의 공격을 멈추고 중국에 대한 반격을 시도하려고 한 트럼프 행정부의 시도가 효과를 발휘하기 시작했다. 중국은 위협을 느꼈고 미국 내 일부 사람들은 이를 달가워하지 않았다.

워싱턴포스트는 '중국은 적이 아니다'라는 제목의 편지 형식 기고문을 게재했다. 편지는 다음과 같이 시작된다.

〈우리는 학계, 외교 정책, 군대, 재계의 일원이며 대다수는 미국 출신이고 많은 이들은 커리어 전반을 아시아에 집중해왔다. 우리는 미국과 중국의 관계 악화가 심화되는 것에 대해 깊이 우려하고 있으며 이는 미국이나 전세계의 이익에 도움이 되지 않는다고 생각한다.〉

편지는 다음과 같이 계속된다.

〈우리는 중국이 모든 영역에서 맞서야 할 경제적 적이나 실존적 국가 안보의 위협이라고 생각하지 않는다. (…) 중국이 국제 체제에 참여하는 것은 체제의 생존과 기후 변화와 같은 공동 문제에 대한 효과적인 대응에 필수적이다. 미국은 신흥 강대국들이 더 큰 목소리를 낼 수 있는 새로운, 또는 수정된 글로벌 체제에 중국이 참여할 수 있도록 독려해야 한다.〉

이 편지에는 100명이 넘는 '엘리트'가 서명했다. 다음은 서명자 중 한때 미국인의 세금으로 급여를 받았던 사람 일부다.

〈제프리 베이더(전 국가안보회의 동아시아 담당 선임국장), 데니스 블라스코(전 주중 미 육군 무관), 버나드 콜(전 미 해군 대령), 제임스 콜린스(전 주러시아 미국 대사), 로버트 아인혼(전 국무부 비확산 담당 차관보), 토마스 핑가(전 국가정보국 분석 담당 부국장), 데

이비드 고든(전 국무부 정책기획국장), 필립 고든(전 대통령 중동 담당 특별 보좌관), 모튼 할페린(전 국무부 정책기획국장), 리 해밀턴(전 하원의원), 클리포드 하트 주니어(전 홍콩 및 마카오 주재 총영사), 폴 히어(전 동아시아 담당 정보 담당관), 칼라 힐스 대사(전 무역대표부 대표), 미키 캔터(전 상무부장관), 앨버트 케이델(전 재무부 동아시아 담당 부국장), 허버트 레빈(전 국가안보회의 중국 담당관), 케네스 리버탈(전 국가안보회의 아시아 담당 선임국장), 존 맥러플린(전 CIA 부국장), 마이클 나흐트(전 국방부 글로벌 전략 담당 부차관보), 다니엘 피쿠타(전 국무부 차관보 겸 주중 대사 대리), 토마스 피커링(전 국무부 정무차관), 찰스 롭(전 상원의원, 상원 외교위원회 동아시아 소위원회 위원장), 스테이플턴 로이(전 주중 대사), 데이비드 시어(전 국방부 차관보, 주베트남 대사), 앤 마리 슬러터(전 국무부 정책기획국장), 제임스 스타인버그(전 국무부 차관보), 스트로브 탈봇(전 국무부 부장관), 수잔 손튼(전 국무부 동아시아태평양 담당 차관보 대행), 다니엘 라이트(전 재무부 중국 및 전략경제대화 담당 국장)〉

이들은 모두 볼티모어의 한 공립 고등학교로 가서 진로 상담사 체험을 해봐야 한다.

이 편지가 발표된 직후 중국으로부터 바이러스가 발생했고 미국의 많은 지역이 경제적으로 자살하는 상황에 빠졌다. 그리고 조셉 바이든이 대통령이 됐다.

중국은 멈추지 않는다

바이든 행정부는 인종차별주의적이라는 시민 단체들의 비난에, 트럼프 행정부가 중국 스파이 활동을 추적하기 위해 마련한 프로그램을 중단시켰다.

바이든 행정부는 중국 정부와의 연관성에 대해 거짓말을 한 것이 드러난 다섯 명의 과학 및 첨단 기술 분야 연구원을 석방시켰다. 이들은 중국 정부와 연계된 연구원들이었다. 왜 이런 결정을 내렸는지는 미스터리다.

바이든 행정부는 에너지 자립 역시 포기했다. 송유관을 폐쇄하고 석유 임대를 취소했으며 석유 산업 전체를 겁에 질리게 했다. 이는 중국의 입장에서는 좋은 일이다. 실업률과 인플레이션을 증가시킬 뿐만 아니라 중국 태양광 제조에 대한 미국의 의존도와 친환경 기술 제조에 필요한 주요 광물의 중국 공급량을 증가시킨다.

트럼프 행정부 하의 값싼 석유와 가스는 제조업의 에너지 부담을 낮춤으로써 미국으로 제조업을 다시 불러오는 데 도움이 됐다. 하지만 바이든 행정부는 이를 포기해버렸다.

하지만 그렇다고 해서 중국이 선(善)한 행동에 나서게 되는 것은 아니다. 오히려 정반대이다. 경제 전쟁은 여전히 한창이다.

미국 무역대표부는 2022년 보고서를 통해 중국이 지적재산권과 관련한 위법 행위를 하고 있다고 지적했다. 이와 관련해 중국은 글로벌타임스 사설(社說)을 통해 대응에 나섰는데, 이 사설은 "중국에 있어 미국의 슈퍼 301조 관련 보고서는 본질적으로 쓰레기처럼 쉽게 버릴 수 있는 근거 없는 주장으로 가득 찬 종잇조각에 불과하다"고 했다. (注: 슈퍼 301조는 1974년 제정된 미국통상법 301조를 뜻하며 이는 국제 무역 협정을 위반하거나 무역에 대해 부당하거나 비합리적인 방법으로 행동하는 외국 정부에 대응하기 위해 대통령이 관세를 통한 보복 등 모든 적절한 조치를 취할 수 있도록 한다.)

중국은 또 다른 메시지를 내놓기도 했는데 매우 친숙한 이야기였다. 중국은 개혁을 원하고 추가적인 '개방'을 약속하겠다는 것이며 이번에는 진심이라는 이야기다. 정말 진심이라는 것이다.

2022년 5월, 중국 관영 언론에 소개된 리커창 총리의 발언이다.

〈리커창 총리는 중국이 개방을 확대하고 중국을 세계의 큰 시장이자 외국인 투자의 허브로 만들 것이라는 입장을 거듭 밝혔다. (…) 리커창 총리는 중국은 세계무역기구를 핵심으로 하는 규칙에 기반한 다자(多者) 무역 시스템을 보호하기 위해 다른 국가들과 협력할 준비가 돼 있다고 말했다.

중국은 자유롭고 공정한 무역을 고수하고 무역 및 투자의 자유화와 촉진을 추진하며 글로벌 산업 및 공급망의 안정과 원활한 흐름을 유지, 국제 및 지역 평화와 안정, 발전, 번영을 유지할 것이다. (…) 중국은 행정 개혁을 지속적으로 가속화하고 투명하고 안정적이며 예측 가능한 규제 규칙을 명확히 하며, 시장 접근을 더욱 자유화할 것이다. 법에 따라 개방된 분야에 대한 외국 기업의 동등한 접근을 보장하고 지적재산권을 엄격하게 보호할 것이다.〉

리커창은 중국이 '외국인 투자의 허브'가 되기를 원하며 외국 기업들과 긴밀히 협력, 예측 가능한 규칙을 만들 것이라고 했다.

중국공산당이 무슨 말을 하든 이를 믿거나, 믿는다고 말하는 미국인들이 적지 않다. 2022년 미중무역전국위원회(USCBC) 회장인 크레이그 앨런은 "우리가 현재 대화를 나누고 있는 미국 기업들은 미래에 대해 상당히 낙관적이다"라고 했다.

그는 코로나-19 봉쇄 기간 중, 이른바 민간 부문이 공격을 당하고, 중국이 적을 마주하지 않은 상태에서 전쟁을 위해 무장을 하고 있는 동안, 신장(新疆)에서 대량 학살을 저지르고 있는 동안, 그리고 홍콩을 질식시키고 있는 동안 이런 말을 한 것이었다.

미국 측이나 미국 업계에 종사하는 몇몇 사람들만이 무역 분야에서의 중국의 약속을 더 이상 믿을 수 없다는 입장을 나타내고 있다. 중국에서 수십 년 동안 일해 온 한 미국인 사업가는 몇 년 전 이렇게 말했다.

〈차이나데일리의 주말판이 내 호텔에 배달된다. 어제 한 부를 배달받았다. 굵은 글씨로 쓰인 '시진핑, 더 큰 개방을 약속하다'라는 제목이 눈에 띈다. 진지하게 말하지만 내가 중국에서 사업을 시작한 이래로 적어도 분기에 한 번씩은 이와 같은 제목의 기사가 실렸다. 나는 중국에서 거주하거나 사업을 한 기간이 133분기에 달한다. 이는 중국이 '더 큰 개방'에 대해 133번의 약속을 했다는 뜻이다. 개방이 이뤄질 때마다 '사상 최초'로 간소화된 절차와 새로운 포고문이 발표된다. 규칙은 바뀌지만 결과는 항상 같다. '영업자(house)가 이기는 것'이다(注: 도박에서 자주 사용되는 표현으로 결국에는 손님이 아닌 카지노가 승리하게 된다는 것을 의미한다).〉

이 사업가는 선견지명, 혹은 예지력이 있었다고 볼 수 있다. 아마 그의 경험이 그를 그렇게 만들었을 것이다.

중국의 협상가들은 기술 절도를 하지 않아 왔다고 하면서도 더 이상 기술 절도를 하지 않겠다는 약속을 한다. 하지만 이런 도둑질은 중국인의 방식 중 하나이며 문화에 기인한 것이다. 중국 회사들은 서로의 기술 역시 똑같이 훔치고 있다는 점에 주목할 필요가 있다. 미국이 회의적으로 접근한다고 하더라도 이런 합의를 어떻게 이행하도록 하는가가 중요하다. 이것이 어려운 부분이다.

사실 이는 불가능할 수도 있다. 중국공산당은 약속을 지키면 생존할 수 없기 때문이다. 중국은 미국이 중국공산당의 통제력을 위협할 수 있는 행동 변화를 요구하는 것은 물론, 중국이 어떻게 행동해야 하는지 지시하는 것을 허용하지 않을 것이다. 미국의 요구, 혹은 WTO의 규정을 중국이 완전히 따르게 된다면 극단적으로 봤을 때 (중국에서) 정권 교체가 일어날 수도 있다.

이는 중국공산당이 자발적으로 중국 경제를 벼랑 끝으로 몰고 가는 행위가 될 것이다. 중국 정권이 경제 전쟁을 얼마나 중요하게 생각하는지를 알 수 있는 대목이다. 중국은 약속을 지킬 의도가 전혀 없다. 만약 그랬다면 중국공산당은 이미 무너졌을 것이다. 중국에서는 모든 것이 당(黨)과 당의 통제에 달려 있다.

중국의 시스템은 우리와 다르다. 특히 경제 및 무역 분야에서 중국의 위협을 이해하려면 이 점을 염두에 둬야 한다. 모든 것은 중국 공산당의 이익을 위한 것이다. 이는 모두 우연한 일이고 혼란스러운 일인 것처럼 비칠 수 있지만 결국은 이것이 사실이다.

중국의 전자상거래 억만장자 마윈(馬雲)에게 일어난 일이 좋은 예라고 할 수 있다. 그는 중국공산당의 영향력에서 빠져나온 것처럼 보였지만 전혀 그렇지 않았다. 그 어떤 재벌도 그렇게 할 수 없었다. 그는 선을 넘었고 당(혹은 당에 있는 어떤 권력자)은 그를 무너뜨렸다.

1950년 이후 중국에는 자유로운 자본주의 시대가 없었다. 중국공산당의 중국에는 개방 경제에서 정의하는 민영화가 존재하지 않는다. 중국은 마피아와 같다. 우두머리가 당신의 회사를 소유하는 것인데 때로는 우두머리가 한 명 이상일 수도 있는 시스템이다.

중국공산당은 중국의 4대 생산 요소인 토지, 노동, 자본, 경영(미국에서 말하는 기업가 정신)을 당의 기본 사명인 영구 통치를 유지하는 경제와 문화를 형성하기 위한 개인적 자산으로 간주한다. 우리가 알고 있는 자유분방한 자본주의는 이 사명을 완수하는 데 위협이 되며 강력하고 실용적인 미국의 경제 역시 마찬가지다.

너무나도 많은 미국인들, 적어도 엘리트층에 속하는 미국인들은 상업을 전쟁의 일환으로 본 적도 없고 보고 싶지도 않아 한다. 그들 중 상당수가 중국에서 부자가 됐거나 하다못해 중국에 물건을 팔았으니 당연한 일이라 할 것이다.

윌리엄 호킨스 교수는 다음과 같이 설명한다.

〈중국은 단순히 글로벌 공급망을 지배하는 거대 제조업 국가로 성장한 것이 아니다. 미국 산업을 무너뜨리고 블루칼라 중산층을 붕괴시켰다. 미국의 심장부가 전략 폭격을 당한 것처럼 보였지만 실제로는 소속 국가가 없는 '초국가적'이 된 미국 자본가들 사이의 중국 협력자들이 일으킨 사보타주에 가깝다. (실제로는 아무 생각도 없이 다른 국가를 위해 봉사한 것이겠지만.)

미국 정부는 국경 안팎을 넘나들며 이동하는 모든 것에 무관심해서는 안 된다. 이는 힘의 균형을 형성하기 때문이다.〉

물론 미국은 아직 붕괴되지 않았으며 여전히 많은 제조업 활동이 이어지고 있다. 시진핑은 중국제조 2025 등에 전력을 다하고 있지만 경제는 완전한 제재에서 벗어나지 못하고 있다. 시진핑은 아직 목표에 도달하지 못했고 갈 길이 남아 있다. 하지만 더 중요한 것은 시진핑이 다른 생각을 갖고 있을 수 있다는 점이다.

그리고 미국은 중국에 대한 상대적 우위를 잃었다. 30년 전만 해도 미국은 의심할 여지 없는 초강대국이었다. 더 이상은 아니며 미국 정부는 이제 중국을 동등한 경쟁자로 본다.

이런 상황은 전세계적으로 미국의 정치적 영향력을 상실시키고 자신감을 떨어뜨리는 결과로 이어진다. 미국인들은 여기에서 벗어날 수 있지만 시간이 촉박하다. 우리가 이를 관리하지 않으면 언젠가는 중국의 군사적, 경제적 영향력이 미국의 저항 능력을 압도할 수 있다.

미국과 우방국에 대한 중국의 경제 전쟁은 매우 성공적이었다. 아마도 지금까지 치러진 전쟁 중 가장 쉬운 전쟁 중 하나였을 것이다.
그리고 우리가 멈출 때까지 멈추지 않을 것이다.

12 장

금융전:
美 달러화 방어

앞서 살펴본 바와 같이 중국의 대미(對美) 정치 전술은 경제를 포함한 여러 전선에서 승리를 거뒀다. 하지만 좋은 소식도 있다. 중국은 미국과의 대결에서 여전히 한 가지 큰 약점, 즉 아킬레스건을 갖고 있다.

인민해방군의 전투 경험 부족일까? 아니면 중국 해군의 잠수함이 너무 시끄럽고 쉽게 추적되기 때문일까? 무자비한 일당 독재 체제에 내재된 취약성 때문일까? 중국공산당의 한 자녀 정책으로 인한 급격한 인구 감소에 따른 재앙일까? 아니면 미국의 기술 수출 금수(禁輸) 조치 위협에 따른 것일까?

이는 모두 중국에 심각한 문제이며 우리를 지키기 위해 이런 문제들을 어떻게 활용해야 하는지에 대해서는 앞으로 알아볼 예정이다.

하지만 중국의 가장 큰 문제는 중국 통화인 위안화, 즉 인민폐(人民幣)로 알려진 화폐 문제다.

특히 위안화는 (외환시장에서 공개적으로) 환전(거래)이 불가능한 통화다. 즉, 중국 밖에서는 그다지 유용하지 않다. 따라서 중국은 해외에서 필요한 거의 모든 것을 미국 달러, 유로, 엔, 스위스 프랑, 또는 기타 전환이 가능한 통화로 지불해야 한다.

전환할 수 있는 화폐란 무엇인가? 간단히 말해 통화 당국의 허가 없이도 언제든지 시장에서 원하는 만큼의 돈을 사고팔 수 있는 화폐를 뜻한다. 핵심은 해당 화폐를 발행한 국가가 아닌 다른 곳으로 가져갔을 때 이를 사용할 수 있느냐는 것이다. 미국 달러로 환전하지 않고서도 말이다.

예를 들어 로스앤젤레스에서 주택을 구매할 때 매입자가 중국 위안화로 결제하면 매매자는 이를 미국 달러 등으로 교환하기 어렵다. 위안화를 보유하는 것은 (보드게임인) 모노폴리 돈을 갖고 있는 것보다 조금 나은 수준이라 할 수 있다.

학교 축제에서 사용되는 쿠폰 역시 예로 들 수 있다. 놀이기구를 타고 게임을 하거나 팝콘을 사는 데 사용할 수 있다. 하지만 학교 운동장을 떠나 가장 가까운 편의점을 가면 계산원이 실제 돈을 원할 것이다.

2005년 당시 중국 관리였던 보시라이(薄熙來)는 중국이 에어버스 비행기 한 대를 사기 위해서는 8억 장의 티셔츠를 팔아야 한다고 말했다. 보시라이의 표현은 에어버스에 국한된 것이었지만 중국이 호주에서 구매해 인민해방군 함정을 건조하는 데 사용하는 철광석에도 동일한 방식이 적용된다. 중국은 해외에서 필요한 물건을 사려면 외화를 벌거나 다른 방법으로 이를 확보해야 한다.

중국공산당이 국제 무역과 금융에 사용되는 세계 기축 통화인 미국 달러를 대체하기 위해 필사적인 노력을 하는 것은 놀랍지 않다. 그렇기 때문에 중국은 자국 통화를 홍보하기 위해 많은 노력을 기울이고 다른 국가들이 이를 인정하도록 하려 한다. 일단 그렇게 되면 미국이 달러에 대한 접근을 차단하겠다고 위협하거나 실제로 달러의 흐름을 차단하더라도 상관이 없게 된다.

어떤 측면으로 보면 달러는 중국에 대한 압박을 가할 수 있는 미국의 가장 강력한 수단일지도 모른다. 하지만 바이든 행정부와 이전 행정부들(의회의 도움으로)은 달러 가치를 떨어뜨리기 위해 최선을 다해왔다. 중국 정권이 이 전선에서 충분한 진전을 이뤄내게 되면 미국은 국방을 위한 자금도 조달할 수 없을 것이다.

중국은 미국이 술 취한 선원들처럼 예산을 사용하는 것을 보고 기뻐하고 있다. 중국은 이런 행동을 하는 미국을 돕는 것을 꺼리지 않을 것이다.

금융 전쟁과 관련해 중국의 행동과 목표를 이해하기 위해 중국의 외환 거래 딜레마에 대해 좀 더 자세히 알아보고자 한다.

환전 딜레마

앞서 언급했듯 시진핑의 문제는 중국이 해외에서 구입해야 하는 식량, 석유, 철광석, 기술 등을 위해서는 달러가 필요하다는 점이다.

물론 거래가 가능한 유로화, 엔화, 파운드화도 가능하기는 하지만 말이다.

이는 수입을 해야 하는 필수품에만 해당되는 이야기다. 중국의 글로벌 야망을 현실화하기 위해서도 전환 가능한 통화가 필요하다. 따라서 일대일로 프로젝트에 자금을 지원하거나 외국 기술 및 기업을 사들이거나, 심지어 외국 국가(또는 그 국가 지도자)를 매수하기 위해서도 중국은 누군가가 받아들일 수 있는 통화로 돈을 지불해야 한다.

중국 대사관을 운영하고 달러 채권을 갚으며 과도하게 세가 커진 재벌의 부채를 충당하는 것 역시 마찬가지다. 중국의 '천인계획(千人計劃)' 프로젝트와 계약을 맺은 하버드대학교 교수들은 달러를 현금으로 지불할 것을 요구했지 이른바 역외(域外) 위안화를 원하지 않았다. (역외 위안화는 일종의 외국인 친화적 위안화이지만 아무도 속지 않는다.)

일부 서양인들은 중국공산당이 장기전을 펼치고 '동양'의 지혜를 갖고 있기 때문에 중국은 예외라고 생각하지만, 중국 국내 경제도 다른 경제와 동일한 문제에 직면해 있다는 사실을 명심할 필요가 있다. 사람들이 일하지 않고 상점과 공장이 문을 닫으면 미국과 마찬가지로 중국에서도 문제가 발생한다.

중국 당국은 위안화를 찍어내고 은행 지급준비율을 낮추며 보조금과 이자율을 낮추고 상환 유예를 명령하는 등의 조치를 취할 수 있다. 하지만 중국이 돈을 풀어도 실업, 물가상승률, 그리고 개인부터 중앙 정부에 이르기까지 모든 수준에서 너무나도 많이 발생하는 부채에 대해 걱정해야 한다.

이것이 통제 불능 상태가 되면 사람들은 경제에 대한 신뢰를 잃게 되고 이는 중국공산당 지도부와 체제 자체에 대한 신뢰 상실로 이어진다. 신뢰가 일정 부분 사라지게 되면 대중의 불안감이 커진다. 지난 몇 년 동안 우한 바이러스 발생에 대한 중국공산당 대응의 잔인성, 부정직성, 무능함 등으로 인해 이미 이런 불만이 촉발됐고 이에 따른 결과로 국내 부동산 시장이 붕괴하게 됐다.

그것만으로도 충분히 나쁜 일이라 할 수 있다. 하지만 전환 가능한 통화가 없다면 상황은 더욱 악화된다. 중국은 (적어도 합법적으로는) 달러나 유로를 찍어낼 수 없다. 중국은 이를 벌어야 하는데 과연 어떻게 외화를 벌어들이는 것일까?

주요 방법은 제품을 수출하고 전환 가능한 통화로 대금을 받는 것이다. 또는 외국인이 중국에 투자하거나 사업체를 설립하기 위해 돈을 쓰게 하는 외국인 직접 투자 유치 방식이다. 이 두 가지 방법으로 중국에 도움을 준 기업으로는 애플, 나이키, 보잉, GE, 폭스바겐, 델 컴퓨터, 마이크로소프트 등이 있으며 그 외에도 아주 많다. 또한 중국은 여전히 개발도상국인 것처럼 행동해 다른 국가와 국제기구로부터 우대 대우와 이에 상응하는 재정 지원을 받을 자격을 유지하고 있다.

외화를 벌기 위한 다른 방법으로는 외국 기업을 인수하거나 해외에 사업체를 설립하고 이에 따른 대금을 전환 가능한 통화로 받는 것이다. 이 방법은 서로 윈윈하는 것처럼 보이지만 해외에서 달러를 벌어들이는 많은 중국 사업가들은 자신의 돈이 중국과 중국공산당의 손에서 벗어나기를 원한다.

중국이 실제로 수출을 하지 않으면 달러(혹은 실제 돈)를 벌지 못한다는 것이 시진핑의 문제라고 보는 사람들이 있다. 중국이 혼란스럽고 보복적이거나 향후 생물학적 재난에 취약한 것처럼 보이면 외국 기업은 전체 또는 부분적으로 철수하게 될 것이다. 혹은 중국에 대한 향후 투자를 꺼릴 것이다. 이 모든 것이 합쳐지면 중국은 필요한 것을 사거나 원하는 것을 할 수 있는 수준의 충분한 외화가 남지 않게 된다.

이 때문에 중국과 홍콩의 강력한 코로나-19 방역 조치는 중국공산당의 경제적 자해 행위처럼 보이기도 한다. 외국의 사업가들은 중국공산당의 어떤 모욕이나 잔혹 행위도 간과할 수 있지만 애플과 같은 일부 기업에 있어 코로나-19 제로를 향한 목표는 너무 멀리 나간 것처럼 비쳤다.

너무 적은 외화

하지만 중국은 충분한 외화를 보유하고 있지 않은가? 아니, 그렇지 않다. 중국이 보유한 외화는 3조 달러로 그렇게 많지 않다. 예전에는 4조 달러를 보유하고 있었지만 2015년 중국 주식 시장이 폭락하며 순식간에 1조 달러가 날아갔다. 이런 재난이 한 번만 더 발생하면 중국의 외화 보유고 방어막이 사라지게 될 것이다.

중국의 외화 보유액이 너무 적다는 신호는 항상 있었다. 예를 들어 중국 시민은 연간 미화 5만 달러 상당의 금액만 합법적으로 해외로 보낼 수 있다. 지난 30년 동안 중국에서 자의든 타이든 재산을 국외로 빼돌리는 현상이 팽배했던 점을 고려하면 이런 외환 거래 제한은 놀라운 일이 아니다. 중국이 외환 통제를 없애면 중국의 외환 보유고는 곧 텅 비게 될 것이다.

특히 집권 엘리트들이 앞장서서 중국 밖으로 돈을 빼내려는 움직임을 보이고 있기 때문에 상황은 더더욱 그렇다. 실제로 상위 100명의 당(黨) 지도자들이 해외 부동산을 매각하고 은행 계좌를 비워 모두 국내로 가져오면 (중국 정부에) 도움이 될 수 있다.

중국인들이 해외에 은닉한 자금은 20조 달러에 달하는 것으로 추산되는데 중국공산당이 찾을 수 없는 곳에 숨겨져 있다.

중국의 일대일로 정책과 아시아인프라투자은행(AIIB)의 특징 중 하나는 다른 국가가 자금을 제공하도록 하는 것이다. 이는 외환이 풍부한 국가의 특징이 아니다. 또한 중국에 진출한 외국 기업은 중국 정부 산하 국가외환관리국(SAFE)의 허가 없이는 수입을 달러로 환전할 수 없는데 이는 많은 이들이 놓치는 부분이다. (중국으로 들어오는 모든 통화는 SAFE를 거쳐 위안화로 전환된다. 그리고 중국에서 나가는 모든 위안화도 SAFE를 거쳐 외화로 전환된다. 누가 어떤 방식으로 환전을 받게 되는지는 SAFE가 결정한다.)

중국 시장에서 40년 동안 일한 한 미국인 사업가는, "중국은 2020년 당시 기준, 외국인 투자자들의 50%가 투자금을 현금화하고자 할 때 사용할 외환 보유고가 거의 없다"고 했다. 그는 "중국 통화가 통제를 받으며 또 자유롭게 환전할 수 없는 한 중국에 투자하는 것은 폰지 사기에 기여하는 것"이라고 했다.

실제로 외국 기업이 중국에서 자금을 빼내는 것을 거부당하는 일은 전혀 드문 일이 아니다(적어도 그 회사가 원하는 통화로는 말이다).

이론적으로 봤을 때 중국은 몇 가지 어려운 선택을 해야 한다. 중국공산당은 세계 최대 규모의 해군과 로켓 부대를 보유하거나 전세계에 군사기지를 건설할 수도 있다. 막대한 예산이 소요되는 일대일로 프로젝트를 진행할 수도 있다. 아니면 세계 최고의 의료 시스템과 수세식 화장실을 이런 혜택을 받지 못하는 5억 명의 시민들을 위해 제공할 수 있다. 혹은 하루를 5달러로 살아가는 5억 명의 중국인들을 위해 뭔가를 할 수도 있다.

중국 문제를 오랫동안 다룬 한 분석가는 "중국은 실제보다 더 부유한 척을 하고 있다"며 "그들은 성공할 때까지 거짓된 모습을 보이는 방식을 택했다"고 했다. 그는 "중국의 국내총생산(GDP)은 그들이 추진 중인 거대한 프로젝트를 뒷받침할 수 없다"고 덧붙였다.

이 분석가는 "그들은 한 번에 모든 것을 감당할 수 없다"며 "그래서 그들은 세계를 지배하면 모든 것이 저절로 해결될 것이라는 이론을 따르려고 하고 있다"고 했다. 그는 "그들은 얇은 끈에 매달려 있고 우한 바이러스의 대가는 너무 컸다"고 했다. 이른바 제로 코로나 정책에 따른 경제 혼란은 상황을 더욱 악화시키고 있기도 하다.

수출을 하지 않으면 수입이 없다. 외국 기업들이 마침내 신중한 접근법을 택하고 있는데 이에 따라 중국은 외환 흐름에 대해 걱정할 이유가 더 많아졌다.

예상치 못한 출처로부터 오랫동안 받아온 도움이 없었다면 중국

공산당의 외환 상황은 훨씬 더 암울했을 것이며 중국공산당은 더 나은 방향으로 행동을 바꾸지 않을 수 없었을 것이다.

첫째, 서방의 금융 회사들은 수십 년 동안 중국에 돈(적어도 다른 사람들의 돈)을 쏟아붓기 위해 앞장서왔다. 최근의 몇 가지 사례가 이를 잘 보여준다.

우한 바이러스가 발생하기 전인 2019년 초, 모건스탠리캐피털인터내셔널(MSCI)은 중국 주식시장에서의 비중을 늘렸다. 수백억 달러에 달하는 해외 자금(환전이 가능한 통화)이 중국으로 유입됐다.

블룸버그 바클레이즈 글로벌 종합 지수 역시 중국 채권 시장에서 비슷한 활동에 나섰고 중국은 1000억 달러 이상의 전환 가능한 통화를 추가로 확보했다. 이는 큰 돈이며 '진짜' 돈이기도 하다. 앞으로도 더 많은 자금이 중국으로 유입될 것이다.

2021년 블랙록의 리서치 담당 부서는 투자자들에게 중국과 관련된 투자금액을 두세 배 늘릴 것을 조언했다. 이는 중국 정부가 주요 중국 기술 기업의 가치를 2조 달러 선까지 떨어뜨리고 워싱턴과 베이징의 관계가 악화되면서 끔찍한 결과로 이어지게 됐다.

블랙록의 수석 투자 전략가는 "이 여정에서 한 걸음 앞으로 나아갔다 반 걸음 뒤로 물러났다고 생각하면 된다"며 "위험을 없애는 것이 아니라 위험에 대한 보상을 받고 있느냐가 관건"이라고 했다. 그는 "우리는 보상을 받고 있다고 믿는다"고도 했다. (그가 말한 '우리'가 누구인지는 불분명하다.)

세계 최대 자산 운용사인 블랙록이 최근 중국에서 전액 출자 뮤추얼 펀드 운용을 시작한 최초의 외국 자산 운용사로 승인받은 것은 우연이 아닐 수도 있다.

그러나 중국 시장에 투자한 사람들의 재정적 이익과 위험, 그리고 중국공산당이 미국에 대항하기 위해 사용하는 외환을 제공받는 것에 따른 보상을 고려할 필요가 있다.

1992년 말부터 2021년 8월 31일까지, MSCI 중국 주가지수는 배당금을 포함, 연평균 2.2%의 수익률을 기록했다. 같은 기간 동안 MSCI 신흥시장의 지수는 연 7.8%, (미국의) S&P500은 10.7% 성장했다. 이는 중국 경제가 매년 10%씩 성장했다고 한 30년 사이에 집계된 수치다. 아무튼, 중국 주식보다 미국 국채에 투자했다면 훨씬 더 높은 수익을 올렸을 것이다. 1조 달러 이상의 미국 국채를 보유하고 있는 중국은 월스트리트가 모르는 무언가를 알고 있었을 수도 있다.

중국에 투자하는 것은 제일 안전한 채권에 투자한 것보다 수익률이 낮다. 위험성은 최악의 불량채권보다 높다. 누군가가 중국에서 돈을 벌고 있는 것은 사실이지만 이는 결코 수동적인 외국인 투자자가 버는 것이 아니다. 이는 자연의 법칙이다. 다시 설명해보자면, 1992년 MSCI 지수가 시작됐을 때 중국에 1만 달러를 투자했다고 가정해보자. 현재의 가치는 1만 9000달러다. 그때 1만 달러를 일반적인 S&P500 인덱스에 투자했다면 현재 22만 달러의 가치가 있을 것이다. 사라진 20만 달러가 중국공산당에 세금처럼 납부됐다고 생각하면 된다.

둘째, 미국 정부 부문의 부담이 가중되고 있다. 국가 차원에서 보면 연방공무원저축계정(TSP)은 은퇴자(대부분 군인 출신)의 저축금을 중국 시장으로 이동시켰다. 몇 년 전 트럼프 대통령에 의해 강제로 철회됐지만 금융 범죄 조직은 끈질기게 TSP 자금을 중국으로 유입시키려 하고 있다.

주정부 차원으로 보면 캘리포니아를 예로 들 수 있다. 미국 최대의 공무원 퇴직연금인 캘퍼스(CalPERS)가 중국에 진출했다(注: 캘리포니아 주정부 공무원과 교육공무원, 지방 공공 기관 공무원에게 은퇴연금과 의료보장 혜택을 제공하는 미국 최대 연·기금이다). 캘퍼스는 최고 경영진을 파견해 몇 년 동안 중국 국가외환관리국(SAFE)과 협력하기도 했다. 그 임원은 이에 대한 논란이 일자 조용히 사임했다.

미국의 상하원 의원들이 미국을 지배하지는 못하더라도 이를 대체하려는 공격적이고 변덕스러운 독재 정권인 중국공산당에 자금을 지원하는 결정(도덕성)에 이의를 제기하면, 금융 업계는 가운데 손가락을 뻗은 것과 같은 수사적(修辭的) 표현으로 대응한다.

미국의 크고 작은 기업들은 미국으로 수출할 값싼 제조업을 위해 중국으로 몰려들고 있다. 다른 이들은 장기적으로 중국 시장에서 제품 및 서비스를 성공적으로 판매할 수 있을 것이라고 믿는다. 이 모든 것이 중국공산당에 전환 가능한 외환을 제공한다.

이는 마치 월스트리트와 미국 민간 기업들이 히틀러 정권과 거래하며 히틀러 정권이 동맹국(그리고 우리)을 공격할 계획을 세운 강력한 군대로 발전하는 데 도움을 준 것과 같다. 자국민을 강제수용소로 보내는 등 야만적인 행위를 일삼는 정권과 거래하는 것의 부도덕성은 말할 것도 없다.

안타깝게도 월스트리트와 미국 산업계는 나치가 미국에 전쟁을 선포할 때까지 똑같은 행동을 했었다. 아마도 더 이상은 돈을 받아내지 못할 것이기 때문에 그런 결정을 내린 곳도 일부 있었을 것이다.

미국을 비롯한 외국인들이 중국에 환전이 가능한 통화를 쏟아붓는 행위는 중국공산당이 자국 내 경제 및 사회의 거대한 균열을 덮을 수 있도록 돕고 있다. 우리는 그들이 약점을 고치는 데 필요한 시간을 벌어주고 있다. 중국은 위험을 인식했고 이에 대한 조치를 취하려고 노력하고 있다.

중국은 영향력을 이용해 속임수를 쓰기도 했다. 중국은 국제통화기금(IMF)을 설득, 2016년 IMF 통화 바스켓에 위안화를 포함시켰고 현재 이에 대한 승인을 받았다고 주장할 수 있게 됐다.

몇 년 전만 해도 S&P 글로벌 레이팅스는 중국 기업들에 높은 신용등급을 부여했다. 내 생각에 이는 중국공산당의 심기를 건드리지 않고 중국 내 S&P 사업을 잃지 않기 위해서였다.

뉴욕증권거래소는 중국 기업이 다른 모든 기업에 적용되는 공시 규정에 따라 자격이 없음이 확인됐음에도 상장(上場)시켰다. 이로 인해 중국공산당의 외화 수입이 증가했다. 아주 많이 말이다.

또한 사우디아라비아가 석유 대금을 미국 달러 대신 위안화로 받도록 설득하는 데 어느 정도 성공하기도 했다(혹은 성공했다는 소문이 나기도 했다).

러시아 루블화와 중국 위안화 사이의 거래는 2022년 2월 러시아가 우크라이나를 침공하고 미국이 러시아에 금융 제재를 가한 이후 호황을 누리고 있다. 제재에 따라 러시아가 미국 달러를 사용하지 못하게 됐기 때문이다.

중국은 위안화를 국제화하고 달러 및 기타 전환 가능한 통화를 운영하기 위해 필요한 제한적인 진전만을 이뤘을 뿐이다. 이는 위안화 배후에 있는 정부, 즉 중국공산당에 대한 신뢰가 충분하지 않기 때문이다.

중국은 적어도 2014년부터 디지털 위안화 도입을 추진해왔으며 이를 통해 해외에서의 위안화 사용 및 통용이 확대되기를 바라고 있다. 하지만 중국공산당에 있어 디지털 위안화는 그 이상의 의미가 있다. 사회 통제와 억압의 또 다른 도구가 될 수 있다는 것이다.

신(新)미국안보센터(CNAS)의 보고서는, "(디지털 위안화는) 모든 사용자의 거래에 대한 실시간 또는 실시간에 가까운 금융 감시를 가능하게 할 것"이라며 "이는 중국 사회에서 중국공산당의 통제력과 영향력을 크게 확대하는 일"이라고 했다. 이어 "디지털 위안화를 사용하는 모든 사람은 자신의 금융 프라이버시를 중국 정부에 자발적으로 양보한 셈"이라며 자신의 이동 경로가 추적되는 것을 허락했다고 했다.

물론 중국공산당을 불쾌하게 만들면 계정이 동결되거나 사라지게 된다. 중국은 디지털 위안화를 언젠가는 디지털 달러와 연동시키기를 바라고 있다. 아직 우리가 그 정도 단계에 이르지는 못했지만 말이다. 미국 지배층의 일부가 중국공산당이 디지털 위안화를 선호하는 것과 같은 이유에서 디지털 달러를 도입하는 것을 원한다는 추측도 나오고 있다.

미국에 대한 공격

중국의 금융권 싸움꾼들은 미국인들이 자신들에게 어떤 일을 하는지 지켜보며 이를 반기고 있을 것이다. 우한에서 발생한 코로나-19는 미국 정부의 막대한 지출로 이어졌고 달러 가치를 효과적으로 떨어뜨렸다.

이에 따른 인플레이션은 2022년 중반 현재 공식적으로는 8%이지만 아마도 더 높을 것이다. 중국은 인플레이션을 좋아한다. 많은 역사가들은 1940년대 후반 중국 내전 당시 공산주의자가 국민당을 무너뜨리고 승리할 수 있었던 원인 중 하나로 인플레이션을 꼽는다.

인플레이션은 미국 국방 예산을 줄이게 한다. 8500억 달러는 큰돈처럼 보일 수 있지만 실제로는 그렇지 않다. 인플레이션은 예산의 상당 부분을 차지한다. 하드웨어에서 무기 조달까지, 나아가 훈련부터 훈련 시간에 이르기까지 모든 것에 영향을 끼친다. 이 모든 것은 실제 전쟁을 치르는 군의 능력에 영향을 주게 된다.

중국은 또한 미국이 (트럼프 행정부가 잠시 동안 추진했던) 에너지 자립을 포기하고 친환경 에너지로 전환하는 것을 기쁘게 생각한다. 이 역시도 인플레이션을 가중시키고 경제에 타격을 주며 정치적 불안을 야기한다. 또한 사우디아라비아, 나아가 덜 민주적인 공급자라고 할 수 있는 이란과 베네수엘라에 미국의 석유 산업이 의존하게 되는 것은 워싱턴의 정치적, 군사적 활동 범위를 제한시킨다.

오늘날 미국은 석유 수입에 돈을 써야만 한다. 이는 부채를 늘리는 돈이거나 군대에 사용되지 않는 돈이라 할 수 있다.

글로벌타임스는 2021년 푸단(復旦)대학교 선이(沈逸) 교수의 말을 인용, "미국은 타이완 문제와 관련해 중국과 전면적인 충돌을 벌일 충분한 자원이 없으며 대결은커녕 미국의 높은 인플레이션, 치솟는 부채는 다른 나라의 돈을 훔쳐서 채워야 하는 수준"이라고 했다. 이어 "미국이 이성적이라면 중국과의 갈등을 고조시킬 이유가 없다는 점을 보여준다"고 했다.

중국의 미국 국채 보유 현황에 대해서도 언급할 필요가 있다. 중국이 미국에 대항할 수 있는 잠재적 무기로 미국의 국채가 거론되곤 한다. 그럴 수도 있고 아닐 수도 있을 것이다. 중국이 충격 효과의 일환으로 물리적 전쟁의 시작과 함께 갑자기 미국 국채를 풀면 가장 큰 효과를 볼 수 있을 것이다. 그리고 실제로 그렇게 할 수도 있다. 일단 총격전이 시작되면 미국은 중국에 어떤 이자도 지불하지 않을 것이다.

중국은 그동안 중국공산당에 필요한 외화를 위해 계속해 미국인들에게 기댈 수도 있다. 러시아의 우크라이나 침공 직후 차이나데일리의 한 기사 제목은, '글로벌 투자자들, (중국) 주식에 큰 기대'였다.

오랫동안 이 문제를 다룬 미국 전문가는 다음과 같이 설명했다.

《(우크라이나 침공 이후) 이런 유형의 차이나데일리 기사가 눈에 띄게 늘어났다. (…) 미국의 수뇌부, 일부 주지사, 월스트리트 종사자, 1820년 이전에 설립된 미국 대학교의 모든 학자, 중국이 관심을 갖는 캘리포니아 교사 협회와 같은 퇴직 기금 등에 대한 선전선동, 즉 이들로 하여금 달러를 투자해도 안전한 곳이라고 설득하는 선전이 밤새도록 이어지는 모양이다. (…) 투자금이 중국 국경 내로 들어가면 국가외환관리국(SAFE)에서 처리해 위안화로 환전한 다음 정해진 투자 대상에 전달된다. SAFE가 금고에 보유한 미화는 어떻게 될까? 미국 아이오와주의 농지를 구입하는 데 사용된다. 정말 멋진 세상 아닌가?〉

  2021년 말 인민일보 기사의 또 다른 제목은 중국이 자국민과 외환을 어떻게 활용해야 하는지 잘 알고 있다는 점을 보여줬다. 당시 제목은 '중국은행, 22억 달러 규모의 지속가능한 채권 런던에서 발행'이었다.
  이는 중국이 외화를 확보하기 위해 친환경적인 투자자들을 유혹하고 있다는 것을 의미한다. 전세계 많은 사람들에게 '녹색 중국'이라는 새로운 시대가 열리고 있으며 환경을 약탈하여 부(富)와 권력을 얻은 악당 미국은 사라지고 있다는 것이다.
  통화 문제는 중국의 주요 약점이다. 우리가 똑똑하다면 이 부분이 우리가 공격해야 할 곳 중 하나가 돼야 할 것이다. 그리고 강하게 공격해야 한다.

13 장

사이버전:
미국의 방어막을 뚫는 해킹

중국은 이미 미국 정부와 민간 산업 네트워크에서 (생체 인식을 포함한) 전략 데이터와 각 분야의 영업 기밀을 약탈했다. 중국은 아무런 대가를 치르지 않았고 미국인들은 누가 그런 행동을 하고 있는지 알고 있음에도 계속 내버려 두고 있다. (미국이 한 대응은) 기껏해야 중국공산당의 이름을 언급하며 경고를 하고 수치심을 주는 정도에 그쳤다.

상황은 정말 그렇게 안 좋은가? 그렇다. 미국 정부의 사이버인프라안보국(CISA)은 2021년 이런 문제를 정확히 지적했다.

〈중화인민공화국으로 알려진 중국 정부는 국익을 위해 악의적인 사이버 활동을 벌이고 있다. 중국 정부의 소행으로 추정되는 악성 사이버 활동은 의료, 금융 서비스, 방위 산업 기반, 에너지, 정부 시설, 화학 시설, (자동차 및 항공을 포함한) 주요 제조 부문, 통신, IT, 국제 무역, 교육, 비디오 게임, 종교 단체, 로펌 등 전반에 걸쳐 진행돼왔고 계속 이어지고 있다.〉

이는 거의 모든 부문에 대한 공격이라고 볼 수 있다. 중국공산당은 사이버 활동을 공격 무기로 사용하고 있으며 단순히 기밀과 정보를 수집하는 수준에 그치지 않는다. 미국 국가정보국장은 2021년 당시, "중국은 사이버 스파이 활동을 적극적이고 효과적으로 수행하고 있고 상당한 사이버 공격 역량을 보유, 이에 따른 위협이 커지고 있다"고 했다. 그는 "중국은 최소한 미국 내 중요 인프라 시설에 국지적이고 일시적인 장애를 일으킬 수 있는 사이버 공격에 나설 수 있다"고 했다.

사이버 세상 지배 계획

이런 활동은 서양인들이 컴퓨터를 사용하기 시작한 이래로 계속돼 온 것으로 추정된다. 중국이 서방세계와의 교육 교류가 활발해지던 1970년대에 이런 경향이 두드러졌다. 예를 들어 캐나다인들은 중국에 언어와 문화를 배우러 갔지만 대다수의 중국인들은 캐나다 대학교에서 과학과 기술을 공부했다.

중국의 사이버 영업 기밀 및 독점 정보 절도 행위는 중국 경제가 한 단계 도약하고 선진국과의 격차를 좁히는 데 도움이 되는 한 가지 방법이다. 이런 상업적 우위를 확보해 정치적 우위를 점하기도 한다. 중국 경제에 대한 제재를 방어하고 이상적으로는 중국이 핵심 기술을 확보, 다른 국가를 제재하려는 목적 역시 갖고 있다.

2014년 시진핑은 저명한 과학자 및 엔지니어 단체와 만난 자리에서, "핵심 기술을 우리 손에 쥐고 있어야만 경쟁과 발전에서 진정한 주도권을 잡을 수 있다"며 "그래야만 국가의 경제 안보, 국방 안보 및 기타 안보 측면을 근본적으로 보장할 수 있다"고 했다.

중국이 상업 및 국방 이득을 위해 사이버 전쟁을 벌이는 사례는 무수하지만 나는 그중 몇 가지만을 언급하고자 한다.

이는 해커가 잡히거나 노출된 사례만을 다룬 것이며 빙산의 일각에 불과하다는 점을 명심할 필요가 있다. 또한 2015년 당시 오바마 대통령과 시진핑은 양측 모두 상업적 표적을 대상으로 사이버 스파이 활동을 하지 않기로 합의했다는 사실을 기억해야 한다. 시진핑이 이를 간절히 원했고 (합의 과정에서) 웃음을 터뜨리지 않기 위해 스스로를 꼬집었을 것이라는 상상을 쉽게 할 수 있다.

상업 비밀(이중용도 등)

중국 관련 FBI 보고서는 "위조품, 불법 복제 소프트웨어, 영업 비밀 절도로 인해 미국 경제가 연간 부담하는 비용은 2250억 달러에서 6000억 달러 사이"라고 했다. 이것이 과연 어떤 의미일까?

* 윈티(2022년): 2022년 워싱턴타임스의 빌 거츠는 사이버 보안 회

사인 사이버리즌이 2019년부터 2021년까지 비밀리에 운영된 중국 정부 지원을 받는 상업 스파이 활동인 '쿠쿠비 작전'에 대해 보도했다.

해킹 그룹인 윈티는 적어도 2010년부터 활동에 나섰고 과거 미국 회사인 구글과 야후 등에 대한 공격에 나선 것으로 알려졌다. 윈티는 국가안전부 등 중국 정부의 통제 하에 있는 것으로도 전해졌다.

해커들은 북미, 유럽, 아시아에 있는 회사들의 컴퓨터 네트워크를 해킹했다. 해커들은 국방, 에너지, 항공, 제약, 생명공학과 관련된 30개 이상의 국제 조직에서 수백 기가바이트를 훔쳤다. 도난당한 데이터는 과연 무엇이었을까? 거츠는, "민감한 문서, 청사진, 다이어그램, 공식 및 제조 관련 노하우가 포함됐다"고 했다.

표적이 된 기술은 중국 정부의 우선순위 기술 목록과 일치한다 (중국제조 2025 계획). 그리고 일부 기술은 군사적으로 적용될 수 있는 이중용도의 품목들이다. 앞서 언급한 군사-민간 융합을 기억하는가?

* 하이난성(海南省) 안전부: 2021년 7월 미국 법무부는 2011년부터 2018년까지 미국 기업(및 기타 외국 기업)과 대학 및 정부 기관의 영업 비밀을 사이버로 절도한 혐의로 중국 국적자 네 명(중국에 체류 중)을 기소했다고 발표했다. 용의자 중 세 명은 하이난성 안전부(HSSD) 소속 요원들이었다. 하이난성 안전부는 중국 국가안전부 산하 기관이다.

이들은 중국 대학들과 긴밀히 협력, 항공, 방위, 의료, 바이오 제약, 잠수정 및 자율 주행 차량, 상업용 항공기 서비스, 유전자 염기서열 분석 기술 등의 분야를 노렸다(이중용도의 가능성이 있는 기술들이다). 해커들은 중국 국영 기업들이 고속철도 등 사업에 대한 계약 입찰 과정에서 유리하도록 해킹한 독점 정보를 기업들에 넘겼다.

* 국가안전부와 마이크로소프트 익스체인지 해킹: 2021년 7월, 바이든 행정부는 캐나다, 영국, 유럽연합과 함께 중국 및 중국의 국가안전부가 마이크로소프트 익스체인지 이메일 서버를 대규모로 해킹했다며 이를 공개적으로 비난했다. 공격에는 지적 재산 도용과 스파이 행위 외에 랜섬웨어 공격 역시 포함됐었다.

이는 미국 관리들을 놀라게 한 일이었다. 중국 국가안전부가 해킹 범죄자들과 계약을 체결하고 이들이 자유로운 활동을 하게끔 한다는 것이 드러났기 때문이다. 혹은 해커들과 이익을 나눴을 가능성도 존재한다.

이에 대한 논평 요청에 워싱턴 주재 중국 대사관은, "미국은 사이버 보안과 관련해 중국에 대한 근거 없는 공격과 악의적인 비방을 반복적으로 해왔다"며 "이는 새로운 것이 없는 또 다른 오래된 속임수일 뿐"이라고 했다. 중국 대사관은 "중국이 미국의 사이버 절도, 도청, 감시의 심각한 피해자"라고도 했다. 미국은 마이크로소프트 익스체인지 공격과 관련해 제재를 가하지 않았다. 단순한 비난만으로 끝냈던 것이다.

* 국가안전부와 코로나-19 백신: 2020년 7월, 미국 법무부는 코로나-19 백신 및 치료제를 개발하는 미국 회사들에 대한 해킹 혐의로 중국인 해커 두 명을 기소했다. 기소장에 따르면 두 해커는 광둥성(廣東省)의 국가안전부 요원과 협력한 것으로 나타났다.

해커들은 홍콩 시위 주최자, 중국 내 기독교 목사, 민주화 운동 및 반(反)체제 인사들의 이메일 계정과 비밀번호를 입수, 국가안전부 요원에게 제공한 것으로 알려졌다.

* 미국 회사 및 노조에 대한 인민해방군의 공격: 2014년 미국 법무부는 2006년부터 2014년까지 상업적 이익을 위해 미국 기업들과 노동조합 한 곳을 해킹한 혐의로 중국 인민해방군 소속 다섯 명을 기소했다.

해커들은 상하이에 있는 사이버 첩보부대인 제61398부대 제3부 소속인 것으로 알려졌다. 피해자 중 하나인 웨스팅하우스는 중국에서 사업을 하고 있었다. 해커들은 중국 현지 파트너인 국영 기업과 관련된 웨스팅하우스의 기술 설계와 내부 논의 이메일 내용을 해킹했다.

또 다른 유명 미국 기업인 US스틸은 당시 중국 국영 기업을 포함한 중국 철강 업계와 분쟁에 휘말려 있었다. 해커들은 US스틸 네트워크에 접속, 중국 측에 유용한 기밀 정보를 빼내는 것을 목표로 했고 성공했다.

2012년 중국 해커들은 미국의 태양광 발전 제조회사인 솔라월드를 표적으로 삼아 파괴하려 했다. 당시 미국 상무부는 중국 태양광 제조업체들이 미국 시장에서 제품을 덤핑하고 있다고 판단했었다. 중국 해커들은 당시 진행 중인 덤핑 관련 무역 분쟁과 관련해 솔라월드의 재무 자료, 제조 기밀, 비용, 변호사-고객 간 논의 내용 등을 훔치려고 했다. 기소장에는 중국 경쟁업체가 이 정보를 사용해 솔라월드의 영업 활동을 방해하는 공격을 할 수 있다고 명시돼 있다.

10년이 지난 지금, 중국 기업들이 전세계 태양광 제품 제조업을 장악하고 있으며 미국 생산업체는 몇 곳만 남았다. 경제적 피해에 더해 미국 태양광 설치업체들은 미국 정부에 중국 제조업체와 좋은 관계를 유지하고 불공정 거래 관행에 대한 조사를 중단하라는 로비를 벌이고 있다.

미국 철강 노조는 두 곳의 중국 산업과 관련, 불공정 무역 관행이 벌어지고 있다는 의혹을 제기했다. 해커들은 노조의 네트워크에 침입해 무역 분쟁 관련 노조의 전략과 논의 내용이 구체적으로 담긴 이메일을 훔쳤다.

미국 군사 기술에 대한 해킹

중국의 해커들은 미국의 군사기밀 역시 해킹했다.

* 잠수함 기술: 2018년 워싱턴포스트는 중국 해커들이 로드아일

랜드주 뉴포트에 있는 해군 센터의 계약회사에 침투, 두 달 동안 614기가바이트의 민감한 프로그램 관련 자료를 빼돌렸다고 보도했다. 워싱턴포스트는 미 해군 요청에 따라, '시 드래곤(Sea Dragon)' 프로그램에 대한 일부 내용은 공개하지 않았다. 워싱턴포스트조차 무언가를 기꺼이 비밀로 유지하려 했다는 것은 당시 문제가 얼마나 심각했는지를 짐작하게 한다.

이 프로그램은 새로운 잠수함 발사 미사일과 관련돼 있었다. 워싱턴포스트에 따르면 해커들은 "신호 및 센서 데이터, 암호화 시스템과 관련된 잠수함 무전실 정보, 해군 잠수함 개발 부대의 전자전(電子戰) 도서관"에 대한 민감한 정보를 입수했다.

인민해방군이 미군과의 역량 격차를 점차 좁혀가고 있음에도 미국 잠수함 함대는 오랫동안 미군의 에이스 역할을 해왔다. 의회에서 오랫동안 국방 문제를 다뤄온 잭 리드 연방상원의원(민주 · 로드아일랜드)은 이 문제는 '매우 심각하다'고 했다. 이는 사실이다.

* 항공 기술, C-17 수송기: 캐나다 밴쿠버에 거주하던 수빈이라는 이름의 중국 항공 컨설턴트는 중국 내 인민군 장교 두 명과 협력, 보잉의 C-17 전략 수송기에 대한 세부 정보를 얻기 위한 해킹 계획을 추진했다. 개발 비용이 34억 달러로 추정되는 C-17은 현재 미국, 그리고 미국의 동맹국인 호주, 영국, EU 국가 등의 주력 기종이다.

기소장에 따르면 수빈은 보잉의 시스템에서 63만 개의 파일, 65기 가바이트 상당의 자료를 훔친 혐의를 받았다. 여기에는 회로도, 날개 및 동체 치수에 대한 세부 정보, 배선 시스템, 비행 테스트 정보 등의 주요 정보가 포함됐다.

해커들이 작성한 보고서에는, 절도 정보를, "중국 내부의 전문가들이 높이 평가한다"며 "중국에서 처음 본 것"이라는 내용이 담겼다. 중국 공군의 Y-20 수송기가 C-17과 닮은 것은 우연이 아닐 것이다. 그리고 아마도 34억 달러보다 훨씬 적은 비용으로 훨씬 짧은 기간에 시행착오를 줄여가며 개발됐을 것이다.

수빈은 미국의 F-22 및 F-35 전투기에 대한 정보도 입수한 것으로 알려졌다. 해커들은 드론 개발 프로젝트에 대한 정보 역시 수집했다고 자랑했다.

이 사건은 다른 사례들과 크게 다른 점 하나가 있다. 미국 연방당국은 수빈을 캐나다에서 체포했다. 그는 송환됐고 재판에서 유죄를 인정했다. 그는 (단지) 4년의 징역형을 선고받았다. 그가 출소해 중국으로 돌아가게 되면 그에겐 좋은 일이 기다리고 있을지 모른다.

* 스텔스 기술, F-35 해킹: F-35는 미군의 가장 진보된 5세대 전투기이며 세계 최고로 간주된다. 2007년경부터 인민해방군 제3부 소속 기술정찰국 소속 해커들이 록히드의 네트워크에 침입, F-35 스텔스 전투기에 대한 기밀 정보를 훔쳤다.

탈취한 정보에는 기체의 스텔스 특성을 제공하는 설계 및 제조 기술이 포함됐다. 중국은 해킹한 세부 정보를 사용해 자체 전투기인 J-20과 J-31(특히 F-35와 유사함)을 개발한 것으로 보인다. 블룸버그에 따르면 J-31을 제작하는 중국 기업 AVIC의 린 주오밍(林左鳴) 회장은 J-31이 F-35보다 우월하다고 웃으며 말했다. 이 회사는 앞서 경제 전쟁 장(章)에서도 소개된 바 있다. 논란의 여지가 있겠지만 이는 분노를 일으키는 사안이다.

중국 인민해방군 해커들은 F-35 기술을 성공적으로 탈취한 것 외에도 미 공군의 F-22 전투기, B-2 스텔스 폭격기, 우주 기반 레이저, 미사일 항법 및 추적 시스템, 핵잠수함 및 대공(對空) 미사일에 대한 세부 정보 역시 확보한 것으로 추정된다. 해킹 사건의 구체적인 내용을 떠나 그 규모만 놓고 보면 중국의 사이버 전쟁 노력의 규모는 놀랍다고 할 수 있다.

미 국방부는 F-35 해킹 사건을 조사한 것으로 추정되는 보고서를 썼는데 중국 해커들이 다른 프로그램 역시 노렸다고 했다. 디플로맷은 "최소 3만 건의 해킹 사례, 500건 이상의 국방부 시스템 침입, 최소 1600대의 국방부 컴퓨터 침투, 60만 개 이상의 사용자 계정 유출, 30만 개 이상의 사용자 아이디와 암호, 3만 3000개의 미국 공군 관련 기록이 유출됐다"고 전했다.

국방부 보고서에 따르면 해커는 '테라바이트' 수준의 정보를 얻었고 이는 도서관 다섯 개를 채울 수 있을 만큼 많은 자료다. 여기에는 국방부가 확인한 내용만 포함된 것이다.

* 가스 송유관, 인터넷, 위성에 대한 해킹 가능성: 2011년부터 2013

년까지 중국 해커들은 23개의 미국 가스 송유관 회사를 표적으로 삼았다. "이 중 13건은 침투가 확인됐고 3건은 거의 성공했었으며 7건은 어느 정도 규모로 이어졌는지 알려지지 않았다"고 한다. 일부의 경우 해커들은 송유관의 감독 통제권을 확보하기도 했다. 즉, 해커가 송유관을 통제했다는 것이다.

미국 당국은 중국 해커들은 '중국 정부가 지원하는 사람들'이라며 향후 미국 송유관을 공격할 역량을 개발하고 있다고 했다. 미 연방수사국(FBI) 및 사이버인프라안보국(CISA)은 이런 공격이 단순한 지적재산권 절도 사건이 아니었다고 했다.

* 인터넷: 2021년, 미 연방통신위원회(FCC)는 중국 국영 기업인 것으로 알려졌으나 이를 부인하는 차이나텔레콤(아메리카)에 미국 내 영업 중단을 명령했다. 이런 일은 보다 빨리 일어났어야 했다.

차이나텔레콤은 10년 넘게 지속적으로 인터넷 트래픽의 경로를 중국 쪽으로 우회해왔다. 여기에는 미국 내 트래픽과 미국으로 들어오는 트래픽이 포함돼 있었다. 이 회사는 캐나다의 인터넷 트래픽 역시 빼돌렸다.

이런 활동은 차이나텔레콤이 2010년 4월 8일, 18분 동안 인터넷 트래픽의 15% 이상을 차지했을 때 처음 감지됐다. 여기에는 미국 정부 및 군대 홈페이지가 포함돼 있었다. 전문가들은 이런 활동이 인터넷 트래픽 조작을 위한 실험이었다고 분석했다. 크리스 뎀착 박사 및 유발 샤비트 박사는 차이나텔레콤이 이후에도 며칠, 몇 주, 몇 달, 몇 년에 걸쳐 이런 활동을 했다고 했다.

이 전문가들은, "이런 공격이 정상적인 (인터넷 관련) 활동이라고 누군가는 주장할 수 있겠지만 비정상적인 전송 특성, 즉 길어진 경로와 너무 긴 지속 시간을 보면 악의적인 의도가 있었음을 알 수 있다"고 했다.

오라클의 인터넷 분석 책임자는, 2시간 동안 우회 활동이 이어졌던 것과 관련, "2시간은 너무 긴 시간이고 글로벌 통신망을 약화시킨다"고 했다.

만약 암호화된 인터넷 트래픽 정보들을 탈취하면 어떤 이득을 얻을 수 있을까? 중국은 이를 저장하고 취약점을 조사하며 향후 새로운 탈취 방법이 나올 때 이를 활용할 수 있다.

미국 정부는 민간 기관 연구자들의 의견에 동의했다. FCC는 영업 취소 명령을 내리며, 차이나텔레콤에 대한 중국 정부의 통제, 나아가 미국 통신망에 대한 중국 정부의 접근, 저장, 방해, 혹은 잘못된 경로를 허용함으로써 제기되는 국가 안보 위험을 언급했다. 미국에 대한 스파이 활동 등 기타 유해한 활동에 나설 수 있다는 것이었다.

* 위성: 2018년 시만텍의 보안 연구원들은 중국의 컴퓨터에서 시작된 해킹 공격이 미국과 동남아시아의 위성 회사, 군수 및 통신 회사에 깊숙이 파고들었다고 보고했다. 특히 이 해킹이 민간 및 군사 통신망을 가로채는 것을 목표로 한 것으로 보인다고 설명했다. 해커들은 위성을 작동하는 컴퓨터를 표적으로 삼은 것으

로 알려졌고 (해킹에 성공했다면) 위성의 위치와 궤도를 변경했을 수 있던 것으로 전해졌다.

시만텍의 기술 책임자는 "위성 가동이 중단되면 민간 시설뿐만 아니라 군사 시설도 엄청난 (현실 세계의) 혼란을 겪을 수 있다"고 했다. 미군이 미국으로 향하는 미사일의 방향 등을 사전에 확인하는 등 통신, 표적, 감시 부문을 위성에 의존하고 있다는 점을 고려하면 이는 가볍게 볼 수 없는 지적이다.

미국이 에너지, 교통, 농업, 통신, 금융 인프라, 심지어 소비자들이 사용하는 사물(事物) 인터넷 부문에서도 위성을 사용하는 경우가 많기 때문에 이들 역시 침투와 조작에 취약하다는 지적 역시 타당하다 할 것이다.

중국공산당은 총성이 시작되는 전쟁이 일어나는 날을 위한 준비를 하고 있다. 미국 역시 그들과 마찬가지 준비를 하기를 바라는 것 외에는 거의 생각하고 싶지 않은 문제다.

다시 한 번 나쁜 소식이 있는데 2014년경 미국 인사관리처가 중국에 의해 해킹당했다. 해커들은 기밀 인가를 받은 약 2200만 명의 미국인 인사 기록을 빼냈다. 이 기록 중에는 기밀 인가 신청 당시 필요한 SF-86 서류 역시 포함됐다. 여기에는 매우 상세하고 때로는 수치스러울 수 있는 개인 정보를 기재해야 한다.

호감을 갖고 있지 않은 정부가 이런 정보를 얻어 사용할 수 있는 몇 가지 잠재적 용도는, 이것이 포섭 및 협박에 사용될 수 있고 미국 정보당국에서 근무하는 비밀 요원들을 특정할 수 있는 것이다. 제임스 클래퍼 국가정보국장은 중국이 유력한 용의자라고 밝혔지만 오바마 행정부는 중국이 해킹의 배후라고 선언하지 않았다.

이는 중국으로서 좋은 하루였을 것이다. 어떤 처벌도 받지 않아도 됐다. 이는 매 맞는 아내 증후군, 즉 피해자는 조용히 있고 가해자는 어떤 처벌도 받지 않게 하는 미국인들의 행동을 보여주는 또 하나의 사례였다. 미국은 중국(그리고 우리를 악의적으로 공격하는 다른 국가로부터) 지속적인 사이버 공격을 받고 있다.

이런 상황은 중국이 수십 년 동안 진행해 온 광범위한 정치 전쟁, 즉 제한 없는 전쟁의 한 전선(前線)으로 보는 것이 가장 알맞다. 중국은 사이버 부문을 통한 노력으로 경제 및 무역 전쟁을 강화하는 동시에 실제 군사 역량을 키우고 있다. 무력 충돌이 발생하면 사이버가 강력한 무기가 될 수 있으며 대응이 조금만 늦어져도 전투, 혹은 최악의 경우 전쟁에서도 패배하게 될 것이다.

사이버 전쟁에는 심리적 측면도 존재한다. 예를 들어, 미국이 새로운 첨단 무기를 도입한 얼마 후 중국이 쌍둥이처럼 보이는, 혹은 최소한 사촌형제처럼 보이는 무기를 출시하면 사기가 떨어지게 된다. 중국이 모든 수를 읽고 있다는 사실이 파악되면 편집증을 불러올지도 모른다.

영향력과 통제

중국이 자국 내에서도 영향력을 행사하고 통제하기 위해 온라인을 사용하는 것은 분명하다. 중국공산당은 자국민을 상대로 사이버 전쟁을 벌이고 있다. '만리방화벽(萬里防火壁)'이 있고 '50센트 군대'를 포함, 중국 인터넷과 소셜 미디어에 대한 철저한 검열이 이뤄지고 있다. 정부에 반(反)하는 생각을 가진 시민에 대한 처벌 역시 빠르게 이뤄진다. 이런 내용은 2017년 사이버보안법에 명시돼 있다. 12조는 다음과 같이 돼 있다.

〈네트워크를 사용하는 모든 개인 및 조직은 인터넷을 통해 국가 안보, 국가 명예, 국익을 위협하는 활동에 참여해서는 안 되며 국가 주권 전복, 사회주의 체제 전복, 분리주의 선동, 민족 단결 저해, 테러 또는 극단주의 옹호, 민족 증오 및 민족 차별 옹호, 폭력, 음란 또는 성적 정보 유포, 허위 정보 생성 또는 유포, 경제 및 사회 질서를 교란하는 행위는…(금지된다).〉

이는 본질적으로 중국이 전세계적으로 달성하고자 하는 목표다. 중국이 사이버 전쟁을 반공 단체와 민주주의 및 인권 운동가, 그리고 위협으로 간주되는 다른 사람들을 공격하는 도구로 사용하는 방식에서 이를 엿볼 수 있다. 티베트 및 위구르 단체는 특히나 더 감시와 괴롭힘의 표적이 되고 있다. 공산당의 노선에 도전하는 디아스포라 역시 마찬가지다.

홍콩 출신의 캐나다인인 체리 윙은 오타와주가 화웨이의 5G 네트워크망의 사용 금지 결정을 내리지 않은 것은 사람들의 생명을 위험에 빠뜨리고 있다고 했다. 민주주의 옹호 단체인 얼라이언스 캐나다 홍콩의 상무인 그는 중국에 반대하는 단체들이 이미 캐나다에서 중국공산당에 의해 위챗 및 틱톡과 같은 중국 소셜 미디어 애플리케이션을 통해 추적되고 표적이 되고 있다고 했다. 캐나다에서 화웨이 5G 네트워크망의 위협은 훨씬 더 심각하다는 것이다.

중국은 국내에서 반체제 인사들을 탄압하는 동시에 해외에서는 사회적 혼란을 야기, 분열을 일으키려는 것으로 보인다.

국제무대

앞서 소개한 국제민간항공기구(ICAO) 사건부터 중국 해커들이 남중국해 관련 상설중재재판소 사건에서 필리핀을 대표하는 미국 변호사를 표적으로 삼은 것까지, 중국은 사이버 부문에 있어 제한 없는 전쟁을 벌이고 있고 모든 것을 공정하다고 생각한다. 미국에서 벌어지고 있는 일을 모든 곳에서 벌이는 것이다. 전세계 휴대폰 통신망과 위치 기반을 타깃으로 한 작전이 진행되고 있다.

중국은 그들이 지은 아프리카연합 본부에 도청 장치를 설치, 매일 자정부터 새벽 2시 사이에 데이터를 상하이로 전송한 것으로 알려졌다. 2021년 현재 중국은 아프리카에서 최소 186개의 정부 소속 건물을 지었고 이들 중 14개는 기술 네트워크 관련 민감한 정보를 다루는 곳이다.

(비즈니스 전문 소셜미디어 플랫폼인) 링크드인 계정이 있는가? 중국공산당은 그들이 필요하다고 판단하면 당신을 찾아낼 것이다. 워싱턴타임스는 2020년 다음과 같이 보도했다.

〈미국 방첩국의 윌리엄 에바니나 국장은 2017년 신용 보고 회사인 에퀴팩스를 해킹, 당시 1억 4500만 명의 미국인 데이터를 훔친 혐의로 기소한 중국군과 같은 사람들에 의해 해당 플랫폼이 무기화될 수 있다며 링크드인에서 탈퇴했다고 했다.

에바니나는 "그들은 당신들의 신용 점수뿐만 아니라 모든 데이터를 다 갖고 있다"고 했다. 여기에는 사회보장번호와 은행 계좌 번호와 같은 기타 개인 식별 정보가 포함된다. 그는 이 데이터가 민감한 정보에 접근할 수 있는 정부 안팎의 취약한 미국인을 타깃으로 삼는 데 활용될 수 있다며 링크드인을 통해 연락할 수 있는 사람은 표적이 될 수 있다고 했다. 그는 "그들은 누군가로부터 링크드인 정보를 받게 되면 이미 그 사람에 대한 모든 정보를 알게 된다"고 했다.〉

물론 인구의 대부분이 서로에 대한 정보원으로 활동했던 동독(東獨)의 보안 기관인 슈타지처럼 너무 많은 정보를 수집해 이를 처리하지 못할 수도 있다. 그들은 모든 것을 알고 있었지만 아는 것은 거의 없었다. 인공지능 기술은 중국 당국에 이런 딜레마를 해결할 수 있는 방법을 제시한다.

사용되는 리소스와 공격 대상의 범위 모두를 통해 중국의 해킹이 얼마나 광범위하게 이뤄지고 있는지를 알 수 있다. 중국공산당이 이득을 취할 수 있는 한 허용되지 않는 것은 없다고 할 것이다.

하버드대학교 벨퍼 센터의 연구원인 위도나 드솜브레는 중국의 공격적 사이버 역량은 미국에 '필적하거나 이를 능가한다'며 '중국의 사이버 방어 역량은 미국의 많은 작전을 파악할 수 있으며 어떤 경우에는 우리가 갖고 있는 도구로 우리에게 피해를 줄 수도 있다'고 했다.

그동안 중국은 사이버 공격에 대한 대가를 치르지 않았으며 실질적인 처벌을 받지 않았다는 점을 명시할 필요가 있다. 미 법무부는 해커를 기소하지만 구금하는 경우는 거의 없다. 기소로 인한 수치심은 중국공산당에 거의 영향을 주지 않는다. 우리가 처벌을 받아들일 능력이 무한(無限)한 것처럼 중국공산당은 수치심을 받아들일 능력이 무한 것으로 보인다.

언젠가는 이런 문제가 매우 중요해질 것이다. 발전소, 식품 공장, 원자력 시설, ATM, 항공 교통 관제, 인터넷 등이 모두 중단될 것이다. 와이파이가 15분만 끊겨도 우리가 얼마나 불안해하는지 생각해 보라. 우리는 이미 전쟁 중이라는 것을 깨닫지 못하는 것 같다. 그리고 우리 호주머니 속의 휴대전화가 누군가에겐 무기가 된다는 사실을 말이다.

14 장

대리전:
아웃소싱 전술

중국이 프록시를 통해 진행하는 또 다른 전술이 있다. 프록시란? 대리인, 더 쉽게 말하면 다른 사람이 알아차리든 알아차리지 못하든 내 업무를 대신 처리하도록 하는 것을 뜻한다.

중국은 이른바 내정 불간섭 원칙을 내세우며 다른 국가의 내정에 간섭하지 않는다고 주장한다. 실제로 중국은 무역과 비즈니스를 하고 싶을 뿐 다른 나라는 내버려 두고 자기 일에만 신경 쓰는 것처럼 보이기를 선호한다.

하지만 이는 사실이 아니다. 중국공산당은 수년 동안 전세계에서 군사, 비즈니스, 정치 등 다양한 분야에서 여러 대리인을 사용해왔다. 지금도 마찬가지다. 이 대리인들은 미국, 미국의 동맹국과 우방국, 또는 적어도 미국이 이해관계가 있거나 중국이 원하는 곳이 있는 국가를 타깃으로 삼는다. 종합국력(綜合國力)의 목표는 상대방을 약화시키고 자신을 강화시키는 것이라는 점을 기억해야 한다. 혹은 이들을 상대로 승리를 거두는 것이다.

중국 국경을 따라 시작해 더 먼 곳으로 이동하며 몇 가지 예를 살펴보도록 한다.

한반도

북한은 모든 프록시의 어머니 같은 존재다. 김정은 정권은 중국의 석유, 식량, 돈 없이는 생존할 수 없다. 그 대가로 북한은 미국과 일본의 관심과 자원을 한반도에 집중시킴으로써 중국의 이익에 크게 기여하고 있다. 타이완을 방어하기 위해 중국 쪽으로 시선을 돌리지 못하게 하는 것이다.

중국은 북한이 핵과 미사일 프로그램을 계속 이어가고 위협을 가해 아무도 그들을 막을 수 없는 것처럼 행동하고 있다. 이를 통해 중국은 미국을 견제하고 있다.

중국은 교묘한 정치전을 통해 자신들은 문제가 되지 않으며 해결책에 필요한 존재처럼 비치는 데 성공했다. 역대 미국 행정부와 몇 세대에 걸친 외교관들은 북한 문제 해결을 위해 중국의 협력이 필요하기 때문에 중국의 잘못된 행동은 눈감아줘야 한다고 스스로를 설득해 왔다.

중국이 남중국해를 장악하고 필리핀과 일본을 괴롭히며 타이완을 파괴하겠다고 위협, 사이버 절도와 무역 부정행위를 저질러도 미국의 대응은 "북한 문제와 관련해 중국의 도움이 필요하다"는 이유를 들며 너무 자주 침묵하거나 대응 자체를 하지 않았다.

중국은 중국을 상대하는 것보다 더 크고 긴박한 문제가 있는 프레임을 짜서 미국을 설득하는 방식에 매우 능숙하다. 이 문제를 해결하기 위해서는 중국의 도움이 필요하다고 미국을 설득하는 것이다. 우크라이나 사태를 봐도 이를 알 수 있다. 미국 외교관들은 러시아를 도왔다는 이유로 중국을 제재하는 것이 아니라 도움을 달라고 요청하고 있다.

중국은 무엇이든 대리인으로 사용할 것이다. 기후 변화는 중국의 세계 지배 목표를 뒷받침하는 모든 조치를 요구하는 한 사례다.

물론 중국은 거의 모든 경우 문제 해결에 관심이 없고 최소한 미국이 원하는 방식으로 문제를 해결하는 데 관심이 없다. 예를 들어 아시아에서 타이완을 상대로 한 물리적 전쟁이 발생하게 된다면 북한과 중국은 협력할 것이다.

중국공산당은 미국의 동맹국인 한국에도 대리인들을 갖고 있다. 실제로 한국의 좌파는 친북(親北), 친중(親中) 성향인 경우가 많으며 이들은 한국의 정치권에서 힘이 없는 세력이 아니다. 최소 한 번 이상 국가를 운영해본 경험이 있다.

한국의 문제인 대통령(2017~2022)은 좌파였다. 그는 미국과 미군 주둔을 한반도 분단의 원인으로 봤고 북한은 그리 위협이 되지 않는다고 생각했다. 그는 자서전에서 "월남이 패망하는 모습을 보고 희열을 느꼈다"고 했다.

그는 아프가니스탄 사태가 발생했을 때 느낀 감정에 대해서는 밝히지 않았다. 문재인 정권은 한미동맹을 흔들고 한일 관계를 역대 최악 수준으로 악화시켰다. 중국은 기뻐했다. 미국과 한국(또는 한국과 일본)이 사이가 좋지 않은 것은 중국 입장에서 좋은 일이다.

문 대통령은 재임 중 한국의 위치를 중국에 종속된 것으로 본다는 이야기를 여러 차례 언급했다. 정치가로서 할 말과 아부할 때 해야 할 말이 있다. 그리고 진심에서 우러나왔을 때 하는 말도 있을 것이다.

문 대통령의 일부 참모와 측근들을 극좌파로 묘사하는 것 역시 그것만으로는 충분하지 않다. 2020년 7월에 임명된 이인영 통일부장관을 예로 들어보자. 대학 재학 시절 그는 지하조직인 반미청년회 2인자였다. 북한의 주체사상에 기반한 폭력적이고 급진적인 1980년대 학생 운동 단체 전국대학생대표자협의회 의장이었다. 그는 국회 인사청문회에서 전향을 했느냐는 질문에 즉답을 하지 않았다. 이것만 봐도 다 알 수 있다 할 것이다.

문재인 대통령은 한국에 대한 중국의 투자에 올인하고 있었고 전국에 수십 개의 차이나타운을 건설할 계획을 추진 중이었다. 그리고 미국이 한국에 고고도미사일방어체계(사드·THAAD)를 배치하자 중국은 이에 불만을 품고 한국에 경제 제재를 가했다. 얼마 지나지 않아 문 대통령은 이른바 '3불(不) 합의'를 하겠다고 했다. 이는 미국 MD(미사일 방어 체제)에 불참, 사드 추가 배치 없음, 한·미·일 군사 동맹 없음을 알린 것이었다. 중국으로서는 큰 세 가지를 얻어냈다.

훌륭한 대리인에 걸맞게 모든 문제의 해결책을 중국에 맞게 바꿔놓기도 했다. 코로나-19가 발생했을 당시 한국은 중국과 함께 고통을 겪을 것이라고 했고 중국인 관광객의 입국을 허용했다. 예상했던 것처럼 그는 실제로 고통을 겪을 사람들, 즉 한국 국민에게 의견을 묻지 않았다.

문재인 대통령의 더불어민주당이 예상치 못한 압도적 승리를 거둔 2020년 4월 15일 한국 국회의원 선거가 중국의 도움으로 조작됐다는 설득력 있는 주장이 제기되고 있다. 좋은 대리인이 있다면 그 대리인을 잃고 싶지 않을 것이다. 특히 자유롭고 공정한 선거처럼 중국공산당에 혐오감을 주는 것일 땐 더욱 그렇다.

여러 주장 가운데는 중앙선거관리위원회의 전자 시스템이 해킹돼 투표가 조작됐다는 것도 있었다. 스파이 소설에서나 나올 법한 일인데 생각보다 어렵지 않을 수도 있다. 선관위 네트워크는 기본적으로 선관위에 메인 서버가 있고 이를 통해 각 투표소로 연결된다. 미국인들에게 익숙한 분산형 시스템이 아니다. 그리고 중국의 화웨이 장비가 (선거용) 하드웨어에 설치됐던 것으로도 전해졌다.

2015년 중국의 사이버 범죄자들이 미국 인사관리처를 해킹, 전현직 연방 공무원 2200만 명의 개인 정보를 탈취한 것을 감안하면 그들이 한국 선관위 시스템도 큰 어려움 없이 처리할 수 있었을 것이라고 상상할 수 있다.

그러나 중국의 대리전에 있어 중요한 점은 중국의 전략에 모두가 항상 따라가는 것은 아니라는 점이다. 한국의 경우 문 대통령의 과도한 친중, 친북적 정책에 많은 국민들이 등을 돌렸다. 문 대통령의 좌파 정당은 2022년 대통령선거에서 보수 정당 후보인 윤석열에게 패배했다.

좌파 성향의 민주당이 한국 국회를 여전히 장악하고 있지만 워싱턴은 안도했다. 물론 중국은 한국에 다음 대리인을 만드는 방안을 알아보고 있을 것이다.

인도

중국은 1962년 인도와 실제 전쟁을 치렀고 그 이후에도 대리전을 포함한 일종의 전쟁을 이어가고 있다. 가장 확실한 대리인은 파키스탄이다. 중국은 파키스탄과 협력해 인도에 대한 압박을 이어가고 있으며 파키스탄은 인도 국경 전역에서 문제를 야기하는 것을 목표로 하고 있다. 중국은 파키스탄이 라시카르-에-타이바, 자이시에 모하메드 등 인도에 대항하는 테러리스트들을 훈련시키고 이들이 장비를 갖추고 배치되는 것을 돕고 있다. 또한 중국은 유엔 안전보장이사회 거부권을 사용, 파키스탄에 기반을 둔 테러리스트들을 보호하고 있다.

중국은 인도 북동부 지역에서 활동하는 인도 반군(叛軍) 및 미얀마 반군 그룹을 지원하고 있다. 이 반군 그룹들은 다시 인도 반군 그룹에 지원을 하는 체계다.

인도 정부는 2011년 당시, 나가 반군의 무기 조달 책임자를 기소한 바 있다. 그는 중국북방공업집단유한공사(노린코·NORINCO)로부터 무기를 직접 구매하고 이 계약을 성사시키기 위해 직접 베이징을 방문했던 혐의로도 기소됐다.

미국의 분석가 크리스토퍼 부스는 "이런 방법은 중국의 정보기관과 군대가 현재 분쟁이 일어나고 있는 지역에서 인도를 괴롭힐 수 있는 저비용, 고신뢰성, 비대칭적 도구를 제공한다"고 했다.

신호 감청, 반군 심문, 언론 보도 등을 통해 분리주의 반군에 대한 중국의 지원을 확인할 수 있으며 이는 적어도 1960년대부터 계속됐다. 중국의 정보당국과 인민해방군 요원들이 미얀마에 있는 기지 등에서 게릴라를 훈련시키고 무장시킨다.

미얀마 반군 단체 중 가장 강력한 규모인 2만 5000명 이상의 병력을 보유한 와주연합군(UWSA)도 중국의 대리인이다. 이 반군은 미얀마 정규군의 규모와 맞먹는다. 중국은 미얀마 정부와 외교적 관계를 유지하고 긴밀한 경제 및 상업적 관계를 갖고 있음에도 미얀마 반군 단체에 무기를 제공한다. 이를 통해 중국은 여러 방면에서 미얀마 정권에 압박을 가할 수 있다.

중국이 미얀마 반군 아라칸군의 주요 후원자라는 보도도 나왔다. 아라칸군은 미얀마에서 인도가 자금을 지원하는 개발 프로젝트를 공격하는 경우가 잦은데 이는 우연이 아닐 것이다. 아라칸군은 미얀마를 지나 중국을 인도양까지 연결하려는 야욕을 갖고 있는 중국의 개발 프로젝트는 건들지 않는다.

1960년대부터 2000년대까지 이어진 네팔 마르크스주의 게릴라들에 대한 중국의 지원으로 네팔 정권은 게릴라의 손에 넘어갔다. 오랫동안 네팔은 인도의 영역으로 여겨졌다. 더 이상은 그렇지 않다.

전세계 어디를 가나 중국공산당의 대리인 조직을 쉽게 찾을 수 있다. 필리핀에서는 엘리트 계층의 상당수가 중국의 대리인 역할을 하고 있다. 필리핀의 재정적 동기와 미국과의 전쟁으로 인한 분노가 결합된 상황이다. 그들은 중국의 지시를 따르고 미국인들에게 골칫거리를 안겨주는 동시에 미국의 오랜 동맹을 약화시키고 있다.

일본에서는 중국 대리전의 한 예로 집권 자민당의 연립 파트너인 공명당의 관리들이 외진 곳에 있는 여관에서 중국 대사관 관계자들을 만난 사실이 일본 경찰에 적발되기도 했다.

세계적 대리인

호주의 정치인, 재계 거물, 그리고 수많은 학자들이 중국의 대리인이었고 지금도 대리인으로 활동하고 있다. 존 가노트 기자와 학자인 클리브 해밀턴이 이 문제를 다뤘는데 호주 정부는 최악의 상황을 막기 위한 단속에 나섰다. 어느 정도의 성과는 있었지만 문제가 모두 사라지지는 않았다.

베네수엘라, 쿠바, 이란은 사실상 중국의 대리인이다. 특히 이들은 다양한 방식으로 미국의 삶을 어렵게 만들고자 한다. 이란만 해도 미국의 주의를 분산시키고 중동을 혼란에 빠뜨리고 있다. 중국이 움직이기 시작하면 이란은 문제를 일으키고 미국이 다른 곳에 자원을 집중하지 못하게 될 가능성이 있다.

캐나다에서는 중국의 대리인이라 불리는 중국의 조직범죄 집단이 브리티시 컬럼비아와 항구 도시인 밴쿠버에 진출해 있고 돈세탁과 마약 상인 역할을 담당하고 있다. 삼합회 외에도 캐나다의 일부 저명한 정치인과 관리들이 중국의 대리인이라는 정의(定義)를 충족했다.

중국의 조직범죄는 중국공산당 정부와 공안(公安)의 작전 및 집행 기관으로 잘 알려졌다. 홍콩 자유 시위대를 잔인하게 공격했고 타이완에서도 조직범죄 활동을 이어가고 있다. 때가 오면 타이완 내부에 침투한 적의 역할을 할 수도 있다. 이들은 타이완을 오가는 인상적인 수준의 밀항 경로를 갖고 있다. 중국이 존재하는 곳에는 중국의 조직범죄가 있다. 이는 중국공산당이 사용하는 또 하나의 도구인 것이다.

중국은 아프리카에서 자국을 대신해 활동하는 수많은 사람들을 보유하고 있으며 이의 역사는 수십 년 전으로 거슬러 올라간다. 중국은 로디지아 전쟁 당시 로버트 무가베가 이끄는 반군을 무장시켰고 그가 통치하는 동안 긴밀한 관계를 유지해왔다. 중국은 이에 따른 대가로 풍부한 광물 자원을 제공받았다.

무가베가 37년간의 폭정과 부패를 일삼자 측근들도 더는 버틸 수 없었다(대부분의 시민들은 이미 오래 전부터 힘든 상황이었다). 중국은 대리인을 교체하는 결정을 내렸다. 짐바브웨 육군참모총장에게 권한을 위임했고 결국 무가베의 측근이었던 에머슨 음낭가과가 다음 대리인이 됐다. 대리인만 바뀌었지 목적은 같았다. 이것이 중국의 기본적인 행동 방식이다. 한 명의 대리인이 더 이상 임무를 수행하지 못하게 되면 교묘하게 다른 대리인을 찾고 때로는 한 번에 여러 명을 만든다.

이런 대리전은 아프리카 전역과 다른 개발도상국, 그리고 선진국에서까지 일어난다. 남서태평양의 전략적 국가인 솔로몬 제도에서 최근 이런 대리전을 목격했다. 중국 대리인인 (이 제도의) 총리는 중국 군대가 자국 내에 군사 시설을 설치하는 등 접근이 용이하도록 하는 합의를 했다. 대부분의 국민은 이에 반대하지만 중국은 현지 대리인과 정부의 엄호를 받으며 원하는 일을 추진한다.

미국 내 중국 대리인

미국 본토 문제를 다루기 전에 잠시 중앙태평양의 미국 전략 영토인 북마리아나 제도인 사이판에서 일어나는 중국의 대리전을 다루고자 한다. 2010년 당시 중국공산당의 대리인 역할을 하는 한 중국계 카지노 회사는 사이판의 주지사까지 대리인으로 만들었다.

카지노 개발업체들은 2018년 선거에서 여러 후보에게 자금을 지원했고 사이판 주지사는 카지노 세수(稅收)로 조성될 2080만 달러의 특별 자금 지원책을 발표했다. 이 자금은 선거 직전에 지급됐는데 북마리아나 지역 (군) 제대 퇴직자 기금으로 350만 달러, 그리고 마리아나 정치위원회로 15만 달러가 지급됐다. 이 위원회는 미국으로부터 독립하는 방법을 다루기 위한 목적에서 만들어진 단체다. 이는 중국의 입장과 일치하고 성공하지 못하더라도 국내적 불화를 야기할 수 있다. 중국이 양쪽 다 이기는 전형적인 형태의 방식이다.

대리인이 된다고 해서 중국이 항상 완전한 통제권을 영원히 갖는 것은 아니다. 연방수사국(FBI)이 주지사에게 관심을 갖게 됐고 그에게 자금을 댄 카지노의 영업이 승인된 것이 확인되자 상황이 바뀌게 됐다. 아직까지는 그럴 수 있었다. 중국의 현지 요원들은 새로운 사업을 이어가기 위해 계속 사업장을 알아보고 있을 것이다.

미국 본토의 상황

중국이 미국 내에서 자신들에 우호적인 세력을 찾아내는 역사는 수십 년 전으로 거슬러 올라간다. 예를 들어 1963년 마오쩌둥(毛澤東)은 일반적으로 더 큰 지지를 확보하기 위해 싸우는 사람들은 관심을 덜 두던 문제인 미국의 인종 차별 문제를 언급했다.

이후 중국은 집중적인 지원에 나섰고 1971년 말콤 엑스가 마오쩌둥을 긍정적으로 언급하고 블랙팬서(Black Panthers) 창립자 휴이 뉴턴이 저우언라이(周恩來)를 만나기 위해 중국을 방문했다. 블랙팬서, 영 로드(Young Lords) 등 다른 '혁명단체들'은 브롱스에 '맨발의 의사'로 구성된 침 맞는 곳을 만들기도 했다. (注: 블랙팬서는 1960년대 미국에서 설립된 마르크스 레닌주의 혁명단체로 흑인 민권 문제도 다뤘지만 무장단체라는 평이 많다. 영 로드는 1968년에 설립된 극좌 성향의 갱단이다).

(팩트체크 매체) 스눕스는 당시 이 침 집에 참여한 사람 중 적어도 한 명이 '흑인의 생명도 소중하다(BLM)' 운동에 기금 모금과 재정 후원을 제공하는 단체인 '사우전드 커런츠' 이사회 부의장을 지냈다고 했다.

BLM 운동은 2020년 여름, 미국 사회를 발칵 뒤집어 놓았다. 이들은 스스로를 마르크스주의자라고 부르며 중국은 그들을 그렇게 대우하고 대리인처럼 칭한다.

중국은 수십 년 동안 미국의 재계, 금융계, 교육계, 시민사회, 정치계 등 각계각층에서 수많은 대리인을 양성해왔다. 하지만 이들은 이를 완강하게 부인하고 있고 자신들이 대리인이 아니라는 점을 진심으로 믿고 있을지 모른다.

하지만 이들의 행동과 발언을 보면 무의식적으로라도 대리인이라고 표현하는 것 이외의 다른 단어를 찾기 어려울 정도로 이해관계와 활동이 중국공산당의 이해관계와 일치하는 것 같다. 이들은 아마 가장 좋은 형태의 대리인일 것이다. 이들은 자신들이 하는 일이 옳고 도덕적이라고 믿고 있는 사람들이다.

중국에서 부(富)를 일군 바이든 대통령의 가족 이야기도 한 번 해보자. 2020년 대선 운동 기간 중 바이든 당시 후보는 "중국이 (진정) 우리의 점심 식량을 빼앗아갈 것 같다고 생각하느냐"며 중국의 위협을 일축했다. 그는 "알다시피 그들은 나쁜 사람들이 아니다"라며 "알고 있는지 모르겠지만 그들은 우리의 경쟁 상대가 아니다"라고 했다.

헨리 키신저 역시 다뤄볼 만하다. 그는 자신이 대리인이 아니라고 주장하지만 거의 50년 전 중국 컨설턴트로 활동한 이후 그의 행적을 살펴보면 이를 알 수 있다. (그의 행적 중) 중국이 싫어할 만한 일을 찾아내긴 어렵다. 키신저의 영향력이 현재는 줄어들었을 수 있지만 여전히 영향력이 있고 그는 오랫동안 중국과 관련된 모든 일에 있어 델포이 신탁과 같은 존재였다(注: 고대 그리스 도시인 델포이에 있던 아폴론의 성소·聖所에서 아폴론이 내리던 예언을 지칭하는데 키신저가 그 정도의 영향력을 행사한 인물이라는 이야기를 하는 것으로 보인다).

미국 금융계의 상당수는 제3세계 독재자들조차 얼굴을 붉히며 부러워할 정도로 중국의 대리인 역할을 하고 있다.

트럼프 행정부가 50년간 지속된 미국의 대(對)중국 유화 정책을 뒤집으려 했을 때 월스트리트 내 중국의 대리인들은 이에 맞서 사활(死活)을 걸고 싸웠다. 골드만삭스 임원 출신인 스티브 므누신 재무장관 등 행정부 내에서 영향력을 행사할 수 있는 인물들을 통해 중국과의 관계를 악화시키지 말라는 이야기를 하도록 했다.

트럼프 대통령이 처음 전투적인 생각을 갖고 베이징을 방문했을 때 동행했던 인사는, 골드만삭스의 CEO 로이드 블랭크페인 및 다른 사람들은 거의 강제로 비행기에 탔었다고 했다. 레이 달리오, 스티븐 슈워츠먼, 래리 핑크, 제이미 다이먼과 같은 금융계 거장들, 즉, 한때, 혹은 현재도 거대한 헤지펀드 및 대형 은행을 운영한 사람들 역시 같은 마음가짐이었다고 한다.

이들은 모두 중국 공산주의자나 중국 시장에 대해 나쁜 말을 하는 것을 꺼렸고 중국에 대한 투자는 도덕적 의무는 아닐 수 있지만 사업의 일환이라고 주장했다.

그들은 명백한 사실을 무시하는 데 전문가들이다. 2021년, 중국공산당이 규정을 준수하지 않는 중국 기술 기업에 수십억 달러의 손실을 입힌 후 골드만삭스 등은 '불확실한 거래 환경이 중국 주식을 매수하는 데 큰 타격을 줄 것 같지 않았다'라든가, '중국은 글로벌 시장 측면에서 봤을 때 강력한 경제 및 수익 성장 잠재력을 갖고 있다'고 했다.

중국공산당이 중국 금융 시장에 개입하여 소위 중국 민간 기업을 옥죄고 (외국 기업을 포함한) 투자자에 막대한 손실을 입히는 것이, '불확실한 거래 환경'이라는 것이다.

브리지워터 어소시에트 헤지펀드의 창업자로 중국에서 큰 사업을 하고 있는 레이 달리오는 중국의 위구르족 탄압과 홍콩의 자유를 잔인하게 짓밟는 중국의 행태에 큰 문제가 없다는 반응이었다. 그는 이런 활동은 중국공산당의 '신성불가침'한 주권 욕망의 당연한 결과일 뿐이라고 했다. 시진핑이 2022년 11월 제20차 공산당 대회에서 거의 전권(全權)을 장악했는데 달리오는 새 지도부 중 어느 누구도 '극단주의자'로 보이지 않는다는 반응을 보였다. 타이완에 그렇다고 말해보기를 바란다.

골드만삭스의 전 CEO이자 부시 행정부 시절 재무부장관을 지낸 행크 폴슨도 또 한 명의 대리인처럼 보인다. 폴슨은 중국이 경제를 구축해나가는 데 주도적인 역할을 했고 중국의 군사력 증강과 글로벌 영향력 확대를 위한 자금을 지원했다. 그러나 폴슨은 중국 공산주의자들의 끔찍한 인권 침해 행위에 대해서는 별로 관심이 없어 보였다. 그는 더 잘 알고 있어야 했었다.

나는 장기(臟器)마저 적출하는 전체주의적 학살 정권, 나아가 미국을 아시아에서 물러나게 하려고 하는 정권을 위해 앞장서는 똑똑한 사람들이 어떤 사람들인지, 나아가 왜 그런지 알고 있는 지인(知人)에게 이를 물었다. 그의 답변이다.

〈중국에서는 당(黨)이 공격하는 이슈가 무엇이든 공격 대상으로 삼을 수 있는 자산이 바로 사람이다. 다이먼, 슈워츠먼, 핑크는 모두 같은 범주에 속하며 이들은 각자 자신이 추구하는 대의(大義)의 정당성을 인류의 발전을 위한 중심축이라고 믿는 나르시즘에 빠졌다.

이 세 사람 모두 교황 후보가 될 수 있을 것이고 실제로 일을 잘 수행해낼 것이다.

중국공산당은 대의의 정당성을 통해 이 세 명의 나르시스트들을 활용한다. 엄청난 선견지명으로 인류를 용감하고 독특하며 놀랍게 하나로 묶을 수 있도록 생각하게 만들었다. 인류의 큰 축인 중국에 자금을 지원하도록 인류를 묶는 것이다.)

우린 때론 이런 사람들과 그들의 자만심을 비웃을 수 있다. 그러나 그들은 강력하며 종종 중국에 대한 미국의 정책, 중국에 이익이 될 수 있는 미국의 정책에 영향을 끼친다. 이들 중 일부는 미국 정부에 기용돼 중국의 입장에서 봤을 때 더 큰 영향력과 도움이 될 수 있다. 2022년 6월, 마이클 블룸버그는 미 국방부 국방혁신위원회 위원장이 되기도 했다.

미국 학계

중국의 대리인 역할을 수행하는 저명한 미국 내 학자와 그렇지 않은 학자를 나열하는 대신, 독자들로 하여금 대리인이 아닌 학자를 찾아볼 것을 제안한다.

내 입장에서 봤을 때 그렇지 않은 학자는 열댓 명 정도뿐이다. 내가 아는 저명한 학자 한 명은, 대리인 같지 않은 학자는 '세 명밖에 없다'고도 했다.

실제 그렇지 않은 학자의 수(數)는 차치하고, 페리 링크와 같은 사람은 미국에 얼마나 많을까? 그는 저명한 중국 학자이지만 인권에 대한 명확한 입장을 표현했다는 이유로 중국으로의 입국이 사실상 수년간 금지됐다.

링크 교수는 다른 많은 중국학 학자들이 하지 않거나 할 수 없다고 생각했던 선택을 했다. 당신이 수년간 중국어와 중국 문화를 공부하고 중국에 동료들이 있지만 중국 공산주의자들을 불쾌하게 할 수 있는 말을 하거나 글을 쓰면 다음 중국 방문에 필요한 비자가 발급되지 않는다고 생각해보라. 그렇다면 아마 당신의 연구와 커리어가 중단될 수도 있다. 중국에서 열리는 세미나(혹은 좋은 대접을 받는 방문)에 더 이상 초청받지 못하게 될 수도 있다. 혹은 갑자기, 당신이나, 당신 대학교의 이른바 '중국학 연구소'에 대한 예산이 끊길 수도 있다.

이는 특히 종신(終身) 교수직을 받지 못한 신임 학자들에게 적용되는 상황이다.

상황을 복잡하게 만드는 것은 실제로 중국의 심기를 거슬리게 하는 것이 무엇인지가 모호하다는 점이다. 많은 학자들이 중국 당국의 검열을 피해 자체적으로 조심하고 검열을 한다.

많은 대학 행정가들도 조심스레 행동한다. 조지워싱턴대학교의 한 중국인 학생 단체가 2022년 베이징 올림픽과 관련해 중국의 인권 상황을 강조하는 포스터가 교내에 게시된 것에 불만을 제기했다. 대학 총장은 '깊은 슬픔을 느낀다'며 중국에서 사람들을 고문하는 사람들이 아니라 미국에서 해당 포스터를 붙인 사람을 추적하겠다고 했다. 그는 대학이 표현의 자유와 인권에 관심을 가져야 한다는 지적이 나오자 한발 물러서는 모습을 보였다.

이것이 일부 사례에 불과할까? 전혀 그렇지 않다. 달라이 라마나 자유를 갈망하는 중국인들을 대학에 초청해 어떤 일이 일어나는지 지켜보라.

미군(美軍)에는 대리인이 없을까?

미군에는 물론 대리인이 없을 것이다. 그렇지 않은가? 군대의 임무는 미국을 방어하는 것이다. 실제로 그런 뜻을 갖고 있다면 말이다.

한 예로 전 합참부의장을 지낸 윌리엄 오웬스 제독이 있다. 그는 수치스러워하는 모습 없이 중국에 옹호하는 모습을 보였고 상당한 보상을 받은 것으로 알려졌다.

그는 혼자가 아니다. 인민해방군 및 중국과 교류하기를 원하는 고위 장교들은 여전히 많다. 특히 퇴역한 일부 장교들은 (퇴역 이후엔 더 이상) 충성심이라는 문제가 크게 적용되지 않기 때문에 중국공산당을 아직 사귀지 않았던 (새로운) 친구로 접근하곤 한다.

혹은 일등석 비행기를 타고 중국 싼야(三亞)에서 열리는 회담에 참석하는 경우도 있다. 중국은 2008년부터 매년 이곳에서 회의를 열어왔고 우한 바이러스 봉쇄 시절 잠시 중단됐었다.

참가자들 중에는 퇴역한 미군 고위급 장교들이 다수 포함돼 있다. 이들은 중국 하이난(海南) 섬에 위치한 싼야로 가 즐거운 낮과 밤을 보내며 중국 측 인사들과 친분을 쌓고, 중국에 중요한 사안들에 대해 논의한다. 이 모든 일은 대화와 교류라는 명목 하에 이뤄지고 있다.

중국 측 후원자는 중국 국제 우호 관련 협회인데, 이는 중국의 정보 및 선전 활동 기관의 다른 이름이다.

저명한 미중(美中) 경제안보검토위원회는 2011년, "(이 조직은) 인민해방군 총정치부 국제연락부의 대외 조직으로, 특히 외국 군대를 대상으로 정보 수집과 (중국의) 선전 활동을 펼치는 것으로 알려졌다"고 했다.

중국 입장에서는 어떤 대리인이 더 좋을지에 대해서는 논란의 여지가 있다. 돈을 위해서만 활동하는 대리인, 혹은 자신이 대리인이 아니라 옳은 일을 하고 있다는 대리인 사이에서다. 후자(後者)는 소련이 과거 '쓸모있는 바보들'이라고 부르던 사람들과 같다.

중국의 입장에서 봤을 때 중요한 것은 결과일 것이다. 그리고 중국은 결과를 얻어내고 있다. 핵심은, 중국은 많은 대리인을 갖고 있고 적어도 미국에만도 대기자 명단에 들어가고 싶은 사람들이 있을 것이다.

15 장

더 이상 비웃지 못하게 된 중국군(軍)

그렇다면 중국은 군사적으로 현재 어떤 역량을 갖추고 있고 이를 통해 무엇을 할 수 있을까? 먼저 중국의 군사 규모와 역량을 살펴본 뒤, 중국의 목적 수행 역량을 알아보도록 한다.

군사 규모와 역량

2000년만 해도 중국 인민해방군이 언젠가 미군에 위협이 될 것이라고 말했다면 비웃음을 사며 쫓겨났을 것이다. 하지만 이젠 어느 누구도 중국을 비웃지 않는다.

미국 국방부의 2018년 중국 군사력 평가는 중국이 전세계에 군사력을 진출시키려 하는 야망과 본토에서 멀리 떨어진 곳에서 벌어지는 작전 가능성에 대해 언급했다. 국방부는 "중국의 군사 전략과 현재 진행 중인 군사 개혁은 역사적으로 이어진 육지 중심적인 사고방식을 포기했다는 점을 시사한다"며 "점점 더 글로벌한 역할을 구상하고 있다"고 했다.

이런 상황은 바뀌지 않았다. 2022년 국방부는, "중국공산당은 해외에서의 이익을 확대하고 외교 정책 목표를 진전시키기 위해 중국 국경과 주변국 등에 힘을 사용할 능력을 개발하는 임무를 인민해방군에 부여했다"고 했다.

인민해방군은 어디에서 무엇을 할 수 있는지 등 군사적 측면에서 미군과 기본적으로 같은 역량을 갖춘 것으로 파악된다.

중국군은 (해상, 해저, 지상, 공중, 우주) 모든 영역에서 작전을 수행할 수 있는 현대적 군대로 발전했고 우수한 사이버 및 전자전 능력과 수천 개의 순항 및 탄도미사일을 보유한 강력한 로켓 부대를 보유하고 있다. 전세계에서 훈련, 연습, 작전을 수행하고 있으며 2017년에는 (아프리카) 지부티에 처음으로 해외 기지를 구축했다. 2022년 말 현재, 중국과 캄보디아는 수년간 부인했었지만 캄보디아 리암에 해군 기지가 건설 중이다. 이는 중국 인민해방군이 인도태평양 지역에 짓는 첫 번째 기지다.

현재의 기준으로 보면, 대규모 재래식 글로벌 전투에서 인민해방군은 미국(및 동맹국)을 상대로 제대로 싸우지 못할 것이다. 중국군의 전력은 이른바 제1열도선을 벗어나면 급격히 떨어진다(注: 일본 남쪽에서 타이완과 필리핀을 거쳐 인도네시아와 말레이시아로 이어지는 이 선은, 중국의 대미・對美 군사 방어선을 뜻한다.) 이런 상황은 향후 5년에서 10년 동안은 이어질 것이다. 그러나 중국 본토에서 가까운 전투의 경우 중국군은 특정 상황에서 미군의 피를 흘리게 할 수 있다. 그것도 심하게 말이다.

앞서 다룬 바와 같이 2018년 니제르에서 네 명으로 구성된 미 특수부대 팀이 반군(叛軍)의 기습으로 사망한 사건이 있었다. 이 사건은 1면 톱뉴스를 장식했고 거의 국가적 재앙에 가까웠다. 중국과의 싸움에서 미국 대중은 하루 사이에 5000명의 군인을 잃게 될 수 있다는 사실을 인지해야 한다.

가장 많이 언급되는 싸움의 발단 예상지는 중국 본토에서 타이완 해협을 건너 90마일밖에 떨어지지 않은 제1열도선 내의 타이완이다. 분석가들마다 의견은 다르지만 나는 인민해방군이 전면적 침공을 할 수 있다고 본다. 타이완을 구출하려면 미군은 매우 신중하게 접근해야 할 것이다. 전투가 주로 타이완 인근에 국한된다면 중국이 상당한 이점을 갖게 될 것이다.

또한, 군대는 때때로 특정 일, 특정 시간, 특정 장소에서 어느 정도의 일만을 잘 해내면 되는 조직이다. 인민해방군이 짧은 시간 내에 얼마나 많은 진전을 이뤄냈는지 기억할 필요가 있다.

역사

1990년대까지만 해도 인민해방군은 육군이 주축이 된 보병 위주의 군대로 기동성이 제한돼 효과적인 합동 작전(공군, 해병대, 지상군의 결합)을 수행할 수 없었다.

1991년 걸프전에서 미국과 연합군이 이라크군을 단기간에 소탕한 것은 인민해방군의 단점을 극명하게 보여줬고 몇 년 후 미국이 보스니아에서 보여준 성과 역시 그러했다.

중국군이 역량을 향상시키는 데는 시간이 걸렸다. 중국군 내부의 영향력과 정치력은 큰 장애물이었다. 인민해방군의 광범위한 사업적 이해관계와 이에 따른 부패는 군 개혁 노력을 더욱 방해했다.

1998년 중국의 민간 지도부는 인민해방군에 민간 기업 매각을 명령했지만 그 효과는 제한적이었다. 시진핑은 2013년 집권 당시 인민해방군의 부패를 근절하는 것을 최우선 과제로 삼기도 했다.

인민해방군은 이런 장애물에도 불구하고 2000년대 초중반 이후 불완전하지만 빠른 속도로 군을 보다 현대적이고 합동 작전을 수행할 수 있는 균형 잡힌 첨단 기술 군대로 만드는 데 진전을 이뤄냈다.

일부 분석가들은 후진타오(胡錦濤)가 2004년 연설을 통해 다음과 같은 언급을 한 점을 들어, 그의 군사 개혁 노력을 전환점으로 보고 있다. 그는 당시 인민해방군이 해외에서의 중국의 이해관계 역시 보호할 수 있도록 해야 한다고 했다. 이는 지금의 인민해방군과는 다른 모습을 보여줘야 한다는 의미로 풀이됐다.

이에 따라 인민해방군의 해군과 공군이 재정 지원이나 하드웨어 측면에서 육군보다 우선시되기 시작했다. 지난 10년 반 사이 특히 중국 국경 내부를 포함, 중국군의 기동성과 중국 본토 외에서 활동할 수 있는 역량이 크게 향상됐다.

시진핑은 후진타오의 개혁 동력에서 더 나아가 그만이 추구하는 개혁을 진행했다. 이를 통해 인민해방군은 오래된 육군 중심의 군대에서 발전해나갔다. 이들이 추진한 개혁은 합동 훈련, 나아가 민간의 교통 자원 역시 활용하는 훈련을 확대하는 것이었다.

2015년 인민해방군 육군의 수(數)는 30만 명이나 감축됐고 그 수는 90만 명으로 줄었다. 이를 통해 기동성과 역량이 강화됐다. 현재 인민해방군의 구성도는 다음과 같다.

* 육군
* 해군(해병대)
* 공군
* 로켓군(모든 미사일 총괄)
* 전략지원부대(우주, 사이버, 전자전, 심리전, 정치전)

중국은 해안경비대 역시 보유하고 있고 규모가 큰 전투용 함정을 갖고 있다. 해안경비대는 이중선체(二重船體), 고속 역량, 그리고 무장한 수천 대의 어선도 보유하고 있고 선원들 역시 훈련된 민병대로 볼 수 있다. 물론 여기에는 군과 민간이 융합한다는 교리에 따라 동조 의사를 밝힌 민간인은 포함되지 않는다.

시진핑은 인민해방군과 관련해 두 가지 주요 기한을 설정했다. 현대화 과정을 2035년까지 완료하고 인민공화국 수립 100주년이 되는 2049년까지 '세계 수준'의 군대가 되겠다는 것이다. 중국은 서방 전문가들이 예측하기 몇 년 전부터 특정 역량 등을 개발해왔다는 사실을 기억할 필요가 있다.

중요한 것을 사들이다

인민해방군의 현 상태를 더 잘 이해하는 좋은 방법은 중국 지도자들이 국방에 지출하고 있는 금액과 관련 수치들을 확인하는 것이다. 중국공산당은 중국의 전반적인 경제와 상관없이, 나아가 코로나-19로 인한 경기 침체와 관계없이 항상 인민해방군에 충분한 자금을 지원해왔다.

중국 인민해방군은 2022년에 국방비를 7.1% 늘릴 것이라고 밝혔다. 그 전년도의 경우엔 6.8% 증가했다. 그 전해에는 6.66%였다. 그 전해에는 7.5%를 기록했다. 수년 동안 이런 식으로 유지됐다. 이는 중국공산당이 강력한 군사력 구축에 얼마나 진지한지를 보여준다. 중국이 적(敵)이라고 규정한 국가 외에 중국이 맞서고 있는 적은 없다는 사실을 명심할 필요가 있다.

숫자들의 의미

중국의 2022년 공식 군사 예산은 1조 4500억 위안, 또는 2300억 미 달러였다. 이 수치의 정확성에 의문을 제기하는 사람들도 있다. 아마 너무 낮기 때문일 것이다. 중국 정부가 실제 수치를 숨기는 이유는 무엇일까? 우선 하나는, 중국이 정확한 수치를 제공할 이유가 전혀 없다는 점이다.

중국은 낮은 수치를 발표해 누구에게도 위협이 되지 않는다고 주장할 수 있고 미국과 비교해 3분의 1, 혹은 4분의 1의 비용만 지출하는 것이 유리하다. 따라서 역내(域內)와 전세계에서 발생하는 문제의 책임은 미국의 호전주의자들에게 있는 것처럼 보이게 한다. 꽤 많은 미국 전문가들이 이 주장을 받아들이고 이를 퍼나를 것이다.

중국의 실제 국방 예산에는 논란의 여지가 있고 이를 정확히 파악하는 것은 의미가 없을 수도 있다. 더 중요한 것은 중국이 예산을 쓰며 무엇을 얻고자 하는지를 파악하는 것이다. 이와 관련해서는 몇 가지 유용한 자료가 있다.

* 미군 인건비와 비교해 일부만을 인건비로 지출한다.
* 2021년 미 해군이 진수한 군함 한 척당 중국은 일곱 척을 진수했으며 지난 10년간 평균 비율은 5(중국)대 1이었다.
* 공식 군사 지출 내역을 배제하더라도 어떤 국가보다 민간 수송 및 물류 역량을 군대에 훨씬 더 잘 통합시키고 있다.

(중국 국방비와 관련된) 2300억 달러라는 수치에도 문제가 있다. 중국 지도부는 미국 국방부처럼 의회 예산의 구속을 받지 않는다. 현지 위안화 지출의 경우 중국은 돈을 얼마든지 찍어낼 수 있다. 누가 시진핑에게 안 된다고 말할 것인가?

중국은 어떤 군대가 필요한가?

이는 중국이 필요하다고 생각하는 군사력의 종류에 달렸다. 중국은 국내 '불안'을 진압하기 위한 지원군 역할 외에 크게 두 가지 일을 할 수 있는 군대를 구축하고 있다. 하나는 미군을 물리치는 것이고 다른 하나는 중국의 글로벌 자산과 이익(항구, 공장, 농지, 해외 거주 중국인 등)을 보호하는 것이다. 중국은 현재로서는 이를 잘 해낼 수 없다.

중국 지도자들은 어떤 대가를 지불해서라도 위의 두 목적을 이뤄내려 할 것이다. 앞서 언급했듯 전투가 중국 본토 인근에서 진행된다면 인민해방군이 미군에 심각한 타격을 줄 수 있다. 하지만 제1열 도선을 벗어나면 중국의 힘은 약해지는데 향후 5년에서 10년 사이의 상황은 달라질 수 있다.

중국은 어떤 군부대와 역량에 대한 투자를 우선시하고 있나? 모든 분야에서 그러하다. 앞서 언급했듯 중국은 미국을 이기고 전세계에서의 군사력을 강화하기 위해 필요한 부문에 투자를 하고 있다. 투자가 진행되고 있는 일부 부문은 다음과 같다.

* 신식(新式) 공군(정규군 및 해군 모두)
* 신식 해군, 해안경비대 및 해상 민병대
* 대잠(對潛) 전술
* 우주 역량
* 연합 및 합동 작전 수행에 더욱 적합한 신식 지상군
* 물자 등의 이송 역량
* 장거리 항공 수송
* 수륙양용 부대
* 공수부대

* 다수의 최신 핵무기

하지만 한 가지 큰 제약이 있다. 해외에서 조달해야 하는 특정 물품을 구매하기 위해서는 외화가 필요하다는 점이다. 중국 위안화는 (국제사회에서) 자유롭게 환전될 수 없기 때문에 중국은 달러, 유로 등을 벌어와야 한다.

이는 적어도 이론적으로는 인민해방군의 능력 향상 노력에 제한이 생긴다는 것을 의미한다. 그러나 앞서 살펴본 바와 같이 월스트리트와 서방 기업들은 중국공산당에 매년 수십억 달러의 외화와 인민해방군이 필요로 하는 첨단 기술에 대한 접근권도 제공하고 있다. 러시아와 중국이 더욱 가까워짐에 따라 러시아의 첨단 기술에 대한 중국의 접근성 역시 높아질 수 있다. 러시아는 중국의 통화로 돈을 지급받을 수도 있다. 특히 러시아가 우크라이나를 침공한 이후에는 더욱 그렇다 할 것이다.

중국이 미국 달러라는 높은 장벽을 넘기 위해 그토록 열정적인 이유는 분명하다. 하지만 돈은 인민해방군의 역량을 향상시키기 위한 해결책의 일부일 뿐이다.

사실 돈을 쓰는 것이 아마도 군대를 강화하는 데 있어 가장 쉬운 방법일 것이다. 더 큰 문제는 군대를 어떻게 구축하고 무장시키며 효과적인 작전을 수행할 수 있도록 훈련시키느냐는 것이다. 이는 실제 총격전이 시작될 경우 더욱 그렇다.

많은 서방 전문가들은 인민해방군의 역량을 평가절하하기도 한다. 예를 들어 합동 작전의 실제 수행, 장교 및 병력의 자질, 잘 훈련된 부사관, 상륙 작전 숙달 등의 부문에서 어려움이 있다는 지적을 한다. 중국도 이런 단점을 이해하고 있다.

중국군이 아직 '충분하지 않다'는 주장과 관련, 인도태평양 지역에서 수십 년 동안 근무한 퇴역 미 해군 장교는 다음과 같이 지적했다.

〈인민해방군이 자신들의 문제를 논의하고 있다는 사실은 이들이 실수를 연구하고 이를 통해 교훈을 얻고 있다는 바를 시사한다. 인민해방군은 현재 내몽고(內蒙古) 내 OPFOR 훈련장에서 수일 동안 훈련을 진행하고 있다. 러시아군과 달리 인민해방군 지도자들은 자신들의 단점을 인식하고 이를 극복하기 위해 노력하고 있다. 지금 당장은 준비가 돼 있지 않을 수 있지만 미래의 어느 시점에는 준비가 돼 있을 조치를 취하고 있다. 더 중요한 질문은, '미국도 과연 그만큼 치열하게 준비하고 있는가'이다.〉

그는 "미국 신병들은 지식, 비판적 사고 능력, 그리고 체력이 부족하다는 이유로 비판을 받기도 한다"며 "비(非)군사적 사회·정치 훈련이 미군의 훈련에서 차지하는 비율이 5년 전보다 높아졌다"고 했다.

중요한 것은 그들(중국)이 문제를 인식하고 이를 해결하기 위해 노력하고 있다는 점이다.

인민해방군과 관련해 또 자주 나오는 지적은 그들의 전투 경험이 부족하다는 것이다. 중국은 한국전쟁, 1951년 티베트 합병, 1962년 중국-인도 전쟁, 1969년 중국-소련 국경 분쟁에서 치열한 전투를 벌였었다. 하지만 40년도 전인 1979년 베트남에서의 짧지만 피비린내 나는 전투 이후 최근까지 제대로 된 전투를 치른 적이 없다.

중국 지도자들 역시 인민해방군을 괴롭히고 있는, 평화에 빠진 질병에 대해 불평해왔다. 이는 사실 모든 군대의 문제인데 실은 생각보다 덜 심각한 문제일 수도 있다.

걸프전(1990~1991)이나 이라크 및 아프가니스탄 분쟁이 시작됐을 때 의미 있는 전투 경험을 가진 미군은 상대적으로 적었지만 그들은 충돌이 시작되자 좋은 성과를 거뒀다. 또한 중국군은 평시(平時)에 해적 퇴치 순찰 및 평화 유지 작전을 해외에서 수행하고 있는데 그렇다면 전투 경험 부족은 더더욱 단점이 되지 않는다 할 수 있다.

앞서 언급한 미 예비역 해군 장교는, "전투는 귀중한 경험을 제공하지만 제대로 무장되지 않은 보병 반란군과 싸워 얻은 경험은 첨단 기술을 갖춘 연합군과의 전투에 쉽게 적용되지 않을 수 있다"고 했다. 그는 "결정적인 순간에 실수를 하거나 과거의 잘못된 교훈을 전투에 적용하는 쪽에서 패배하는 경우가 잦다"고 했다.

중국인들은 끈질기고 똑똑하며 20년 동안 매우 먼 길을 걸어왔다. 그들은 어디까지 갈 것인지 말했고 여기에는 다른 나라에 속한 영토를 필요한 경우 무력으로 점령하는 것도 포함된다. 그들의 말은 진지하게 받아들여져야 한다.

전세계 작전 수행

한 국가의 군사력을 측정하는 또 다른 핵심 척도는 전력을 확대해

나갈 수 있느냐이다. 이는 국가가 자국 영토 밖에 군사력을 배치하고 유지할 수 있는 능력을 의미한다. 다시 말해, 군대가 국경을 넘어 이동해 작전을 수행하고 그곳에 한동안 머물 수 있느냐는 뜻이다. 작전이라는 것은 훈련부터 인도주의적 지원, 전쟁까지 다양하다고 할 수 있다.

폭력을 사용할 수 있는 능력은 그 국가의 전력 확대 등급을 높인다. 하지만 해변을 가로질러 싸우거나 폭탄을 터뜨리는 것만이 그것의 전부는 아니다. 실제로 무력이 사용되는 경우는 드물다. 보통은 그럴 역량과 의지가 있느냐로 판단되는 척도다. 영향력, 협박, 억지력, 심지어는 안도감을 주는 것도 이에 해당될 수 있다. 미국은 누구보다 이를 잘 할 수 있는데 중국은 미국처럼 잘하려 하고 있다.

인민해방군은 1950년대 한국에서, 1960년대에는 인도에서, 1979년에는 베트남에서 국경을 넘는 전쟁을 치렀다. 1950년대에는 타이완 연안에 상륙 공격을 가했으며 1970년대와 1980년대에는 남중국해에서 베트남의 섬들을 점령하기 위한 짧은 교전이 몇 차례 있었다.

중국 인민해방군의 해양 전력 계획은 타이완을 점령하기 위한 상륙 공격 능력을 개발하고 유지하는 데 중점을 뒀다. 하지만 이는 타이완을 성공적으로 침공하기에는 역부족이었다. 1990년대까지 미군 장교들은 농담을 하곤 했는데 인민해방군이 100만 명을 수영시켜 타이완 해협을 건너게 하려 한다는 것이었다.

또한 중국은 전력을 확대해나갈 계획이 없고 그런 해군을 보유하지 못할 것이라는 믿음이 컸다. 이는 중국의 의도와 능력을 잘못 읽고 과소평가한 것이었다. 중국공산당은 전투력과 글로벌 확장력 측면 모두에서 미군에 맞설 수 있는 군대를 만들고자 했다.

중국의 군사력 증강이 중국이 세계무역기구(WTO)에 가입한 시기와 겹치게 된 것은 우연이 아닐 것이다. 이를 통해 중국 정권은 인민해방군의 육군과 해군, 공군을 더 강력한 군대로 발전시키는 데 필요한 재정, 기술, 제조 기반을 확보할 수 있었다.

2000년대 초부터 중국은 국경을 넘어 작전할 수 있는 해군과 공군을 체계적으로 구축하기 시작했다. 인민해방군의 지상군(육군과 해병대)도 해외에서 임무를 수행할 수 있도록 재편성 및 개편됐다. 이는 다 잘 진행되고 있다. 인민해방군의 글로벌 전력 확장 목표물은 그때나 지금이나 두 가지다. 타이완과 나머지 전세계.

일부 전문가들은 중국의 전력 확장 계획이 본격적으로 시작되던 2004년 후진타오 주석이 인민해방군은 중국의 해외 이익을 보호할 수 있어야 한다고 촉구한 연설을 언급한다. 하지만 후진타오의 전임자인 장쩌민(江澤民)이 인민해방군이 2020년까지 '타이완 문제를 해결할 수 있기를 바란다'고 했던 사실은 잘 언급되지 않는다.

16 장

타이완이란 목표

타이완에 대한 위협은 2010년대 초부터 지속돼 왔으며 현재는 매우 심각한 상황이다. 아직 현재 진행형이지만, 인민해방군은 해상, 항공, 상륙, 미사일, 감시, 병참(兵站), 사이버 등 필요한 대부분의 퍼즐 조각을 맞췄다. 중국군은 상대방 측의 공격이 있을 시 필요한 합동군사력 요건에 숙달하는 노력도 해왔다.

인민해방군이 타이완에 대한 상륙 공격을 성공적으로 수행할 수 있을지 여부에 대해서는 의견이 분분하다.

2019년 미 국방부의 중국 군사력 관련 보고서는, 타이완에 대한 상륙 작전은 인민해방군의 역량 밖이라고 평가했다. 그러나 "일상적인 훈련보다 조금 더 군사적 준비태세를 갖춘다면 남중국해에 타이완이 소유하고 있는 프라타스나 이투 아바와 같은 섬을 침공할 수 있다"고 했다. 또한 "마츠, 혹은 진먼과 같이 방어가 잘 돼 있는 중간 규모의 섬에 대한 인민해방군의 침공은 중국 역량 범위 내에 있다"고 했다.

2022년 미 국방부 보고서도 기본적으로 같은 내용을 담고 있다. 타이완에 대한 전면적인 침공은 아직 인민해방군이 감당할 수 있는 범위 밖이라는 것이다. 그러나 이 보고서는 인민해방군의 강력한 훈련과 광범위한 역량을 설명하고 있기 때문에 읽는 이로 하여금 타이완에 대한 침공이 역량 밖이라는 결론은 사실과 다르다는 인상을 갖게 한다.

나는 인민해방군 해군이 다른 소속 군대 및 민간 자원을 동원하게 된다면 지상군을 상륙시켜 대부분의 작은 섬들을 점령하거나 제1열도선 대부분에 주둔하게 될 수 있다고 본다. 만약 군사적, 정치적, 경제적 위험을 떠안을 수 있다면 말이다.

다시 타이완 문제로

인민해방군의 전력 확대 역량에 회의적인 사람들은 타이완 해협을 건너는 데 필요한 함정(리프트), 부적절한 합동 능력(이런 작전에 필수적인 공군, 해군, 지상군을 결합하는 능력), 부적절한 병참 역량 등을 지적하고 있다.

시진핑은 타이완을 괴롭혀 굴복시키거나 (조작이든 다른 방식이든) 선거를 통해 (중국에) 순응하는 지도자가 나올 때까지 기다리는 것을 선호하겠지만 나는 인민해방군이 타이완을 공격할 역량을 갖추고 있다고 생각한다. 그리고 시진핑과 인민해방군 모두 이 공격이 성공할 것이라고 생각하고 있다. 그럼 중국군의 역량을 하나씩 짚어보도록 하겠다.

* 리프트: 중국은 50척이 넘는 특수 수륙양용 함정을 보유하고 있다. 일부는 구형 모델이지만 잘 작동한다. 또한 중국은 수백 척의 상선(商船), 컨테이너선, (차를 운전해서 싣고 내리는 선박, 롤온·롤오프) '로로선', 나아가 수천 척의 페리와 바지선을 보유하고 있다. 병력과 장비를 해협 건너로 이동시키는 것이 목적이라면 이 정도면 충분할 것이다. 일부 분석가들에 따르면 초기 공격에 육군 3개 사단과 해병 1개 여단을 상륙시킬 수 있는 충분한 역량을 갖추고 있다. 즉, 하루에 최소 수만 명의 병력을 해협을 가로질러 이동시킬 수 있다는 뜻이다.

공수 병력을 투하할 군용기와 민간 항공기 역시 부족하지 않다. 헬리콥터와 같은 수직 궤도의 기체도 사용될 것이고 민간 선박은 이른바 '헬리 릴레이', 즉 100마일 폭의 타이완 해협의 길을 줄이는 역할을 하게 된다.

* 합동 능력: 합동 능력은 모든 군대가 직면한 과제다. 인민해방군은 이를 파악하고 개선하기 위해 훈련하고 있다. 그리고 타이완은 수십 년 동안 인민해방군의 핵심 목표였기 때문에 많은 자금과 관심, 계획, 조달, 그리고 훈련이 뒷받침되고 있다. 여기에는

수륙양용 공격과 필요시 사용될 공중, 해상, 화력 지원 등의 조율이 포함돼 있다.

* 병참: 인민해방군의 병참 역량은 미군 수준에는 미치지 못할 수 있지만 군사-민간의 융합과 중국의 입증된 글로벌 공급망 관리 능력을 고려하면 충분히 우수하다고 할 수 있을 것이다.

지난 수십 년 동안 중국 내 철도, 고속도로, 비행장이 빠르게 건설되면서 인민해방군의 병력과 장비를 중국 전역으로 신속하게 이동시키는 능력이 향상됐다는 점에 주목할 필요가 있다. 또한, 미군 및 기타 정찰 자산의 감시나 포착 없이도 타이완을 공격하기 위한 병력, 장비, 군수 지원을 더 쉽고 빠르게 필요한 위치에 배치할 수 있게 됐다. 다시 말해 어떤 신호도 없이 (혹은 매우 빠른 시간 안에) 공격을 할 수 있게 됐다.

미사일 포격, 사이버 공격, 전자전, 타이완과 미국의 위성을 무력화하기 위한 우주 작전, 나아가 해군과 공군이 타이완과 그 주변으로 몰려드는 방식의 공격이 이어질 것이라는 점을 기억할 필요가 있다. 아울러 타이완 안에는 지난 60년 넘게 중국을 위해 일을 해줄 뜻이 있는 요원들이 배치돼 있다.

또한 중국의 일부 대리인(북한, 파키스탄, 이란)이 그들 자신의 이익을 위해 다른 지역에서 조직적인 공격을 가할 수 있다. 이는 타이완의 동맹국, 특히 미국과 일본의 집중력과 힘을 분산시키고 한국이 타이완을 돕기 위해 개입할 생각을 하지 못하도록 하기 위한 목적에서일 수 있다.

어찌 됐든 이는 전력 확장 역량이라고 볼 수 있다. 물론 반드시 성공할 것이라는 뜻은 아니다. 하지만 2000년과 비교하면 인민해방군은 놀라운 발전을 이뤄냈다. 아무도 더 이상 '100만 명의 수영(水泳)'과 같은 농담을 하지 않는다.

목표: 전세계

전세계적으로 전력을 확장해 나가려는 인민해방군의 움직임은 중국이 군사적으로 세계 주요 강대국이 됐다는 것을 보여주려는 자연스러운 욕구에 따른 것일 수도 있다. 그러나 중국이 아프리카, 동남아시아, 중동, 인도양 지역 등 해외에서 광범위한 상업 및 경제 활동을 벌이고 있고 취약한 해로(海路)를 장악해야 한다는 인식이 확산되며 인민해방군은 이를 보호해야만 하게 됐다.

2013년에 시작된 일대일로(一帶一路) 프로젝트는 중국의 국제 이익을 위한 잠재적 군사적 활동 범위를 더욱 확대했다. 상업이라는 명목 하에 중국이 해외에 군대를 주둔해도 된다는 실체적, 정치적, 심리적 토대가 마련됐다. 그것이 일시적이든 영구적이든 말이다.

중국의 전력 확장에서 가장 주목할 만한 특징은 지난 10년 반 동안 전세계에서 빠르게 구축된 인민해방군의 해군력을 바탕으로 전세계로 영향력을 확장하고 있다는 점이다. 여기에는 항공모함, 상륙함, 모든 후방 지원, 전투 함정 등이 포함된다.

미국 해군참모대학교의 앤드류 에릭슨 교수는 이 문제를 간결하게 설명한다.

〈중국은 항공모함 자체뿐만 아니라 항공모함을 공급할 보조함, 이를 보호할 군함 등 장기적으로 대양해군을 구축하고 있다. 항공모함 호위 임무에 적합한 순양함 네 척 등 새로운 유형의 보급함 등이 건조됐거나 건조 중에 있다.〉

2000년대 초반부터(어쩌면 그 이전부터) 중국은 항공모함 건조를 원해 왔다. 항공모함은 미국이 1940년대에 보여줬듯 글로벌 전력 확장의 핵심이다.

인민해방군 해군은 2012년 이후 세 척의 항공모함을 진수했다. 가장 최근인 2022년 6월에는 8만 톤급 푸젠(福建)함을 진수했다. 이는 미국의 가장 큰 항공모함과 비슷한 수준이며 아시아 국가가 건조한 가장 큰 군함이다.

인민해방군 해군의 항모 함대는 아직 완전히 가동되지 않았고 미 해군에 미칠 바는 안 되지만 빠르게 성장하고 있다. 일부 미국 인도태평양사령부 사령관들은 물론, 대부분의 사람들이 생각했던 것보다 훨씬 빠르게 앞으로 나아가고 있다.

중국 항공모함이 인도 태평양 어디에서든 마음대로 전투기를 싣고 나타난다고 생각해보라. 모든 국가의 관심을 끌겠지만 일본이나 인도를 제외하고 이에 대해 별다른 조치를 취할 수 있는 국가는 거의 없을 것이다. 이는 강압적인 군사 외교의 일종이지만 전력을 확대해나가는 행위라고 볼 수 있다.

앞서 언급한 항공모함에 추가로 인민해방군 해군은 미 해군과 해병대가 어떻게 작동하는지를 연구했고 자신들만의 미국식 해군, 해병대, 상륙준비 연합 작전 계획을 수립했다. 미국은 항공모함과 함께 위와 같은 연합 작전을 수행하며 상시 준비태세를 갖추고 있고 전세계에서 지속적으로 활동하고 있다.

이런 연합 작전에는 일반적으로 장비, 수송 및 항공 자산과 함께 2000명 이상의 해병대가 탑승한 상륙함 세 척이 포함된다.

중국 인민해방군 해군과 해병대는 마음만 먹으면 지구상 어디든 약 6개월간 배치하는 연합 작전 부대를 구성할 수 있다. 강력한 적을 상대로 장기간 전투 작전을 수행하는 것은 여전히 어렵지만 중국군은 미 상륙군이 할 수 있는 거의 모든 일을 할 수 있는 상황이다. 실제로 중국 해병대의 임무는 미 해병대 파병단의 임무와 비슷하게 만들어졌다.

인도 태평양 지역에서 자연재해가 발생하거나 중국 현지 주민들이 어딘가에서 폭동의 표적이 될 경우, 중국 해병대 상륙부대가 이를 지원하러 올 것이다. 실제로 2022년 1월 화산 폭발과 쓰나미가 통가를 강타하자 중국 해군은 즉시 상륙함 한 척과 Y-20 수송기 한 대를 포함한 함정 두 척을 파견해 지원했다. 중국 해군은 대부분 호주에 대응을 맡겼던 미국 해군을 압도했고 통가 국민들은 이를 직접 확인할 수 있었다.

예를 들어 친중(親中) 성향의 솔로몬 제도 정부가 중국의 영향력에 항의하는 자국 내 시위를 진압하기 위해 '평화 유지'를 가장, 인민해방군을 투입한다고 가정해보자. 상상 못할 일은 아닐 것이다.

인민해방군은 이를 어떻게 다 알아냈을까? 바로 연구와 연습이다. '아프리카의 뿔(소말리아 반도)' 해적 퇴치 순찰 과정을 통해 중국으로부터 수천 마일 떨어진 곳에 어떻게 적절하게 해군 태스크포스를 배치할 수 있는지에 대한 기술을 숙달했다. 그리고 외국에 병력을 배치하는 데 필요한 복잡한 정치적 요건을 어떻게 해결하며 이 병력을 어떻게 유지할 수 있는지도 배우게 됐다.

중국의 수륙양용 전력 전개 능력은 놀라운 속도로 발전했다. 중국 군대의 전체적 전력 확장 능력이 그 어떤 것보다 정치적 의지에 달려있다는 것을 염두에 두고 이를 볼 필요가 있다.

중국 해군은 2008년에야 처음으로 현대식 수륙양용함을 인수했다. 헬리콥터들과 함께 600명의 해병대 대대가 승선할 수 있는 현대식이기는 하지만 작은 크기인 071형 '상륙함(미국의 샌안토니오급 함정)' 약 여덟 척에 불과했다.

이후 중국 해군은 미 해군의 4만 톤급 함정에 해당하는 최신형(075형) 상륙함 세 척을 인수했다. 이 상륙함은 항공기와 해병대원 900여 명을 수용할 수 있다. 중국은 더 많은 상륙함을 준비하고 있으며 더 발전된 076형 상륙함도 작업 중에 있는 것으로 알려졌다.

여기서 중요한 것은 중국의 선박 건조 능력이 미국 조선소의 건조 능력을 훨씬 능가한다는 것이다. 중국은 2019년부터 2021년 사이에 세 척의 075형 상륙함을 진수했다. 배 하나를 만드는 데 약 6개월이 소요됐다. 이는 매우 빠른 속도다. 그 기간 미 해군은 대형 상륙함 한 척을 진수했고, 또 다른 상륙함인 본옴 리처드호는 샌디에이고 부두 쪽에서 불타는 일이 발생했었다.

중국 해군만이 아니다

지금까지 중국 해군과 해병대에 대해서만 이야기를 했다. 하지만 중국 공군 역시 전력 확대 역량과 장거리 수송기를 빠르게 추가하고 있다.

2016년 인민해방군 공군은 신형 Y-20 수송기(중국이 설계도를 훔친 미 공군의 C-17과 동급)를 도입했다. 이는 전력 확대에 중요한 자산이다. 보잉과 에어버스가 중국에 판매하는 상업용 여객기가 병력 수송 용도로도 잘 활용될 수 있다는 사실 역시 잊어서는 안 된다.

간과되는 문제이긴 하지만 인민해방군 공수부대는 상당한 규모를 자랑하며 작전 거리 역시 확장됐다. Y-20 수송기의 비행거리는 4500km에 달하며 급유기와 관련한 변화가 이뤄진다면 그 거리는 더욱 늘어나게 될 것이다.

중국의 대규모 공수부대는 타이완 침공 시나리오에서 역할을 분명 맡게 된다. 2015년 잘 알려진 한 훈련 과정에서, 낙하산 병력이 중국 서부 훈련장에서 타이완 대통령 집무실 모형에 낙하하는 공격 훈련을 진행했다.

상업용은 군사용이다

전력 확장을 위해서는 군대가 조직하고 휴식하며 재충전하고, 작전을 수행할 수 있는 지역으로의 접근이 필요하다. 중국은 아직 전세계 작전을 가능하게 하는 미국의 전세계 기지 및 군사 지원 시설 네트워크를 따라갈 수 없다. 하지만 이것이 심각한 장애물이 아닐 수 있다.

중국의 상업적 이점은 전세계에 대한 잠재적 접근과 지원을 받게 할 수 있다. 인민해방군으로 하여금 공중, 해상, 지상에서 작전을 수행하는 것을 도울 수 있다는 것이다.

2013년 중국의 일대일로 계획이 발표되기 훨씬 전부터 중국은 상업적 목적으로 소유, 운영하거나 접근할 수 있는 수십 개의 항구와 비행장으로 구성된 전세계 네트워크를 구축하기 시작했다. 항구와 비행장은 분명 이중용도(二重用途)이며 민간용뿐 아니라 군사 목적으로도 쉽게 사용될 수 있다. 따라서 중국이 호주 바로 건너편에 있는 파푸아뉴기니의 남쪽 해안에 거대한 어항(漁港)을 구축한다고 발표했을 때 사람들이 왜 걱정했는지 상상할 수 있을 것이다.

중국은 비즈니스와 해운을 지원하는 전세계 물류 및 해운 회사 네트워크 역시 구축해놨다. 중국의 글로벌 해운 회사인 코스코는 400척에 가까운 대형 컨테이너선을 보유하고 있다. 인민해방군이 작전할 때 이의 도움을 받지 못할 이유는 없다. 중국의 이른바 군사-민간 융합 정책에 따라 그렇게 될 것으로 점쳐진다.

조금의 노력만 더해진다면 (민간용 인프라가) 전세계 인민해방군 작전 지원을 위한 인프라로 작동할 수 있으며 더 많은 노력과 재정적 여유가 생기게 된다면 직접적으로 군대를 위해 일하거나 실질적인 기지(基地)가 될 수 있다.

중국은 수년 동안 해외 기지를 보유하지 않겠다고 공언했다. 10여 년 전 지부티에서 근무하던 한 미 해병대 사령관은 중국의 움직임에 대해 경고했다. 그는 미 국무부로부터 '자신의 역할만 하라', '중국은 진지하지 않다', '장기적인 의도가 없다'는 말을 들었다고 한다.

당연하게도 중국은 2017년 지부티에 인민해방군 해병대대와 장갑차가 주둔하는 군사기지를 구축했고 이 기지를 중심으로 더 넓은 지역에서 임무를 수행하게 됐다. 그들은 이 기지를 '물류 지원 기지'라고 부른다.

중국은 현재 한 개의 해외 군사기지만을 갖고 있다. 그러나 캄보디아에 또 다른 기지가 건설 중이며 현재 추세로 볼 때 인민해방군이 솔로몬 제도에 기지, 혹은 최소한 '전진(前進) 작전 시설'을 확보하는 것은 시간 문제일 뿐이다. 그리고 그들은 아프리카, 파키스탄, 라틴아메리카, 아조레스 등 전세계 여러 곳에서 '시간을 벌고 있다'는 이야기가 나오고 있다.

지도를 보면 중국이 소유하거나 운영하는 항구와 비행장이 어디에 있는지 알 수 있다. 약간의 노력과 상상력을 더해보면 알 수 있는 문제인데, 지금의 추세라면 중국이 대서양과 인도양, 심지어 태평양까지 장악하는 것도 불가능한 일이 아니라 할 것이다. 중국이 인도양에 보유하고 있는 항구들을 살펴볼 필요가 있다. 인도 입장에서 이는 어떤 느낌일까?

중국의 전력 확장 순서는 이해하고 알아차리기 쉽다. 중국은 군사적 이해관계가 없다고 주장하면서 수년간의 상업적 진출, 인프라 투자, 대외 원조, 정치적 영향력(의존까지는 아니더라도) 구축 방식으로 확장을 진행한다.

적절한 때가 될 때까지 (미국과의) 직접적인 도전과 대립을 피하면서 야망을 감추고, 영향력을 확대해나가는 것이다. 우리는 지부티에서 이를 목격했다. 캄보디아와 솔로몬 제도에서도 이를 확인했다. 이는 그리 복잡하지 않은 문제이며 매우 효과적이라고 할 수 있다.

이는 불과 20년 만에 이뤄진 빠른 속도의 발전이다. 중국 인민해방군은 아직 글로벌 전력 확장 역량 측면에서 미국을 따라잡을 수는 없다. 그러나 영향력 확장 측면만을 놓고 보면 중국은 전세계에서 상업 활동을 벌이고 있고 미국이 부재(不在)하거나 비효율적인 상황인 지역에서 효과적인 정치전을 벌이고 있다. 그렇기 때문에 영향력 측면에서는 미국과 대등하거나 그 이상일 가능성이 있다.

현재 상황은 군사력 확대를 위한 토대를 마련하고 있는 것이다. 시간은 걸리겠지만 중국은 노력을 기울이고 있다. 한계를 시험하고 밀어붙이고 있다.

중국의 글로벌 전력 확장이 무엇이 나쁘다는 말인가? 미국도 어차피 하고 있는 일 아니냐?

타당한 지적이다. 다만, 두 나라는 전혀 비교할 수 없다는 점이 있다. 한 국가는 여러 단점에도 불구하고, 인도적이고 민주적이다. 사람들은 말 그대로 이 국가에 들어가기 위해 죽음을 무릅쓰기도 한다. 다른 하나는 불법 이민자 문제가 없는 공격적이고 팽창주의적인 전체주의 독재국가이다.

17 장

중국은 물리적 전쟁에 나설까?

중국은 물리적인 싸움 없이 그들이 원하는 것을 얻고 싶어한다. 누가 그렇지 않겠는가? 정치전, 나아가 점차적으로 목표를 전복(顚覆)하고 약화시키는 것이 더 쉽고 비용도 적게 든다. 자국민을 많이 죽이지 않아도 되며 제3자의 개입을 초래할 가능성이 낮다. 대상 국가 내에서 유의미한 저항을 촉발할 가능성도 낮으며 평판 측면에서도 도움이 된다. 하지만 오해해서는 안 된다. 중국은 자체 판단에 따라 물리적 공격이 필요하고 그렇게 할 수 있다고 믿으며 이를 통해 아무런 대가를 치르지 않아도 된다면 이 방식을 택할 것이다.

도덕적 제약은 없다. 중국 공산주의 지도자들은 다른 중국인들에게 여러 차례에 걸쳐 물리적 공격에 나선 바 있다. 이런 정권은 자국민을 협박하고 선택적으로 살해해 질서를 유지하는데, 필요하다고 판단했을 시 대규모 살육도 서슴지 않는다.

중국 공산주의 정권에 있어 정치전과 물리적 전쟁은 일종의 연속적인 조치의 일부이며 종합국력 확장이라는 목표를 달성하기 위해 둘 사이를 자유롭게 오갈 것이다.

중국(요즘은 시진핑으로 더 칭해지지만)이 만약 물리적 전쟁이 목표를 달성하는 가장 효과적인 방법이라고 생각한다면 내부적 철학, 도덕, 법률, 혹은 정치적 제약이 이를 막을 수 없다. 지난 수년에 걸쳐 (중국으로부터) 직접적으로나 대리인을 통해 공격받은 티베트, 베트남, 인도, 혹은 다른 나라들에 이런 상황을 물어보면 잘 알 수 있을 것이다.

중국공산당은 우리처럼 전쟁과 비(非)전쟁을 구분하지 않는다. 중국의 세계관에서는 무조건 세계를 중국이 지배해야 한다. 마오쩌둥은 이를 명확히 밝힌 바 있다. (중국 전문가인) 고든 창은 다음과 같이 설명한다.

〈(마오쩌둥은) 지구 전체를 하나의 계획 하에 이끌어갈 위원회를 설치하고자 했다. 문화혁명이 시작된 1년 후, 그는 참모들에게 '전 인류를 위한 계획'의 초안을 수립할 것을 지시하기도 했다. (…) 그는 '천하(天下)'가 통일되고 중국이 하늘 아래 모든 곳을 다스린다는 개념을 언급했다.〉

이런 세계관은 중국이 세계의 지배자로서 정당한 위치를 차지하지 못하도록 억압하거나 방해하는 세력과 끊임없이, 지배를 위한 투쟁을 공산주의자들이 벌이고 있다는 것을 보여준다.

이는 사물을 바라보는 중국의 관점인 동시에 라이벌 체제와 대립하는 체제와의 지속적이고 불가피한 투쟁은 불가피하다는 마르크스주의적 관점이다. 오직 하나만이 살아남을 수 있다. 마르크스와 시진핑에 따르면 그 하나는 공산주의이고 이런 관점이 중국공산당에 의해 구체화됐다. 이는 중국식 표현과도 잘 어울린다. '너는 죽고, 나는 산다'는 것이다.

마르크스-레닌 정권은 항상 모든 사람, 특히 그들에 해가 될 수 있는 국가와 계속해 전쟁을 벌인다. 이는 조직 범죄단의 많은 특징을 갖고 있는 정권의 본성이라 할 수 있다. (이들에게는) 위협이 통하지 않으면 협박과 노골적 폭력을 사용하는 것이 자연스러울 뿐만 아니라 상식인 것이다. 이는 '천하'라는 개념과도 관련이 있다. 주인공이 되는 것이 당연하다는 개념인데 무력을 사용해 정상(頂上)에 오르는 것에 무슨 문제가 있느냐는 것이다.

마오쩌둥은 1976년에 사망했고 (미국인 투자자) 레이 달리오의 말처럼 시진핑은 마오와 같은 수준의 '극단주의자'가 아닐 수도 있다. 하지만 그럴 가능성은 낮다. 시진핑이 어떤 생각을 갖고 있는지에만 주목하면 된다.

(미국 정책 분석가) 이언 이스턴은 인민해방군 고위 장교를 양성하는 국방대학교에서 사용되는 교과서의 한 구절을 분석한 바 있다. 시진핑의 사상과 일치하는 이 교과서에는, "시진핑은 우리 국가의 이념과 사회체제가 서구와 근본적으로 양립할 수 없다고 강조해 왔다"고 적혀 있다. 교과서는 시진핑을 인용, "이는 서방 국가들과의

투쟁과 경쟁이 해결될 수 없으므로 (이 과정은) 필연적으로 길고 복잡하며 때로는 매우 날카로울 것"이라고 했다.

이 교과서는, "국익을 지키기 위해 전쟁을 활용하는 것은 평화로운 발전이라는 개념과 상반되지 않는다"고도 했다. 이는 사실 마르크스주의 전략의 하나이기도 하다.

이런 상황임에도 불구하고 중국 공산주의자들의 실제 야망을 축소 해석하고 위협을 무시하려는 사람들은 계속 같은 입장을 유지하고 있다. 일부 사례들을 살펴보자.

"경제 이익이 물리적 전쟁을 막는다
무역 관계와 투자 때문에 전쟁은 상상할 수 없다"

이런 주장은 오랫동안 존재해왔다. 제1차 세계대전이 발발하기 직전 한 신문기자는 유럽 국가 간의 경제적 얽힘으로 인해 유럽에서 전쟁이 일어나는 것은 불가능하다는 주장을 내놨다. 그는 이로 인해 지속되는 오명(汚名)을 얻게 됐다.

오늘날에도 미국과 중국의 경제 관계를 언급한 비슷한 말을 듣게 된다. 경제 관계가 어떻게 해서든 중국의 행동에 제동을 걸고 있다는 것이다. 타이완은 현대 경제에 핵심 역할을 하는 반도체의 세계 최고 제조 국가다. 그렇기 때문에 타이완은 자국 내 공장이 파괴되는 것을 우려, 중국의 손을 계속 잡게 될 것이라는 말이 나온다.

그렇게 생각해서는 안 된다. 중국으로서는 반도체가 있든 없든, 필요하다면 타이완을 무력으로 정복하고 미국에 정치적 굴욕을 주는 것만으로도 충분하다(시진핑을 중국을 통일한 위대한 지도자로 오르게 하기도 한다). 반도체 산업은 언제든 재건할 수 있다. 종합국력이라는 것을 기억할 필요가 있다. 당신에게 반도체가 없다 할지라도 당신의 적(敵) 역시도 반도체가 없으니 문제가 되지 않는다는 것이다.

"중국공산당 엘리트의 개인적 이해관계가 충돌을 억제한다"

이는 지난 20년에서 30년 사이 중국인, 특히 가장 성공한 중국인들이 자의든 타의든 재산을 중국공산당의 잠재적 손아귀에서 벗어난 안전한 곳으로 옮기려고 노력하며 나타난 현상이다. 그 돈은 러시아나 북한이 아니라 미국, 영국, 호주, 캐나다와 같은 자유 세계로 흘러 들어간다. 다시 말해, 중국 공산주의자들이 적으로 간주하는 국가들이다.

재산을 중국 밖으로 옮기는 것뿐만이 아니다. 만일을 대비해 영주권을 받을 친척을 보내놓고 다른 가족 구성원이 정착할 발판을 마련하는 것이 더 좋은 방식이다.

강력하고 부상(浮上)하는 국가가 무장을 하고 싸움을 준비하는 가운데, 가장 성공한 사람들이 적국으로 규정된 곳에 발을 디디려고 하는 역사적 사례를 떠올리기는 어렵다. 현지 제도나 재산권, 법치 측면에서 안전하고 건전하다고 판단되는 곳들로 이동하는 것이다.

나치 시대 독일 엘리트들이 만일을 대비해 런던과 파리, 뉴욕의 부동산을 사들이고 그곳에 살려고 애썼던 상황이 있는데 중국 엘리트들의 상황과는 다르다.

심지어 최고지도자 시진핑의 딸은 (미국) 영주권을 갖고 있고 하버드대학교에 다녔다는 소문이 나오고 있다. 시진핑은 10년 전 그의 가족(및 다른 중국 지도자들의 가족)의 해외 자산에 관한 기사가 나오는 것을 막기 위해 뉴욕타임스와 블룸버그를 압박하려 노력한 적이 있다.

어떤 측면에서 보면 이는 공산주의 중국에서 가장 높은 지위에 있고 체제의 혜택을 가장 많이 받는 사람들이 미래에 대한 전망에 의구심을 품고 있는 선물(先物)시장과 같다. 다시 말해 그들은 중국에 대해 '숏(하락)' 판단을 내리고 있는 것이다.

2022년 3월 블라디미르 푸틴이 우크라이나를 침공한 후 고위 인사들과 그들의 자산이 미국에 의해 표적이 된 바 있다. 푸틴을 압박하기 위한 목적에서였다. 아마 중국 엘리트들은 이를 보고 미국과의 전쟁을 시작하게 되면 (그들의 자산이) 위험에 빠질 수 있다고 판단했을 수 있다.

하지만 중국공산당 지도자들은 이 모든 것을 기꺼이 눈감아 줄 수도 있다. 아니면 승리 전망이 너무 밝아서 해외 보유 자산이 그대로 남아 있을 수 있다고 생각할 수도 있고 이것을 되찾게 되기를 기대할 수도 있다.

시진핑은 최근 공산당 관리들과 그 친척들에게 해외 자산을 처분하고 수익금을 중국에 반환하라고 명령했다. 궁극적으로 이는 흥미로운 현상이지만 중국이 물리적 행동에 나서는 것을 막을 정도로 충분한 사안일까? 그렇다고 생각하지 않는 것이 현명할 것이다.

"중국 여론은 어떤가?"

여론이 중요하기 때문에 중국공산당을 견제할 수 있지 않을까? 마이클 블룸버그는 시진핑이 독재자가 아니고 여론을 생각해야 한다며 여론이 (그를) 견제할 수 있을 것으로 판단할지 모른다.

하지만 이런(중국과 같은) 체제에서는 문자 그대로든 비유적으로든 진정한 반론이 나오게 되면 협박과 통제, 침묵으로 이어지게 된다. 그러면 무엇을 어떻게 할 것인가? 의원들에게 편지라도 쓸 것인가? 백악관 앞에서 집회를 해야 할까?

어찌 됐든 타이완과의 '통일' 문제에 있어서는 많은 중국인들이 공감대를 형성하고 있는 것으로 보인다.

중국의 대중은 다른 곳의 대중들과 마찬가지로 조작에 취약하다. 원한과 역사적 잘못을 악용하거나 중국이 괴롭힘과 위협을 받고 있다고 주장할 수 있고 심지어 무시당하고 있다는 이야기가 나오는 등의 조작이 이뤄질 수 있다는 것이다.

그렇기 때문에 많은 사람들이 그냥 싸움을 하고 나면 되는 문제라고 생각할 수 있다. 일본인들에게도 적용된다면 금상첨화(錦上添花)일 것이다. 인종차별적인 반일(反日) 영화는 중국 TV의 단골 메뉴이며 수년째 계속 방영되고 있다.

중국공산당은 일본(또는 미국) 대사관을 공격하기 위한 폭력적인 시위 군중을 조직하는 데 어떤 어려움도 느끼지 않는다. 일본 소유 기업들은 필요할 때면 표적이 되곤 했다.

일본인뿐만이 아니다. 2021년에는 한국전쟁 당시 중국군이 미군을 압도했던 장진호 전투를 다룬 영화가 6억 달러의 수익을 올리며 큰 성공을 거뒀다.

2017년에는 고귀한 중국인들이 아프리카에서 미국 악당들과 맞서는 내용을 담은 영화 '특수부대 전랑 2'가 또 다른 블록버스터로 흥행했다. 이 영화의 메시지는 큰 반향을 불러일으켰다.

중국공산당이 경제에 활력을 불어넣는다면 중국은 과잉 생산 역량과 인력을 모두 소진할 수 있게 된다. 중국에는 평생 배우자를 찾을 가능성이 희박한 것으로 파악되는 독신 남성이 3000만 명 있는 것으로 알려졌다(성별을 선택하는 문화와 한 자녀 정책에 따라). 이들은 자신들의 처지를 중국공산당 탓으로 돌릴 수도 있다.

어찌 됐든 전쟁은 많은 젊은이들이 죽게 된다는 것을 의미하지 않을까? 그럴 수도 있다. 하지만 누가 불평할 것이며 중국과 같은 사회에서 분노가 어떻게 모이게 될 수 있을까? 2008년 지진으로 불량 설계된 학교 건물이 무너지고 수천 명의 어린이(대부분이 외동)들이 사망했을 때에도 분노는 중국공산당을 흔들지 못했다.

분노와 특정 인구 세력이 결합하게 되면 '그러면 왜 안 되는데'라는 식의 생각을 하는 인구 집단을 만들어낼 수 있다.

1982년 아르헨티나의 외신 기자와 현장 관찰자들은 대부분의 아르헨티나인들이 압도적으로 전쟁에 찬성한다는 사실을 확인했다. 영국이 포클랜드(말비나스) 제도를 점령했던 굴욕을 씻어낼 수 있고 아르헨티나가 전쟁에서 승리한다면 말이다.

한두 세대 이상 실제 전쟁을 치르지 않은 상황에서 정부가 과거의 전투와 영광에 대해 이야기를 하게 된다면 당시의 용맹함과 열정이 신선하게 받아들여질 수 있다. 국민들은 전쟁이 국가에 활력을 불어넣는 데 도움이 된다는 생각을 하고 이를 반길 수도 있다.

1996년 당시 매들린 올브라이트 미국 국무장관 역시도, 합당한 이유와 국익에 대한 문제가 없음에도 미군 파병을 꺼려한 콜린 파월 당시 합참의장을 비난했다. 올브라이트는 "당신이 항상 이야기하는 이 훌륭한 군대를 사용할 수 없다면 무슨 소용이 있겠느냐"고 했다. 이와 같은 생각은 중국에서 훨씬 더 쉽게 적용될 수 있을 것이라 생각할 수 있다. 중국에서의 콜린 파월은 그리 오래 가지 못할 것이다.

따라서 중국공산당은 너무 많은 사람들로 하여금 물리적 전쟁 움직임에 동참하도록 강요할 필요가 없을 수도 있다. 해상 민병대는 이미 남중국해에서 베트남, 필리핀, 기타 어선들을 약탈하고 때로는 침몰시키고 있다. 중국의 어선단은 약탈과 무료 연료라는 옵션을 들고 지배를 향한 중국공산당의 노력을 돕고 있다. 쉬운 싸움이 될 것이라는 생각은 편승 효과를 낳는다.

"중국은 누구를 공격한 적이 없다"

이는 '전문가들' 사이에서 꽤 흔한 이야기다. 키신저의 중국 관련 책을 읽은 지휘참모대학교 출신들을 비롯, 해병대에서도 이와 같은 이야기를 하는 이들이 있다. 이 주장의 핵심은, 중국은 누구도 공격한 적이 없기 때문에 우리가 유령의 적을 만들어내고 있다는 것이다.

중국의 이웃 국가들은 중국이 물리적 공격에 나서지 않는다는 생각에 동의하지 않을 수 있다. 실제로 중국은 주변 지역에서 정기적으로 경쟁국과 적국을 약화시키는 가운데 자신들의 힘을 강화하기 위해 물리적 힘을 사용한 바 있다. 일부 예는 다음과 같다.

* 베트남: 중국은 1979년 베트남을 공격, 피비린내 나는 짧은 전쟁의 교훈을 얻었다. 1974년 초, 중국은 기회를 포착하고 월남과 미국이 너무 정신이 팔려 대응하지 못한다는 것을 알게 됐다. 그들은 이때 남중국해의 월남 소유 섬을 점령했다. 1988년 중국은 베트남(공산주의) 소유의 섬을 더 많이 점령했다. 그 과정에서 중국은 무력(無力)한 80여 명의 베트남 선원들과 해병대원들을 물속에서 총살했다.

중국인들은 이 사건에 너무나 만족했는데 당시 사건과 동영상을 홍보, 병사 모집에 활용했다. 이 영상은 유튜브에서 찾아볼 수 있다.
이는 중국이 물리적 공격에 나서게 되는 전형적 공식을 보여준다. 역량과 기회, 그리고 어느 누구도 이와 관련해 대응하지 못할 것으로 판단되면 행동에 나서겠다는 것이다.

* 인도: 나는 인도 장군과 제독들이, "우리는 1962년부터 중국과 전쟁을 벌여왔는데 미국인들은 당신들 역시 전쟁 중이라는 사실을 왜 깨닫지 못하느냐"고 말하는 것을 들은 바 있다.

중국은 1962년 인도에 대한 전면적인 공격을 시작했고 그 이후로 양국 군인들은 국경에서 계속 충돌하고 있다. 중국은 국경을 계속 인도 영토 안으로 더 깊숙이 이동시키려 노력하고 있다. 2020년에는 중국군이 매복 작전을 벌여 20명의 인도 군인이 숨졌고 중국 군인은 그보다 더 많이 숨진 것으로 추정되는 사건이 발생하기도 했다.

중국은 인도 북쪽 국경에서 대규모 전쟁이 발발할 경우 신속한 이동과 증원을 위해 도로, 철도, 비행장 등 군사 인프라를 확장하고 있다. 중국은 계속해서 인도 영토의 주권을 주장하고 침범하고 있다. 다시 한 번, 중국은 기회를 모색하며 역량을 구축하고 있으며 적절한 시기가 언제인지 시기를 가늠하고 있다.

중국은 수년 동안 인도에 대한 대리인을 사용, 지원, 조언 등을 해 왔다. 앞서 언급했듯 인도 동부 나가랜드와 아삼주(州)의 반군들은 중국의 직접적인 도움을 많이 받고 있다.

* 네팔: 네팔의 마오주의(毛澤東主義) 반군들은 중국의 직접적인 원조와 무기, 훈련, 자문을 받았다. 광범위한 정치전의 일부로, 마오주의 성향의 정치 세력이 네팔을 장악하게 됐다. 네팔은 과거 인도의 영향력 아래 있었던 것으로 평가됐다.

* 미얀마(버마): 와주(Wa州) 연합군은 중국으로부터 무기(신식 및 정교한 무기), 훈련, 자금을 지원받고 있다. 게릴라 군대는 미얀마 군대의 라이벌이며, 이런 상황으로 인해 중국은 미얀마 정부와 반군 모두에 원하는 만큼의 영향력을 행사할 수 있다.

* 티베트: 티베트는 1949년까지 독립 국가였다. 마오쩌둥의 인민해방군은 그해 티베트를 침공했고 지금까지 이를 점령하고 있다. 중국은 인도, 태국, 라오스, 캄보디아, 미얀마가 의존하는 6개의 주요 강이 티베트 고원에서 흘러나오기 때문에 고지대를 장악하고 물을 무기로 사용할 수 있게 됐다. 최근 몇 년 동안 중국은 이 강들에 댐을 건설하려는 움직임을 보이고 있다. 다시 한 번 실제적 지배와 심리적 지배가 동시에 드러나고 있는 것을 목격할 수 있다. 한때 유명했던 할리우드 배우 리처드 기어는 어디에 있는가? 리처드 기어나 다른 사람들이 티베트를 지지한다고 하는 이야기를 최근 들어본 적이 거의 없다. 언론은 중국이 티베트를 점령한 것을 기정사실로 받아들인 것 같다.

* 캄보디아: 중국은 마오주의 캄보디아 크메르루주가 론 놀 정부에 맞서 싸울 때 그들을 지원했다. 1975년 캄보디아를 점령한 크메르루주는 유토피아를 건설하겠다며 인구의 3분의 1을 살해했다. 중국의 지원은 줄어들지 않고 계속됐다.

* 태국: 중국은 1950년대 후반부터 1980년대까지 수십 년에 걸쳐 태국 공산당 게릴라들의 정부에 대한 반란을 지원했다. 미국의 막대한 지원으로 태국 정부는 게릴라를 물리쳤지만, 중국공산당이 지원을 끊은 후에야 결국 물리칠 수 있었다. 반란 이후 중국공산당이 괄목할 만한 정치적 승리를 거두면서 태국 정부는 현재 내전 종식의 공로를 미국이 아닌 중국에 돌리고 있다.

위와 같이 중국은 물리적 싸움에 참여한 바 있다. 중국에 있어서는, 서방세계가 갖고 있는 정치적 전쟁과 물리적 전쟁 사이의 이른바 '레드라인'이 존재하지 않는 것 같다. 중국의 국제 교류의 대부분은 아니더라도 많은 부분에서 정치전은, 중국이 물리적 전쟁을 수행하기 위한 필수 조건을 충족하는 데 사용된다. 중국에 있어 군사-민간 융합은 중국 국경 내에 국한된 것이 아니다. 그리고 그럴 의도 역시 없었다.

일례로, 앞서 언급했듯 인민해방군이 전세계에 전력을 확장하려면 미군과 마찬가지로 항구와 비행장에 대한 접근이 필요하다.

중국의 정치전(특히 상업전 및 외교전)은 전세계 항구와 비행장 네트워크의 건설 및 개보수를 위해 체계적으로 자금을 지원했다. 어떤 경우에는 정치전을 통해 중국과 연계된 기업이 기존 시설의 관리 계약 관계에서 최저 금액 입찰자가 되기도 했다. 중국과 연관된 회사인 허친슨포트홀딩스는 26개국에서 52개의 항구를 관리하고 있다. 이는 군사-민간 융합과 국가정보법이라는 특성상 유의미하다고 할 수 있다. 중국이 허친슨으로부터 무언가 원하는 것이 있다면 중국은 이를 얻을 수 있을 것이다.

중국은 항구에 대한 통제권 역시 원한다. 중국은 일대일로라는 그럴듯한 핑계로 경제적 이익으로는 이해가 되지 않지만 전략적으로 중요한 곳들에 투자를 하고 있다.

2008년 그리스 경제가 위기에 처해 피레우스 항구를 매각해야 했을 때 이를 인수한 것은 중국 기업이었다. 한 중국 기업은 나미비아의 월비스 베이 항구 건설을 도왔다. 부채라는 함정을 이용, 중국은 스리랑카의 함반토타 항구를 99년간 임대했다.

중국-파키스탄 경제회랑(回廊)은 파키스탄의 과다르 항구에서 끝나는데 이는 중국 해군 기지와 매우 흡사한 모습을 보이고 있다(注: 일대일로 사업의 일환으로 중국 신장위구르자치구 지역의 도시 카스와 파키스탄 남서부 과다르항을 철도, 도로, 송유관 등으로 연결하겠다는 구상). 이런 사례는 끝도 없이 이어진다. 전세계에서.

지난 수십 년 동안 중국의 정치전이 영향을 끼치면서 많은 국가, 특히 전세계 대부분의 저개발 지역에서 중국의 존재를 환영하는 여론이 형성됐다. 이 모든 것이 미국에는 걱정스러운 일이지만 태평양 제도 전역에 걸친 중국의 상업적, 외교적, 정치적 진출에는 더 특별한 주의를 기울일 필요가 있다.

태평양 섬 지역은 대부분의 미국인에게 미지(未知)의 영역이며, 미군 장교들조차도 무엇이 어디에 있는지를 확인하기 위해 지도를 놓고 봐야 하는 경우가 잦다. 이른바 '선의(善意)의 무시(benign neglect)'라는 표현은 중앙 태평양 국가와 영토를 다루는 미국의 접근 방식을 설명하기 위해 수년 전 만들어졌다.

안타깝게도 중국은 이 지역을 잘 알고 있으며 경제적 중요성은 물론, 전략적 중요성도 잘 이해하고 있다. 군사적으로 유용한 위치, 항구, 비행장을 보유한 대부분의 태평양 섬들은 선거만 치르면 중국 진영으로 넘어갈 수 있다. 여기에는 미국이 군사적 접근을 보장하는 조약을 맺고 있는 팔라우, 미크로네시아 연방, 마셜제도 공화국 등 세 개의 자유 연합국이 포함된다. '꺼져'라는 말을 들은 뒤, 이런 조약을 집행해야 할 때, 이를 어떻게 해야 할지 생각해보라.

(2차 세계대전 당시 과달카날 전투가 벌어진) 솔로몬 제도는 중국과 협정을 체결해 중국 인민해방군이 이곳에 영구 주둔하게 되는 방향으로 일이 전개될 가능성이 높다. 미국은 이와 같은 협정이 태평양에서 더욱 많이 체결될 것을 우려하고 있다. 태평양 미국 방위의 중심 지역에서 말이다.

중국은 이렇게 열심히 노력하고 있다. 2021년 5월 24일 일본 도쿄에서 열린 쿼드(QUAD: 미국·일본·호주·인도 안보협의체) 정상회의 며칠 후부터 왕이(王毅) 중국 외교부장은 태평양 섬 8개국 순방을 시작했고 다른 3개 섬 국가와도 화상으로 만났다. 왕이 외교부장은 이들 국가에 경제 및 안보 관계 강화를 위한 (협력) 패키지를 제안했고, 단체 및 양자 관계 구축을 제안했다.

각국의 반응은 다양했고 중국은 누구를 지지하고 누구를 공격할지 더 잘 파악할 수 있게 됐다. 양자 간의 거래는 기밀로 유지됐고 해당 국가 지도자들은 중국의 방식에 더 깊이 빠져들게 됐다. 이에 따라 쿼드가 보도자료를 발표하는 사이 왕이 부장은 기존 미국 방위의 중심이자 미국과 호주 간의 주요 소통 채널 사이에, 중국만의 '섬 사슬'을 구축하는 노력을 했던 것이다.

정치적 접근 방식과 물리적 접근 방식이 어떻게 서로를 견고하게 돕는지를 확인할 수 있다. 총격전이 시작돼도 정치전은 멈추지 않는다. 러시아가 우크라이나를 침공한 후에도, 국제사회의 대응을 혼란스럽게 하고 약화시키기 위해 러시아와 중국이 어떻게 정치전을 폈는지를 보면 이를 알 수 있다.

우리가 정치적인 행동이라고 생각하는 것과 물리적이라고 생각하는 것 사이에는 의도적으로 모호한 중간 공간이 존재하게 된다. 이 공간에서 중국은 세를 키우고 있는 것이다.

'전쟁까지는 아닌' 전쟁

적을 놀라게 하는 것은 군사 전략에서 중요한 요소로 간주된다. 그런데 중국 공산주의자들은 여기에서 한 발 더 나아갔다.

적이 전쟁이 시작했다는 것을 믿지 못하게 전쟁을 시작할 수 있을까? 중국은 이를 통해 상당한 이득을 얻어냈다.

중국 공산주의자들은 그들의 주적(主敵)을 잘 이해하고 있다. 중국은 이미 오래 전, 미국인들은 자신들을 향해 누군가가 발포하거나 공식 서신으로 '우리는 오늘 오전 7시부로 전쟁에 돌입하게 됐다'는 식의 포고문을 발표하지 않는 이상 자신들이 전쟁 중이라는 사실을 믿을 수도 없고 믿지도 않을 것이라는 점을 알게 됐다.

그 외에도, 미국인 및 다른 사람들이 위험에 처하고 다치거나 심지어 살해되더라도 미국 정부 관리는 '오해'라든지, '부적절한 행동' 등의 표현, 가장 센 표현이라고 해봐야 '우려'를 표할 것이라는 점을 알고 있다. 혹은 정말 상황이 심각할 경우에는, '심각한 우려'라는 표현을 쓸 것을 알고 있다.

몇 가지 예를 들어보자면, 지난 20년 동안 중국은 국제 수역과 공역(空域)에서 활동하는 미국 선박과 항공기를 괴롭혀왔다. 2001년 중국 제트 전투기가 하이난섬 앞바다 국제 공역에서 미 해군 EP-3 정찰기와 충돌했을 때 한 명의 미국인도 숨지지 않은 것은 기적과 같은 일이었다.

그 이후에도 비슷한 압박은 계속됐다. 2001년과 2002년, 중국 선박과 항공기가 미 해군 측량선인 보우디치호를 위협한 적이 있다. 2003년에는 중국 어선에 의해 충돌했다. 2009년에는 미 해군 함정 임페커블호와 빅토리어스호가 위협을 받았다. 2013년에는 중국 해군 함정이 미 해군 구축함인 카우펜스호를 들이받으려고 한 사건이 발생했다.

2016년 미국 보우디치호는 남중국해에 수중 드론을 배치한 바 있는데 이 드론이 인근 중국 선박에 의해 빼앗기는 사건이 발생했다.

이는 몇 가지 예에 불과하다. 미 해군 보고서는 2016년부터 2018년 사이 중국에 의해 발생한 '부적절한(비전문적)' 사건 18건을 소개했다. 해당 지역 내 미국의 우방국들은 비슷한 대우를 받거나 더 나쁜 대우를 받고 있다. 2022년 중국 제트 전투기가 남중국해 상공에서 호주 공군 비행기 앞으로 발포하는 사건이 있었다. 이 비행기는 격추돼 호주인들이 사망할 수도 있던 사건이었다. 중국 인민해방군 전투기는 중국이 서명하고 이행하기로 한 유엔 대북 제재 이행을 돕던 캐나다 공군 비행기를 괴롭힌 적도 있다.

그 외에도 많은 일이 있었다. 중국은 인도와 동남아시아 국가에 속하는 육지와 해상을 점령하고 탈취했다.

중국 해안경비대와 해양 민병대는 일본 어부들을 위협하고 일본 해역의 전통적인 어장에서 그들을 몰아냈다. 베트남 선박과 필리핀 선박들이 중국 해양 민병대에 의해 충돌해 침몰하고 선원들이 실종된 사례도 있다.

인민해방군은 인도 북부 국경에서 인도 군인을 매복해 살해했다. 타이완을 위협하고 협박하기 위해 군대를 사용했으며 일본의 배타적 경제수역과 일본 섬 근처에 미사일을 발사했다. 또한 미국인과 동맹국 인질을 납치해 중국에 억류하고 있다.

미국의 조용한 대응은 잘 이해가 되지 않는다. 일반적으로 미국은, 절제된 행동에 나서는 이유는 중국을 '자극'하지 않고 '긴장 완화'를 원하기 때문이라고 말한다. 정치인과 군 수뇌부는 하달된 명령 없이 행동하는 지역 군 사령관이나 불량한 조종사, 부패한 판사의 문제이기 때문에 걱정할 필요가 없다고 설명한다. 불쌍한 시진핑은 이에 대해 알지 못하니 그가 빠져나갈 수 있는 길을 열어줘야 한다는 것이다.

하지만 공산주의 체제에서 '중앙(中央)'이 원하지 않거나 지시하지 않은 일을 하는 것에 따른 이득이 뭐가 있을까? 그다지 많지 않다. 그렇다면 불이익은 뭐가 있을까? 긴 감옥 생활이나 뒤통수에 9mm 탄환을 맞게 될 수도 있다. 당신이라면 어떻게 했을지 직접 판단해 보라.

외국인들이 우리를 좋아해 주기를 간절히 바라는 것이 미국인의 특성일 수도 있다. 실제로 미국인들은 외국인들이 자신들을 좋아하지 않을 때 당황하는 경우가 많은데, 자신들이 뭔가를 잘못하고 있기 때문이라고 생각하곤 한다.

중국에 있어 미국은 제압하고 물리쳐야 할 적국이며 필요하다면 무력을 사용하는 상대라는 것을 너무 많은 미국 학자들과 정계, 재계, 군부 지도자들이 믿을 수 없거나 믿지 않으려는 것 같다.

따라서 중국은 객관적으로, 적어도 호전적으로 보이면서도 실제 전쟁을 통해 얻을 수 있는 일들을 벌이고 있다. 미국인들로 하여금 전면전이라는 생각을 갖게 해 미국이 철수하고 대규모 전략적(물리적, 경제적, 정치적) 지역에 대한 통제권을 중국에 양도하도록 하는 것이다.

2018년 뤄위안(罗援) 중국 해군 제독은 중국이 미국 항공모함 두 척을 침몰시키고 미국인 1만 명을 죽여야 할지도 모른다고 말했는데, 미국이 현재의 상황을 심각하게 받아들이지 않는 것에 분노하는 모습을 보인 것이었다. 그는 "미국이 가장 두려워하는 것은 사상자를 내는 것"이라며 "미국이 얼마나 겁에 질렸는지 보게 될 것"이라고 했다.

전쟁으로 인정받지 않는 전쟁을 통해 중국은 적을 시험하고 적의 능력을 측정할 수 있다. 심지어 상대방인 미국이 공격적인 행동을 하도록 '조건'을 만들고 본격적인 총격전이 시작될 때를 대비하지 못하게 만든다. 또한 중국은 이미 전략적 영토를 장악하고 인민해방군의 작전 범위를 확장했기 때문에 '정규' 전쟁이 시작될 때 더 나은 작전 위치를 확보할 수 있다.

핵심은, 미국은 전쟁 중이 아니며 중국과 '경쟁'하고 있을 뿐이라고 주장하지만, 실제 '정규' 전쟁이 발생해 그 전쟁에서 패배하게 돼도 똑같은 입장을 보이는 길로 나아가는 것이라는 점이다.

'회색지대'가 아닌 '전쟁'으로 불러야

앞서 언급한 중국의 활동들은 '회색지대'라고 불리는 곳에서 벌어지고 있다. 회색지대에 대한 한 가지 정의(定義)는 '일상적인 전략과 공개된 전쟁 사이에 있는 경합 영역'이다.

미국의 정책 입안자들은 전쟁이 아니기 때문에 괜찮다고 생각하는 것 같다. 일상적인 전략 활동이나 정치공작이 아니기 때문에 괜찮지 않다고 말하는 것이 아니라 말이다. 회색지대는 우리에게 큰 약점이 된다. 우리는 어떻게 해야 할지 알 수 없고 중국도 우리가 그렇다는 사실을 알고 있다.

그들은 책임을 회피할 수 있다고 생각하기 때문에 공격적으로 행동한다. 그렇게 생각할 만한 충분한 이유가 있기도 하다.

중국은 미국 내에 팽배한 하나의 믿음을 통해 이득을 얻을 수 있다. 즉, 중국은 그들이 무엇을 하는지 모르고 있고, '문명화된' 세계의 규칙을 모를 뿐이지, 조금만 더 인내하면(항상 조금만 더) 이들이 결국 따라오게 될 것이라는 믿음이다. 이것이 2014년과 2016년 하와이에서 열린 환태평양 해군 훈련에 인민해방군을 초청한 이유 중 하나였다. 중국군과 관여에 나서겠다는 것이었다.

어쩌면 우리는 우리를 해치거나 죽일 수 있는 일을 하거나 준비하는 것을 모호한 회색지대가 아닌 전쟁이라고 생각하기 시작해야 할지 모른다. 우리는 그들이 바라보는 방식으로 전쟁을 봐야 한다. 하지만 우리는 그렇게 하지 않고 있다. 우리는 중국이 갑자기 깨달음을 얻고 '제대로' 행동하기 시작하기를 바라며 이런 문제에서 시선을 피한다.

그 결과 중국은 한계를 시험하고 약점을 찾아낼 수 있는 시험 전쟁이라는 이점을 얻게 된다. 그리고 중국이 앞으로 나아가기로 결정했을 때는 이미 더 나은 위치에 도달해 있게 된다. 중국은 이를 위해 회색지대라는 함대 전체를 개발해냈다.

중국 회색지대의 선봉대: 해상 민병대, 어선단, 해안경비대

중국에는 대규모 해상 민병대가 있다. 중국 군사 전문가인 로니 헨리에 따르면 중국이 타이완을 공격할 경우 인민해방군은 다음과 같은 임무 등을 해상 민병대에 하달한다.

* 병력 수송
* 해상 지원(물류)
* 연안 물류 지원
* 의료 지원
* 장애물 배치 및 제거
* 엔지니어링 지원
* 정찰, 감시, 조기 경보
* 기만 및 은폐
* 헬리콥터 작전 지원

중국의 어선단은 해상 민병대와 경비대를 지원하거나 동행해 다른 사람들의 재산과 어류를 빼앗는다. 실제로 중국 어선단은 중국 정부의 영향력 안에 있으며 영토 확장, 감시, 협박을 위한 완벽한 은폐 수단이다. 이는 어선단이 군사적이지 않고 위협적이지 않은 것처럼 보이기 때문이다(그들은 상업 활동 측면에서는 자신들의 사업 비용을 일부 직접 충당하기도 한다).

총격전을 벌일 때와 마찬가지로 영토를 점령하고 저항하는 사람을 제압하는 동일한 결과를 얻을 수 있지만 언론의 헤드라인을 장식하는 폭력이나 파괴와 같은 결과는 뒤따르지 않는다.

남중국해: 중국이 '회색지대'로 점령하다

중국은 총격전 외에는 '전쟁'으로 간주하지 않으려는 미국의 태도와 회색지대에서의 활동에 대한 미국의 무방비 상태를 최대한 활용하고 있다.

남중국해는 법적으로 여러 국가가 영유권을 주장하는 국제 수역으로 그 면적은 지중해의 1.5배에 달한다. 지난 10년 동안 중국은 이 지역에 대한 효과적인 통제권을 확보했는데 이는 대부분 회색지대에서의 활동을 통해서였다.

중국은 2012년에는 미국의 동맹인 필리핀으로부터 스카버러 암초를 빼앗았다. 그 후 중국은 2015년 시진핑이 백악관과, 섬을 군사화하지 않기로 약속했음에도 불구하고 주요 군용 비행장이 있는 인공섬 세 곳과 중요한 해군 시설들을 건설하는 공격적 조치에 나섰다.

중국은 군대만을 통해 통제권을 확대한 것이 아니었다.

중국은 2014년 석유 시추 장비를 베트남 해역으로 이동시켰다. 인근에 있던 중국 해안경비대와 해군의 도움을 받았었다. 시추 장비는 결국에는 철수하게 됐는데 서양인들은 이를 두고 중국이 한 발 물러섰다고 주장했다. 그것이 아니었다. 중국은 남중국해 어느 곳이든 그곳을 점령할 수 있다는 것을 보여줬고 어느 누구도 이와 관련해 어떤 행동에 나서지도, 나설 수도 없다는 것을 증명했다.

중국은 2015년까지 남중국해를 효과적으로 통제했다. 이는 호전적 행위처럼 비쳤다. 하지만 중국은 이에 대해서도 문제없이 그냥 넘어갈 수 있었다. 오바마 행정부 당시 중국이 남중국해 침범에 대한 문제 제기를 받은 적은 사실상 없었다. 오바마 대통령은 2012년부터 2015년까지 미 해군이 남중국해에서 항행의 자유 작전을 수행하는 것까지 금지했었다가 2016년(퇴임 1년 전)에 일부 부실한 수준의 순찰을 허용했다.

중국이 이미 미국과 전쟁 중이라는 사실을 인정하지 않았고 중국의 군사력 증강과 확장 역시 미국 측에 위협감을 불러일으키지 않는 것 같았다. 인도태평양사령부 사령관 중 한 명인 새뮤얼 로클리어 제독은 그의 가장 큰 도전과제가 지구 온난화라는 생각을 갖고 있었던 것으로 알려졌다. 그의 후임자인 해리 해리스 제독은 중국 잠수함은 (오래된 포드 자동차 모델인) T이고 미국의 잠수함은 (스포츠카 모델인) 코르벳이라며 (위험성을) 일축했다.

전임 사령관이었던 데니스 블레어 제독은 실제 전쟁이 발발할 경우 중국이 남중국해에 건설한 인공섬, 이른바 '모래로 만들어진 만리장성'을 무력화시키는 데 10분에서 15분밖에 걸리지 않을 것이라며 중국의 남중국해 점령을 위한 섬 구축을 무시했다.

그는 실제 위험한 상황이 이미 진행 중에 있다는 사실을 눈치채지 못했다. 중국의 해군, 해안경비대, 해상 민병대는 베트남, 필리핀, 말레이시아, 인도네시아를 계속 괴롭혀왔다.

아시아에서의 미국의 주요 동맹국인 일본은 동중국해에서 일본 영토를 침범하려는 중국 선박과 항공기로부터 끊임없는 괴롭힘과 압박을 받고 있다. 2010년대 후반, 일본 해상 자위대 장교들은 조용히, '압도당하고 있다'는 점을 인정하기도 했다.

오늘날 미국은 남중국해에서 항공모함 타격단을 포함한 훈련을 실시하고 있다. 미국은 원하는 곳이면 어디든 갈 수 있다는 것을 과시하고 있다.

그러나 미국이 중국에 의한 고통 때문에 그곳으로 가고 있다는 느낌이 있다. 줄리아니 시장이 들어서기 전 뉴욕 경찰국이 타임스퀘어에 경찰 순찰차를 보내던 것과 거의 비슷하다는 생각이 든다. 경찰 순찰차가 지나가면 사람들이 흩어졌다가 순찰차가 사라지면 다시 모여들어 불법 활동을 계속했다.

중국은 계속해서 지배력을 공고히 하고 있다. 미국이 남중국해에 한 척의 함정을 배치하면 중국은 열 척을 배치할 수 있다. 마치 중국이 미국을 호위하고 있는 것처럼 보인다. 그리고 머지않아 중국은 미국, 혹은 다른 나라들이 이 지역에 들어올 때 승인을 받도록 할 수도 있다.

중국이 남중국해에서 달성한 것은 워싱턴으로 미사일을 발사한 것과는 다르지만 비슷한 결과를 얻어냈다. 남중국해에서의 중국의 회색지대 활동은 미국에 조건을 부여하기 위한 것이었다. 중국은 우선 남중국해에 대해 미국에 '경고'만을 했다. 그런 다음 방위 지역을 설정했다. 1대 1로 수비와 공격을 하는 상황인데 그쪽에 사람이 더 많은 상황이다. 법적인 측면에서는 남중국해를 중국의 영해로 규정하는 법을 계속 통과시키고 있다.

특수 군사 작전

시진핑은 2022년 중반 중국군이 해외에서 특수 군사 작전을 수행하는 것을 허용한다는 명령을 내렸다. 특수 군사 작전? '진짜 전쟁이 아닌' 전쟁을 치르는 것과 비슷한 상황인 것처럼 들린다.

호전적인 활동을 다른 이름으로 부르는 것은 효과적이다. 너무 많은 미국인들이 이를 믿지 않기 위해 스스로를 왜곡할 것이다. 국무부 변호사들은 시진핑의 의도와 그 '적법성'에 대해 우려할 것이다.

하지만 이것은 대응해서는 안 되는 '회색지대'의 행동이 아니라 '전쟁'으로 간주하는 것이 타당하다. 한 전문가는 다음과 같이 설명했다.

〈특수 군사 작전은 '침략' 혹은 '전쟁'과 같은 전통적인 행동 방식을 우회, 세계 곳곳에 인민해방군을 개입시키기 위해 오랫동안 사전에 계획된 '구실'이 됐다. 푸틴은 러시아 시민들에게 이 개념을 활용했었다. '침략이 아니다'라는 프로파간다는 아무도 당황하지 않기 때문에 국내적으로 유리하다. 이런 표현을 믿는 순진한 외국 사람들에게도 잘 먹힌다.

중국의 일대일로 프로젝트에 따라 중국과 직접적으로 관련된 140

여 개 국가를 생각해볼 필요가 있다. 모든 투자, 프로젝트, 대출은 향후 중국 인민해방군의 '특수 군사' 방어가 필요하거나 필요할 잠재성이 있는 중국의 자산이 된다. 나는 특수 군사 작전이라는 핑계가 앞으로 더 광범위하게 사용될 것으로 예상한다. 가까운 미래에, 예를 들어 솔로몬 제도와 일부 아프리카 국가들에서 말이다. 중국이 물적, 경제적, 인적(人的) 등 모든 부문에 '국외(國外) 이해관계'를 갖고 있는 어느 곳에서든 그렇게 될 것으로 생각한다.〉

중국은 엄청난 '국외 이해관계'를 갖고 있다.

이 모든 것은 필요하다는 판단에 따라 '실제' 총격이 발생하는 날까지, 대응 규모를 설정하고 연습과 경험을 쌓으며, 영향력을 행사하고 조건을 달며, 인프라를 확보, 해당 지역에 위치하겠다는 연속적 과정이라고 볼 수 있다. 중국은 스스로를 전쟁 중이라고 생각한다. 미국인들은 이런 상황이 좋지 않다는 것을 알면서도 전쟁 중이라는 것을 상상할 수 없는 상태다. 미국은 '전쟁'이 시작되기 전까지는 아무것도 할 수 없다고 생각하게끔 조건을 만들어놓게 됐다.

회색지대라고 부르고 싶다면 마음대로 그렇게 하길 바란다. 하지만 이에 강력하게 대처하고 싸울 준비를 하지 않으면 패배할 수 있다.

하지만 '우리 시대의 평화'를 보장하기 위해 거래를 할 수도 있지 않을까? 아마도 그렇지 않을 것이다. 모든 사람들이 우리가 되고 싶어 하고 우리가 대화를 하면 상대가 행동을 바꿀 것이라는 미국의 자만심에도 불구하고 말이다.

미국을 정복해야 할 적국으로 여기는 국가를 상대할 때 이런 접근법이 얼마나 위험한지를, 한 경험이 풍부한 미국의 중국 전문가가 지적한 바 있다. 그는 "더 큰 규모의 분쟁 관계를 해결하기 위해 중간 단계로 제시할 수 있는 '선의의 행위'는 허용되지 않는다"라며 "우리가 '선의'라고 부르는 것은 공산당 입장에서는 꼭 이뤄내야 하는 결과물이 나타나는 것을 지연시키는 것뿐"이라고 했다. 그는 이 결과라는 것은, "당의 지혜와 지시, 지도력을 완전히 인정하고 수용하도록 하는 것"이라며 "영어로는 이를 '항복'이라고 표현하기도 한다"고 했다.

중국은 대화를 위한 대화를 통해 우리의 대응 방침을 더 잘 파악하고 군사적으로 발전하는 데 필요한 것을 계산할 시간을 벌 수 있다. 아시아에서 우리를 공격하거나 우리의 우방국에 대한 지원을 저지하기 위해서다.

이런 상대와 어떻게 경쟁할 수 있을까? 그들은 우리와 다른 동기와 규칙을 갖고 있고 관계를 이어가도록 하는 가드레일에는 관심이 없다. 하지만 그들은 우리가 스스로 가드레일을 세우고 있는 것을 보고 기뻐한다.

이런 '전쟁까지는 아닌' 활동을 방치하면 미국은 큰 대가를 치르지 않는 한 여기에서 벗어날 수 없다는 것을 깨닫게 되는 교착 상태에 빠질 수 있다.

우리는 물리적 전쟁의 전조(前兆)를 지켜봤지만 그것이 무엇인지 인식하지 못했다. 하지만 언젠가 중국이 '전쟁까지는 아닌' 전쟁에서 '진짜' 전쟁, 미국이 인정하는 그런 전쟁으로 들어갈 시기가 됐다고 판단하게 될 수 있다.

타이완이라는 질문

정치전, 회색지대 활동, 물리적 전쟁의 잠재성이 결합, 중국이 대대적인 물리적 공세를 펼칠 가능성이 가장 높은 곳은 타이완이라는 점이 분명하게 드러난다.

타이완은 여전히 중국공산당의 핵심 목표이며 2022년 11월 제20차 중국공산당 대회에서 타이완을 점령하기 위해 가용한 모든 수단(즉, 무력)을 사용하겠다고 선언한 시진핑의 발언은 청중들로부터 큰 박수를 받았다. 이는 중국 내전의 미완(未完)의 과제로 묘사됐다. 하지만 그보다 더 중요한 것은 타이완이 아시아, 태평양, 궁극적으로 미국을 지배하고자 하는 중국공산당의 핵심이라는 점이다.

타이완은 미국이 인정할 종류의 전쟁을 중국이 준비하고 있는 곳이다. 중국은 2022년 8월 리허설을 실시했다. 중국 인민해방군은 낸시 펠로시 미 연방하원의장이 타이완을 방문한 이후 타이완 전역에 '실탄 사격 금지 구역'을 설정했다. 중국은 타이완과 일본 남부 섬에 미사일을 발사하고 타이완을 향해 다양한 해상 및 공중 기동 작전을 실시했다.

이것은 전쟁 행위였을까? 미국 행정부는 그렇게 생각하고 있지 않는 것 같고 중국 공산주의자들은 미국이 그렇게 생각하는 것을 기쁘게 생각한다. 하지만 중국에 있어 이는 전쟁이다. 아니면 적어도 시범 전쟁일 수 있다.

한 미국인 전문가는 다음과 같이 설명했다.

〈이는(注: 중국의 무력시위) 타이완에 대한 중국의 입장을 부정하는 것에 대한 유아적 반응이 아니다. 중국은 이런 공중(및 해상) 침공(및 미사일 발사)에 대해 타이완과 동맹국 및 우방국이 어떻게 대응하는지 테스트하기 위한 '시범 프로젝트'라고 부른다. 이를 통해 인민해방군은 위성에서 바다 밑 수중 활동에 이르기까지 타이완과 미국 방어 체계의 총체적 역량을 측정하고 평가할 수 있다. 이 훈련은 타이완-미국 방어 체계의 특정 기능에 접근하기 위해 실시간으로 진행되는 원격(및 현장) 훈련이다.〉

동시에 중국은 타이완(나아가 미국과 일본, 그리고 다른 모든 국가들)을 협박하고 이에 대한 대응을 시험한다. 대응이 약하거나 겁을 먹은 것으로 확인되면 시진핑이 '진행' 명령을 내릴 가능성이 더 높아지게 된다.

2022년 8월 중국이 타이완 봉쇄 실험을 하기 전에도 타이완 주변 영공에서 중국 공군기의 공중 침입이 빈번하게 발생했다. 한 미 해병대 조종사는 다음과 같이 분석했다.

〈무장한 전자전 정찰팀이 타이완의 방공 레이더, 위치, 배치 현황을 탐지하는 것으로 보인다. 타이완과 전세계가 점점 더 큰 규모의 침입에 대비하는 가운데, 적대 행위를 시작하고 타이완의 핵심 방공 시스템을 제거하는 방향으로 나간다. 그러면 후방의 나머지 레이더 기지와 미사일에 진입해 공격할 수 있는 틈이 생긴다. 이는 좋지 않

은 상황이며 존중하는 이웃이 할 행동이 아니다.〉

인민해방군은 지난 50년 동안 타이완에 대한 공격을 준비해왔다. 2016년 대만의 차이잉원(蔡英文) 총통이 선출된 이후 중국의 군사적 압박은 더욱 커졌다(그는 전임 총통과 달리 중국에 굴복하지 않으려 했다). 타이완에 대한 중국의 군사적 압박은 계속 증가했다. 인민해방군 항공기와 함정은 일상적으로 타이완의 영토와 영공을 침범하고 있다. 그리고 타이완이 평화적으로 물러서지 않을 경우 타이완을 공격할 수 있는 인프라를 구축했다.

앞서 언급했듯 중국은 미국의 국내 및 글로벌 정치 상황과 힘 역시 주시하고 있다. 이는 타이완에 대한 중국의 움직임에 효과적으로 대응할 수 있는 미국의 역량에 직접적인 영향을 끼친다. 따라서 시위대가 미국 도시에 불을 지르고 미국의 절반, 그리고 엘리트 계층의 상당수(공화당 지지자 중 트럼프를 지지하지 않았던 사람 포함)가 트럼프 신드롬에 시달리는 등 혼란이 가중되고 있는 상황은 중국에 유리하게 작용하고 있다.

미국의 경제 및 금융 상황도 중국의 계산에 영향을 끼친다. 미국의 공급망 의존도는 중국에 유리하게 작용한다. 이는 양방향으로 작용하지만 중국이 지금까지 해왔던 것처럼 제재를 받지 않도록 할 수 있다면 덜 그렇다 할 것이다. 미국의 제조업, 특히 방위 산업 기반은 무기를 생산하거나 선박과 항공기를 충분히 빠르게 건조할 수 없을 정도다. 전쟁의 주사위를 굴릴 의지가 있는 강력한 상대와의 심각한 전쟁을 치를 수 없을 정도로 약해졌다는 것이다.

중국의 관점에서 볼 때, 미국의 막대한 부채, 높은 인플레이션, 통제 불능의 (사회) 지출로 인해 국방비 지출이 줄어들고 있다는 것은 또 다른 호재다.

미국은 (중국에) 대응하기 위해 군대를 배치할 여력이 없을 수도 있다. 여기에 달러에 대한 공격과 중국이 보유한 미국 채권이 처분되는 상황이 더해질 수 있다.

펜타닐과 기타 중국산 마약이 미국을 황폐화시키고 매년 수만 명의 미국인을 죽이고 있는데 그 중 상당수가 군 복무 연령대이다. 이는 중국공산당에 유리하게 작용하게 된다.

중국 관점에서 또 하나 중요한 것은 미국 정부의 의지이다.

트럼프 행정부는 1972년 이후 처음으로 중국에 저항할 의지가 있는 것처럼 보였던 행정부였고 중국은 이를 파악했다. 2017년 트럼프 대통령이 중국을 방문했을 때 중국 관리들은 방중(訪中) 중인 미국 대표단을 거칠게 다루려고 했다.

존 켈리 비서실장(퇴역 해병대 장군)은 이들과 몸싸움을 벌인 것으로 알려졌다. 이 사건은 아마도 트럼프 행정부가 중국을 어떻게 대해야 하는지에 대한 분위기를 조성한 것 같다.

그러나 후임 (바이든) 행정부는 중국과 싸우려는 의지가 약한 것 같다. 공화당과 민주당을 포함한 이전 행정부들처럼 중국에 완전히 굴복하지는 않았지만 말이다.

앤서니 블링컨 미 국무장관은 바이든 행정부의 외교 정책 비전을 제시하는 연설에서, "중국과의 관계는 경쟁해야 할 때는 경쟁하고 협력해야 할 때는 협력하며 적대적이어야 할 때는 적대적일 것"이라고 했다. 그는 "우리는 강자의 위치에서 중국에 관여할 것"이라고도 했다.

하지만 미 국무장관의 이와 같은 강경한 발언이 중국을 설득하기는 어려울 수도 있다. 미중(美中) 싸움에서 한 명의 승자와 한 명의 패자를 만들고자 하는 중국의 의도를 과소평가한 것일 수도 있다. 이는 또한 잠재적으로 미국을 코너에 몰아넣을 수도 있다. 종종 미국 행정부들은 기후 변화, 북한, 초(超)국가적 범죄 등 다양한 분야에서 중국의 협력이 반드시 필요하다고 믿어왔다. 그리고 이는 중국의 모든 잘못된 행동을 묵과해주는 방향으로 이어졌다.

미국의 동맹?

중국은 미국과 동맹국(잠재적 동맹국)과의 관계 역시 고려한다. 중국은 (관계의) 점수를 체크하고 더 많은 국가들을 중국 쪽으로 넘어오도록 하고 있다.

미국이 전쟁에 진지하게 임하고 있다는 가정 하에 일본은 결국 미국과 군건한 관계를 유지하는 것으로 보인다. 일본 해군은 중국에 골칫거리다. 일본 자위대의 다른 부분은 그 정도의 골칫거리는 되지 않는다. 호주, 심지어 노동당 정권도 2015년 이후 중국에 맞서는 모습을 보여왔다. 당시 존 가노트 기자와 클라이브 해밀턴 교수는 호주에서의 중국의 영향력(정치전)을 폭로하는 데 앞장선 바 있다.

뉴질랜드는 중국의 관점에서 행동하고 있다고 볼 수 있다. 한국은 문재인 정권 시절 친중 성향이었지만 현 보수 정권은 중국으로의 쏠

림을 저지했고 대다수의 한국인들은 어찌 됐든 중국인에 대한 큰 애정이 없다.

아세안 국가들은 엇갈린 태도를 보이고 있다. 친미 성향으로 간주되는 싱가포르는 타이완 문제, 혹은 다른 문제를 놓고 중국과 미국이 싸울 때 어느 한 쪽 편에 서는 것을 꺼리고 있다.

필리핀은 중국의 예상보다 어려운 국가라는 것을 입증했다. 필리핀과 미국의 국방 협력은 두테르테 대통령 당선 이후 중국이 예상했던 것보다 훨씬 더 탄력적인 것으로 입증됐다. 그리고 2022년 마르코스 대통령이 당선된 후 상황은 미국에 유리하게 바뀌었다.

이런 가운데 중국은 라틴아메리카와 아프리카의 개발도상국 국가들에 있어서는 상당한 성공을 이뤄냈다. 거의 대부분의 남미 국가가 현재 좌파 성향이고 중국 쪽으로 기울고 있는 수준으로 말이다.

코로나-19가 발발하기 전, (영국을 포함한) 유럽은 중국에 크게 쏠려 있었다. 일례로 영국의 데이비드 캐머런 (보수) 총리는 화웨이에 대한 경고에 저항하는 것은 말할 것도 없고, 확인되지 않은 중국 투자와 민감한 원자력 산업을 환영했다. 캐머런 총리는 퇴임 직후 중국에 중점을 둔 투자 펀드를 설립했다. (2015년 이전이었으면 그가 호주 총리였을 것으로 생각했을 것이다.)

하지만 우크라이나 전쟁과 러시아에 대한 중국의 지원은 유럽의 사고방식을 크게 바꿨다. 대다수의 유럽 국가들은 이제 중국을 위협으로 보고 있고 국가별 차이가 있기는 하지만 중국과의 경제 관계에 의문을 갖기 시작했다.

중국은 물리적 행동으로부터 책임을 모면할 방법을 강구하고 있는 가운데, 위와 같이 중국에 대한 평가가 계속 바뀌고 있다는 것을 알 수 있다.

중국은 언제 물리적 행동에 나설까?

'적절한 때가 되면'일 것이다. 1974년 포르투갈 혁명 이후 새로 들어선 정권은 마카오를 중국에 돌려주겠다고 했다. 중국은, "지금은 아니다"라며 "적절한 때가 됐을 때"라고 했다. 이는 덩샤오핑의 때가 될 때까지 시간을 벌자는 생각을 잘 보여주는 대목이다.

중국인들은 기회주의적이다. 적이 효과적으로 대응할 수 없거나 대응할 의지가 없는 상황에서 자신들이 원하는 것을 취할 기회가 생기면 그들은 움직일 것이다.

그러나 기회주의적이라는 것이 중국인들이 일정표를 갖고 있지 않다는 뜻은 아니다. 또한 중국인들이 어수룩하다는 것을 뜻하지도 않는다. 그들은 우리와 마찬가지로 똑똑하다.

퇴역한 미 해군 대령 제임스 파넬은 전 미 해군 태평양함대 정보 책임자로 2010년대 중반 타이완 점령을 위한 기동 공격과 관련된 일정표를 처음으로 제시했었다.

파넬 대령은 2020년부터 시작되는 10년이 '우려의 10년'이 될 것이라고 평가했다. 이 시기는 중국이 타이완을 공격하고, 자치 섬을 점령할 군사적 역량이 있다고 생각할 때이며 중국 건국 100주년이 되는 2049년까지 거의 20년의 시간이 남아 있을 때라는 것이었다. 그렇기 때문에 중난하이(注: 중국공산당 핵심 부처가 위치한 지역)의 사람들은 중국의 '위대한 부흥'이 완성됐다고 주장할 수 있는 시기라고 그는 설명했다.

따라서 중국은 지금과 같은 일반적 시기에 행동에 나설 기회를 엿보고 있다고 말할 수 있을 것이다. 중국은 이와 동시에 잠재적인 반대 세력을 누그러뜨리기 위한 정치적 노력을 계속하고 있다. 또한 중국을 지지하거나 최소한 침묵을 지키고 있는 몇몇 국가들도 불러 모으고 있다. (지지나 침묵은) 근본적으로 같다고 할 수 있다.

중국의 주적인 미국은 균형이 맞지 않는 상태로 보인다. 사회는 분열됐고 사람들은 서로의 목을 조이고 있다. 경제는 취약하다. 군대 역시 예전 같지 않다. 재정적인 상황이 크게 나아진 것은 아니다. 하지만 미국 달러화는 다른 대안이 없기 때문에 여전히 강세를 보이고 있다.

중국 입장에서 보면, 중국은 싸울 능력을 갖고 있고 주적은 혼란스럽고 산만한 것으로 판단할 수 있다. 예를 들어, 5년가량 너무 오래 기다리면 미국인(특히 일본을 비롯한 친구들)은 정신을 가다듬고 더 제대로 싸울 수 있게 될지 모른다.

타이완은 항복할 기미를 보이지 않고 있다.

그렇기 때문에 물리적 행동에 나서려면 빨리 움직이고, 세게 치고, 적들에게 이런 상황을 기정사실인 것처럼 제시해야 한다.

3부

패배는 어떤 모습일까?

18 장

중국의 공격:
정치전과 물리적 공격의 조합

중국 공산주의자들은 확률을 계산, 승리할 가능성이 가장 높다고 판단될 때 공격을 시작할 것이다. 이는 그들이 이길 것이라고 말하는 것은 아니다. 그러나 그들은 적어도 그럴 것으로 믿고 있으며 그것이 그들에게 중요한 문제다.

우리는 이를 도입부에서 다뤘는데 다시 한 번 살펴보고자 한다. 나는 중국인의 사고방식과 사건들이 어떻게 전개되고 있는지를 다음과 같이 판단한다.

중국은 미국 영토를 점령한다는 측면에서, 미국을 전면적으로 파괴하려는 시도는 하지 않을 것이다. 이는 너무나 힘든 일이며, 미국을 지배하고 복종하도록 하는 것만으로도 중국에는 충분하다.

또한 중국이 하와이나 미국 서부 해안을 포함한 일본이나 태평양의 미군 기지에 대해 '진주만'과 같은 전면적인 공격을 감행할 가능성은 거의 없다.

중국은 미국의 동맹국과 우방국, 그리고 미국의 지도력과 보호를 기대하는 다른 모든 국가들의 눈에 미국인들이 피를 흘리는 모습을 보여주며 불신과 모욕을 주는 공격을 목표로 삼을 것이다. 그렇다는 점을 공개적으로 밝히지는 않더라도 말이다.

미국의 지배층과 정부가 자국민의 불신을 받는 것 역시 중국에는 똑같이 중요하다. 중국의 전략가들은 미국 지도자들에게 둘 중 하나를 선택하도록 만드는 것을 목표로 한다. 수천만 명의 사망자가 발생한 폐허가 된 미국, 혹은 중국의 패권을 인정하는 것이다.

수십 년에 걸친 중국의 성공적인 정치전으로 인해 많은 미국인, 특히 지배 계층에 속한 사람들은 후자(後者)의 선택을 받아들일 것이다. 첫 냉전(冷戰)의 슬로건은 '적화(赤化)가 되느니 차라리 죽는 것이 낫다'였다. 하지만 신(新)냉전의 슬로건은 '죽는 것보다는 적화가 낫다'가 될 것이다. 중국은 미국에 물리적, 심리적, 정치적 타격을 가하는 것 외에도 인민해방군을 더 나은 작전 위치에 두는 것을 목표로 할 것으로 보인다. 타이완을 점령하면 그렇게 될 것이다.

작전 환경이 개선된다면 인도 태평양 전역과 전세계에서 인민해방군의 작전을 더 자유롭게 시행할 수 있다. 더 많은 지역에서 중국의 함정, 항공기, 병력을 받아들이게 되는 것이다.

이는 중국 공산주의자들에게 추가적인 정치적 영향력을 제공한다. 경제 및 정치 전쟁이 이미 이런 진전을 위한 토대를 마련했을 뿐만 아니라 물리적 행동을 더욱 효과적으로 만드는 방법에 주목할 필요가 있다.

중국은 행동 전 미국 국내 상황을 분석할 것

한 분석가는 2022년에서 2030년 사이에 중국이 타이완을 공격한다면 이는 중국이 압도적으로 강력해서가 아니라 미국이 압도적으로 약하고 저항할 의지나 능력이 없다고 인식하기 때문일 것이라고 내게 말했다.

그럴 수도 있다. 그러나 중국은 어찌 됐든 미국이 진지하고 통합된 방어 체계를 구축할 수 있을지를 판단해볼 것이다. 그것이 모든 차이를 만든다. 중국공산당의 기준이 되는 종합국력이라는 개념은 상대적인 계산법이라는 것을 명심할 필요가 있다.

중국 공산주의자들은 집권한 미국 행정부의 의지와 능력, 그리고 이미 중국에 우호적이거나 약간의 설득으로 우호적으로 만들 수 있는 관리들이 어느 정도가 되는지를 신중히 계산할 것이다.

미국이 정치적으로 분열돼 국민의 절반이 나머지 절반을 파괴해야 할 적으로 여긴다면 중국은 그 기회를 더욱 좋아하게 될 것이다. 중국의 입장에서는 사회 및 인종적 불안이 또 다른 호재가 될 것이고, 미디어 전쟁과 대리인을 통해 이런 상황을 계속 부추길 것으로 보인다.

중국은 월스트리트 및 다른 '중국의 친구들'에게 이견(異見)을 해결하고 긴장을 완화하기 위해 신중함과 협상이 중요하다고 권고할 것을 요구할 것이다. 또한 필요하다면 더 이상의 전쟁을 피하기 위해 중국이 원하는 것을 제공할 수도 있다. 협박에 대한 두려움은 미국 엘리트들의 행동에도 영향을 끼칠 수 있다.

중국의 자신감을 키우는 인식 중 하나는 이라크와 아프가니스탄에서 성공적이지 않았던 미국이 전투에 나설 의지와 역량이 있는지에 의문이 제기된다는 점이다. 동시에 고위 지도자들은 전쟁을 치르는 것만큼 인종 문제와 백인들의 분노를 이해하는 데 관심이 쏠려 있는 것처럼 보이기도 한다.

통제 불능의 정부 지출, 부채, 인플레이션으로 인한 미국의 재정 상황은 미국의 방어력과 외부 위협에 집중할 수 있는 능력을 약화시킨다. 특히 인플레이션은 훈련 기회, 하드웨어 조달, 심지어 국가의 전쟁 자금 조달 능력까지 감소시켜 군사 준비태세를 약하게 만든다. 인플레이션을 고려하면 8500억 달러의 국방 예산은 10%나 줄어든 것이다.

중국은 또한 미국의 선거를 면밀히 주시할(또 영향을 끼치려고 할) 것이다. 시민 불안과 폭동의 가능성은 항상 존재한다. 둘 다 중국에 대한 적절한 방어에 도움이 되지 않는다. 민주당이 승리하면 민주당 대다수가 기후 변화와 사회 정의에 초점을 맞추고 있기 때문에 중국에는 도움이 된다. 공화당이 승리하면 적어도 일부 공화당원들이 국방에 대해 올바른 이야기를 하기 때문에 중국으로서는 덜 좋은 일이라 할 것이다.

그러나 어느 쪽이든 중국은 미국이 전쟁을 치를 수 있도록 재정을 정비하고, 군대를 재건하고 재구성하기까지 최소 3년에서 4년의 시간이 남아 있다. 선거 결과와 관계없이, 그리고 중국 등 다른 국가들의 영향력 행사가 중단되지 않는다면 미국 사회는 오랫동안 분열된 상태로 유지될 것으로 보인다.

미 의회는 중국에 강경하게 대응해야 한다는 초당적 합의가 이뤄지고 있다고 종종 주장한다. 그것이 사실일 수도 있고 아닐 수도 있다. 의회에서는 종종 강력한 표현이 나오지만 그것이 항상 구체적인 행동으로 이어지는 것은 아니다. 미 의회가 행정부에 이를 촉구하는 결의안을 채택했음에도 불구하고 타이완은 여전히 림팩(환태평양) 훈련에 초대받지 못하고 있다. 또한 미국 행정부의 인도-태평양 경제 프레임워크 계획에도 타이완은 포함되지 않았다. 분명 중국에 대한 두려움이 너무 큰 것 같다.

또 다른 진실을 말하자면, 중국산 펜타닐로 인해 매년 7만 명 이상의 미국인이 사망하고 있지만 아무도 조치를 취하지 않고 있다. 중국은 물리적 행동에 나서더라도 미국인들은 그냥 이를 받아들이게 될 것이라고 생각할 수도 있다. 펜타닐 공격에도 그런 모습을 보였기 때문이다.

요점은 중국의 군사적 대응 여부와 시기에 대한 중국의 의사 결정은 무엇보다도 미국의 국내 상황에 의해 결정될 것이라는 점이다. 미국 행정부의 역할이 중요하다. 미국 사회와 정치에 분열과 불안이 있고 정부 재정이 엉망인 것처럼 보인다면 중국이 결정을 내릴 가능성이 높아진다.

또한 중국은 최소 20년 동안 스스로 제재를 피하기 위해 노력해왔다는 점을 기억할 필요가 있다. 중국은 중국의 공격이 있을 경우 미국이 부과할 금융 및 무역 제재를 버텨낼 수 있다고 생각할 수도 있다. 어찌 됐든 블라디미르 푸틴은 상당한 부담을 안고서도 우크라이나를 침공했다. 중국은, 러시아가 할 수 있다면 중국은 더 잘할 수 있다고 생각할 수 있다.

공격은 어떤 모습일까?

이 책의 도입부에서 설명한 바와 같이 물리적 공격은 중국 본토에 가까운 곳에 집중될 것이다. 중국 인민해방군의 전력은 빠르게 확장하고 있지만 전통적인 군사력은 제1열도선 이내에 국한돼 있다. 적어도 향후 5년 동안은 이런 상황이 유지될 것이다.

그러나 중국은 제1열도선을 넘어 전세계 여러 지역에서 회색지대 활동과 대리인을 통한 활동을 수행하거나 이를 준비할 수 있다. 그럼에도 핵심 노력은 본토에서 가까운 곳에 집중될 것이다.

중국의 전략가들은 병력과 지원 사격 능력(특히 미사일), 군수 지원 측면에서 인민해방군이 확실한 우위를 점하는 환경과 위치에서 전투를 벌이는 것을 목표로 삼을 것으로 보인다.

군대는 특정 시간과 특정 장소에서 특정 일을 할 수 있을 만큼만 잘하면 된다는 점을 명심해야 한다. 미국은 전세계의 다양한 위협에 대처할 수 있는 군대를 구축해야 했지만 중국은 미국이라는 단일 적에 대응하고 이를 물리칠 수 있도록 설계된 군대를 육성할 수 있는 사치를 누려왔다.

중국이 목표로 하는 두 곳으로는 남중국해와 타이완 해협이 언급되고 있다(인도 국경에 대한 동시적 공격이나 기회를 엿본 공격 가능성 역시 무시할 수 없다).

중국은 이미 사실상 남중국해를 장악하고 있다. 남중국해를 통과하거나 훈련 중인 미 해군 함정을 공격하면 기습 효과를 거둘 수는 있겠지만 미국에 대한 결정적인 타격은 되지 못할 것이다. 또한 중국 인민해방군의 작전 범위 역시 개선되지 않을 것이다. 여전히 제1열도선 이내에서 포위될 위험이 있기 때문이다.

그렇게 된다면 미국인들은 숨을 고르고 준비할 시간을 갖게 된다. 동맹국과 파트너를 결집하고 가혹한 제재를 가하려 할 수 있다. 이는 중국이 일본이나 호주, 또는 다른 미국의 우방국 선박을 공격하는 경우에도 마찬가지다.

이를 모두 제외하고 나면 타이완만 남게 된다. 중국은 우크라이나에 대한 러시아의 공격을 연구했으며 블라디미르 푸틴이 저지른 실수를 피하는 것을 목표로 하고 있다.

타이완 공격을 준비하는 과정에서, 우크라이나 사태가 준 핵심 교훈은 무엇일까? 빠르게 진행하고 모든 것을 동원해야 한다는 것이다. 미사일이나 다른 폭력을 아껴서는 안 된다. 공격 전이 됐든 시작한 후가 됐든 점진적으로 늘려나가서는 안 된다는 교훈이다.

또한 타이완의 통신망을 차단시켜야 한다는 점이다. 타이완을 외부 세계와 연결하는 인터넷과 해저 케이블을 차단해야 한다. 타이완 대통령 및 다른 지도자들이 전세계 시민들에게 호소할 수 있는 마이크를 쓰지 못하도록 만들어야 한다.

타이완의 모든 위성은 정지될 것이다. 그리고 인민해방군은 미국의 위성을 타격할 것이다. 완전히 파괴해 눈을 멀게 만드는 수준은 아니지만 미국이 당황하지 않고, 싸움에 나서지 않을 정도 수준까지의 공격이다. 미국으로 하여금 한 발 물러서도록 하기 위한 목적이다.

중국의 동조자들과 해상 민병대가 중요한 역할을 하게 될 것이다. 타이완과 중국 본토 사이의 정기적인 밀수 경로를 통해 이미 수년 동안 시행돼 온 특수부대 등의 실제 침공 전 투입이 증가할 것이다. 타이완 군대 내에도 배신자가 상당히 많을 것으로 예상되며 이들 역시 존재감을 드러낼 수 있다.

침공 함대는 대부분 민간 선박(군과 민간의 융합을 기억하라)이 분산된 위치에서 투입될 것이다. 그러나 미국의 전략가들은 타이완으로 출발할 준비를 한 함대가 해안 중앙에 모이는 신호를 기다리고 있었을 것이다.

헬기와 공수부대가 대규모로 투입될 것이다. 해협을 건너는 것은 배뿐만이 아니다. 타이완에서 가장 큰 항구인 가오슝에는 중국 국영 해운 회사인 코스코가 상당수 진출해 있다. 게다가 이 항구는 오랫동안 범죄 조직의 통제를 받아온 것으로 알려져 있다.

이 분야는 10년 넘게 내 전문 분야였다. 내 경험에 따르면 타이완과 중국의 조직 범죄는 거의 피를 나눈 형제나 다름없으며 궁극적으로 중국 국가안전부의 통제를 받고 있다.

또 하나 염두에 둘 것이 있다. 중국은 러시아가 우크라이나에 했던 것보다 내러티브 통제를 훨씬 더 잘할 것이다. 이런 식으로 이어질 것으로 예상된다.

"타이완 분리주의 세력이 독립을 선언하려 했다."

"우리는 이와 관련해 어떻게 할지 이미 말을 했다."

"이것은 국내 문제다."

"로이드 오스틴 미 국방부장관이 2022년 6월 싱가포르와 11월 캄보디아에서 만났을 때 우리 측 국방부장의 설명을 듣지 않았나?"

이런 종류의 메시지는 전투가 잘 진행되고 있는 한 많은 중국인들에게 공감을 불러일으킬 것이다. 그리고 다른 생각을 가진 사람들은 입을 다물어야 한다는 것을 알고 있다.

이 메시지는 상황이 어떻게 전개되는지 확인하고 싶어하는 많은 국가들에도 효과가 있을 수 있다. 특히 친중파가 득세하고 있는 다른 인도 태평양 국가들의 경우 더욱 그러할 것이다.

미국에서도 미군 기지 근처에 동시다발적인(또는 전조・前兆적인) 바이러스 발생이 예상된다. 중국은 코로나-19로 인해 미국 정부가 패닉에 빠지고 마비되는 것을 보고 좋아했으며 아마도 다음 공격을 위한 준비를 해놨을 것이다. 타이완에서의 발병 가능성도 똑같이 높다.

핵무기는? 중국은 핵무기로 위협하고 이를 실제로 사용할 수도 있다. 몇 가지 옵션이 있다. 타이완 동쪽 바다에서 전술 핵무기를 터뜨릴 수도 있다. 이는 미국 구호물자를 실은 군병력이 이동하는 경로다. 혹은 타이베이에 소형 핵무기를 발사, 주민들의 민심을 잠재우고 저항을 무너뜨릴 수 있다.

중국은 핵무기를 먼저 사용하지 않는다는 정책을 갖고 있다고 주장한다. 하지만 그 약속이 지켜질 것이라고 생각하는 사람이 있기는 할까? 남중국해의 (불법 점령된) 섬을 군사화하지 않겠다는 약속을 기억하는가? 그리고 어찌 됐든 중국의 논리에 따르면 타이완은 중국의 일부다. 자국에 핵을 쓰겠다는 것에 대한 법적 장애물은 없다 할 것이다.

핵무기 사용 및 이를 통한 위협이 주는 메시지는 분명하다. 미국은 물러나라는 것이다. 그리고 미국은 그렇게 할지도 모른다. 대통령이 누가 됐든, 뉴욕과 타이완을 맞바꾸는 것은 감당하기에 너무 가혹한 대가일 수 있다. 핵무기를 사용하지 않고도 수천, 수만 명의 사상자가 발생할 수 있다는 위협 역시도 부담스럽기는 마찬가지다.

미국인들은 타이완과 연합 방어 체계에 대해 사전에 논의했어야 한다는 사실을 깨닫게 될 것이다. (놀랍게도 지난 50여 년 동안 미국은 타이완군과 딱 두 차례의 소대 규모 훈련을 했다.)

그렇게 인민해방군은 미국, 일본 및 동맹국의 주요 방어선인 제1열도선을 돌파하게 될 것이다. 중국 인민해방군 해군과 공군은 타이완을 통해 남태평양까지 쉽게 도달할 수 있으며 일본을 포위할 수 있는 위치를 점하게 된다. 호주는 동남아시아 및 미국 서부 해안과 단절될 수 있다. 미국인들 입장에서는 고민거리가 많을 것이다. 국내적으로도 마찬가지이고 말이다.

미국 시스템에 대한 충격

미국 대중(최소 대다수)은 미국이 이런 전쟁에 대비하지 않고 있다는 사실을 알게 되면 충격과 두려움, 분노를 느끼게 될 것이다. 그들은 중국 화물선과 어선이 미 해군 함정을 침몰시키고 미 해군이 처음부터 충분한 함정을 보유하지 않았었다는 사실을 좋아하지 않을 것이다. 우리는 전세계를 담당해야 하는 함정으로 총 295척(실제 전투함은 아닌 연안 전투함까지 포함)을 보유하고 있다. 반면 중국은 350척의 해군 전투함, 해안경비대 소속 함정과 전투에 적합한 기타 함정까지 포함하면 700척 이상을 갖고 있다. 중국 어선과 군사화된 해상 민병대 소속 배까지 포함하면 중국 함대의 수는 수천 척이 늘어난다.

미국 대중은 침몰한 함정을 대체할 수 없고 손상된 함정을 필요한 만큼 빨리 수리할 수 없다는 사실을 알고 괴로워할 것이다. 여러 경고에도 불구하고 미국의 조선소가 죽게끔 내버려 뒀기 때문에 말이다.

미 해군과 공군은 잠수함 및 공중 발사 장거리 순항 미사일을 통해 수십 척, 어쩌면 훨씬 더 많은 인민해방군 함정을 침몰시킬 수 있을지 모른다. 하지만 중국이 먼저 행동에 나섰기 때문에 미국은 많은 피해와 사상자를 기록하게 될 것이다.

일부 전문가들은 중국이 타이완을 공격하고 그 과정에서 미국인까지 죽는다면(타이완에 약 7만 5000명의 미국인이 거주하고 있으며 미군 역시 대량으로 사망할 수 있다), 9·11 테러 때처럼 미국이 단결할 것이라고 예상한다.

20년 전이었다면 나는 "100% 확신한다"고 말했을 것이다.

10년 전이었다면 나는 "80% 확신한다"고 말했을 것이다.

요즘은 "50% 정도, 그것도 낙관적으로 봤을 때"라고 할 것이다.

90세 미만인 사람 중 미국이 심각한 전쟁에 휘말려 하루 만에 수천 명의 사상자가 발생했다는 기억을 가진 사람은 없다. 그리고 미국 본토가 공격당한 기억을 가진 사람도 없다. 아울러 아프가니스탄에서 비참하게 철수하는 동안 수백 명, 어쩌면 수천 명의 미국인이 남겨졌고 일부는 사망했을지도 모른다는 사실에 대해 언급도 하지 않고 있다. 미국은 어느 누구도 남겨두고 떠나지 않는 나라 아니었나? (이를 감안하면 확률은) 40% 정도가 될 것이다.

재계, 정계, 학계, 금융계 등 미국의 엘리트들 중 다 미국의 잘못이었다고 말하는 사람들이 계속 나타날 것이다. 지금에 와서 할 수 있는 일은 없고 협상만 남았다는 주장이 나올 것이다.

100명의 학자와 외교 정책 전문가들이 휴전을 촉구하는 서한에 서명하고 공화당 행정부일 경우, 전쟁을 시작하거나 이에 승리하지 못한 것에 대해 대통령을 비난할 것이다.

월스트리트와 재계는 적대 행위 종식을 강력하게 요구할 것이다. 타이완은 그만한 가치가 없다는 주장도 다시 나오게 될 것이다. 중국의 새로운 공동 번영 계획의 일환으로 미국과 특별 자유무역협정을 체결하자는 중국의 제안에 동조하는 세력들이 나타나게 될 것이다.

의회(적어도 일부)는 대통령 하야, 혹은 탄핵을 요구할 수도 있다.

만약 우리가 바로 무릎을 꿇지 않으면 사이버 공격으로 경제와 금융 혼란이 커질 것이고 전력망과 ATM이 더 이상 작동하지 않는 상황이 발생할 수도 있다. 친환경으로의 전환에 따라 가스와 석유가 충분하지 않아 상황은 더욱 악화될 것이다.

유엔은? 참 훌륭한 기관이다.

캐나다, 멕시코, 라틴아메리카, 아프리카는 그냥 앉아서 무슨 일이 일어날지 기다릴 수도 있다. 그들은 미국인들이 고통받는 것에 대해 티를 내지 않고 만족할 수도 있다.

미국의 오랜 동맹인 일본조차도 비틀거리는 미국으로부터 주도권을 빼앗아 지원을 약속하고 올바른 말을 하는 것처럼 행동할 수 있지만 실제로 전투에 참여하거나 자위대를 투입하지는 않을 것이다.

호주는 노력하겠지만 타이완이 생각보다 접근하기 어렵다는 것을 깨닫게 될 것이다. 호주의 더 큰 걱정은 위험에 노출된 호주 자체를 보호하는 일이 될 것이다.

동남아시아 국가들? 그들은 수년 동안 미국과 중국 사이에서 어느 하나를 선택하고 싶지 않다고 말해왔다. 그렇게 어느 한 쪽도 선택하지 않고 있다. 우리의 우방인 싱가포르도 마찬가지다. 필리핀도 역시.

몇 달이 지나면(아마 더 빨리) 미국이 지고 있거나 이미 졌다는 사실이 분명해질 것이다. 타이완은 사라졌고 중국으로부터 조건을 요구하고 있다. 미국은 물러나게 됐다.

물론 미국은 이 시점에서 핵무기가 옵션이라고 생각할 수도 있다.

이 경우 중국이 회담을 요청할 것으로 예상된다. 하지만 중국은 지금까지 얻은 것을 포기하지 않을 것이고 사과하지도 않을 것이다.

대신 중국은 미국에 대한 요구 목록을 제시할 것이다. '상호 존중'과 '상호 협력', '중국의 핵심 이익에 대한 존중' 등 중국과 중국인들이 애초부터 원했던 모든 것들을 복원하도록 하라는 것이다.

운이 좋다면 미국은 독립을 유지하고 자유 국가 연합을 구성, 국방력을 재건할 수도 있다. 또는 중국의 핵 공격 위협과 재래식 군사력의 열세로 인해 종주권(宗主權) 지위를 인정하게 될 수도 있다. 즉, 어느 정도의 내부 자치를 허용하되 외교 문제는 재구성되고 규정을 준수하는 국제기구를 통해 사실상 중국에 의해 통제되는 것이다. 중국이 미국이 무언가를 했으면 좋겠다고 한다면 미국은 그렇게 하게 된다. 어떤 종류의 요구가 있을까?

사회 신용 점수가 도입되게 된다. 중국 통화인 위안화가 미국에서 공식 통화로 지정되고 중국이 미국에서 구매하는 모든 물품은 중국 통화로 결제되며 감시와 통제를 강화하기 위해 디지털 통화로 결제될 수도 있다.

미국은 중국에 대한 봉쇄 정책을 종료하고 군대 규모를 축소하며 양자 및 다자 조약에서 탈퇴하게 될 것이다. 동맹국들도 이미 그렇게 하지 않은 상태라면 말이다. 미국은 중국이 허용하지 않는 한 모든 외국 기지에서 철수하게 될 것이다.

중국과 중국공산당에 대한 모욕적인 논평과 발언은 금지된다. 언론과 표현의 자유는 사라진다. 하지만 학계는 크게 달라질 필요가 없다. 이미 친중적이었기 때문이다. 미국은 중국으로부터 받은 명단에 있는 사람들을 넘겨주게 된다. 정부와 법, 선거와 관련된 홍콩식 접근 방식이 시행될 것이며 모두 중국의 승인을 받아야 한다. 법원 판결은 중국 대법원의 검토를 받게 된다.

미국 정부에 의해 압류 혹은 동결된 중국인 소유의 모든 재산은 보상과 함께 반환될 것이다. 중국은 특정 중국 기업이 미국 시장에 어떤 경쟁도 없이 접근할 수 있다고 주장할 것이다. 식료품, 원자재 및 에너지 수입에 대한 쿼터가 도입될 것이다. 미국 회사들은 중국이 불렀을 때만 중국 시장에 진출할 수 있게 된다.

미국의 일상은 어떤 모습일까? 좋은 날은 홍콩 탄압 후의 날과 비슷할 것이다. 우리가 '잘못 행동'한 날에는? 상하이의 코로나 봉쇄 때와 같을 것이다(혹은 캐나다의 코로나 봉쇄).

최선을 다해 노력하는 부역자들은 계속 있을 것이다. 코로나 봉쇄 반대 의견을 통제했던 사례에서 볼 수 있듯, 일부 주(州)에서는 기꺼이 권위주의적 통치 방식을 따를 것이다. 이런 종류의 권력은 특정 관료, 관리자, 정치인 입장에서 봤을 때 중독성이 있으며 그들은 증거를 제시하지 않은 채 이 모든 것이 '효율적'이고 '효과적'인 것처럼 가장할 수 있다.

백악관은 헌법 효력 정지, 계엄령 선포, 주 방위군 연방화 등의 행정명령을 내릴 것이다. 일부 주에서는 이를 따르지 않을 수도 있다. 휴전 및 명백한 종주국 지위에 합의한 것이 되면, 미국 전역에서 싸움이 벌어질 것으로 예상된다.

일부 주에서는 다른 국가, 즉 자유 국가를 만들려고 시도할 수도 있다. 워싱턴의 중앙 정부는 이를 막기 위해 노력할 것이다. 상상하기 어려운 일인가?

코로나-19 당시 공포에 의한 통치를 기억해보라. 주(州)별로 도입한 조치와 이에 대한 반응 등 전혀 일어날 것으로 생각하지 못했던 일들이 일어났던 사실을 기억할 필요가 있다. 미국이 분열된다고?

어쩌면 미국이 황제에 의해 통치될 수도 있을까? 황제든 무슨 다른 직함이 됐든 말이다. 이는 불가능한 일이 아니다.

어찌 됐든 우리가 알고 있는 미국은 끝날 것이다.

마지막으로 요약하자면, 미국은 제2차 세계대전 때처럼 안전한 피난처를 구축하고 운영하거나 회복할 수 있는 시간적 여유를 갖지 못할 것이다. 그때까지 얼마의 시간이 남았을까? 많지 않다. 기껏해야 몇 년 정도다. 그리고 그것은 (매우) 낙관적인 전망이다.

4부

이기는 방법

19 장

어떻게 방어하고
어떻게 반격해야 하나?

중국은 여러 방면에서 우리를 공격하고 있고 이제 우리는 그들의 방법을 알고 있다. 그럼 어떻게 해야 할까? 이는 그리 복잡하지 않다. 우리는 필요한 경우 방어하고 대응해야 하며, 우리의 강점(强點)으로 중국 공산주의자들이 취약한 곳에서 공세를 취해야 한다.

중국이 우리에 대한 정치전 전술에서 보여줬듯 실질적인 폭력을 사용하지 않고도(또는 사용하기 전에) 많은 해를 입힐 수 있다. 다행히도 이 전략은 양방향으로 작동하며 중국이 취약한 부분에 대한 대응과 공격이 모두 가능하다. 그렇게 할 마음만 있으면 된다.

미국은 외교, 프로파간다, 경제, 재정, 기술적 강점을 군사력 및 동맹과 체계적으로 결합, 적절한 전술 계획을 수립하는 자체적 정치전 전략이 필요하다. 이 전략은 행정부가 바뀌어도 지속돼야 하며 실질적 권한을 갖고 이를 이끌고 실패했을 시 처벌을 받는 사람을 두는 제도가 필요하다.

미국에 대한 공격은 중국의 표현을 빌리자면 포괄적 공격이었다. 승리하려면 우리는 중국보다 더 포괄적이어야 한다. 출발점은 간단하다. 바로 상호주의다. 우리가 중국에서 할 수 없는 일을 미국에서도 할 수 없게 해야 한다.

중국 공산주의 정권의 본질과 그들이 우리에게 하려는 의도를 고려할 때, (우리보다) 더 적은 일만 할 수 있도록 해야 한다. 우리는 받는 만큼 되돌려주는 것부터 시작해야 한다. 이것이 실제 생활에서는 무엇을 의미할까? 이 책을 통해 중국이 우리를 공격하는 몇 가지 방법을 살펴보고 우리가 어떻게 반격할 수 있는지 살펴보자.

심리전

방어적인 측면에서는 올바른 마음가짐으로 시작, 머릿속에서 잡음을 제거하고 상황을 명확하게 직시해야 한다. 이는 무엇보다도 미국이 중국과 이미 전쟁 중이라는 사실을 인정한다는 것을 의미한다. 미국식의 전쟁은 아닐 수 있지만 중국식의 전쟁일 수 있다는 것인데 이를 인정하는 것이 중요하다. 아직 총을 쏘는 전쟁이 아니며 아직 전열을 가다듬을 시간이 있다는 사실에 감사해야 한다. 하지만 전쟁은 전쟁이라 할 것이다.

제2차 세계대전 이후 시대에 자란 미국인들에게는 상상하기 어려운 일일 수 있지만 우리가 패배할 수도 있다는 사실을 인정해야 한다. 개인의 자유에 기반한 인도적 정부 시스템이 항상 승리할 것이라고 가정해서는 안 된다. 벤저민 프랭클린이 말한 것처럼, 우리에게는 "지킬 수만 있다면, 공화국"이 있다. (注: 프랭클린은 1787년 헌법제정회의에서, '어떤 국가를 만들었느냐'는 한 여성의 질문에, '공화국이지요, 그것을 지킬 수 있는 한에서만'이라고 말한 것으로 알려졌다.)

약속을 지키지 못하면 어떻게 되는지 역시 명확히 해야 한다. 여기에는 공산주의와 전체주의 정권의 본질에 대한 교육도 포함돼야 한다. 이는 어떤 모습일까? 2022년, 플로리다 주지사 론 드샌티스는 11월 7일을 '공산주의 희생자의 날'로 선포하며 공립학교에서 공산주의 정권이 저지른 '잔혹 행위'에 대해 가르치는 것을 의무화하는 법안에 서명했다. 드샌티스는 자신의 동기를 분명히 밝혔다. "공산주의 정권에 의해 희생된 사람들을 기리고 학생들에게 그런 잔혹 행위에 대해 가르치는 것이 그런 역사가 반복되지 않도록 하는 가장 좋은 방법"이라는 것이었다. 그는 "일각에서는 공산주의의 역사를 희화화하는 것이 유행처럼 번지고 있지만 플로리다는 진실을 옹호하고 자유를 위한 전초기지로 남을 것"이라고 했다.

40세 미만의 미국인 대부분은 공산주의, 특히 공산주의의 악랄함과 잔인함에 대해 잘 알지 못하기 때문에 이를 상기시키는 것이 필요하다. 오늘날 동유럽, 아프리카, 동남아시아, 그리고 물론 소련과 중국에 국민을 노예로 삼고 살해하며 우리를 파괴하려 했던 정권이 있었다는 사실에 대한 인식이 거의 없다.

세대가 바뀌고 이 주제에 대한 교육이 거의 이뤄지지 않으면서 사회적 이해도가 희미해졌다. 내가 어렸을 때는 대공황을 직접 겪은 부모나 다른 이들로부터 이에 대해 많이 들었다. 하지만 우리는 여전히 대공황을 제대로 이해하지 못했다.

2016년 웨스트포인트 졸업식에서 스펜서 라포네 생도의 모자 속에 '공산주의가 승리할 것'이라고 적힌 문구가 사진에 찍히는 상황은 그렇게 발생하게 되는 것이다.

그는 단순한 한 명의 괴짜가 아니라 이를 공유하는 괴짜들의 생태계에서 살고 있었던 사람이다. 이런 생태계가 탄생하게 되는 데 핵심 역할을 하는 것은 교육 시스템이며 중국과 다른 국가들이 우리들의 교육 과정에 영향을 끼치려고 하는 이유도 여기에 있다. 이것이 바로 플로리다에서 일어나고 있는 일이 중요한 이유다. 아니, 필수적이라 할 것이다.

학계를 해방시키는 것은 어려운 일이 될 것이다. 대학 내에서만 해도 전반에 걸쳐 많이 기울어져 있으며 (학교 입장에서는) 등록금을 전액 부담하는 중국인 학생들에 대한 중독성이 강하다.

하지만 할 수 있다. 우리는 희미하지만 희망을 봤다. 트럼프 행정부의 대중(對中) 정책에는 '천인계획(千人計劃)'에 참여한 일부에 대한 조치가 포함돼 있었고 이는 변화를 가져왔다. 공자학원(孔子學院)도 타격을 받았다. 즉, 대학들은 정부 연구 계약을 진행하거나 공자학원을 운영할 수 있지만 둘 다 할 수는 없다는 이야기를 듣게 됐다.

이는 우리가 싸울 수 있다는 모습을 보여준 것이 맞지만 우리는 이를 계속 유지해 나가야 한다. 바이든 행정부는 위와 같은 대중 정책을 폐기했다. 공자학원들은 감시를 받지 않은 채 이름을 바꾸고 새롭게 조직을 탈바꿈하고 있는 것으로 보인다.

더 큰 도움이 되려면 더 큰 행동에 나서야 한다. 대학이 중국 정부와 연계된 스파이 활동이나 IP 도용(예: 천인계획 등을 통해), 중국공산당의 노선(예: 중국공산당만 인정하는 국경을 표시한 지도)을 밀어붙이다 적발되면 해당 학교의 면세(免稅) 자격을 박탈해야 한다. 혹은 수십억 달러의 기부금을 받는 대학에 대해 즉시 그런 조치에 나서야 한다. 왜 미국 납세자들이 중국공산당에 우호적인 방향으로 학생을 세뇌하고 중국으로의 지식 이전(移轉)에 보조금을 지원해야 하나?

우리는 미국 대학의 주요 과학 및 공학 분야에 대한 중국인의 접근을 더욱 제한하고 동일한 프로그램에 대한 미국인 등록 비율을 네 배로 늘리기 위한 국가적 사업에 나서야 한다. 지난 20년 동안 미국은 STEM(과학·기술·공학·수학) 전공 졸업생 수에서 중국보다 5대 3으로 많은 우위를 누렸지만 이제는 중국이 미국보다 네 배 많은 STEM 학생을, 세 배 많은 컴퓨터과학자를 배출하고 있다.

오랫동안 미국 정보당국에서 근무했던 한 사람은, "미국 대학이나 연구소가 중국의 국가 우선 주제(예: 중국제조 2025, 새로운 배터리 기술 등)를 연구할 때마다 중국 연구자들이 주도적이지는 않더라도 항상 참여하고 있다"고 했다.

미국 STEM 전공자들이 졸업 후 중국으로 가는 것이 바람직하지 않다고 느낄 환경을 조성해야 한다. 냉전 시대에는 미국 대학의 유망한 젊은 핵 과학자가 소련 연구소에서 일자리를 제안받고 이를 수

락하면 반역자로 간주됐다. 오늘날 젊은 과학자들은 잘 갖춰진 연구실에서 높은 연봉을 받는 동급생들을 부러워한다.

미국 학생들이 중국으로 지식을 가져가는 것은 자유 세계를 파괴하고 자국민에 대한 대량 학살을 자행하는 체제에 기여하는 것을 의미한다는 사실이 캠퍼스에서 더 많이 인식되도록 해야 한다. 그래도 효과가 없다면 중국에서 일할 경우 정부 자금으로 지원되거나 기밀 인가가 필요한 미국 내 일자리에 더 이상 취업할 수 없게 된다는 사실을 학생들에게 알려야 한다.

중국공산당의 세뇌 및 감시 허브 역할을 할 수 있는 캠퍼스 연계 조직인 공자학원이 현재 무엇이라고 불리든, 이것이 외국의 악의적인 세력의 전초기지임을 분명히 하고 양해각서를 공개해야 한다. 그리고 이곳에서 근무하는 감독관들을 집으로 돌려보내야 한다. 공자학원이 다른 모습으로 다시금 나타나지 않도록 해야 한다. 미국에서 활동하는 중국 학생 및 학자 협회, 그리고 기타 중국공산당 네트워크를 단속해야 한다.

이는 중국 디아스포라(在外 국민)에게도 도움이 될 것이다. 중국 이민자들은 '통일전선' 조직의 주요 영향력 및 협박 대상 중 하나다. 대부분은 중국공산당으로부터 벗어나기 위해 미국으로 왔다. 우리는 중국 국가안전부가 그들을 위협하고 우리 사회와 정부를 상대로 그들을 이용하도록 내버려 뒀다.

2020년 10월, 크리스토퍼 레이 미 연방수사국(FBI) 국장은, 중국의 '여우 사냥' 작전에 가담한 여덟 명을 기소한다고 발표했었다. 그의 설명이다

〈여우 사냥은 시진핑 주석과 중국공산당이 미국과 전세계에서 중국 정권에 위협이 되는 것으로 간주되는 중국인을 표적으로 삼아 대대적으로 벌이는 작전이다. (…) 대상자에게는 두 가지 선택지가 있었다. 즉시 중국으로 귀국하거나 자살하는 것이었다. 여우 사냥의 타깃이 중국으로의 귀환을 거부하면 어떻게 될까? 미국과 중국에 있는 그들의 가족은 위협과 협박을 받았고 중국에 있는 가족은 중국 정부의 지렛대로 활용되기 위해 체포되기도 했다.〉

레이 국장은, "간단히 말해 중국이 우리 해안으로 들어와서 불법적인 작전을 수행하고 미국 내 사람들을 그들의 뜻대로 굴복시킬 수 있다고 생각하는 것은 터무니없는 일이다"라고 했다.

그렇다. 그리고 더 터무니없는 일은 우리가 이를 방관하고 있다는 것이다. 설상가상으로 최근 중국이 뉴욕시에 한 곳을 포함, 50개 이상의 해외 국가에 해외 경찰서를 설치한 사실이 밝혀졌다. 중국은 이를 '서비스 센터'라고 부르며 중국인이 운전면허증 등을 갱신할 수 있는 곳이라고 홍보하고 있다. 실제로는 중국공산당이 해외에 거주하는 중국인 및 중국계 미국인을 통제하고 위협하는 수단으로 활용된다. 중국에서 비슷한 일이 일어날 수 있다고 생각하나? 전혀 불가능할 것이다.

레이 FBI 국장은 이와 관련, "매우 우려스럽다"고 했다. 정말로 그런 상황이다.

2022년 12월, FBI는 보스턴 버클리 음대에 재학 중인 중국 시민권자 한 명을 체포했다. 그는 학교 인근에서 중국의 민주주의와 자유를 촉구하는 전단지를 게재한 다른 중국인 국적자를 괴롭히고 위협한 혐의를 받았다. 용의자는 중국에 있는 피해자의 가족이 처벌을 받을 수 있도록 하기 위해 중국 사법당국에 이 사건 내용을 알렸다고도 주장했다.

효과적으로 대응하려면 월스트리트, K스트리트, 실리콘밸리, 할리우드에 이르기까지 미국 내에 있는 (중국) 동조자(반역자) 세력에 대해 무언가 조치를 취해야 한다. 이를 통제하기 위해서는 법이 필요하겠지만 그 전까지는 기존 법률을 적절히 적용하는 것부터 시작할 수 있을 것이다.

수치심을 주는 것은 효과가 있기는 하지만 효과는 한정돼 있다. 기부자 계층에 대한 처벌이 궁극적으로 더 효과적이라 할 수 있다. 또한 이는 더 이상 돈을 받을 수 없도록 만드는 데도 중요하다. 중국과 사업을 하거나 미국 정부와 사업을 하거나 둘 중에 하나를 선택하도록 하는 것이다.

미국 법무부는 외국대리인등록법을 진지하고 공정하게 집행해야 하며 모든 미국 공무원과 정치인의 직간접적 비즈니스 거래 및 컨설팅 관계를 공개해야 한다(注: 미국에서 활동하는 개인, 단체, 기업이 외국 정부나 기업의 이익을 대변하는 역할을 하는 경우 외국 정부와의 관계, 활동, 경비 등을 법무부에 보고하도록 한 법). 그들이 만약 미국 정부를 위해 근무하고 싶다면 모든 것을 공개해야 한다. 지금처럼 의도적이 됐든 다른 이유에서든 모호하게 정보 공개를 요구하는 것이 아니라 말이다.

우리는 중국에 초점을 맞추고 있지만 러시아와 이란, 북한 등도 때로는 공모를 통해 심각한 해를 입히고 있다. 우리는 모든 외국(및 국내)의 적으로부터 우리를 보호할 수 있는 시스템이 필요하다.

우리는 주변을 둘러보고 우리와 같은 생각을 가진 나라들로부터 배워야 한다. 예를 들어, 호주가, 정치와 언론에 대한 중국의 정치적 영향력을 수면 위로 올리기 위해 한 일을 우리도 검토해봐야 한다. 영국 역시 오늘날의 위협에 대처하기 위해 간첩 관련 법안을 개정하고 있다.

궁극적으로 반역자들이 적발될 확률을 높여야 한다. 반역자들은 비용 대비 효과를 계산할 수 있다. 돈을 잃거나 심지어 감옥에 갈지도 모른다는 두려움은 그들의 행동을 바꾸게 할 가능성이 있는 것으로 보인다.

드라고 때처럼

냉전 시대에는 록키가 이반 드라고와 싸울 정도로 적이 누군가가 분명했고 우리는 좋은 사람(미국)을 응원하고 나쁜 사람(소련)에 야유를 보내는 것이 허용됐다(注: 영화 록키 4에 등장하는 소련 국적의 복서).

오늘날 대학 캠퍼스(또는 월스트리트, 실리콘밸리, 할리우드)에서 미국을 응원하고 중국공산당을 비난해보라. 어떤 반응을 얻게 될지 잘 모르겠다. (결과가) 확실하지 않다는 사실만으로도 사람들은 자기 검열을 하게 될 수 있으며 이는 중국공산당에 유리하게 작용할 수 있다.

이제는 이를 멈춰야 한다. 우리에겐 잘못이 있지만 우리는 좋은 사람들이다. 우리는 사과할 필요가 없다. 나쁜 놈들을 때리기 시작하고 환호를 받아야 한다.

우리는 머리를 비우고 중국의 심리적 방어의 약점을 찾아야 한다. 우리는 적의 가장 약한 곳을 공격해야 한다. 중국공산당 지도자들은 종종 그들이 가장 두려워하는 것, 즉 가장 취약한 부분을 우리에게 알려준다. 일반적으로 중국 공산주의자들이 미국에 무언가를 중단하라고 요구할 때는 그것이 효과가 있다는 것이기 때문에 이를 더 많이 하는 것이 좋다.

예를 들어, 2022년 초 바이든 대통령과 시진핑의 화상 회담 이후, 중국은 의도치 않게 미국 측에 유용한 목표물을 제공하는 공식 자료를 내놨다.

시스템의 취약성

시진핑은 누구도 다른 나라의 체제를 바꾸려고 해서는 안 된다고 말했다. 이는 중국이 허풍을 떨고 있지만 체제의 안정성이 공격에 취약하다는 것을 우려하고 있다는 점을 시사한다. 그러니 그곳을 공격해야 한다. 경제 및 재정적 압박, 견고한 미국 및 동맹국의 군사력을 바탕으로 잘 운영되는 정치전 전술(미디어 및 정보전 포함)을 펴야 한다.

예를 들어, 우리는 많은 중국인들이 수십 년 동안 자의든 타의든 자신의 재산을 중국 밖으로 빼내어 중국공산당으로부터 벗어나려고 노력해 온 것을 봤다. 이는 중국공산당 체제의 혜택을 가장 많이 받는 사람들이 공산당의 미래 전망에 대해 충분한 확신을 갖지 못한다는 증거이기 때문에 정치전에서 유리하게 작용할 수 있다. 그들이 중국 내에 재산을 보관할 정도의 확신을 갖지 못하고 있다는 것이다. 미국 관리들은 이 부분에 집중해야 한다.

월스트리트 인사들과 중국 시장에만 진출해야 한다고 말하는 사람들에게도 이 점을 활용할 수 있다. 선택권이 있는 중국인들이 자국 시장에 진출하지 않기로 결정한다는 것인데, 미국 최고의 인재들이 모르고 있는 것이 무엇일까? 역사상 부상(浮上)하는 강대국의 엘리트층과 준(準)엘리트층이 가장 큰 적이라고 말하는 국가에 돈을 들여오는 데 열중했던 비슷한 사례는 떠오르지 않는다.

물론 이는 언급할 가치가 있는 일이다. 그리고 이를 크게 이야기해야 한다. 반복적으로. 그리고 중국의 모든 사람들이 중국공산당 엘리트들이 무엇을 하고 있는지 알 수 있도록 해야 한다. 이것은 중국공산당의 뿌리를 흔들 수 있는 많은 메시지 중 하나일 뿐이다.

중국은 올바른 메시지를 전달하는 사람에게도 취약하다. 트럼프 행정부는 이를 알고 있었다. 그렇다면 트럼프 행정부는 전략적 메시지 측면에서 어떤 조치를 취했을까? 매튜 포틴저 전 백악관 국가안보 부보좌관은 중국어로 연설을 하며 중국인들은 중국공산당이 제공하는 것 이상을 받을 자격이 있다고 했다. 중국인들은 미국이 중국인들에게 직접 이야기를 전할 수 있게 될 것이라는 생각에 미쳐버리려고 했다. 미국인들은 마침내 중국이 반응하도록 만들었다. 중국이 미국을 반응하도록 하는 것이 아니라 말이다.

하지만 이는 예외였다. 정보 전쟁을 수행하려면 우리가 무엇을 하고 있는지 잘 알아야 한다. 미국 정부는 트럼프 행정부 일부의 짧은 몇 년간의 노력을 제외하고는 제대로 대응하지 않았고 언급할 가치가 있는 수준의 공격적 메시지를 내지도 않았다. 중국의 비방, 프로파간다, 노골적 거짓말이 어떻게 아무런 저항을 받지 않으며 심하게는 옹호되는 상황에 이르게 되는지를 주목할 필요가 있다.

미국 국무부에는 프로파간다와 전략적 커뮤니케이션을 담당하는 것으로 알려진 글로벌 참여 센터라는 곳이 있다. 하지만 이 센터는 의회 밖에 있는 사람들의 사고방식을 바꾸기보다는 의회 위원회에 지속적인 자금 지원이 필요한 이유를 설명하는 데 더 효과적인 것으로 보인다.

우리는 해외공보처(USIA)와 공보원(USIS)을 되살려야 한다. 또한 중국 공산주의자들이 중국어로 말하는 내용을 영어로 번역해 제공하는 해외방송정보서비스(FBIS)도 재건해야 한다. 왜냐하면, 중국어로 된 표현이 그들이 영어로 제공하는 내용과 매우 다른 경우가 많기 때문이다.

효과적인 프로파간다에 대한 개선 연구가 필요하다면 미국은 '차이나 언센서드'와 같은 훌륭한 프로그램도 검토해볼 수도 있다(注: 중국의 검열 문제 등을 다루는 유튜브 채널). 이 프로그램은 저예산으로 제작되는데 유익하며 구독자 수가 거의 200만 명에 달한다. 그리고 중국 정부는 이를 아주 싫어한다. 구글과 유튜브는 코로나-19 봉쇄에 반대하는 중국의 시위와 같은 주제를 다루는 차이나 언센서

드의 프로그램을 일상적으로 검열하고 수익 창출을 막으며 연령 제한을 적용시킨다. 아마도 구글과 유튜브는 중국공산당을 기쁘게 하려는 것 같다.

내가 만난 한 프로파간다 전문가는 미국이 궤변적인 전략 커뮤니케이션을 넘어 유용한 미국만의 내러티브를 개발해야 한다고 제안했다. 그는 "중국의 괴롭힘 행위와 팽창주의에 맞서기 위한 명확한 국가 전략이 부재한 상황에서 중국의 위협에 대한 미국의 전략적 커뮤니케이션이 효과가 없는 것은 놀라운 일이 아니다"라고 했다. 그는 "위협에 대한 '범(汎)정부적' 커뮤니케이션 접근 방식이 없으며, 국가안보회의, 국무부, 국방부 간의 메시지에 동일성이 부족하다"고 했다. 그는 "이 점에서 미국은 과감한 조치를 취해야 한다"며 "중국에 대한 진실을 말해야 한다"고 했다.

이는 사실이다. 중국은 나쁜 놈들이다. 우리는 인권, 위선, 부패 문제를 중국에 계속 제기해야 하고 이를 멈춰서는 안 된다.

다시 말하지만 우리가 할 수 있다는 것을 보여주는 사례들이 있고 행동에 나서면 변화를 이룰 수 있다. 우리는 트럼프 행정부 시절 미국 정부가 남중국해에서 중국의 행동에 대한 상설중재재판소 판결이 중요한 문제라고 말했던 것처럼 목소리를 계속 내야 한다.

데이비드 스틸웰 전 국무부 동아시아태평양 담당 차관보의 설명이다.

〈자유 세계에 있는 우리는 시진핑이 우리가 그를 봉쇄하고 있다고 주장한다고 해서 그의 말을 따라가는 것은 어리석은 일이다. 중국이 대화를 원한다는 것을 보여주기 전에는 말이다. 인도가 쿼드 가입 의사를 밝혔는데 이 문제의 원죄는 분명 중국에 있다. 중국을 우리가 봉쇄하고 있다는 주장을 변명하는 것이 아니라 이를 조롱하게 될 때까지 우리는 항상 방어하는 입장에 갇혀 있을 것이다. (그런데 봉쇄가 왜 나쁜 것이라고 생각하나? 전염병을 막는 데 들어가는 가장 큰 노력은 봉쇄 조치이다. 그렇게 악·惡이 번지지 않도록 하는 것이다.) 지금은 공격을 해야 할 때다.)

시진핑은 팬데믹과 시스템의 취약성에 대해 말하면서 바이든 대통령에게, 질병을 정치화하는 것은 아무런 도움이 되지 않는다고 했다. 그는 당시 코로나-19에 관해 이야기하고 있었다. 당연히 중국은 이 문제에 매우 민감하게 반응하고 있으며 코로나-19가 중국에서 발원했기 때문에 그 기원에 대한 질문에서 주의를 돌리려고 노력해왔다. (바이러스가 처음 발발했을 당시 중국공산당은 이를 우한 바이러스라고 불렀다는 사실을 기억할 필요가 있다.)

우리는 이 문제를 계속 언급하고 이를 통해 압박해야 한다. 데이비드 스틸웰은 미국 관리들이, "코로나-19가 중국 우한에서 시작됐고 중국이 이를 은폐해 전세계적인 팬데믹이 일어나게 했으며, 중국이 팬데믹의 기원을 파악하고 중국이 무엇을 알고 있는지 알아보는 것과 관련해 세계보건기구에 협조하지 않았다는 점을 다시 한 번 강조할 필요가 있다"고 했다.

니콜라스 웨이드 전 뉴욕타임스 과학 전문 기자는 코로나-19의 기원을 이해하는 것이 중국을 비난하는 것보다 더 중요하다고 지적한다.

〈코로나-19는 우한에서 처음 발생했는데 중증급성호흡기증후군(사스·SARS)과 유사한 바이러스의 감염력을 더 강력하게 만들도록 조작하던 우한 바이러스 연구소 앞에서 처음 생겨났다. 이 두 가지가 연관돼 있을 가능성은 너무나도 당연한 일이다. 그러나 2년 동안 영향력이 있는 사람들은 대부분의 미국인으로 하여금 상식과는 정반대의 주장을 믿도록 속였다. 이 엄청난 오도(誤導)는 누구의 이익을 위한 것이었을까? 당연히 중국의 이익이다. 미 의회 위원회는 미국 엘리트들의 신념과 행동에 영향을 끼치는 중국의 능력을 조사해야 한다. (…) 중국에서 상당한 매출을 올리는 미디어 회사에 의존했던 것일까? 중국은 자국 내 보건 당국자들 중 서구에서 교육을 받은 자들과 현재 서구에서 활동하는 보건 당국자들 사이의 긴밀한 관계를 이용했을까? 미국의 오피니언 리더들이 단순히 스스로를 기만한 것인지, 아니면 다른 사람에 의해 조종당한 것인지 파악하는 것은 매우 중요하다.〉

중국이 배상금을 지불할 가능성이 낮더라도 우리는 배상을 요구해야 한다. 이는 중국 공산주의자들을 방어적으로 만들 것이다. 책임을 회피하고 이를 전가(轉嫁)하려는 중국의 노력에 맞설 수 있게 된다. 또한 중국발(發) 바이러스로 인해 경제가 붕괴돼 현재 중국에 대한 일대일로 프로젝트 관련 부채 상환에 어려움을 겪고 있는 국가들에 도움을 줄 수도 있다. 예를 들어, 이들 국가가 경제가 회복될 수 있도록 10년간 중국에 대한 이자 지급을 중단하기로 결정한다면 우리는 그들의 재정적 지위에 영향이 생기지 않도록 보장해줄 수 있다.

중국이 전세계에 가한 해(害)와 거짓말은 코로나-19뿐만이 아니다. 미국 고위 관리부터 미국 내 영향력 있는 사람들에 이르기까지 모두가 다양한 문제에 대한 중국의 거짓 주장에 끊임없이 문제를 제기하고 폭로해야 한다. 예를 들어, 남중국해가 '역사적 중국 영토'라고 선언한 것, 섬의 '비(非)군사화'와 같은 명백한 거짓말에 대해 문제를 제기하는 것이다.

우리는 남중국해의 산호초와 자연 서식지에 대한 중국의 고의적인 생태계 파괴 행위를 파고들어야 한다. 그리고 다른 문제에서는 그렇게 시끄러운 목소리를 내던 환경 시민단체들이 왜 이 문제에 대해서는 조용한지도 조사해야 한다.

중국의 불법 주장에 정당성을 제공할 수 있는 용어인 남중국해라는 명칭을 더 이상 사용하지 말아야 한다. 필리핀은 이 해역을 서필리핀해라고 부른다. 인도네시아는 그 지역 일부를 북나투나해라고 부른다. 인도 일각에서 사용하는 포괄적 명칭인 아세안해를 사용할 수 있을지도 모른다. 이를 통해 해당 지역의 친구들에게 지지를 표시하는 동시에 우리가 중국의 눈으로 세계와 지도를 바라보지 않을 것임을 알릴 수 있을 것이다.

비슷한 접근 방식이지만 더 큰 규모로, 기존의 문화 교류 및 언론인 프로그램을 구축해 같은 생각을 가진 국가의 신흥 지도자, 언론인 및 기타 영향력 있는 사람들을 초청해야 한다. 이들은 향후 중국의 패권이 인도 태평양 지역에 끼칠 영향과 같은 주제들을 조사할 수 있을 것이다. 미국 대사관에서 이런 프로그램에 초청하는 사람들은 미국을 싫어하는 것처럼 보이는 경우가 너무 많다. 이들은 교육을 받게 되는데 이런 교육을 진행하는 강사들은 그들보다 더 반미(反美)적이다. 우리는 최소한 미국에 대해 호의적인 성향을 가진 사람들을 데려와 미국을 사랑하는 사람들을 만나게 해야 한다.

미국과 미국을 대표하는 사람들은 중국공산당이 세계에 끼친 해를 지적하면서 권리와 자유, 국제 행동 규칙에 대해 적극적인 목소리를 내야 한다. 이는 지난 수십 년 동안 평화와 안보에 기여했으며 중국으로 하여금 지구상에서 가장 큰 혜택을 보게 한 사안들이다(그리고 중국의 경제 개발을 도왔다).

인권

시진핑과 중국 공산주의자들이 절대적으로 싫어하는 또 다른 것은 바로 인권 문제다. 그들은 중국식의 인권(아마도 강제수용소, 종교범 및 정치범의 장기 적출 및 판매 등)이 있다고 주장하며 이 문제를 회피하려고 한다. 인권은 미국의 대중(對中) 정책의 최우선 순위가 돼야 한다. 이는 도덕성과도 연관된 사안이다. 그리고 이는 경제 및 금융 측면에서도 중국에 타격을 줄 수 있다.

남아프리카공화국의 아파르트헤이트에서 교훈을 얻어야 한다(注: 인종 분리 등을 포함한 남아공의 과거 백인우월주의적 인종 차별 정책). 흑감옥(黑監獄)이 있고 개인의 자유가 전혀 없으며 신체 부위를 적출해 판매하는 '의료 관광' 산업과 강제수용소가 있고 대량학살이 자행되는 정권이 있는 시장에 투자하는 것이 왜 좋은 것인지 기업 CEO에게 설명하도록 해야 한다(注: 흑감옥은 불법으로 운영되는 사설감옥을 뜻한다). 말할 것도 없이 이런 정권에서의 사업 계약은 변덕스러운 독재자가 말하는 것에 따라 달라지곤 한다.

(인권 침해자를 제재하는) 마그니츠키법을 중국 단체와 개인에 적극적으로 적용해야 한다(注: 국제적 인권 침해나 부패에 가담한 외국인에 대해 미국 정부가 경제 제재를 부과하고 미국 입국을 거부할 수 있도록 하는 법). 이 법만으로 결정적 효과를 거둘 수 있는 것은 아니지만 의미 있는 수준의 압박을 가할 수 있을 것이다.

프로파간다 노력을 멈춰서도 안 된다. 예수회에 기원을 둔 프로파간다라는 용어는, 자신과 자신의 생각을 설명하라는 뜻이다. 상대방의 문제점도 지적해야 한다. 흑감옥이 존재하고 (종교 범죄를 일으켰다는 이유로) 살아있는 사람의 장기를 적출하며 소수 민족을 위한 강제수용소가 있는 정권에 대해 문제점을 제기하는 것은 어렵지 않을 것이다. 인류는 1945년에 이와 같은 공포가 세상에서 사라졌다고 생각했다. 다시는 없을 것으로 생각했다. 그렇지 않다.

크리스 스미스 연방 하원의원이 이끄는 톰 랜토스 인권위원회에서 다룬 강제 장기 적출 관련 청문회가 좋은 예가 될 수 있다. 이것 역시 무시해보기를 바란다, 시진핑.

2022년 5월, 유럽연합은 중국 공산주의 정권의 지속적인 강제 장기 적출을 규탄하는 결의안을 통과시켰다. 이 결의안은 회원국들이 모든 인권 관련 회의에서 중국의 장기 '적출' 문제를 제기하고 공개적으로 이 관행을 비난하며 인식을 제고하고, 시민들이 '장기 이식 관광'을 위해 중국에 가지 않도록 할 것을 촉구했다. 때로는 유럽인들조차도 중국 문제를 정확히 짚는다.

부패

부패에 대한 대중의 분노는 시진핑과 중국공산당 지도부를 두렵게 한다. 중국공산당은 부패 측면에서 봤을 때 1949년 이전의 국민당을 능가하고 있다. 사람들은 시진핑이 친인척이나 측근을 체포하기 전까지는 그의 선별적인 부정부패 해결 노력에 대해 회의적인 시각을 가질 수 있다. 그러나 시진핑이 실제로 부패의 뿌리를 뽑고 싶다고 해도 부패가 공산주의 체제의 본질에 너무 깊이 뿌리박혀 있는 문제이기 때문에 그가 해결하기에는 역부족이다. 이를 통해 자신의 도전자와 적을 청산하고 싶다고 해도 말이다.

미국은 중국이 역사상 가장 큰 절도 사건 중 하나인 불법 자본 유출을 막는 것을 돕고 있을 뿐이라고 솔직하게 말할 수 있다. 중국공산당은 지도부 일가가 비밀 해외 기업에 연루됐다는 증거가 담긴 파나마 페이퍼에 압력을 가하려 했다. 2010년대 초 시진핑 일가의 막대한 해외 자산 등 지배층 부패를 보도한 뉴욕타임스와 블룸버그에 대한 중국공산당의 압박은 중국 지도부가 이 문제를 얼마나 두려워하는지 잘 보여준다. 이는 좋은 일이다. 공격할 수 있는 또 다른 약점인 것이다.

미국은 중국공산당 지도자 500여 명과 그 가족부터 시작, 지배 계급의 부패를 폭로하고 이를 반복적으로 널리 알려야 한다. 이런 부패는 태평양, 아프리카, 라틴아메리카 및 기타 지역에서 벌어지는 일대일로 및 중국의 영향력 확장 노력의 원동력이 된다. (미국의) 동맹국과 파트너국은 자국에서 활동하려는 부패한 중국공산당 연계 요원에 대해 알게 되면 감사할 것이다.

미국은 현재 문제의 일부를 알고 있지만 적절한 노력을 기울인다면 훨씬 더 많은 것을 밝혀낼 수 있다. 미 중앙정보국(CIA)이 제 역할을 할 수도 있다(만약 그렇지 않다면 그렇게 하는 국장이 나올 때까지 국장을 해고해야 한다). 확장된 미디어 플랫폼을 통해 진실을 전파할 수 있다. 미국의 소리(VOA) 방송은 과거 모든 곳에서 존경을 받았다. 우리는 다시 그렇게 만들 수 있다.

미국에 있는 중국 투자자들에게 그들의 자금이 중국에서 합법적으로 넘어온 것이라는 점을 증명하도록 하는 것만으로도 효과적일 것이다. 이미 미국에 들어와 있는 중국인들에 대해서는 부동산과 금융에 선별적으로 유치권을 설정할 수도 있다. 영주권 소지자가 거액의 구매 자금이 중국에서 합법적으로 넘어온 돈을 통해 이뤄진 것이라는 점을 증명하는 중국 정부의 확인서가 제공될 때까지 영주권을 정지시켜야 한다.

중국은 자신들의 조치가 외국인에 대한 (과거와 현재의) 잘못된 처사에 맞서는 대응이라고 거듭 주장한다. 이는 논쟁의 여지가 있지만 중국공산당의 부패는 의심할 여지 없이 중국 내에서 일어나고 있는 일이며 외지인에게 비난을 돌리기는 어려운 문제다. 그들이 이런 시도를 하지 못하도록 해야 한다.

정치전 개론(概論)

(지금까지 언급된 사안들은) 몇 가지 전략과 전술에 불과하다. 해야 할 일이 훨씬 더 많다. 현재의 상황에서 중국의 주장은 여러 채널을 통해 반복해 재생되는 것처럼 들린다. 중국의 주장은 말도 안 되는 것일 수 있지만 이의를 제기하지 않거나 일관성 없이 반대하게 된다면 중국의 입장이 강화되고 이런 입장이 불가피하다는 느낌을 줄 수 있다.

미국은 중국이 자극하는 행동을 할 때마다 국무부 대변인이나 다른 정부 관리들의 입을 빌려, '심각한 우려'를 표하는 혼란스럽고 섣부른 성명을 발표하는 관습에서 빨리 벗어나야 한다. 미국은 단호하고 명확하며 일관되게 말해야 한다.

우리는 현재 중국공산당과 단절할 거래가 없다는 사실을 깨달아야 한다. 1938년 독일 뮌헨에서 (영국 수상) 네빌 체임벌린이 그랬던 것처럼, 평화를 유지하는 것이 주요 목표라면 문제가 발생할 수 있다.

헨리 키신저조차도, "평화가 주요 목표일 때마다 국제사회는 가장 무자비한 회원국의 자비에 휘둘려 왔다"고 정확히 지적한 바 있다.

우리는 국무부를 우선순위에 두고(더 많은 곳에 더 많은 직원을 배치하고) 그들이 제 역할을 할 수 있도록 해야 한다. 단순히 많은 품을 들여가며 전보(電報)를 쓰는 일만을 하는 것이 아니라 말이다. 한 전문가는 다음과 같이 지적했다.

〈모든 참석국이 외교 및 군사 데스크 담당관이나 분석관의 절반을 인도 태평양 지역에 전념하도록 하고 실제로 그 지역에 배치한다면 엄청난 양의 정보를 얻을 수 있을 것이다. 하지만 그렇게 하려면 책상에서만 일하는 전사들이 동네 카페, 술집, 안락한 공간에서 멀어져야만 한다. 그렇게 할 수가 없는 상황인 것 같다.〉

하지만 그렇게 해야 할 필요가 있다. 세상은 복잡하고 역동적이다. 제대로 작동하는 정책을 만들기 위해서는 일어나고 있는 일을 이해할 수 있어야 한다. 내가 만난 한 전직 기업 임원은 중국과의 무역 협정 체결과 관련해 이렇게 말했다.

〈협정 체결 과정의 최전선에 있다가 협상이 체결된 뒤 이를 지키며 살아가 본 것은 특별한 경험이었다. 협상가들은 협정 체결 이후 모두 집으로 돌아갔지만 말이다. 나는 상대방과 협정을 맺는 데 중요한 역할을 한 모든 정부 협상가들이 협정 체결 후에도 해당 국가에 남아 주 5일, 오전 8시부터 오후 5시까지 3년 동안 협정에 포함된 주제 분야를 다루며 생활해야 한다고 생각한다. 협정 체결 당시 의도했던 것과 협정 체결 후 실제로 실행된 것 사이의 차이점(또는 유사점)을 이해해야 하기 때문이다.〉

볼티모어 학교 지도 카운슬러들의 원칙이 떠오른다. 일시적인 분기별 보너스를 위해 미국 일자리를 해외로 내보내는 데 관여한 모든 사람은 일자리를 잃은 지역사회로 가서 고등학교 지도 카운슬러로 근무하도록 하는 것이다. 그리고는 졸업생들에게 현실적으로 무엇을 할 수 있는지 조언을 하도록 하는 방식이다.

법치주의는 우리의 강점 중 하나여야 한다. 우리는 우리가 믿는 바를 행동으로 실천하고 다른 사람들에게 보여줘야 한다. 그리고 우리가 왜 옳은지를.

근본적으로 우리는 미국의 강점을 알고 이를 소중히 여기며 보호하고 구축해나가야 한다. 그리고 중국공산당의 부패에 대한 진실을 모든 방법을 통해 세상에 알려야 한다.

가족과 지역사회, 학교 또는 이해 증진이 필요한 모든 곳에서 논의하는 것이 하나의 방안이 될 수 있다. 우리는 이미 도구가 무엇인지 알고 있다. 그 중 하나는 2020년 출간된 케리 거샤넥의 역작(力作) 《중국은 지금도 전쟁을 하고 있다》이다. 거샤넥은 중국 정치전과 관련한 5일간의 교육 과정을 제시한다. 중국 관련 일을 하는 정책결정자, 대학교 관계자, 의원(및 보좌관), 군대, 규제 당국자, 국경 요원 등이 이런 과정을 반드시 들어야 한다.

이는 기본적인 정신적 자기 방어이며 우리가 반격하려면 필수적인 출발점이라 할 것이다.

20 장

타이완을
살리는 길

우리는 어디에서 싸우게 될까? 중국 지도자들은 이미 우리에게 말해줬다. 2022년 10월 제20차 당(黨) 대회에서 시진핑은 타이완과 관련, "무력 사용을 포기하겠다는 약속은 없으며 필요한 모든 조치를 취할 수 있는 옵션은 유지된다"고 했다. 그는 "조국의 완전한 통일은 반드시 실현돼야 하며 분명 실현될 수 있다"고 했다.

중국은 오랫동안 타이완을 핵심 목표로 선언하고 타이완을 점령하기 위해 단호한 조치(즉, 무력 사용)를 취하겠다고 공언해왔다. 중국공산당은 항상 이렇게 말하며 이를 막는 사람들을 산산조각내겠다고 위협한다. 중국은 타이완과 관련해 진지하다.

만약 타이완이 중국공산당의 통제 하에 들어가면 중국 군대를 둘러싸고 있는 이른바 '제1열도선'이 뚫리게 된다. 인민해방군은 태평양과 그 너머로 쉽게 접근할 수 있게 된다. 일본은 측면에서 공격을 받고 포위될 것이다. 지역적으로나 전세계적으로 미국의 신뢰도에 대한 타격은 엄청날 것이다.

다시 한 번 생각해보자. 미국의 군대도, 미국의 금융 및 경제 제재도, 미국의 핵무기 억제력도 타이완을 구할 수 없었다는 사실을 전 세계가 알게 됐을 것이다. 그러면 누가 실제적이든 암묵적이든 미국의 안보 보장을 신뢰할 수 있을까? 머지않아 아마 일본과 호주를 제외한 아시아는 '적화(赤化)'될 것이다. 일본과 호주 모두 미국의 보호에 회의적인 시각을 갖게 될 것이다.

교훈은 무엇일까? 미국은 인민해방군과 중국 공산주의자들이 부를 수 있는 그들의 우군(友軍)을 물리칠 수 있는 군대(단독 혹은 동맹과 함께)가 필요하다는 것이다. 실제로 이것이 모든 것의 핵심이다. 군사력으로 승리할 능력이 없다면 외교, 경제 및 재정적 압박, 정보 전쟁 등 그 어떤 것의 조합도 중국과 같은 무자비한 정권을 상대로 성공할 수 없다.

현재 미국의 추세는 '통합 억지'라는 개념에 대해 이야기하는 것이다. 이는 군사력과 지출을 줄이는 대신 외교, 제재, 동맹국에 의존해 그 공백을 메우려는 것으로 보인다. 이는 성공할 수 없다. 국방보다 국민 치과 보험에 더 많은 지출을 하겠다는 변명일 뿐이다.

타이완의 위태로운 상황과 공산주의 중국이 타이완을 점령할 경우의 치명적인 파급 효과를 고려할 때 미국은 자유 타이완을 지키기 위해 가능한 모든 조치를 취해야 한다. 그리고 미국이 그렇게 할 것이라는 사실을 중국에 명확히 알려야 한다.

하지만 타이완은 중국이 원하는 핵심 사안 중 하나 아닌가? 중국은 언제나 핵심 이해관계가 있다고 주장해왔다. 미국도 원하는 핵심 사안을 가질 수 있다. 그리고 자유로운 타이완이 그 중 하나다. 미국의 외교 정책 및 비즈니스 엘리트들은 '중국'이 어떻게 생각할지에 대한 두려움에서 빠져나와야 한다. 그들은 중국 공산주의 지도부가 어떻게 생각할지에 대해서만 생각하고 있다. 중국이 원하지 않는 일을 한다는 것은 아마 당신이 올바른 일을 하고 있다는 것을 의미할 것이다.

타이완과 타이완 군대가 40년 이상의 고립으로 인해 사기가 저하되고 중국의 공격에 위험할 정도로 취약해져 심리적으로 포기할 준비가 돼 있는 상황에서 우리가 이들을 무너지게 하는 것을 보고 싶어하지 않을 것이다.

타이완은 중국 본토에서 불과 100마일밖에 떨어져 있지 않고 중국의 군사적 우위가 압도적이기 때문에 타이완이 무방비 상태라고들 흔히 말한다. 어려운 도전일 수 있지만 중국이 현재 보호할 방법이 없는 중국의 해외 이익과 자산을 목표로 (미국이) 전장을 확장하면 타이완(그리고 미국)의 전망은 상당히 개선될 것이다. 중국이 할 수 있는 위협은 핵무기 사용 위협이나 미국으로의 의약품 수출 중단 정도뿐일 것이다.

우리는 그들을 위협하고 바로 반격할 수 있다. 우리와 전쟁 중인 국가나 주요 동맹국은 자산을 압류당할 준비를 해야 한다. 그것이 중국의 또 다른 약점이다.

무역 압박 및 기술 금수(禁輸) 조치

중국은 경제 전쟁을 매우 잘 수행하지만 공격을 받는 쪽에 서는 것을 좋아하지 않는다. 시진핑은 바이든 대통령에게, 미국은 중국 기업을 억압하기 위해 국가 안보라는 개념을 남용하는 것을 중단해야 한다고 불평했다. 중국이 불평하는 이유는 이것이 타격을 주기 때문이다. 중국은 경제 및 무역 전쟁에서 성공하고 자립 경제를 만들기 위해 제재의 영향을 받지 않으려 노력하지만 식량, 에너지, 외환 분야에서는 말할 것도 없고 무역 전선(前線)에서도 여전히 취약하다. 중국은 도전을 받는 데 익숙하지 않은데 이는 우리가 그런 상황을 만들지 않았었기 때문이다.

닉슨-키신저 시대부터 중국을 대하는 미국의 접근 방식은 50년간의 과학 실험과 비슷하다.

기본적 가설(假說)은 무역을 포함, 중국에 협조적인 접근법을 택하면 중국이 필연적으로 국제 체제의 확립된 규칙을 따르는 더 자유로운 중국이 되리라는 것이었다. 이 가설은 중국이 이런 체제 하에서 큰 혜택을 받았기 때문에 논리적인 것처럼 보였다.

이 가설은 오래 전에 잘못된 것으로 판명됐는데 그 이유는 실험이 시작부터 잘못됐기 때문이었다. 중국은 국제 체제의 확립된 규칙을 따르지 않았고 우리는 이를 강요하지도 않았다. 예를 들어 중국은 조건을 충족하지 않은 상황에서 세계무역기구(WTO)에 가입했다(충족할 의도도 없었다). 중국이 실제로 이득을 본 것은 우리를 규칙에 묶어두고 그들은 원하는 무엇이든 마음대로 한 것이었다.

오늘날 많은 사람들이 이 실험이 실패했다는 사실을 무시하는 방향을 선택한다. 중국에 대한 재정적 투자 혹은 평판이 걸려 있기 때문인 경우가 많다. '내가 틀렸다'고 인정하는 것은 '중국 시장에 반드시 진출해야 한다'는 사람들의 커뮤니티에서 흔히 볼 수 있는 특성이 아니다.

일부 친중(親中) 성향의 인사들은 계획대로 일이 진행되지 않았다고 마지못해 말하지만 아무도 이런 일이 일어날 것으로 예측할 수 없었다고 말한다. 게다가 중국은 핵무기를 보유하고 있기 때문에 중국과 관여하는 것 이외에는 대안이 없다고도 주장한다. 맞서 싸우겠느냐는 것인데 이는 열핵전쟁(熱核戰爭)을 의미하는 것이 된다며 이를 원하지 않지 않느냐고 되묻는다. 이런 주장을 하는 사람들이 간과하는 것은 우리가 반격에 나섰고 중국은 우리를 핵무기로 공격하지 않았다는 점이다. 물론 불평은 해왔지만 말이다.

트럼프 행정부 시절 화웨이와 ZTE가 제재를 받고 기술 수입이 제한됐을 때 중국이 어떻게 괴로워했는지 주목할 필요가 있다. 트럼프 대통령이 부과한 상대적으로 제한된 관세를 철회하라는 중국의 요구는 트럼프의 비판자들이 주장한 것과는 달리 제재가 오히려 효과가 있음을 시사한다. 워싱턴을 상징하는 단어가 '위선'인 것처럼, 바이든 행정부는 트럼프 시대의 대중(對中) 무역 제한 조치의 대부분을 유지하고 심지어 몇 가지를 추가했다.

2022년 12월, 미국 연방통신위원회(FCC)는 화웨이와 ZTE 하드웨어의 미국 내 판매 금지 조치를 확대했다. 미국은 중국 내 감옥과 도시들에 감시 카메라를 납품하는 하이크비전 등 10개의 다른 중국 기업에도 제재를 부과했다.

이 회사들의 미국 로비스트들은 비명을 질렀다. 그중 한 명은 워싱턴에서 가장 강력한 인물 중 한 명이었던 고(故) 해리 리드 상원의원의 전 비서실장이었다.

바이든 대통령은 미국의 반도체 개발 및 제조 역량을 잠재적으로 강화하고 활성화할 수 있는 반도체지원법(CHIPS)을 통과시킨 것에 대한 공로를 인정받을 만하다. 무엇보다 이 법은 수입 반도체에 대한 중국의 의존도를 겨냥해 반도체 수출에 제한을 가한다. 또한 중국이 의존하고 있는 중국 기업에서 일하는 미국의 숙련된 노동자들에 초점을 두고 있다.

미국은 경제 전쟁 전선의 공격과 방어 모든 측면에서 마음만 먹으면 여러 방향으로 공격할 훌륭한 패를 갖고 있다. 이는 금융 전선에서 미국의 모든 움직임을 강화할 수 있는 카드다.

왜 그럴까? 무역 제재와 잠재적 인권 문제 관련 보이콧은 중국에 대한 외국인 직접 투자, 수출, 또는 해외에서 활동하는 중국 기업에 영향을 끼치며 중국의 외환 접근성을 위협하게 된다. 앞서 언급했듯 중국은 필요한 만큼의 환전이 가능한 통화를 보유하고 있지 않으며 외화 유통이 멈추게 되면 중국 정권은 인민해방군의 무기 및 국민의 더 나은 삶과 관련한 어려운 결정을 내려야 한다.

그렇기 때문에 미국이 해야 할 가장 중요한 일 중 하나는 어떤 대가를 치르더라도 세계 기축 통화로서 미국 달러의 지배력을 방어하는 것이다. 이는 의회와 백악관이 직접 통제할 수 있는 사안이다. 바보처럼 돈을 써서는 안 된다. 이런 조치에 나서는 것만으로도 구축함 1000척과 F-35 1000기의 가치가 있다. 이와 동시에 디지털 위안화를 포함한 위안화의 정당성에 문제를 제기해야 한다. 그것이 (보드게임인) 모노폴리 게임에서 사용되는 돈과 같다는 것을 세상에 알려야 한다.

경제 헌장(憲章) 제5조

앞서 언급한 시진핑과 바이든의 통화에서 시진핑은 중국 공산주의의 또 다른 취약점을 알려줬다. 그는 국가 간의 연합과 분열을 언급했다. 그는 호주에 핵잠수함을 제공하고 다른 기술 분야에서 협력하는 것을 골자로 하는 오커스(AUKUS: 미국·영국·호주 안보협의체)를 염두에 둔 것일 수 있다.

이는 미국과 같은 생각을 가진 다른 국가들이 중국의 압력에 맞서 통일된 전선을 제시하고 연합, 중국에 대한 상호 압력을 가하는 것에 대한 중국의 두려움이 표출된 것이다. 일반적으로 중국 공산주의자들은 압도적 우위를 점하고 있는 국가를 하나씩 상대하는 것을 훨씬 선호한다.

다른 불량배들과 마찬가지로 중국은 상대방이 협력하는 것을 싫어한다. 미국은 동맹을 강화하기 위해 가능한 모든 것을 해야 하며 군사적, 정치적 동맹뿐만 아니라 경제적 동맹도 새롭게 구축해야 한다.

중국은 경쟁국에 대해 무역 및 경제적 압박을 가하는데 국가 하나씩을 차례로 고립시키고 제압하는 것을 선호한다. 미국은 자체적인 방어 조치 및 정치 전쟁 조치의 일환으로 이른바 경제 헌장 제5조를 수립하고 시행할 수 있다.

이는 북대서양조약기구(NATO) 헌장 제5조의 개념을 의미한다. 이는 '회원국 중 한 나라가 공격을 받으면 회원국 전체에 대한 공격으로 간주해 개별 회원국들이 집단으로 대응한다'는 조항이다. 군사적 공격 대신 경제 공격을 진행할 수 있다. 중국이 최근 호주, 한국, 필리핀, 팔라우, 일본에 그랬던 것처럼 미국의 우방국에 제재나 압력을 가하면 미국은 개입해 도와야 한다. 여기에는 직접적인 경제 지원과 양보가 포함될 수 있다.

친구들에게 미국과 관계를 맺는 것에 따른 혜택을 좋아해야 하는 이유를 알려주고 중국이 그들의 경제적 미래가 있는 곳이 아니라는 점을 상기시킬 필요가 있다. 이는 잠재적 우방국에도 효과가 있으며 중국 공산주의자들이 싫어하는 동맹을 구축할 수 있는 훌륭한 방법이다.

이와 동시에 메시지를 전달하려면 중국의 대미(對美) 투자에 대해 조용하지만 이에 상응하는 조치를 취해야 한다. 중국인들이 중국에 진출한 외국 기업들에 하는 것처럼 그들에게 고통과 충격을 조금 더 주면 된다. 미국의 조치의 경우 중국의 군사-민간 융합, 느슨한 안전 기준, 지적재산권 도용 등을 고려할 때 면밀한 조사가 필요한 실제적 이유가 있다.

미국 공무원은 어떤 행정부가 됐든 국민, 의회, 행정부가 모두 동맹국을 지원해야 한다고 믿는 나라에 있는 것이 더 낫다는 것을 기억해야만 한다. 우리는 주저하지 않고 아낌없이 행동에 나선다. 그리고 경제와 안보는 별개의 사안이 아니다.

외국인투자심의위원회 활용

미국 외국인투자심의위원회(CIFIUS)의 대미 중국 투자에 대한 심사를 강화해야 한다. 국가 안보와 인권 측면에서(월스트리트와 미국 산업계가 이를 모두 무시하고 싶어한다 하더라도) 투자에 반대할 수 없다는 설득력 있는 근거가 제시되지 않는 한 승인 전 심사가 이뤄지는 것이 표준이 돼야 한다.

대외(對外) 투자에 대한 심사는 새로운 개념이다. 미국 재계와 금융계는 이런 투자를 하는 것이 하나의 권리라고 주장해왔기 때문이다. 하지만 현재 의회에 계류 중인 법안은 중국에 대한 투자가 잠재적으로 중국 군대에 이익이 되거나 중국이 목표로 하는 핵심 기술과 관련이 있고, 상업적 및 군사적으로 미국에 대항해 사용할 수 있을 경우 검토와 승인을 받도록 하는 내용을 담았다. 이 법안은 공급망에 위험을 초래하거나 중국에 대한 의존도를 높이는 투자 역시도 심사 대상으로 검토할 방침이다.

물론 월스트리트와 중국을 대변하는 워싱턴의 로비스트들, 그리고 다른 '이해 당사자'는 이 법안에 맞서 치열하게 싸우고 있다. 이런 움직임의 배후에 있는 자금 흐름에 대한 더 많은 보도가 나오게 되면 도움이 될 것이다.

중국의 정치 전쟁은 미국과 다른 국가들의 제조업과 주요 자재 및 제품 공급에 있어 중국에 대한 의존도를 심화시켰다.

우리의 경제적 기반과 완제품 및 제조를 적에게 의존하는 것은 미친 짓이다. 중국에 생명을 구하는 필수 의약품과 탄약 부품, 배터리, 자석, 희토류와 같은 군사 필수품을 의존하는 것은 미친 짓을 넘어선 것이다. 이는 죽겠다는 소리와 다를 바 없다.

엉킨 실타래, 공급망 문제 해결

중국에 대한 투자는 미국인을 죽이려는 중국 군대에 자금을 지원한다는 사실을 잊어서는 안 된다.

미국은 이런 경제 전쟁에서 스스로를 지켜낼 수 있다. 그리고 우리만의 경제 전쟁 전술을 구축할 수도 있다. 이는 복잡한 문제가 아니다. 미국은 중요한 그 어떤 것도 중국에 의존해서는 안 된다.

데이비드 스틸웰 전 차관보의 표현을 빌리자면, 서로 떼어놓는 것에 있어 장애물이 있을 수 있을까? 지난 수십 년 동안 미국 기업이 수백만 명의 미국인을 일자리와 삶에서 분리시켜 그들의 가족과 아직 태어나지 않은 세대 모두에 영향을 끼친 것보다 더 큰 장애물은 없을 것이다.

엘리트들과 월스트리트 거물들은 중국과 분리할 수 없다고 말하는데 볼티모어, 영스타운, 피츠버그 및 기타 수천 곳의 지역이 이미 미국으로부터 분리된 것은 그 무엇보다 확실하다.

이런 변명은 학대적인 관계를 유지하기 위한 완전한 게으름, 탐욕, 또는 거짓된 이유에 기반한 것으로 보인다.

그렇게 오래 살지 않아도 중국 시장이 중요하지 않았던 시절을 기억하는 사람들이 있을 것이다. 중국 시장이 없었음에도 세상은 충분히 괜찮았고 번영했다. 중국 없이도 다시 한 번 그럴 수 있다. 실제로 월마트는 1990년대에 중국의 값싼 노동력이라는 질병에 걸리기 전까지만 해도 '메이드 인 아메리카'를 자랑하곤 했다.

우리는 같은 생각을 가진, 민감한 기술의 경우 신뢰할 수 있는 파트너와 협력하는 것을 우선시해야 한다. 이미 그렇게 하고 있을 것이라 생각하겠지만 분명 그렇지 않다. '클린 네트워크'와 2021년 미국-유럽 무역기술위원회 등 이런 방향으로 나아가는 움직임이 일부 있었다. 이런 움직임은 계속되고 확대되며 강화돼야 한다.

그렇게 된다면 어디로 나아가게 될까? 자유 진영과 자유롭지 않은 진영이 둘로 분리된 세상이 올 수도 있다. 자유 진영이 자유롭지 않은 진영에 대한 지원과 보조를 효율적으로 중단한다면 그들이 얼마나 오래 지속될 수 있을지 지켜볼 필요가 있다.

중국 제조 및 원자재에 대한 병적인 의존에서 벗어나는 것은 쉽지도 빠르지도 않겠지만 일단 시작되면 동력이 생길 것이다. 우리가 지금까지 알고 있던 무한한 세계화 대신 한쪽에는 미국-유럽연합-일본이라는 진영이, 다른 한쪽에는 중국-일대일로 진영으로 대표되는 두 개의 뚜렷하고 분리된 기술 및 경제 시스템이 존재하게 될 것이다. 그렇게 되면 인도와 같은 주요 경제 성장국이 자유 진영의 일부가 되도록 하는 것이 중요할 것이다.

이는 서로 다른 글로벌 규칙과 규범을 개발하는 것을 의미할 수 있으며 국제기구가 타협에 나설 수도 있다. 그렇게 된다면 그렇게 되라고 하라. 국제기구가 절망적으로 전복되고 개혁의 기회가 없다면 우리는 국제기구를 떠나야 한다. 여기에는 세계보건기구(WHO), 유엔 인권위원회(이란과 쿠바와 같은 국가도 포함된), 그리고 어쩌면 유엔 자체도 포함될 수 있다.

현재 우리가 중국의 대리인 역할을 하는 국제기구에 쏟아붓고 있는 돈은 우리 자신과 나머지 자유 세계에 해를 끼치는 중국의 영향력 행사를 지원하는 데 사용되고 있다. 이는 말이 안 된다.

이런 일이 발생한다면 자유 국가가 대안(代案) 조직을 설립해야 한다. 기존 국제기구에 지출할 수 있었던 돈을 유용한 것을 달성하는 데 사용할 수 있다. 조직이 해야 할 일과 일치하는 일을 하는 데 돈이 쓰이도록 하는 것이다. 이 과정에서 우리는 자유 국가들에 진정한 대안을 제시할 수 있을 것이다.

주주(株主) 소송

중국공산당이 발표한 목표는 외국 기업을 중국 기업으로 대체하는 것이다. 자국민에게 잔혹 행위를 저지르는 국가에서 사업을 할 경우 평판이 나빠질 수 있다는 문제가 있다. 따라서 기업 주주들은 중국공산당의 불투명하고 변덕스러운 지시에 자신의 운명을 맡기지 않기로 결정할 수 있다. 대신 이런 무자비한 독재 정권의 변덕에 전적으로 좌우되는 국가 시장에 투자한 것에 대한 불법행위를 이유로 소송을 제기할 수 있다. 중국과 비즈니스를 하는 기업에 대한 소송이 이미 일상적인 일이 되지 않았다는 사실이 놀랍다.

에너지 공급

시진핑은 바이든과의 통화에서 중국의 또 다른 경제적 취약점인 에너지에 대한 언급을 빼놓지 않았다. 그는 중국, 미국, 그리고 국제사회가 공동으로 글로벌 에너지 안보를 지켜야 한다고 말했다. 이는 화석 연료를 포함한 에너지 자원이 충분하지 않다는 중국의 큰 취약점을 보여주는 것이었다. 이는 우리에게 이점으로 작용할 것이다. 그러니 이를 활용해야 한다.

미국은 영원히 지속될 수 있는 충분한 에너지(석유와 가스)를 보유하고 있다. 트럼프 행정부 시절 우리는 잠시나마 에너지 측면에서 독립적이었다. 지금은 사우디아라비아와 러시아, 이란, 베네수엘라에 더 많은 석유를 공급해 달라고 애원하고 있다. 미국은 에너지 독립성을 되찾아야 한다.

이런 비정상적인 상황에도 불구하고 바이든 행정부는 친환경 에너지로의 전환을 강제로 추진하고 있다. 현재의 기술은 불완전하고 중국이 이른바 청정에너지 제품의 주요 공급원으로 자리매김하고 있는 상황임에도 불구하고 말이다. 잠재적 에너지 독립 국가(미국)가 에너지 수입국으로 바뀌어 적대적인 국가에 의존할 정도로 에너지 시장을 왜곡한 것은 꽤 놀라운 속임수였다. 중국은 이를 잘 해냈다. 우방국들이 에너지를 위해 우리에게 의존하도록 하는 것이 우리와 그들의 주적인 중국에 의존하도록 하는 것보다 낫다. 이런 이야기를 공개적으로 해야 할까? 물론 그렇다. 강력하게 이런 이야기를 해야 한다.

전력(電力)이라는 지렛대

시진핑은 글로벌 에너지 안보(본질적으로는 화석 연료)에 대한 언급을 하며 협정을 통해 (실질적인 양보 없이도) 수십억 달러를 확보하기 위한 방법으로 '기후 변화'라는 마법의 단어를 사용했다.

이는 시진핑이 말했듯 중국이 세계 최대의 개발도상국이기 때문에 정당화되고 있다. 중국은 다른 여러 분야에서 부인할 수 없는 경제력을 보여주면서도 국제회의에서는 '개발도상국'이라는 단어를 계속 사용한다. 이것이 중국에겐 수조 달러의 가치가 있기 때문이다.

기후 변화 문제에 있어 '개발도상국'이라는 용어의 늪에 빠지게 되는 것인데 이는 선진국이 먼저 조치에 나서고 양보를 하게 되는 것을 뜻한다. 탄소 감축 달성을 위해 경제가 타격을 받게 되는 것이다. 이 모든 것이 중국의 종합국력에 유리하게 작용한다.

이제 그만해야 한다. 중국은 한 가지 노선을 선택하고 그 노선을 고수해야만 한다. 아니면 그들의 위선에 대해 합법적이고 반복적으로 지적을 받아야 한다. 중국을 단순히 당황하게 하는 것에는 한계가 있기 때문에 많은 경우에는 제재를 가해야 한다.

화학전

중국이 우리를 상대로 벌이는 정치전의 여러 전선 중 한 곳에 대해서는 긴급한 반격이 필요하다. 바로 중국의 펜타닐이라는 신경작용제를 사용한 화학전 공격이다. 이 공격은 2013년경부터 본격적으로 시작돼 현재 연간 7만 명 이상의 미국인이 사망하고 있다.

백악관과 의회는 이를 직접적인 물리적 공격과 마찬가지로 대해야 한다. 그리고 앞서 언급한 수단들을 활용해야 한다.

첫째, 미국 달러 거래 네트워크에서 모든 중국 금융 기관을 차단해야 한다. 중국 인민은행부터 시작해야 한다.

둘째, 모든 중국 기업을 뉴욕증권거래소와 기타 거래소에서 즉시 상장 폐지시켜야 한다. 그들은 애초에 상장돼서는 안 됐다.

셋째, 미국의 대중(對中) 투자를 엄격히 통제해야 한다. 예를 들어 미국 정부와 계약을 맺고 있는 정부 기구나 기업들이 투자를 할 수 없도록 해야 한다.

넷째, 미국 내 중국 공산당원 친인척 상위 500명의 영주권과 비자를 취소하고 그들의 재산과 은행 계좌에 유치권을 설정해야 한다.

우리가 '화학적'으로 학살당하는 동안 비즈니스가 평소와 같이 계속 이어질 수는 없다.

군대

미국이 해야 할 일 목록에서 군사적 요소는 어떻게 보면 가장 쉽게 바로 잡을 수 있는 부분이다. 미국인들은 전쟁을 떠올릴 때 적과의 분쟁을 해결하기 위한 무기와 육군, 해군, 공군, 해병대를 떠올린다. 그리고 미국은 강력한 군대를 보유하고 있다.

따라서 많은 행정부의 경우 폭력적인 적을 상대하는 과정에서 정치적 지지를 받는 것은 물론, 어렵고 복잡한 외교, 경제, 심리, 선전 활동에 나서는 것보다 군대에 일을 처리하라고 지시하는 것이 더 쉽다고 생각하는 것 같다.

하드웨어 측면에서는 무엇이 필요할까? 육지, 우주, 사이버 공간, 바다 위와 아래에서 적(또는 적들)을 상대하고 물리칠 수 있는 충분한 병력과 함정, 잠수함, 항공기, 무기(핵무기 포함), 미사일, 센서, 위성 등이 적절하게(수량과 역량 모두) 갖춰져야 한다.

또한 이를 위한 대가를 지불해야 한다. 8500억 달러는 많은 금액처럼 보일 수 있지만(방위 계약업체가 미국 정부를 도와주는 것도 아니다), 다른 의무 지출 예산과 비교하면 그리 큰 금액이 아니다. 전쟁에서 패하고 자유를 잃게 된다면 미국인들이 얼마나 큰 대가를 치르게 될지 생각해보라. 8500억 달러가 훨씬 넘을 것이다.

미군이 필요한 것은 무엇일까? 방산업체들은 '우리가 만드는 것을 더 많이'라고 말할 것이고 그들을 대표하는 의원들 역시 이에 동의할 것이다. 하지만 전쟁에서 승리하기 위해 무엇이 필요한지 진정 알고 싶다면 훌륭한 전쟁 계획가(計劃家)들에게 물어봐야 한다. 그것은 수많은 외교 전문가들의 말을 듣는 것보다 유용하다.

물론 올바른 하드웨어를 갖추는 것은 필수적이다. 하드웨어 없이는 승리하기 어렵다. 하지만 중요한 것은 단순히 무엇을 갖고 있느냐가 아니라 무엇을 할 수 있느냐, 무엇을 하느냐, 그리고 무엇을 할 의지가 있느냐이다. 적들이 그들에게 기회가 없다는 것을 알게 만들어야 한다.

중국은 자신들이 미군을 물리칠 수 있다고 생각하는가? 20년 전,

혹은 아마 10년 전에는 그렇지 않았다. 지금은 특정 조건이라면 전망이 좋다고 판단할 수 있고 이런 추세를 반길지 모른다.

군대의 목적

우리 군대는 오직 한 가지 목적만을 갖고 있다. 즉 전투에서 싸우고 승리해 미국의 적을 물리치는 것이다. 여기에는 중국 인민해방군도 포함된다.

이를 이해하고 공개석상에서 기꺼이 그렇게 말할 수 있는 장교들을 찾아내야 한다. 그리고 그들에게 성공과 실패에 대한 책임을 물어야 한다. 이라크와 아프가니스탄에서의 작전은 미군 지도부가 무한한 예산과 의회 및 대중의 확고한 지지를 받았음에도 큰 성공을 거두지 못했다.

이에 대한 책임을 진 고위 장교가 있었나? 없었다. 모두에게 파병을 갔던 것에 대한 포상이 내려지고 승진 혜택이 주어졌다. 결과를 내는 데 실패했는데? 그럼에도 상관이 없던 것이었다.

인도 태평양 지역이 주목받는 동안 미군은 사실상 제자리에 머물렀지만 중국은 그 격차를 좁히고 경우에 따라서는 우리를 추월했다. 정말 그럴까? 해전(海戰)의 핵심 무기인 중국의 대함 순항 미사일(ASCM)은 미 해군 미사일보다 사거리가 길고 더 빠르다. 미 해군은 태평양에서 해군 주둔에 중요한 역할을 할 것으로 기대하며 쉽게 침몰할 수 있는 연안 전투함(LCS) 구축에 수십억 달러를 쏟아부었다. 그리고 제대로 작동하는 함포나 엔진이 없는 줌월트급 함정 세 척을 위해 수십억 달러가 더 낭비됐다. 이에 대한 책임을 지는 이는 없었다.

그렇다면 현재 군대의 수뇌부는 적절한 인물들로 채워져 있을까? 궁금하다. 중국인들도 아마 궁금할 것이다. 오늘날의 니미츠, 할시, 스프루언스, 버크는 도대체 어디에 있을까? 아마도 어딘가에 있을 것이긴 하지만 군대에 있지는 않을 것이다. 만약 그들이 있다면 그들을 찾아내 그들이 일을 할 수 있도록 해야 한다.

지금 해야 할 두 가지의 일

첫째, 군대 내에서 '깨어있는' 행위를 멈춰야 한다(注: wokeness, 사회 정의, 인종 차별 문제 등에 깨어있는 문화, 즉 이를 중요시하는 문화를 뜻함). 군 복무는 때때로 중국공산당의 투쟁 훈련 시간과 비슷해 보인다. 많은 미국 젊은이들이 군 입대를 거부하는 것이 놀랍지 않다. 로이드 오스틴 국방부장관이 취임 직후 군대 내 극단주의자들을 저격하는 것과 같은 조치에 나선 것을 보고 중국인들은 매우 기뻐했을 것이다. 이는 많은 군인과 군무원들에게 메시지를 전달했다. '우리는 당신을 믿지 않는다', '그러니 당신의 친구들을 고발하라'는 메시지였다.

중국 인민해방군은 미 의회에서 마크 밀리 합참의장이 '비판적 인종 이론(critical race theory)'을 무조건 옹호하는 것을 듣고 더욱 기뻐했을 것이다(注: 인종 차별이 개인의 인식 문제가 아니라 백인 우월주의에 기반한 법과 제도 등 구조적 문제 때문이라는 주장). 이에 더해 해군 작전사령관 마이클 길데이 제독은 인종차별주의적인 '반(反)인종차별주의자' 이브람 켄디의 책을 해군 작전사령부 추천 도서 목록에 포함시켰다.

이 모든 것은 올바른 종류의 인종 차별이라고 한다면 일부의 인종 차별은 좋은 것이며, 군대에 많이 입대하고 여러 세대에 걸쳐 복무하는 특정 미국인 집단에 대한 인종 차별을 암시하는 것처럼 보였다. 이대로 가다가는 1970년대 초반처럼 미군의 사기가 저하되고 인력이 부족하며 훈련이 제대로 이뤄지지 않고 갱단과 인종 문제에 따른 폭동에 시달리는 군대가 될 것이다.

미 해군만 언급했지만 다른 군종(軍種) 참모총장과 고위 장교들도 이런 생각을 공유하고 잘 어울리는 것으로 보인다. 일부는 백인의 분노를 이해하고 반인종차별주의자가 되는 방법을 배우느라 중국이 어떻게 우리를 죽이려고 하는지, 그리고 한 척의 미국 군함이 진수될 때마다 중국에서는 다섯 척 정도의 새로운 군함이 진수된다는 사실을 잊고 지내는 듯하다.

전쟁에서 패배하면 사회 정의에 대한 요구는 중요하지 않게 된다. 중국 정치국 소속 여성들에게 물어보라. 아, 그럴 수 없을 것이다. 왜냐하면, 정치국에는 여성이 한 명도 없기 때문이다. 왜 아무도 이와 관련해서는 시위를 하지 않는가?

군대에서 '깨어있는' 문화와 관련된 바이러스가 제거되면 기후 변화라는 또 하나의 골칫거리를 해결해야 한다. 기후 변화는 군대가 집중해야 할 사안이 아니다. 하지만 최고 지휘관들은 기후 변화가 중국 인민해방군에 맞서 싸우는 것만큼 시급하거나 그보다 더 시급한 문제라고 주장한다. 중국은 이에 동의하는 입장을 보일 것이고 우리가 계속 실수를 하는 것을 보고 기뻐할 것이다. (기후 변화에는 그렇게 관심이 많지만) 중국과의 전쟁에서 승리하는 데 관심이 있는 사람들은 아무도 없다.

유용한 파트너

미국은 글로벌 강대국이기 때문에 전세계를 주시해야 하지만 최근 몇 년 동안 중국(그리고 동맹 및 대리인)의 역량이 강화됨에 따라 더 이상 이를 감당하기에는 무리가 따르게 됐다.

따라서 미국은 그 어느 때보다 동맹국과 동맹국의 군대가 필요하다. 미국은 여러 동맹국과 우방국을 갖고 있지 않느냐고 물을 수 있다. 이는 사실이다. 하지만 미군과 함께 실제 작전을 수행할 수 있는 동맹국은 얼마나 될까? 수개월에 걸친 회의를 통해 각본대로 짜인 훈련을 진행하는 것이 아닌 실제 작전 말이다. 그리 많지 않다 할 것이다.

예를 들어, 태국에서 열린 코브라 골드 훈련은 사실상 거대한 진영이 함께 참여하는 파티와 같다. 심지어 인민해방군도 초대됐다. 몇 년 전 코브라 골드 훈련의 주요 수혜국으로 판단되던 참가국 중 한 곳이 조용히 물었다. "VIP 착륙 이외에 다른 것(훈련)을 좀 할 수 있겠느냐"는 것이었다. 다시 말해, 귀빈이 해변에 착륙하는 장면을 담기 위해 카메라를 충전하는 것 이외에 실제로 도움이 되는 훈련을 할 수는 없느냐는 불만이었다.

미국과 일본

　미국이 인도 태평양에서 승리하려면 미일(美日) 군사 동맹이 모든 것의 핵심이다. 이론적으로 미국과 일본의 역량을 결합하면 중국 인민해방군은 끝없는 고통에 처하게 될 것이다.

　불행히도 일본 자위대는 강력한 상대와 전쟁을 치를 정도의 역량으로 만들어지지 않았다. 그럴 수준의 무장을 갖추지 못하고 있으며 조직도 돼 있지 않다.

　일본 해군은 예외다. 일본 해군은 미 해군 7함대와 좋은 협력 관계를 유지하고 있고 뛰어난 역량을 갖추고 있다. 하지만 안타깝게도 규모는 필요한 수준의 절반 정도에 불과하다.

　일본 자위대 전체는 미일 동맹 기간이 60년이 넘었음에도 불구하고 미군과의 합동 작전은커녕 자체적으로도 합동 작전을 수행하지 못하고 있다. 이 문제는 해결돼야 한다. 미군과 일본군이 일본 방어를 수행하는 합동작전본부를 일본에 구축하는 것부터 시작해야 한다. 그런 곳이 존재하지 않았다는 점에 놀랐을 수 있는데 그렇다, 아직 없는 상황이다.

　일본은 부적합한 방어 체계 문제를 해결하려는 움직임을 보이고 있다. 일본은 2027년까지 국방비를 두 배로 늘리고 중국과 북한에 도달할 수 있는 장거리 미사일을 포함한 새로운 하드웨어와 무기를 조달할 계획이라고 밝혔다. 일본은 일본 자위대를 2027년까지 통합군 체제로 개편하겠다고 밝혔다. 하지만 이는 너무 늦다. 시간이 촉박하다.

타이완

 모든 사람들이 타이완이 미국과 일본에 얼마나 중요한지에 대해 이야기한다. 하지만 타이완 군대는 고립돼 40년 이상 미군과 합동훈련과 같은 의미 있는 교류를 하지 못했다. 이에 따라 타이완 군대는 갈라파고스 군대와 같다고 할 수 있다(注: 외부와 단절돼 진화를 멈춰 점차 퇴화하는 군대를 칭하는 표현). 그리고 미국과 타이완은 타이완을 공동으로 방어해야 할 때가 왔을 때 이를 방어하는 데 필요한 계획 역시 세우지 않은 것으로 보인다.
 이는 거의 반세기 동안 타이완에 대한 미국의 정책과 중국에 대한 미국의 정책을 제약해온 중국을 자극할 수 있다는 두려움 때문이다. 이제는 타이완을 친구처럼 대하고 약간의 위험을 감수해야 할 때이다. 그리고 중국의 감정적 대응을 무시해야 한다.
 그렇게 한다면 타이완이 자국 방어를 더욱 진지하게 고려하게 될지도 모른다. 우리가 그렇게 하지 않는다면 타이완이 어떤 종류의 하드웨어를 확보하더라도 변하지 않게 된다.

쿼드(QUAD)

 좋은 소식은 쿼드(미국·일본·호주·인도 안보협의체)가 구축돼 있다는 것이다. 쿼드는 4개국 간의 유연한 안보 중심 협의체로 공산주의 중국이 지배하지 않는 '자유롭고 개방적인 인도 태평양'을 촉진하기 위한 목적으로 만들어졌다.

쿼드는 최근 몇 년간 진전을 이뤘다. 이는 4개국 간의 안보(나아가 이에 수반되는 정치 및 경제) 협력을 강화할 잠재력을 갖고 있다. 중국은 이런 종류의 공동 방위 연합을 우려한다. 중국은 한 번에 한 명씩 상대하는 것을 선호한다.

고(故) 아베 신조 일본 총리는 2007년에 쿼드 구상을 밝혔고 많은 조롱을 받았었는데, 그는 이런 아이디어를 낸 것에 대한 공(功)을 받아 마땅하다. 그는 2017년 총리 재임 기간에 이를 실현해냈다. 중국의 시진핑에게도 공이 있다. 네 국가에 겁을 줘 쿼드라는 아이디어가 실현되도록 한 것이다.

쿼드 내 양자 및 3자 관계가 중첩되고 계속 확장되고 있다. 예를 들어, 일본과 호주는 최근 일본 자위대가 호주 북부 훈련장 훈련과 다른 쿼드 국가와의 양자 및 연합 훈련에 더 적극적으로 참여하기로 합의하는 등 국방 관계를 강화하고 있다. 이는 불과 몇 년 전만 해도 상상할 수 없었던 일이다.

미국도 호주 북부에 전략적 거점을 구축하고 양국 간 방위 역량을 강화하고 있다. 이는 오커스(AUKUS: 미국·영국·호주 안보협의체)의 구상을 뛰어넘는 수준의 역량이다.

호주는 훌륭한 동맹이고 호주인들이 더 많으면 좋을 것이다. 호주도 다른 쿼드 국가들과 마찬가지로 더욱 거칠어지는 이웃 국가들로부터 자국을 어떻게 잘 지킬 수 있을지 고민하고 있다.

인도는 어떤가? 인도는 인도 태평양의 '왼쪽 절반'을 책임지고 있기 때문에 그들을 쿼드에 합류하도록 하는 것이 좋다. 인도는 그들의 입장에서 필요하다고 생각하는 곳에 대한 지원을 제공할 수 있어야 하며 우리가 그들에게 특정 행동을 강요해서는 안 된다. 인도는 중국으로부터의 문제에 직면해 있다는 것을 알고 있고 기꺼이 싸울 의향이 있다. 인도는 오래 전부터 이런 입장을 고수해 왔다.

궁극적으로 쿼드는 많은 기회를 제공한다. 이를 실현하려면 관계를 능숙하게 유지해야 하며 인도 태평양 전체에 대한 비전과 타협이 필요하다. 그럴 만한 가치가 있다. 4개국은 투자한 만큼의 성과를 거둘 것이고 인도 태평양 지역은 더 나아질 것이다.

아시아판 나토?

아시아판 나토가 생길 가능성은 낮다. 역내 및 역외에 중국의 확장과 위협에 대응하기 위해 재래식 전력을 결합할 의지가 있는 몇몇 국가가 있다. 하지만 이는 미국이 진지하고 헌신적이며 승리할 가능성이 있다고 생각하는 경우에만 현실화될 수 있다.

우리는 이미 쿼드의 잠재력을 확인했다. 약간의 노력만 기울이면 한국, 베트남, 프랑스, 캐나다, 영국, 그리고 아마 싱가포르와 필리핀도 비공식적으로라도 동참할 것이다. 정치적 효과는 군사적 이점을 훨씬 뛰어넘을 것이다. 어느 정도의 성공을 거둔다면 다른 국가들도 참여하기를 원할 것으로 보인다.

만약 그렇게 된다면 중국은 심각한 고민을 해야 될 것이다.

전력(戰力) 분배

태평양에서 싸우면서 우리의 입지를 개선하고 우방국과의 관계를 유지하기 위해서는 인도 태평양 전역에 우리가 실제 자리잡고 있을 필요가 있다. 빈자리는 채워지기 마련인데 그 빈자리를 채워온 것이 중국이었다.

미국의 군사 활동이 뉴욕 할렘가의 여행객들과 비슷한 경우가 너무 많다. 나타나서 좋은 구경을 한 다음 집으로 돌아가는 것이다. 3성급, 혹은 4성급 장군이 고위급 방문을 위해 비행기를 타고 가는 것은 우리가 친구라는 것을 보여주는 행동이긴 하다. 그러나 미국의 인도태평양사령부는 실제로 그 위치로 가서 머무는 모습을 보여줘야 한다. 소규모의 팀이라도 말이다.

그리고 우리에게 찾아온 기회를 낭비해서는 안 된다. 지역 정부가 우리에게 가게를 열어달라고 간청했을 때 우리는 너무 바쁘거나 관심이 없는 경우가 많았다. 지난 10년 동안 미군이 장기적이고 영구적으로 진출할 수 있었던 곳이 몇 군데가 있는데, 이는 동티모르, 바누아투, 솔로몬 제도, 팔라우, 미크로네시아 연방 등이다.

중국은 이런 곳들 대부분을 주시하고 칼을 갈고 있다. 아울러 2022년에는 인민해방군이 솔로몬 제도에 들어갈 수 있도록 하는 협정에 합의하기도 했다.

인도태평양사령부와 워싱턴에 전하고 싶은 메시지가 있다. 당신들이 그곳에 가 있지 않다면 이는 관심이 없다는 뜻이라고.

미사일 방어

중국의 전략 로켓 부대와 해당 부대가 보유한 탄도미사일을 비롯한 수천 발의 미사일은 그들의 주장처럼 위협이라고 볼 수 있다. 일본과 괌, 한국에 있는 미군 기지는 전쟁이 특정 방향으로 전개될 시 미사일을 흡수하는 스펀지 역할을 할 수 있다.

미사일 방어 시스템은 시급한 문제다. (방산업체인) 레이시온, 록히드 등 역시 같은 주장을 할 것이다.

그러나 미국은 미사일 전선(前線)에서 잘 대응할 수 있다. 적을 억제하는 한 가지는 자신이 무기를 사용하면 그 대가로 훨씬 더 많은 것을 되돌려받을 수 있다는 생각이다. 다시 말해 우리는 우리 자신의 미사일 공격 능력을 확보해야 한다. 이를 위해 해야 할 일이 많다.

핵무기

중국은 반대의 주장을 내놓고는 있지만 핵무기, 특히 전술 핵무기를 사용 가능한 옵션으로 간주하고 있다. 중국은 미국에 맞먹는 수준의 핵무기를 보유하기 위해 총력을 기울여왔으며 심지어 핵무기의 종류와 전달 체계 측면에서는 미국을 뛰어넘었을 수도 있다. 중국의 핵 전력은 모두 신형인 반면 미국의 핵 전력은 노후화되고 있다.

그리고 중국의 핵무기 전력이 전문가들이 수년 동안 확신해 온 것보다 훨씬 뛰어나다고 믿을 만한 이유가 있다. 2022년 미국 국방부 중국 군사력 보고서에 따르면 중국은 미국에 도달할 수 있는 핵탄두 400개를 보유한 것으로 추정된다. 과거의 보고서에서는 중국이 '200개 초반' 정도의 핵무기를 보유하고 있으며 2030년까지 두 배로 늘어날 것이라고 분석한 바 있다.

무슨 말을 하고자 하는지 알 것으로 판단된다. 중국이 1년 만에 탄두 수를 두 배로 늘렸다는 것은 미국 전문가들이 중국의 핵무기 프로그램과 의도에 대해 완전히 잘못 이해하고 있다는 것을 뜻한다. 존 아퀼리노 인도태평양 사령관과 전략사령관 찰스 리처드 제독이 중국의 핵무기 역량이 1960년대 소련의 핵무기 증강과 유사한 수준으로 '전략적 돌파'를 이뤄내고 있다고 경고한 것을 믿어야 한다. 이 두 사람이 두려워한다면 우리 역시도 두려워해야 할 것이다.

더 큰 문제는 우리가 중국이 이렇게 되는 것을 도왔다는 점이다. 2022년에 발표된 비공개 보고서는 1987년부터 2021년까지 로스앨러모스 핵 연구소에서 근무하던 과학자 162명이 고향인 중국으로 돌아가 중국의 핵 프로그램과 극초음속 미사일 및 잠수함 프로그램 개발을 어떻게 도왔는지를 설명했다. 그렇다, 중국 과학자들이 로스앨러모스에서 근무했던 것이다.

바이든 행정부는 핵무기를 현대화하고 적절한 전달 체계를 갖추는 데 필요한 조치를 취하는 데 주저하고 있다.

중국이 핵무기를 사용할 의향이 있다면 미국도 똑같이 핵무기를 사용할 의향과 능력이 있다는 점을 인식하도록 만들어야 한다. 이상적으로는, 미국과 우방국을 방어하기 위해 필요하다면 핵무기를 사용할 의향이 있고 그럴 역량이 있다는 것을 보여줘야 한다.

우주 공간

보이지도 들리지도 않으면 싸울 수 없다. 그렇기 때문에 우리의 위성 네트워크는 매우 중요하며 중국의 주요 표적이 된다. 우리는 우주 인프라를 보호해야 하며 필요할 경우 적의 위성 역시 차단할 수 있어야 한다.

바이든 행정부가 중국과 러시아에 책임감 있는 행동이 어떤 것인지를 보여주겠다며 독자적으로 대(對)위성 미사일 실험을 중단한 것은 잘못된 결정이었다. 중국과 러시아는 이를 반겼을 것이다.

우주에서의 상황을 진정시키기 위해 중국(혹은 러시아 등 비슷한 생각을 가진 국가)과 맺을 수 있는 협정이나 조약이 있을까? 이는 상상하기 어려운 일이다. 시진핑이 오바마 대통령에게 남중국해를 군사화하지 않을 것이며 미국의 무역 기밀을 훔치지 않겠다고 약속했던 것을 기억해야 한다.

2022년 미국 국방부의 중국 군사력 보고서는, "인민해방군은 우주 작전을 지역 군사 분쟁 시 제3자의 개입을 억제하고 대응하기 위한 하나의 수단으로 간주한다"고 했다. 보고서는 "중국 국방 전문가들은 정찰, 통신, 항법, 조기 경보 위성이 '적의 눈을 멀게 하고 귀를 막는' 공격 목표물이 될 수 있다고 제안했다"고도 했다.

우리는 이런 경고를 진지하게 받아들여야 한다.

생산 역량과 회색지대

미국의 산업 기반은 빠르게 일을 시작해야 한다. 여기에는 조선 및 선박 수리 능력뿐만 아니라 모든 탄약, 미사일, 폭탄, 항공기, 나아가 전쟁을 위해 필요한 수천 개의 다른 모든 것들이 포함된다. 우크라이나 전쟁을 통해 확인할 수 있었듯 말이다. 이런 것들이 없으면 전쟁에서 패배할 가능성이 높다.

필요한 모든 것을 만들 수 있느냐 없느냐의 문제가 아니다. 미국의 제조 역량과 잠재력은 세계 최고 수준이다. 핵심은 그렇게 할(만들) 의지가 있느냐이다.

회색지대는 전쟁과 비슷하지만(중국의 입장에서는 전쟁이다) 반격이 필요한 수준에는 이르지 않는 중국의 행동을 일컫는다. 중국은 전쟁에 대한 미국의 정의(定義)가 중국의 해석과는 다르다는 점에서 이익을 얻고 있다.

회색지대 활동의 일부 예는 다음과 같다. 합법적으로 운항 중인 미국 및 동맹국 항공기와 선박을 괴롭히는 행위, 미국 조종사에게 레이저를 쏘는 행위, 호주 및 캐나다 항공기 앞에서 치명적인 결과를 초래할 수 있는 채프를 발사하는 행위 등이다(注: 채프는 상대편의 레이더 탐지를 방해하기 위해 공중에 뿌리는 알루미늄 등 금속박·金屬箔을 뜻한다). 또한 중국의 무기화된 어선과 소위 해양 민병대가 영토를 점령 및 탈취하고 다른 국가 바다의 어장(漁場)을 진공청소기처럼 빨아들이는 등의 행동도 이어지고 있다.

회색지대 행동은 미국을 마비시키게 만들지만 중국은 이를 통해 일반적 전쟁과 동등한 이득을 얻고 있다. 이에 대한 대응은 그리 어렵지 않다. 이런 행동은 전쟁으로 간주되며 그에 상응하는 조치에 나설 것이라는 점을 중국에 알리면 된다. 또한 중국의 무장 경찰, 해안경비대, 해상 민병대, 그리고 어선단을 중국 군대의 일부로 간주한다고 알려줘야 한다. 중국의 행동을 보면 그렇다는 판단이 들게 된다는 것을 말이다.

미국은 회색지대 문제에 대처할 수 있는 물리적 역량(함정, 항공기, 정보 자원)과 실질적 존재감을 갖춰야 한다. 현재의 미국은 그렇지 못하다. 하지만 이에 도움을 줄 수 있는 파트너들이 있다. 이는 회색지대에 대처하는 것 그 이상의 문제로 다뤄져야 한다.

태평양 섬나라 중 일부는 미국과 방위 협정을 맺고 있지만 중국 어선이 그들의 해역에 들어와 주요 자원인 물고기를 싹쓸이하게 돼도 이에 제대로 된 대응을 하지 못하고 있다. 미국 인도태평양사령부와 국방부는 세미나를 개최하고 '규제되지 않은 어업'에 맞서 우방국을 도와야 한다고 당당하게 말해야 한다. 지금까지 중국 해적들이 곤란해할 정도의 조치는 이뤄지지 않았다. 이제는 변화가 일어날 때이다.

'하지만 중국인들이 화를 내고 긴장이 고조되지 않을까'라는 질문이 나올 수 있다. 중국은 화를 낼 것이다. 중국은 누군가가 자신을 방어하면 항상 화를 낸다. 하지만 그들은 비용 대비 효과를 분석했을 때 이에 대한 결과가 바뀌지 않는 한 행동을 바꾸지 않을 것이다. 현재로서는 모두 중국에 이익이 되는 상황이다.

싸울 의지

보다시피 앞서 언급한 권고 사항은 우리가 어떤 하드웨어를 갖고 이를 어떻게 사용하느냐도 중요하지만 우리가 싸울 의지가 있느냐 역시 똑같이 중요하다는 점을 보여준다.

반격할 의지가 없다면 차라리 아무런 신경을 쓰지 않는 편이 낫다. 한 전문가는 군사적 관점에서 중국을 다루는 적절한 방법을 내게 말해줬는데 이는 다른 전선(戰線)에서도 적용된다. 그는 "전쟁에서 중국을 제압할 수 있는 강력한 연합 능력을 개발해 중국의 군국주의를 억제해야 한다"며 "우리의 것을 총체적으로 보호하고 그들을 돕는 행위는 그 무엇이라도 절대 해서는 안 된다"고 했다.

5부

결론

에필로그

우리의 선택이다,
싸워 이겨야

이 책의 시작은 암울하다. 볼티모어와 수십 개의 다른 볼티모어, 그리고 미국의 노동 계급에 가해진 대학살은 일어나지 않아도 되는 일이었다. 바시 해협 인근에서 살해된 미국 해병대원들의 죽음도 마찬가지다. 미국은 아시아에서 쫓겨나고 명성과 영향력이 훼손되며 중국이 다음에 무슨 짓을 할지 몰라 두려움에 떨며 중국공산당의 요구에 순순히 복종할 필요도 없다.

'재교육'을 위해 중국의 적(敵)들을 중국에 넘겨야 한다는 요구가 있을 수 있다. 미 의회에 중국인 정치 자문단을 허용하는 일이 일어날 수도 있다. 경찰 자문단이 들어올 수도 있다. 학교 교육 과정과 종교 의식과 관련해 중국의 승인을 받아야 할지도 모른다. 그리고 언젠가는 중국의 군사기지가 미국에 들어서게 되는 날이 올 수도 있다.

이런 미래는 상상할 수 없는 일이 아니다. 이미 중국에 넘어간 지역들에서 이와 같은 상황을 확인할 수 있다.

우리에게 남은 시간은 많지 않다.

우리가 중국과의 전쟁에서 패배한다면 그것은 우리가 지기를 원했기 때문일 것이다. 그리고 우리가 지고 싶어진다면 그것은 당의 대리인들, 그리고 동조자들이 우리 머릿속에 들어와서 미국인이란 것이 무엇인지를 잊어버리게 만들었기 때문일 것이다. 그리고 자유롭다는 것이 무엇인지를 잊게 만든 것이다.

오판해서는 절대 안 된다. 그들의 목표는 우리의 자유를 빼앗아가는 것이다.

우리는 종종 중국은 '싸우지 않고 이기고 싶어한다'는 말을 듣곤 한다. 하지만 이 중국어 표현을 문자 그대로 번역하면, '싸우지 않고 적을 굴복시킨다'는 뜻이 된다. 둘 사이에는 큰 차이가 있다. 한 국가가 전쟁에서 승리하면 양측은 과거로부터 앞으로 나아가고 협력하며 화해할 수도 있다. 제2차 세계대전 이후 일본 자위대가 처음으로 상륙 역량을 구축하는 데 일조한 해병대 출신인 내가 이를 증명할 수 있다.

하지만 복종이나 굴복은 다르다. 이는 영구적으로 복종하는 상태가 되는 것을 의미한다. 그리고 이런 상황으로부터 앞으로 나아갈 수 없게 된다. 일어서려고 하면 또 다시 당하게 되는 것이다.

이것이 중국공산당이 미국에 원하는 것이다. 우리로 하여금 항복하도록 하는 것이다. 영원히.

그렇다면 무엇이 위험한 상황인 것일까? 독립 국가로서의 미국,

혹은 통일된 국가로서의 미국이 위태로워진다. 궁극적으로 위험에 처하게 되는 것은 우리의 자유다. 중국 공산주의자들, 그리고 고의적이든 아니든 중국에 동조하는 미국인들로부터 자유를 빼앗길 수 있다는 것이다.

중국 공산주의의 지배가 어떤 모습인지, 그리고 얼마나 빠르게 이런 일이 일어날 수 있는지를 보고 싶다면 홍콩을 가보면 된다. 또는 공산주의 시절의 동유럽에서 온 누군가와 이야기를 나눠봐라.

과거에는 미국이 공격을 받으면 숨을 고르고 회복한 후 다시 공격할 시간이 있었다. 적들은 미국 본토나 바다 너머로 접근하지 못했다. 그러나 오늘날 미국은 적의 무기 사정권 안에 있으며 더 심각한 것은 내부 분열을 노리는 전술에 따라 내부로부터 심리적, 경제적으로 침식되고 있다는 것이다.

중국의 종합국력(군사, 경제, 심리 등)은 잠재적으로 모든 영역으로 뻗어 나갈 수 있다. 기술 발전에 따라 우리의 가정, 사무실, 학교, 상점까지 침투, 우리의 행동, 심지어 말과 생각까지 감시하고 벌을 가할 수 있다.

이런 일이 벌어진 것은 지난 50년 동안 우리가 중국 공산주의자들이 다른 공산주의자들과는 다르며 변화할 수 있을 것이라는 희망을 갖고 중국을 방조(실제로는 회유)했기 때문이다. 그 사이 다른 전체주의 국가들은 중국과 손을 잡고 중국을 더욱 강력하게 만들었다. 이는 강력한 조합이자 어쩌면 막을 수 없는 세력처럼 보이기도 한다.

하지만 그렇지 않다.

우선 역사를 한 번 다시 되짚어보자.

어려운 상황에 처했던 미국

1860년대에 미국인들은 서로를 너무 증오해 70만 명의 목숨을 앗아가는 전쟁을 치렀다. 그 증오는 수십 년 동안 계속 이어졌다. 오늘날 국내에서 일어나는 증오 역시 똑같이 매서운 것처럼 보이지만 미국인들은 남북전쟁 이후 이를 극복했으며 지금의 우리도 그렇게 할 수 있다.

1930년대의 대공황은 미국과 자본주의가 결코 회복할 수 없을 것처럼 절망스럽게 보였다. 내 부모도 그 경험으로 인해 정신적으로 큰 상처를 받았다. 하지만 우리는 여기에서 딛고 일어섰다.

1942년, 미국과 동맹국들은 모든 곳에서 패배하고 있는 것처럼 보였고, 제2차 세계대전에서 정말 패할지도 모른다는 생각이 들었었다. 우리는 패배하지 않았다. 우리는 이 모든 것을 경험했지만 여전히 승리를 이뤄냈다. 이는 바로 우리가 승리를 원했기 때문이다.

짐 파넬 미 해군 예비역 대령은 "생존 본능을 받아들이지 않으면 중국에서 수천만 명을 봉쇄하고 있는 그놈들한테 어떻게 살아야 한다는 것에 대한 지시를 받게 될 것"이라고 했다.

우리는 우리 자신을 방어하고 싶어야 하며 자유라는 이념을 수호하고 있다는 사실을 기억해야 한다. (공산주의 중국 사람들을 포함한) 사람들이 말 그대로 목숨을 걸고 미국(그리고 다른 자유 국가)에 들어오려고 하는 그 이념이 바로 자유다. 중국이나 러시아로 들어가기 위해 목숨을 거는 사람은 없다. 아마 북한을 제외하고는 말이다.

우리는 싸워서 죽을 가치가 있는 이념을 비롯한 것들이 있다는 것을 인식해야 한다. 나는 해병대였지만 나이가 들기 전에는 이를 완전히 이해하지 못했다. 명령에 복종하는 것은 충분히 쉬운 일이었다. 그게 바로 해병대가 하는 일이기 때문이다. 하지만 우리의 자유가 위험에 빠져 있다는 생각은 전혀 하지 못했었다.

하지만 오늘날은 그런 생각이 들곤 한다. '무릎 꿇고 살기보다는 서서 죽겠다'는 표현이 요즘에는 다르게 들린다. 300명의 스파르타인의 이야기가 요즘 더 이해가 된다(注: 300명의 스파르타 군인들이 페르시아 100만 대군과 맞서 싸웠다는 내용을 담은 영화 '300'을 뜻하는 것으로 풀이됨). 혹은 알라모 전투 당시의 텍사스인들이 떠오르기도 한다(注: 1863년 텍사스 독립 전쟁 당시 텍사스 주민 186명이 알라모에서 멕시코 정규군 약 1800명에 맞서 싸우다 전사한 전투). 혹은 장진호 전투 당시의 미 해병대, 바스토뉴의 101 공수부대도 생각난다.

현재 살아있는 미국인 중 위와 같은 방식의 시험을 받은 사람은 거의 없다. 팽창주의, 전체주의 정권에 맞서 싸워 승리한 '가장 위대한 세대'는 이제 거의 사라졌다.

그 이후 여러 세대가 미국을 위협하는 무언가에 맞서 싸울 기회를 얻었었다. 베이비붐 세대, 정확히 말하자면 정치 및 비즈니스 리더십을 추구했던 세대들은 그들이 부모 세대와 견줄 정도라는 것을 증명하지 못했다. 하지만 그 뒤를 잇는 세대들은 무엇이 위태로운지 이해할 수 있다면 이에 적합한 역량을 갖출 것이라고 생각한다.

자신을 노예로 삼거나 죽이려는 적이 눈앞에 있는 것을 보면 마음을 집중할 수 있게 된다. 이는 1941년 12월 8일에 분명하게 확인됐다. 수천만 명의 고립주의자가 있었음에도 불구하고 자신이 고립주의자였다는 사실을 인정한 사람은 없었다(注: 일본의 진주만 공격이 있었던 때). 1939년 뉴욕 매디슨스퀘어가든에서 열린 나치 집회에 참석한 2만 명 중 자신이 한 사람이었다고 인정한 사람도 없었다.

사람들은 깨어난다. 특히 자유를 알고 있던 사람들은 자유가 사라지고 있다는 사실을 깨닫게 된다. 아마도 지금 더 많은 사람들이 깨닫고 있을 것이다.

미국인

중국 공산주의자들은 미국 국민의 힘과 미국이 갖고 있는 사상의 힘을 알고 있기 때문에 우리를 약화시키고 분열시키며, 우리가 서로를 증오하게 만들기 위해 수많은 전술을 펴왔다. 여기에서 벗어나는 길은 우리가 왜 특별한 나라인지를 재확인하고 서로를 더 잘 알아가며 함께 싸워나가는 것이다.

일부 지역에서는 이런 일이 이미 일어나고 있는 것 같다.

정치계 일부 역시 깨어나고 있는 것으로 보인다. 타이완에 대한 지원은 조금 더 구체적인 결과가 뒷받침됐으면 좋겠지만 초당적 지지를 받고 있는 것 같다. 중국이 선을 계속 넘고 위협을 가하게 되면 더 많은 정치인들로 하여금 문제가 있다는 것을 시인하게 만들 것이다. 특히 중국 편에 서는 것으로 얻을 수 있는 표는 거의 없을 것이다. 일부 정치인이 이를 통해 표를 얻을 수 있다고 주장함에도 불구하고 말이다.

미국의 재계와 금융계는 어떤가? 그들은 중국과 중국 인민해방군에 자금을 지원했다. 그들은 중국에서 돈을 벌 수 없고 중국공산당이 그들을 손아귀에 쥐고 있으며 언제든 이들을 쫓아낼 생각을 하고 있었다는 것을 깨닫게 되면 행동에 나설 것이다. 그들이 얼마나 빨리 움직이게 되는지를 보게 되면 놀랄지도 모른다.

특히 소규모 기업들을 중심으로 이미 중국에서 이탈하는 움직임을 보이고 있다. 주주들은 큰 회사들이 중국을 떠나게 만들 수 있다. 물론 이를 위해서는 중국에 대한 자금 지원 및 제공에 대한 법률을 제정하기 위해 워싱턴의 도움이 필요하기는 하겠지만 말이다.

미국의 학계는 어떨까? 이것이 어려운 문제다. 사상가, 특히 이론과 종신직 지위를 모두 갖춘 사상가들만큼 고집스러운 사람은 없다. 하지만 적어도 수십 년 동안 이들이 중고등 교육 과정에 영향을 끼쳤음에도 불구하고 미국을 증오해야 한다고 생각하지 않는 사람들이 얼마나 많은지를 보면 놀라울 따름이다. 또한 독립기념일 역시 여전히 활기차게 기념되고 있다. 대부분의 미국인들은 여전히 조국을 사랑한다.

이런 상황을 초래한 중국의 동조자들은 어떤가? 일부는 변하지 않을 테지만 그들은 기회주의자이므로 중국에 맞서는 상황이 되면 시류(時流)에 몸을 맡길 것이다. 그들은 자신들이 항상 중국에 강경했다고 주장하거나 아무도 중국의 속내를 알 수 없었다고 주장할 것이다. 물론 이는 잘못된 주장이지만 그들이 함께 싸우게 되는 것은 환영할 만한 일이다.

평범한 미국인들은 어떨까? 그들은 위협을 받으면 싸운다. 그들은 우리가 걱정할 필요가 가장 없는 사람들이다. 사실 그들은 우리 중 최고라 할 것이다.

평범한 미국인들에 대한 이야기가 나와서 언급하는 이야기지만, 미국의 정계, 재계, 전문직 엘리트들은 이런 미국인들이 어떻게 생활하는지 직접 나가 확인해볼 필요가 있다. 이는 어려운 일이 아니다. 그렇게 하지 않으면 그들은 국가를 분열시키려는 정치 전쟁 작전의 쉬운 먹잇감이 될 것이다.

격차는 어마어마하다 할 것이다. 2022년 7월, 뉴욕타임스의 보수성향 칼럼니스트 브렛 스티븐스는 자신의 과오(過誤)를 인정했다. 그는 수천만 명의 미국인이 도널드 트럼프에게 투표한 이유가 미국의 지배층으로부터 무시당한다고 느꼈기 때문이라는 사실을 전혀 몰랐다고 했다. 즉, 미국의 엘리트 중 한 명이 수천만 명의 동료 시민들을 경멸까지는 아니더라도 무시하고 있었다는 것이 된다. 그리고 그는 미안하다고는 하지 않았지만 이런 사실을 인정한 한 명이었다.

우리는 서로 다시 알아가며 미국에 더 많은 것들을 다시 만들어내야 한다. 중국이 가한 가장 치명적인 타격 중 하나는 우리의 일자리를 빼앗아간 것이며 그와 함께 우리의 자존심, 공동체, 독립성까지 빼앗아갔다. 미국이 제조업을 해외로 보낼 수밖에 없었다고 말하는 사람들은 오하이오주 영스타운의 노조 회관에 가서 자신들의 주장을 펼치기 바란다. 그들은 결코 그렇게 하지 못할 것이다.

일자리는 30년 전과 달라졌을지 모르지만 육체노동과 소위 블루칼라 노동은 소중히 여겨져야 한다. 펜실베이니아대학 와튼 스쿨을 나오지 않은 소위 노동 계급에 대한 경멸은 이제 그만하면 됐다. 탄광 노동자의 일자리를 잃게 한 것을 자랑스러운 일처럼 말하는 정치인의 악의적인 발언을 다시는 듣지 않았으면 좋겠다.

우리는 에너지 자립을 포함해 강력하고 독립적인 위치에 서야 친구들을 돕고 우리의 영향력을 좋은 목적으로 사용할 수 있다. 우리를 파괴하려는 국가에 의존하는 것은 미친 짓이다.

우리의 적

그렇다, 중국은 우리를 파괴하고 싶어한다. 우리는 그것을 알아야 하며 이를 반복적으로 말해야 한다. 중국에 돈을 퍼붓는 사람들, 중국을 위해 일하는 과학자, 중국의 약탈을 무시하는 언론들은 적을 돕고 있다.

적은 항상 강력해 보이기 마련이다. 우리는 중국을 10피트(약 3m) 높이로 보는 경향이 있다. 그들의 키는 10피트가 아니다. 우리가 단지 무릎을 꿇고 있었을 뿐이다.

머리를 맑게 비우고 중국 공산주의자 관점에서 사물을 보면 그들이 왜 우리를 파괴하고 싶다 생각할 정도로 우리가 그들에게 위협적인지 알 수 있을 것이다.

40년 이상 미국과 유럽, 일본으로부터 무제한적인 원조와 지원을 받은 중국은 여전히 멕시코의 1인당 국민소득 수준에 머물러있다. 최소 5억 명의 중국인이 여전히 하루를 5달러로 생활하고 있다. 어느 정도는 성공한 것인지는 모르겠다. 무제한적인 원조와 지원을 중단하면 중국 공산주의자들은 큰 곤경에 처할 것이다.

중국 지도부는 국민을 신뢰하지 않는다. 중국 정부는 실제 국방보다 내부 억압에 더 많은 예산을 지출하고 있다. 만리방화벽, 사회 신용, 흑감옥 등이 존재한다. 이 모든 것은 무력과 경찰국가 체제를 통해 겉보기에는 안정적일 수 있지만 내부적으로 취약하다는 것을 보여주는 사례들이다.

선거 역시 절대 용납되지 않을 것이다. 중국공산당은 새로운 국가 운영 방식을 찾지 못했기 때문에 똑같은 구태(舊態)를 반복하고 있다.

우리가 외환과 기술을 빼앗고 중국공산당에 다른 사람들과 같은 규칙을 따르도록 요구한다면 우리는 지금과는 아주 다른 중국을 볼 수 있게 될 것이다.

중국은 '성공할 때까지 성공한 척을 하고 있으라'는 전략을 구사해왔는데 이런 전략은 그렇게 오랫동안 지속될 수 없다. 그렇다고 향후 몇 년 동안 미국에 치명적인 해를 끼치는 일이 없을 것이라는 뜻은 아니다. 다만 중국의 시스템에 근본적인 결함이 있다는 것을 뜻한다.

중국에서 가장 성공한 사람들조차도 중국공산당의 미래에 대해 확신하지 못한다. 그들은 (미국) 영주권, 외국 부동산, 자유민주주의 국가에 돈을 투자할 수 있는 기회를 얻기 위해 노력하고 있다. 게다가 중국은 전세계적으로 인기가 없는 국가다. 대부분의 분야에서 중국은 돈(정확히 말하면 중국이 거둬들이는 미국 달러)이 허용하는 한도 내에서만 발전할 수 있는 상태다.

그렇기 때문에 우리는 중국이 홀로 서게 만들어야 한다. 이를 바꾸려고 해서는 안 된다. 우리는 이를 시도했지만 효과가 없었다. 전 세계가 중국의 실체를 보게 해야 한다. 궁극적으로 이는 체제 간의 싸움이다. 중국은 우리의 체제가 더 낫기 때문에 우리의 체제를 약화시키고 파괴해야 한다. 우리는 단순히 그들에 대한 지원을 멈추기만 하면 된다. 그러면 무너질 것이기 때문이다.

사상 경쟁

(미국의 도시문제 전문가인) 조엘 코트킨은 다음과 같이 설명했다.

〈우리의 대응은 중국의 접근 방식을 모방하는 것이 아니라 우리가 제2차 세계대전과 냉전 시대에 그랬던 것처럼 기업에 대한 대규모 특권이나 국영 기업의 지원 없이도 우리의 산업력과 자원을 활용할 수 있다는 것을 보여주는 방향이 돼야 한다. 또한 우리는 이를 우리 자신의 가치와 약속을 반영하는 방식으로 수행해야 한다. 지금 상하이에서 볼 수 있듯이 종교, 정치적 반대, 봉쇄 정책 등 사안에서 폭압적 정책을 펴는 중국을 결코 이길 수 없다. (…) 미국의 엘리트들은 미국의 이상(理想)을 버렸을지 모르지만, 미국은 잘만 사용한다면 금세기가 독재의 봄이 되는 것을 막을 수 있는 자연적, 인적 자원을 보유하고 있다.〉

월러스 그렉슨 전 미 국방부 아시아태평양 담당 차관보는 다음과 같이 조언했다.

〈우리는 왜 우리가 세계의 많은 사람들이 봤을 때 언덕 위의 빛나는 도시인지 잊고 지냈다. 우리는 미국의 이념을 옹호하는 것이 아니다. 문제는 우리가 누구인지 기억해야 한다는 것이다. 우리는 예전에는 큰 일들을 아주 잘 해냈다. 우리는 우리 국민과 다른 국가의 지지를 얻을 수 있는 정책과 전략을 중앙 조직, 또는 일련의 원칙을 중심으로 수립하는 방법을 알고 있었다.

우리는 우리가 누구인지 기억하고 원칙에 따라 행동해야 한다. 그렇게 하면 나머지 부분, 즉 정책과 전략의 복잡한 이행은 언제나 그렇듯이 인간의 연약함과 오류라는 문제에 휩싸이게 되겠지만 적어도 우리의 방향, 우리가 의도한 움직임은 분명하고 밝아질 것이며 세상은 더 나아질 것이다. 그리고 우리도 그렇게 될 것이다.〉

우리는 우리 집을 재정비하고 자신과 시스템을 방어하며 다른 미국인을 적으로 보는 일을 그만둬야 한다. 중국공산당의 가장 큰 정치전 전술 중 하나는 미국인들이 남북전쟁을 되살리고 재현하도록 하는 것이었다.

우리는 우리의 수단과 법에 따라 살아야 한다. 그리고 무엇보다도 조국과 그 이면에 있는 이상을 사랑해야 한다. 이와 같은 곳이 존재한 적은 없었다. 가끔은 중국, 러시아, 동독 같은 곳에서 살아봐야만 우리가 가진 것이 무엇이고 무엇이 위태로운지 이해할 수 있을지도 모른다.

어쩌면 우리는 성경을 통해 가르침을 얻어야 할지도 모른다. 특히 느헤미야가 예루살렘 성벽을 재건하는 이야기에서 가르침을 얻을 수 있다. 느헤미야는 신중하게 일을 진행했다. 그는 적들의 유혹과 자신을 파괴하려는 음모를 물리쳤다. 또한 예루살렘 성벽을 재건하는 일에 집중하는 동안 자신을 보호해줄 궁수(弓手)들을 배치했었다.

느헤미야는 산발랏과 아라비아 사람 게셈과의 교전이 함정이라는 것을 알고 있었다. "이는 그들이 다 우리를 두렵게 하고자 하여 말하기를 그들의 손이 피곤하여 역사를 중지하고 이루지 못하리라 함이라 이제 내 손을 힘있게 하옵소서 하였노라(느헤미야 6장 9절)."

이는 오늘날 미국이 중국으로부터 직면하고 있는 상황과 크게 다르지 않다. 뇌물, 위협 및 기타 '교전'은 중국의 시간을 벌기 위해 고안된 것으로, 우리의 방어가 산만해지고 언덕 위의 빛나는 도시의 빛이 체계적으로 소멸되게 만들 것이다. 중국 공산주의자들에 대한 (전 주중 미국대사) 제임스 릴리의 발언이 다시 한 번 머릿속에 떠오른다. "먼저 그들은 당신을 매수하려 할 것이고 그런 뒤 겁을 주려 하며 그 뒤엔 당황할 것이다."

지금도 여전히 유효한 조언이다. 중국 공산주의자들이 스스로 문제를 해결하도록 내버려두고 우리가 그들에게 무엇을 할 것인지 걱정하는 것이 그 반대의 방식보다 낫다. 이상할 수 있지만 우리는 우리만의 일을 충실히 하는 것 이외에 다른 많은 일을 할 필요가 없다. 우리는 우리 자신과 우리의 이익을 지킬 준비가 돼 있어야 한다. 그러기 위해서는 노력이 필요하다.

공산주의 체제는 항상 스스로를 파괴한다.

머지않은 미래에 미합중국의 비문(碑文)이 쓰인다면, "그들은 해야 할 일을 알고 있었지만 할 수 없었다"라고 쓰이지 않기를 바란다.

지금 일어나는 일은 우리의 선택이다. 그리고 우리의 기회이다. 우리가 다시 미국인이 될 기회.

감사의 말

 이 책을 집필하는 데는 10개월이 걸렸지만 이를 만드는 과정은 40년 이상이었다. 이 프로젝트가 결실을 맺을 수 있도록 친절한 도움과 격려를 준 다음 이들에게 감사의 말을 전하고 싶다. 이언 이스턴, 제임스 파넬, 케리 거샤넥, 폴 지아라, 션 킬린, 클레오 파스칼. 또한 이 책의 제작은 토니 다니엘, 마이클 베이커, 쿠르니카 바타차르지의 도움으로 가능했다.
 이 책에서 다루는 주제에 대해 내가 밝힌 견해와 이를 일관성 있게 묘사한 방식은 1970년대 후반 내가 처음 아시아에 관심을 갖게 된 이래로 많은 사람들로부터 받은 직간접적인 영향에 따른 것이다. 이들 중 몇 명을 소개하고자 한다.
 윌리엄 알포드, 로스 배비지, 제임스 벨로테, 고든 창, 딘 쳉, 데이비드 데이, 앤드류 에릭슨, 샘 패디스, 릭 피셔, 조나단 고프, 칩 그렉슨, 로버트 해딕, 히데키 카네다, 요지 코다, 마이클 리스트너, 매튜 포틴저, 워렌 로스만, 닉 레돈도, 스콧 새빗, 칼 슈스터, 리처드 심콕, 키스 스탈더, 데이비드 스틸웰, 제프 테넨, 준 테펠-드레어, 로버트 토마스, 존 툴란, 윌리엄 트리플렛, 아서 월드론, 제임스 아우어, 그리고 윌리엄 호킨스.

가장 중요한 통찰력과 이해를 제공한 몇몇 분들의 이름은 익명으로 유지돼야 함을 알리고 싶다. 특히 그분들께 감사의 말을 전하고 싶으며 그들이 없었다면 이 책은 나올 수 없었을 것이다.

나는 나와 다른 시각으로 사물을 바라보는 사람들 역시 인정한다. 그들도 내 생각을 형성하는 데 똑같이 도움이 됐다.

추천사

김재창(金在昌) 국제정치학 박사
한미안보연구회 명예회장, 예비역 육군 대장, 전 한미연합사 부사령관

중국의 항공모함이 타이완과 괌 사이를 오가며 훈련하고 있다. 세 번째 항모는 이제 막 진수했지만, 실전에 배치하려면 적어도 4~5년은 더 걸릴 것으로 보인다. 이런 실력으로 중국군이 미 해군에 도전한다는 것은 아직은 역부족이라는 것이 일반적인 판단이다.

그러나 이 책의 저자인 그랜트 뉴섬은 바로 그 점을 지적하고 있다. 이 상황에서 대부분 미국인들은 중국이 타이완에 대한 전면적인 공격이 불가능하다고 생각하겠지만, 시진핑의 생각은 전혀 다르다는 점을 강조하면서, 미국은 중국의 위협을 똑바로 보라는 경고를 덧붙여 이 책을 집필했다.

저자는 중국의 전략문화가 특이하다는 점을 제대로 본 것이다. 2000년 전 전략가 손자가 정치·외교 영역인 벌모(伐謀)와 벌교(伐交)를 군사전략인 벌병(伐兵)과 엮어서 다뤘다는 것을 기억해야 한다. 만약에 중국공산당의 궁극적인 목표가 중국 중심의 세계질서를 구축하는 것이라고 인정한다면, 이미 다양한 형태의 전쟁이 미국 내에서뿐만 아니라, 세계 곳곳에서 벌어지고 있다는 상황을 직시해야 한다는 것이다.

여기에서 중요한 것은 용병술에 대한 개념이 근본적으로 다르

다는 점을 알아야 한다는 것이다. 서양의 전략가들은 적의 중심(Center of Gravity)을 찾아 이를 파괴하면 이긴다고 생각한다. 그러나 중국군의 전통적인 용병술은 적의 강점은 가능한 피하고, 적의 약한 곳을 찾아 공략하라는 것이다. 피실이격허(避實而擊虛)라는 개념이다. 따라서 지금 비록 워싱턴에 포탄이 떨어지고 있는 상황이 아니더라도, 자유세계 도처의 취약한 분야는 모두 중국군 공세의 목표가 된다는 사실을 직시하라는 것이다.

저자는 1999년, 두 명의 중국군 장교가 쓴 초한전(超限戰)이라는 개념을 상세하게 소개하고 있다. 초한전의 개념은 모든 곳이 전장이 되고 전·평시 구분은 없어질 것이며, 모든 수단, 즉 정치, 경제, 기술, 심리, 언론 등이 다 동원된다는 것이다.

최근 중국은 IT 환경이 모든 것을 바꾸어 놓았다는 것을 강조하면서, 중국 자신은 인터넷 플랫폼, 뉴욕타임스, 워싱턴포스트 등 서방의 모든 정보를 대부분 차단하는 방화벽을 만들면서 오랫동안 미국 내의 금융, 교육, 정치계에 수많은 대리인을 양성해왔다고 저자는 지적하고 있다. 이미 초한전이 전개되고 있다는 뜻이다.

사실 우리도 이 새로운 전장터 한가운데에 이미 서 있다는 점에서, 이 책의 한글판 출판은 매우 시의적절하고 반가운 일이다. 이 시대를 살아가는 대한민국 국민들에게, 특히 정치·외교·군사 분야를 종합적으로 바라보아야 하는 정치지도자들에게, 이 책의 저자 뉴섬이 제시하는 중국의 전략에 대한 상황 판단과 의미심장한 분석을 꼭 읽어보라고 추천하고 싶다.

When China Attacks

Copyright © 2023 KCPAC

Copyright © 2023 Grant Newsham Korean Translation Copyright © by KCPAC
Korean edition is published by arrangement with Regnery Publishing through Duran Kim Agency.

이 책의 한국어판 저작권은 듀란킴 에이전시를 통한 Regnery Publishing와의 독점계약으로 케이씨펙에 있습니다.
저작권법에 의하여 한국 내에서 보호를 받는 저작물이므로 무단전재와 무단복제를 금합니다. 감사합니다.